Germanische Mythologie

Geschichte, Religionssystem und Mythen des Altdeutschen Heiden- und Christentums

von

Wilhelm Müller

Weitere Bücher aus der Reprint-Reihe:

Die Geschichte der Heilkunde - Magie, Religion, Ethik, Mystik, Philosophie und Wissenschaft von Dr. Georg Honigmann, ISBN 978-3-89094-469-2

Aberglaube und Zauberei in der Volksmedizin von Carly Seifarth, ISBN 978-3-89094-436-4

Der magische Mensch - Vom Wesen und der Magie der Naturvölker von Theodor-Wilhelm Danzel, ISBN 978-3-89094-503-3

Deutsche Mythologie von Prof. Dr. F. Kauffmann, ISBN 978-3-89094-454-8

Die Geschichte des Teufels - Von den Anfängen der Zivilisation bis zur Neuzeit von Paul Carus, ISBN 978-3-89094-424-1

Die Wurzeln der Sage vom Heiligen Gral von Leopold von Schroeder, ISBN 978-3-89094-444-9

Das Rätsel des Menschen - Einleitung in das Studium der Geheimwissenschaften von Dr. Carl du Prel, ISBN 978-3-89094-450-0

Experimentelles Hellsehen (Experimente von Dr. A. N. Chowrin) - Die Erforschung des räumlichen Hellsehens von Dr. A.N. Chowrin, ISBN 978-3-89094-455-5

Studien zu den Geheimwissenschaften (Teil 1) - Unser magisches Weltbild - Tatsachen und Probleme von Dr. Carl du Prel, ISBN 978-3-89094-456-2

Studien zu den Geheimwissenschaften (Teil 2) - Praktische Experimente zur Hypnose, Psychologie und Metaphysik von Dr. Carl du Prel, ISBN 978-3-89094-483-8

Unsichtbare Welt - Okkultismus, Magie, Alchimie, Satanismus, Wahrsagerei, Astrologie, Spiritismus, Magnetismus und Hypnose von Jules Bois, ISBN 978-3-89094-494-4

Die Seherin vom Schwarzwald - Merkwürdige Enthüllungen aus dem Geisterreich über den Tod, Schutzengel und Geistererscheinungen, das Magnetisieren und weitere ungewöhnliche Phänomene von Anonym, ISBN 978-3-89094-490-6

Wilhelm Müller (* 2.12.1820 zu Giengen in Württemberg, † 8.02.1892 in Ravensburg), „Geschichtschreiber. Er studierte Theologie und Philologie, wurde 1847 Lehrer an der Kantonschule in Trogen (Appenzell), 1851 Oberlehrer an der Lateinschule in Weinsberg, 1865 Professor am Gymnasium in Tübingen und trat 1884 in den Ruhestand." Zitiert nach: Meyers Großes Konversations-Lexikon (6. Auflage 1905–1909). Müller sah sich als ein Schüler Grimms, obwohl dieser dies ablehnte. Das Buch erschien ursprünglich unter dem Titel „Geschichte und System der altdeutschen Religion, ursprünglich erschienen bei Vandenhœck und Ruprecht, Göttingen 1844". Wir konnten trotz ausführlicher Recherche keinen Rechteinhaber ausmachen. Sollte es dennoch Rechteinhaber geben, bitten wir um Nachricht.

Gesamtherstellung: Bohmeier Verlag, Printed in Germany

ISBN 978-3-89094-554-5

Inhaltsverzeichnis

Anmerkung des Verlages zu dieser Ausgabe

Alle *kursiven Fußnoten* sind vom Verlag. Sie sind also ausnahmslos Ergänzungen zum ursprünglichen Werk und diese mit den entsprechenden Zitatverweisen versehen. Alle anderen Fußnoten waren schon im Original vorhanden und wurden natürlich übernommen. Manchmal wurden direkt nach Original-Fußnoten Ergänzungen (*in kursiv*) gesetzt. Die hier vorgegebene Ordnung wurde beibehalten.

Die Schreibweise der Erstausgabe wurde beim Neusatz geglättet. Korrekturen auf inhaltliche Fehler wurden vorgenommen, jedoch ohne den Charakter der Erstausgabe zu verfälschen oder den Text inhaltlich zu ändern.

In den meisten Fällen wurde die „altertümliche“ Schreibweise im Buch beibehalten, weil wir sie stilvoll und schön fanden. Ebenso wurden die Götternamen einheitlich belassen, z.B. Thôrr (= Thor), Odhinn (= Odin), damit sie zu der Schreibweise der anderen alten Namen passen.

Wir wünschen Ihnen viel Vergnügen beim Lesen.

Vorwort

Seit mehreren Jahren beschäftigt mich das Studium der deutschen und nordischen Mythologie. Ein Ergebnis derselben war bereits mein Versuch einer mythologischen Erklärung der Nibelungensage. Zum Abfassen des vorliegenden Werkes veranlasste mich zunächst eine Reihe von neuen Kombinationen, welche ich allmählich auf diesem Gebiet machte. Anfänglich willens, dieselben in einzelnen Abhandlungen zu veröffentlichen, sah ich bald ein, dass sie sich größtenteils nur im Zusammenhang mit dem Ganzen erörtern lassen würden. Daher entschloss ich mich, einen Schritt weiter zu gehen und eine Darstellung des gesamten deutschen Heidentums zu geben, so weit diese bei der Dürftigkeit unserer Quellen möglich ist.

Seitdem ich von den Brüdern Grimm darauf aufmerksam gemacht wurde, dass die bis jetzt in unserem Volk lebenden Sagen, Märchen und abergläubigen Bräuche und Meinungen noch manches Bruchstück der untergegangenen Religion unserer Voreltern enthalten möchten, seitdem man von mehreren Seiten ihrem rühmlichen Beispiel folgte, diese lange verachteten Produkte des Volksgeistes zu sammeln, seit der Zeit hat die deutsche Mythologie einen neuen Aufschwung genommen, weil sie in eine lebendige Verbindung mit der Gegenwart getreten ist und aus derselben die mangelhaften älteren Zeugnisse ergänzen kann. Jacob Grimm hat es auch unternommen, die vorhandene Masse von allem dem, was von dem deutschen Heidentum Kunde gibt und was noch in der christlichen Zeit mit demselben zusammenhängt oder zusammenhängen kann, in seiner deutschen Mythologie geordnet zusammenzustellen und damit dieser Wissenschaft eine breitere Grundlage verschafft. Es kommt jetzt meines Erachtens darauf an, neben fortgesetzter Sammlung die vorliegenden Quellen weiter zu verarbeiten, und die vorhandenen Einzelheiten immer näher miteinander zu verbinden. Ich habe in diesem Buch darauf mein Hauptaugenmerk gerichtet und zu diesem Zweck den vorliegenden Stoff so weit benutzt, als er bis jetzt herbeizuschaffen war und zugänglich gemacht ist.

Hierbei schien es mir vor allem nötig, unter demjenigen Material, welches wir aus christlichen Zeiten und selbst aus der Gegenwart entnehmen müssen, das, was aller Wahrscheinlichkeit nach zu dem deutschen Heidentum gehört hat, von dem fremdartigen, späteren und unechten zu scheiden. Alles dahin Einschlagende lässt sich in drei Klassen teilen. Ein Teil lässt sich mit den älteren beglaubigten Nachrichten über die deutsche und nordische Religion verknüpfen; ein anderer, welcher sich nicht mit denselben verbinden lässt, trägt doch offenbar ein heidnisches Gepräge; von dem übrigen muss es unbestimmt gelassen werden, ob und wie es mit dem deutschen Heidentum zusammenhängt. Es ist leicht einzusehen, dass wir, wenn wir auch das letzte Material, so wie es ist, für die deutsche Mythologie benutzen, die uns gesteckten Grenzen überschreiten; dass wir unvermerkt dadurch auf den Boden des jetzigen Volksglaubens gelangen und dann Gefahr laufen, eine vielleicht erst in neueren Zeiten entstandene oder auch nicht ursprünglich deutsche Ansicht für einen Bestandteil des deutschen Heidentums zu halten, nicht aber von demselben – was doch immer die Hauptaufgabe unserer Untersuchung bleiben muss – eine Anschauung gewinnen wie es aller Wahrscheinlichkeit nach war. Es ist darum geraten, diese letzte Klasse so

lange als eine noch nicht brauchbare Masse liegen zu lassen, bis bestimmtere Anknüpfungen und entschiedenere Beweise für ihren heidnischen Ursprung gewonnen sind. Patriotismus und die Begierde, mehr von der Religion unserer Voreltern zu wissen, als wir wissen können, darf hier der Kritik keinen Eintrag tun. Was aber in den christlichen Zeiten noch offenbar von dem Heidentum zurückgeblieben ist, ohne dass wir sehen, welche Stelle es in dem alten Glauben hatte, ohne dass wir ihm diese mit einiger Wahrscheinlichkeit anweisen können, das ist so vereinzelt, wie es sich darbietet, hinzustellen und als ein durch die Zeit wahrscheinlich entstelltes und nicht rein erhaltenes Überbleibsel des Heidentums zu bezeichnen.
Damit glaube ich das Verfahren, welches ich in diesem Werk beobachte, gerechtfertigt zu haben. Alles was sich von später erscheinenden Ansichten und Sagen nicht bestimmt als heidnisch-religiös auswies, habe ich entweder ganz unberücksichtigt gelassen oder nur in Anmerkungen erwähnt, das Übrige aber entweder historisch nach den Zeiten, in welchen es vorkommt, gesondert dargestellt, oder es, wo es mir möglich war, an das System der Verwandten nordischen Religion angeknüpft. –

Dass ich bei der historischen Darstellung selbst die Zeiten des Tacitus[1] von denen der Völkerwanderung getrennt habe, verlangte ein doppelter Umstand. Wir wissen nicht immer sicher, ob die Nachrichten, welche uns Tacitus gibt, dieselben Stämme betreffen, welche in den Zeiten der Völkerwanderung auftreten, und außerdem lassen sich die Nachrichten des Tacitus nur in Einzelheiten mit denen der folgenden Periode vergleichen, hauptsächlich, weil er die deutsche Religion vom Standpunkt eines Römers ansah, während die meisten späteren Nachrichten von Christen herrühren. Die Abscheidung der christlichen Zeit brauche ich nicht weiter zu verteidigen: Ich

---

[1] *Tacĭtus (Cajus Cornelius), einer der berühmtesten röm. Geschichtschreiber, wurde zu Terni, dem alten Interamna in Latium, 57 n. Chr. geboren und gehörte einer plebej. Seitenlinie des in der röm. Geschichte hochberühmten Geschlechts der Cornelier an. Unter dem Kaiser Titus wurde Tacĭtus zum Quästor oder Ädil ernannt und unter dem Kaiser Domitian wurde er 88 n. Chr. Prätor und Mitglied des Collegiums der Funfzehn zur Besorgung der Opfer. Empört über die schlechte Regierung Domitian's, verließ er Rom einige Zeit und kehrte erst unter der Herrschaft des Nerva zurück, welcher ihn 97 n. Chr. zum Consul erhob. Tacĭtus war ein ausgezeichneter Redner und Sachwalter, erwarb sich aber bleibenden Nachruhm durch seine Geschichtswerke. Er war sehr glücklich mit einer Tochter des Eroberers von Britannien, Agricola, vermählt, lebte mit dem berühmten Schriftsteller Plinius dem Jüngern in Freundschaft und starb noch vor Hadrian's Regierungsantritt. Die Geschichtswerke, welche wir noch von ihm besitzen, sind: die zum Theil verloren gegangenen Annalen, enthaltend die Geschichte der 54 Jahre vom Tode des Augustus bis zum Tode Nero's; die auch nur noch zum Teil erhaltenen Bücher der Geschichte vom I. 69 n. Chr. bis zum I. 71 n. Chr.; ein wichtiges und interessantes Werk über Deutschland und das Leben des Agricola. Diese Werke haben nicht nur als auf sorgfältige Studien gegründete Geschichtsbücher hohen Wert, sondern auch in künstlerischer Beziehung. Man erkennt in ihnen einen hohen, gebildeten, die verwickeltsten Verhältnisse mit seltener Klarheit anschauenden und darstellenden Geist. Eine ungekünstelte Kürze der Schreibart, eine bewunderungswürdige Unbefangenheit und Parteilosigkeit sind charakteristische Eigentümlichkeiten. Zitiert nach: Brockhaus Bilder-Conversations-Lexikon Bd. 1, S. 352-353.*

bemerke nur, dass wir kein Recht haben, eine Holle, eine Berchta und andere heidnische Gottheiten, welche noch jetzt in der Volkssage leben, neben Frigg und Freya zu stellen, so lange wir nicht wissen, ob sie mit diesen identisch oder von ihnen verschieden waren.

Indem ich nun in dem ersten Buch, welches eine historische Übersicht von dem deutschen Heidentum gibt, die nordische Religion zunächst ganz unberücksichtigt lasse, ergibt sich ganz deutlich, wie wenig Selbständiges wir auf diesem Gebiet wissen, wie uns namentlich der innere Zusammenhang des deutschen Glaubens fast ganz entgeht. Deshalb wird auch die skandinavische Religion immer zur Ergänzung unserer Anschauung von der deutschen angewandt werden müssen, obgleich, wären beide vollständiger enthalten, sich bei unverkennbarer Gleichheit des Grundtyps doch manche Ungleichheiten finden würden. Schon jetzt springen diese Ungleichheiten an manchen Stellen nicht undeutlich hervor. Die Nerthus des Tacitus lässt sich im Norden nur in einer nicht ganz sicheren Spur nachweisen; die Alcis und die Tanfana desselben Schriftstellers, den Saxnôt der niederdeutschen Abschwörungsformel, die Sindgund des Merseburger Gedichts suchen wir bislang dort vergebens. Von den zahlreichen Namen von Göttinnen, welche die deutsche Volkssage erhalten hat, stimmt, die Frecke und vielleicht die Erce ausgenommen, nur Holda mit der Huldra der späteren nordischen Sage, ist aber in den echten Quellen des skandinavischen Heidentums nicht nachweisbar. Phol, Balders[2] zweiter Name, kommt im Norden nicht vor. Frîja und Volla des Merseburger Gedichtes nahmen bei uns untereinander eine andere Stellung ein, als Frigg und Fulla dort, und der friesische Fosite genoss allem Anschein nach größeres Ansehen als der nordische Forseti. Wie viel mehr Unterschiede würden sich ergeben, sähen wir nicht alles bei uns in einem Dämmerlicht!

Obgleich wir danach das Hereinziehen der nordischen Religion in die deutsche immer nur als einen Notbehelf ansehen müssen, habe ich sie gleichwohl auf eine andere Weise benutzt wie meine Vorgänger.

Weil sich nur mit Hilfe derselben der Zusammenhang des deutschen Heidentums einigermaßen ahnen und abmessen lässt, habe ich sie in dem zweiten Buch dieses Werkes in den Vordergrund gestellt (was mir auch diejenigen danken werden, welche sich mit derselben noch nicht auf andere Weise bekannt gemacht haben) und an sie die Überbleibsel der deutschen, so weit es sich tun ließ, angeknüpft. Es durfte hier keine Hauptidee, welche irgend für den Zusammenhang des skandinavischen Glaubens von Wichtigkeit ist, übergangen werden; wohl aber konnten spezielle Einzelheiten desselben unberücksichtigt bleiben, wenn sie in Deutschland keine Anknüpfung fanden. Darum habe ich namentlich von den nordischen Gottheiten nur die wichtigsten und solche, welche auch in Deutschland nachweisbar sind oder wenigstens angenommen werden dürfen, ausführlich behandelt, andere, von denen die skandinavischen Quellen selbst wenig zu berichten wissen, oft nur eben erwähnt. Ebenso habe ich die späteren und noch jetzt lebenden nordischen Volksagen nur dann berücksich-

---

2 Der Name *Balder* und *Baldr* wurde in diesen Buch gleichwertig verwendet. Wir haben die Schreibweisen nach dem Original verwendet (D. V.).

tigt, wenn sie auch für die frühere Zeit von Wichtigkeit waren; denn eine genauere Erörterung derselben gehört in eine Geschichte des skandinavischen Heidentums.
Auf die Darstellung des Wesens der Götter habe ich besondere Sorgfalt gewandt, und ich hoffe dadurch auch für die Auffassung der skandinavischen Religion einiges geleistet haben. Ich habe mich besonders bestrebt, die Grundanschauung einer jeden Gottheit aufzufinden und danach alles Einzelne, welches über sie oder ihren Kult berichtet wird, in Zusammenhang zu bringen. Bei Einzelnen war mir in dieser Hinsicht, wie namentlich bei Thôrr durch Uhlands Forschungen, vorgearbeitet; weniger bei Odhinn, Freyr und anderen. Im Allgemeinen scheint man bei der Auffassung der nordischen Götter bisher insofern zu einseitig gewesen zu sein, als man zu sehr die Stellung derselben im System ins Auge fasste, während sich doch der Begriff jeder Gottheit erweitert, sobald man ihr Wesen mehr historisch für sich verfolgt, wodurch man erst recht erkennt, wie sich die anfangs allgemeineren und unbestimmteren Götterbegriffe im System verengten und individueller ausbildeten.
Dass ich bei den Untersuchungen über die nordischen Götter auch die Mythen, welche von Einzelnen berichtet werden, zu deuten versucht habe, brauche ich nur gegen Diejenigen zu verteidigen, welche nicht die richtigen Begriffe von Mythenerklärung haben. Verfährt die Mythendeutung so, dass sie den Völkern der Vorzeit ein einseitiges Philosophem[3] unterlegt und danach den gesamten Glauben derselben auf einige abstrakte und nüchterne Sätze zurückführt, so misshandelt sie den jugendlichen Geist der Vorzeit und geht zugleich über die Grenzen der Mythologie hinaus, die als eine historische Wissenschaft das ihrige zur Geschichte des menschlichen Geistes beitragen, nicht aber eine Religionsphilosophie sein soll. Der heidnische Glaube, welcher sich in den Mythen höchst lebendig ausspricht, will auch lebendig aufgefasst sein; wir haben ihn nur unserer jetzigen Weise zu denken, näher zu bringen und mit den unmythisch ausgesprochenen Vorstellungen des Heidentums in Verbindung zu setzen. Dem Fortschritt der Mythologie hat es besonders geschadet, dass man sich in diese lebendige Denkweise der Vorzeit nicht zu versetzen wusste und dessen ungeachtet in irgendeinem willkürlichen Philosophen den Schlüssel zu ihren Ideen gefunden zu haben glaubte.
Ich habe durch eine einfache und nicht zu weit gehende Mythendeutung aus der nordischen Religion selbst manchen Aufschluss über die deutsche gewonnen, wie z. B. die Deutung des bisher rätselhaften Heimdalls, als einer männlichen Mondgottheit, auf das Hervortreten des Mondkultes bei den deutschen Stämmen Licht wirft. Dessen ungeachtet war mir die Mythendeutung bei diesem Werk nicht die Hauptsache. Sie scheint mir überhaupt weder der Hauptendpunkt der mythologischen Untersuchung, noch das Hauptmittel, um zum Verständnis der heidnischen Religionen zu gelangen, und ich weiche insofern von den Ansichten meines verewigten Lehrers O. Müller, der mir die Mythendeutung fast zu hoch zu stellen scheint, etwas ab, obgleich sie mir sonst die Richtigsten scheinen und mit den nötigen Modifikationen für alle heidnischen Religionen, nicht bloß für die griechische, gelten müssen. Die

---

[3] Ein Philosophem (griech.) ist eine philosophische Lehre, ein Lehrsatz oder Ausspruch eines Philosophen. (rs)

Hauptsache ist zu erforschen, in welchem Verhältnis eine Gottheit zu den Menschen gedacht wurde, und das lernen wir oft mehr aus einzelnen Beinamen derselben, ihren Attributen, aus der Zeit, wann, und der Art, wie sie verehrte wurde, als aus ihren Mythen, deren Deutung selbst oft unmöglich wird, sobald uns anderweitige Nachrichten fehlen. Gewöhnlich schließt auch der Mythos nur eine individuelle Seite der Götter auf, die uns schon im Allgemeinen aus anderen Nachrichten der angegebenen Art bekannt waren. Darum ist das wenige, was Adam von Bremen[4] von dem Kult des Odhinn, Thôrr und Freyr erzählt, ungeachtet seiner Kürze und obgleich es nicht den Vorzug der Unmittelbarkeit hat, fast ebenso wichtig wie alles, was die Edden[5] über dieselben Götter berichten.

Dass mein Buch auf den Grund von Grimms Sammlungen und Untersuchungen aufgebaut ist, darf ich um so eher bekennen, da dieses Werk wegen seiner Reichhaltigkeit und vieler scharfsinniger Kombinationen die Grundlage aller künftigen Mythologie bilden muss. Dass da, wo Grimm einen Teil seines tätigen Lebens hindurch gesammelt hatte, mir nur eine kleine Nachlese blieb, ist natürlich. Manches, was ich in den letzten Jahren gesammelt hatte, fand ich nachher in der zweiten Auflage der deutschen Mythologie und hatte daher jetzt diese nur anzuführen. Für mich war auch die *Verbindung* des Einzelnen und die Gewinnung neuer Ideen aus dem vorhandenen Stoff die Hauptsache. Wo meine Meinung von Grimms Ansichten abweicht, habe ich sie schlicht und einfach vorgetragen, ohne eine blätterfüllende Polemik, die mir gegen meinen Lehrer am Wenigsten geziemt.

Im Übrigen habe ich mich der Kürze befleißigt, teils um bei manchen bekannten Sachen den Kenner nicht durch Breite der Darstellung zu ermüden, teils um denjenigen Leser, der sich mit diesem Studien erst anfreunden will, die Übersicht zu erleichtern. Dass die deutsche Mythologie unter meinen Händen sehr zusammengeschmolzen ist, wird man natürlich finden, wenn man bedenkt, dass ich das deutsche Heidentum, so weit es unserer Forschung erreichbar ist, nicht aber die Gesamtheit des jetzigen deutschen Volksglaubens, darzustellen beabsichtigte.

Göttingen, im August 1844
W. Müller

---

[4] *Adam von Bremen, geb. zu Meißen, seit 1067 Domherr und Scholasticus in Bremen, schrieb eine berühmte Kirchengeschichte des europ. Nordens: Historia ecclesiastica ecclesiarum Bremensis et Hamburgensis, eine Hauptquelle für den Zeitraum von 788 bis 1076. Zitiert nach: Herders Conversations-Lexikon. Freiburg im Breisgau 1857, Band 1, S. 35*

[5] *Als Edda werden zwei Werke des altisländischen Schrifttums und wichtige Quelle der altnordischen Mythologie und Heldensagen bezeichnet. Das erste ist die jüngere Snorra-Edda, das von Snorri Sturluson um 1225 verfasste Lehrbuch der Dichtkunst der Skalden. Die ältere Lieder-Edda mit Götter- und Heldengesängen aus dem 8.–12. Jh. in Stabreimen wird durch eine Handschrift aus dem 13. Jh. überliefert. Zitiert nach dem Brockhaus. (rs)*

Einleitung

Nicht leicht entbehrt eine Wissenschaft so sehr einer sicheren Grundlage wie die deutsche Mythologie. Wenn uns die religiösen Anschauungen anderer Völker gewöhnlich doch aus irgend einer früheren oder späteren Zeit in einer solchen Vollständigkeit vorliegen, dass wir einen inneren Zusammenhang derselben wahrnehmen können, so finden wir von der deutschen Religion allenthalten nur vereinzelte Trümmer, welche sich noch dazu auf verschiedene Zeiten´ und verschiedene Stämme beziehen, und daher alle Versuche, sie für sich durch bloße Kombinationen zu einem übersichtlichen Ganzen zu verbinden, vergeblich machen. Denn so lange das deutsche Heidentum bestand, geben uns nur einige ausländische Schriftsteller von demselben eine dürftige Kunde; als es in den Zeiten der Völkerwanderung, in welchen die deutschen Stämme in ein helleres geschichtliches Licht treten, allmählich durch das Christentum verdrängt wurde, war das Andenken an dasselbe zu gehässig und zu gefährlich, als dass man es für der Mühe wert und für nützlich gehalten hätte, die verfolgte Religion kennen zu lernen und mit der Darstellung derselben die Nachwelt irgendwie bekannt zu machen. Und was sich davon noch nach der Bekehrung erhalten hat, ist größtenteils unverständlich geworden, oder hat sich nicht in dem echten Zusammenhang und in der ursprünglichen Reinheit erhalten.

Je weniger zureichend und je unzuverlässiger die Quellen hier sind, desto ernstlichere Aufforderung ergeht an denjenigen, welcher sich auf dieses nur durch ein Dämmerlicht erleuchtete Gebiet wagt, dieselben nach allen Richtungen hin aufzusuchen, ihren Wert und ihre Brauchbarkeit zu erwägen und dadurch zu zeigen, dass es nicht überhaupt ein vergebliches Unternehmen sei, etwas aufhellen zu wollen, was in der Vergangenheit für immer verhüllt liegt. –

Wir sondern diese notwendig voranzustellende Übersicht der Quellen nach den drei Zeitabschnitten, welche wir soeben angedeutet haben.

Für die ältesten Zeiten kommen hauptsächlich die Nachrichten des Cäsar und des Tacitus in der Germania in Betracht. Jener machte bei seinem zweimaligen erfolglosen Übergang über den Rhein nur eine ungenaue Bekanntschaft mit den Germanen, welche dem Strom am nächsten wohnten, dieser war durch die wiederholten Eroberungszüge der Römer über deutsche Zustände schon besser unterrichtet. Beide konnten aber doch nur vorzugsweise über diejenigen Seiten der deutschen Religion Bericht erstatten, welche besonders in die Augen fielen; sie konnten also hauptsächlich die äußere Erscheinung des Götterkultus schildern: Der Zusammenhang desselben mit den religiösen Ideen, welche das Volk belebten, war ihnen nicht deutlich. Denn sie hatten keinen anderen Maßstab der Beurteilung wie das eigene Heidentum. Daher verglichen beide absichtlich oder unwillkürlich die von Deutschen verehrten Gottheiten mit römischen Gottheiten, fügten aber den Grund dieser Identifikation oder „Interpretatio Romana“[6], der jedoch bei Cäsar durch die von ihm gewählten Namen

[6] *Als Interpretatio Romana (lat. etwa: „römische Übersetzung“) bezeichnet man die römische Sitte, fremde Gottheiten durch Identifikation mit römischen Gottheiten der eigenen Religion einzuverleiben. Der Begriff geht zurück auf Tacitus.*

ganz deutlich und ersichtlich ist, nicht hinzu. Obgleich nun Tacitus außerdem noch mehrere Gottheiten mit einheimischen Namen nennt, so darf seine Darstellung der deutschen Religion ebenso wenig wie die Cäsars für vollständig gelten. Eine solche Vollständigkeit scheint auch nicht einmal in seinem Zweck gelegen zu haben, da er die Sitten der Deutschen hauptsächlich nur im Gegensatz zu den römischen schildert, und weil er in seinen anderen Werken die in der Germania gegebenen Nachrichten über die deutsche Religion selbst ergänzt.
Dessen ungeachtet sind natürlich die Mitteilungen des Tacitus für uns von außerordentlicher Wichtigkeit, da er die deutsche Religion mit den Augen eines Heiden ansah und deshalb ohne Vorurteile gegen fremde Superstitones[7] schrieb, und weil nach ihm kein Grieche oder Römer wieder in solcher Ausführlichkeit über das deutsche Heidentum berichtet.[8] Wir lernen seine Nachrichten erst dann besonders schätzen, wenn wir die einheimischen Quellen des folgenden Zeitraumes vergleichen und hier über eine grenzenlose Ungenauigkeit und Oberflächlichkeit zu klagen haben, die unbegreiflich wäre, wenn sie nicht eben meistens von Christen herrührten, welche in einen lange dauernden und hartnäckigen Kampf mit dem Heidentum getreten waren und das, was sie vor ihren Augen ausüben sahen, als gottloses Teufelswerk verdammten, verfolgten und auszurotten strebten. Man wird es ihnen freilich nicht verdenken, dass sie sich nicht bemühten, den Sinn der heidnischen Religion aufzufassen, dass sie es nicht allein für nutzlos, sondern sogar für gefährlich hielten, auch nur die tätlichen Äußerungen des Heidentums genauer zu beschreiben; denn wenn sich die Segnungen des Christentums verbreiten sollten, musste jede Spur desselben vertilgt, musste wenigstens nach ihrer frommeifrigen Ansicht selbst das Andenken daran ausgelöscht werden.
Wir kennen daher das deutsche Heidentum, wie es in den Zeiten der Völkerwanderung und kurz nachher bestand, meistens nur durch Verbote, welche in Konzilienbeschlüssen oder in Gesetzen ausgesprochen, aber in der Regel so gefasst sind, dass sie das Verbotene nicht genau charakterisieren. Die wichtigste dieser Quellen ist der in der vatikanischen Handschrift Nr. 577 erhaltene *indiculus superstitionum et paganiarum*, ein Verzeichnis der heidnischen Meinungen und Gebräuche, welche auf dem Konzilium zu Lestines (früher Liptiane) in der Diözese Kemmerich in Flandern im Jahre 743 verboten wurden.[9] Diesem Verzeichnis geht in der bezeichneten Handschrift ein nicht minder wichtiges Denkmal voraus, die bekannte niederdeutsche *Abschwörungsformel*, welche sich vor anderen durch die Erhaltung von drei Götter-

---

Zitiert nach: de.wikipedia.org/wiki/Interpretatio_Romana. (rs)

7 *Abgeleitet von (lat.) superstitio: veraltet, überlebt, abergläubisch. (rs)*

8 Einzelheiten geben Procopius, Agathias, Ammianus Marcellinus u. a.

9 Obgleich dieser Indiculus schon sehr häufig gedruckt ist (zuerst in Fürstenbergs Monument Paderborn), so müssen wir ihn wegen seiner Wichtigkeit für die deutsche Mythologie hier doch noch einmal mitteilen:
Indiculus superstitionum et paganiarum. Die deutschen Worte sind nochmals von Maßmann (s. die deutschen Abschwörungs-, Glaubens-, Beicht- und Betformeln) verglichen. Nach seiner Angabe ist c. XXIV. die gewöhnliche Leseart Yrias in Frias geändert.

namen auszeichnet.[10] Es ist ungewiss, ob sie mit dem Indiculus[11] in einem inneren Zusammenhang steht. Ebenso ungewiss ist es, auf welche deutschen Stämme sich beide Denkmäler beziehen. Indessen, da das erwähnte Konzilium unter der Leitung des Bonifacius stand, so wird der Indiculus danach zunächst Franken oder Thüringen betreffen. Sächsisches Heidentum konnte wenigstens damals noch nicht in dem Maße in Betracht kommen. Auch ist die Sprache der Abschwörungsformel nicht rein niedersächsisch, sondern weist eher nach dem ripuarischen[12] Franken.[13]

Die Nachrichten der *Geschichtsschreiber* sind meistens nur zufällig und leiden an einer gleichen Ungenauigkeit wie die Verbote des Heidentums. Am Reichhaltigsten sind noch die Lebensbeschreibungen der Bekehrer, aber sie nehmen natürlich mehr auf die Einführung der neuen Religion als auf die Beschreibung der heidnischen Kulte Rücksicht, oder sie beschränken sich doch nur auf Äußerlichkeiten, Angaben von Opferhainen, heiligen Bäumen und dergleichen. Die Götter werden in der Regel mit den Namen Idole oder Teufel belegt, höchstens wird ihnen ein römischer Name gegeben; selten kommen dagegen einheimische Götternamen vor. Ein Mythos, eine mythische Sage, drang in ihrer Vollständigkeit und in ihrem wahren Zusammenhang kaum zu den Ohren eines Bekehrers, oder wenn das der Fall war, so wurde sie als eine „Fabula inepta et ridicula" verachtet. Es ist als eine seltene Ausnahme anzusehen, dass sich noch Trümmer einzelner mythischer Stammsagen durch die Aufzeichnung einiger einheimischer Schriftsteller, des Jornandes, Paulus Diaconus und Widu-

---

10 Zuerst herausgegeben von Fürstenberg a.a.O., die anderen Ausgaben siehe bei Maßmann, S. 21, nach dessen Ausgabe (S. 67) die Formel so lautet:

> Forsachistu diobolae?
> *et resp.* ec forsacho diabolae.
> End allum diobol gelde?
> *Resp.* end ec forsacho allum diobol geldae.
> End allu dioboles uuercum?

Resp. end ec forsacho allum dioboles uuercum and uuordum, *thunaer* ende *uuoden* ende *saxnote* ende allem them unholdum the hira genotas sint.

Darauf folgt, wie gewöhnlich, das Glaubensbekenntnis. Andere hochdeutsche Abschwörungsformeln, die indessen nicht so wichtig sind, siehe bei Maßmann, S. 68, und bei Grimm über zwei entdeckte Gedichte aus der Zeit des deutschen Heidentums, S. 25.

11 *In der späteren Bedeutung der christlichen Lehre interessanterweise: Indicŭlus (lat.), das Täfelchen an der Osterkerze, worauf der Vorsänger einen Theil des Kirchenkalenders schreiben mußte. Zitiert nach: Pierer's Universal-Lexikon. Altenburg 1857-1865, Band 8, S. 855.*

12 *Ripuarisch – auch Ripwarisch oder Nordmittelfränkisch – ist eine kontinentalwestgermanische Dialektgruppe. Es ist eine der drei großen Rhein-Fränkisch genannten Sprachgruppen, unter denen es räumlich und im Dialektkontinuum des Rheinlandes eine Mittelstellung einnimmt zwischen dem Niederrheinischen am Niederrhein und dem südlich angrenzenden moselfränkischen Dialektraum, welcher wie die ripuarischen Dialekte der westmitteldeutschen Sprachengruppe zugerechnet wird.*
Zitiert nach: de.wikipedia.org/wiki/Ripuarisch. (rs)

13 Vgl. Mythol. (Grimms deutsche Mythologie, 2. Aufl.) 146, D. Mythol. (1. Aufl.), S. XXXII. Maßmann, S. 23.

kind, erhalten haben, welche aber auch nicht einmal alles das mitteilten, was sie davon geben konnten.[14] Doch sind diese wenigen einheimischen Sagen und die einzeln vorkommenden Götternamen noch das Brauchbarste, was sich in den mittelbaren Quellen dieses Zeitraums findet.

Unmittelbare schriftliche Quellen des deutschen Heidentums, wie wir solche für die nordische Mythologie an den Gesängen der älteren Edda besitzen, waren bis zum Jahre 1842 nicht bekannt, und man musste bis dahin auch annehmen, dass durch die Verfolgung und Vertilgung oder Vernachlässigung der alten Religion alles der Art verloren gegangen sei. Umso mehr musste es überraschen, dass in dem genannten Jahr zwei kleine alliterierende[15] Gedichte zum Vorschein kamen, welche ihrem Inhalt nach unzweifelhaft noch der heidnischen Zeit angehören. Ich meine die beiden von Georg Waitz in der Bibliothek des Domkapitels zu Merseburg in einer Handschrift, welche sicher dem Anfang des 10. Jahrhunderts angehört, mitten zwischen christlichen Stücken entdeckten und von J. Grimm herausgegebenen Gedichte, von denen das erste ein Zauberspruch zur Lösung der Fesseln eines Kriegsgefangenen ist, das zweite einen gleichen Spruch zur Heilung des verrenkten Fußes eines Pferdes enthält.[16] Die Anwendung dieser in Thüringer Mundart abgefassten Strophen[17] erklärt uns den Umstand, durch welchen sie erhalten wurden. –

Es ist nicht allein das Unerwartete des Fundes und die seltsame Erhaltung dieser Strophen, was sie so merkwürdig macht, sie sind auch nicht bloß wegen der einzelnen Notizen, welche wir aus ihnen entnehmen, höchst wichtig, sondern sie erhalten noch einen eigentümlichen Wert dadurch, dass sie dem in den neueren Zeiten eingeschlagenen Weg, die deutsche Mythologie durch Hilfe der nordischen zu erläutern, eine sichere Grundlage verleihen, zugleich aber dieser Methode auch die nötige Beschränkung anweisen.[18]

---

14 Besonders ist der Verlust der Lieder, welche sie erwähnen oder mutmaßlich vor sich hatten, zu beklagen.

15 *Die Alliteration (von lateinisch ad: „zu", littera: „Buchstabe"), auch ungenau Stabreim genannt, ist eine literarische Stilfigur oder ein rhetorisches Schmuckelement, bei der die betonten Stammsilben zweier oder mehrerer benachbarter Wörter den gleichen Anfangslaut besitzen. (D. h. meist eine Übereinstimmung der ersten Buchstaben von zwei oder mehreren Wörtern.) Wo regelhafte Alliterationen dem Bau von Versen zugrunde liegen, spricht man von alliterativen Versen oder Stabreim. Der Stabreim ist somit ein Sonderfall der Alliteration. Historisch gesehen, tritt die Alliteration jedoch vor allem in freier Form auf. Zitiert nach: de.wikipedia.org/wiki/Alliteration. (rs)*

16 Über zwei entdeckte Gedichte aus der Zeit des deutschen Heidentums von Jacob Grimm. Berlin 1842. Vgl. W. Wackernagels deutsches Lesebuch I, S. IX., 2. Ausgabe.

17 Über die strophische Abteilung dieser Gedichte s. meine Abhandlung in Haupts Zeitschrift für deutsches Altertum, Band III, S. 448.

18 Da wir unten mehrfach auf diese Gedichte zurückkommen müssen, teilen wir auch sie dem Leser hier mit:
I. Zauberspruch über die Fesseln eines Kriegsgefangenen:
Eiris sâzun idist, sâzun hera duoder,
sumá hapt heptidun, sumá heri lezidun,

Zu den unmittelbaren Quellen dürfen wir hier noch die lokalen und materiellen Überbleibsel des Heidentums hinzufügen. Die noch vorhandenen und mehrfach einzeln beschriebenen, aber noch nicht methodisch untersuchten, heidnischen *Opferstätten* in Deutschland haben bis jetzt der deutschen Mythologie wenig Dienste geleistet. Und was wird überhaupt die historische Untersuchung viel mehr aus ihnen folgern können, als dass man sich dort zum Gottesdienst versammelte und opferte, und dass man bei den Opferfesten mehrere Gerätschaften zum Fällen des Opfers und zur Zubereitung des Opferfleisches gebrauchte? Doch sollte man, statt wie bisher diese Plätze an die wenigen uns erhaltenen schriftlichen Überlieferungen unmittelbar anzuknüpfen, zunächst durch eine Gesamtuntersuchung nachzuweisen streben, welchen Völkern und welchen Zeiten dieselben angehörten, und man würde dann erst aus ihrer Lage und Ausdehnung einige Schlüsse auf die lokalen Verhältnisse des Gottesdienstes unserer Vorfahren, auf die Größe der Festversammlung und einige heidnische Bräuche machen können.

Noch wichtiger würden für uns erhaltene charakteristische *Götterbilder* sein. Aber von allem, welche in christlichen Zeiten aufgefunden sind, steht noch nachzuweisen, ob sie den Deutschen angehören, oder ob Römer, Kelten und Slawen größere Ansprüche auf sie haben. Bei den meisten würde selbst noch zu beweisen sein, dass sie wirklich, was oft nicht ohne Grund geleugnet ist, Götter bedeuten, da die folgende Untersuchung lehren wird, dass Bilder bei dem deutschen Gottesdienst wenigstens selten waren. Und nehmen wir dieses alles auch als erwiesen an, so würden wir dadurch weiter nichts gewinnen, als die Gewissheit, dass die Deutschen eben Götterbilder hatten, und wie weit sie in der Kunst, solche zu verfertigen, gekommen waren, da die erhaltenen nicht so charakteristisch sind, dass wir sie mit einem Namen belegen oder mit den spärlichen Nachrichten über die Götter unserer Voreltern in Zusammenhang bringen könnten.[19]

---

sumá clúbôdun umbi cuoniowidt.
insprinc haptbandun, invar vîgandun.

II. Zauberspruch über den verrenkten Fuß eines Pferdes:
Phol ende Wôdan vuorun zi holza;
du wart demo Balderes volon sîn vuoz birenkit:
thu biguolen, Sinthgunt, Sunnâ erâ suister;
thu biguolen Frîiâ, Vollâ era suister;

Thu biguolen Wôdan, sô he wola conda,
sôse bênrenkî, sôse bluotrenkî, sôse lidirenkî,
bên zi bêna, bluot zi bluoda,
lid zi geliden, sôse gelîmidà sîn.

[19] Diese Opferstätten und Götterbilder bleiben von unserer Untersuchung ausgeschlossen. – Die vollständigste Übersicht über die fraglichen deutschen Götterbilder gibt G. Klemm in dem Handbuch der germanischen Altertumskunde, S. 346ff. Das interessanteste, aber doch auch nicht über jeden Zweifel erhabene Denkmal ist wohl noch immer die gegen Ende des 16. Jh. am Süntel gefundene tönerne Platte, auf welcher ein gehörntes männliches Bild, daneben die Sonne, eine hufeisenförmige Figur, die den Mond vorstellen könnte, und ein Hahnenkopf zu sehen ist. An zwei Seiten der Platte befinden sich Runenschriften, welche

Eine ergiebigere Quelle bildet die deutsche *Sprache*, nicht nur in einzelnen Worten, besonders in den Benennungen von Orten und Wochentagen, sondern auch in zusammenhängenden Wendungen, von denen viele nachweislich dem Heidentum angehören. Natürlich ist die Ausbeute umso reicher, je näher ein Sprachdenkmal der Heidenzeit steht. Bei Ulphilas, als dem Übersetzer der heiligen Schrift, können wir freilich so viel nicht erwarten; wichtiger ist für uns die altsächsische Evangelien-Harmonie, weniger Otfried, Notker und andere. Der Gewinn aus den deutschen Dichtern des 12. und 13. Jahrhunderts ist schon mit dem aus diesen älteren Denkmalen nicht zu vergleichen; sie ergeben daher weit weniger, wenn nicht der Stoff, welche sie behandeln, das Gepräge heidnischer Ideen trägt. Bei einzelnen Wendungen mittelhochdeutscher Dichter, namentlich bei Personifikationen, wird jedoch immer zu untersuchen sein, ob sie im Heidentum wurzeln, oder nur in poetischen Anschauungen ihren Grund haben.
Hiermit sind wir zugleich zu denjenigen Quellen gelangt, welche schon der dritten Periode oder der christlichen Zeit angehören. Wie es überhaupt möglich war, dass heidnische Ideen und heidnische Sitten noch längere Zeit im Christentum fortleben konnten und wie sie sich erhielten, das werden wir unten erörtern. Hier betrachten wir das, was sich gerettet hat, nach seinem Inhalt und Wert.
Alle Quellen dieser Zeit haben den Vorzug der Unmittelbarkeit und sind daher meistens innerlicher und anschaulicher wie die Nachrichten, welche uns früher Schriftsteller gaben; aber sie sind natürlich, da die Zeit und das Christentum auf sie störend eingewirkt hat, oft verdunkelt und getrübt. Wäre die altdeutsche Religion, wie sie zu den Zeiten ihres Bestehens war, uns nur einigermaßen vollständig bekannt, wir würden wahrscheinlich in derselben so viel Verändertes und aus seinen Fugen Gerissenes, so viel Fremdartiges entdecken, dass sie nur als Belege für die Umwandlungen des Echteren interessant wären: Sie würden nur Materialien zu einer inneren Entwicklungsgeschichte des deutschen Volksglaubens liefern. Bei dem jetzigen Zustand der Dinge bilden sie wegen ihrer (in Verhältnis zu der Armut in den früheren Zeiten) großen Fülle Hauptquellen. Wir dürfen wohl behaupten, erst nachdem die neuere Forschung auf diese Überbleibsel die gehörige Rücksicht genommen hat, ist es der deutschen Mythologie gelungen, sich für immer ihre Stellung als Wissenschaft zu sichern, und sie hat dadurch zugleich eine enge Beziehung zur Gegenwart erhalten. –

Wir haben hier vorzüglich volksmäßige Erzählungen, den Aberglauben und altherkömmliche Bräuche zu erwägen, in welchen wir Spuren von heidnischen Mythen, religiösen Ideen und Kultusgebräuchen sehen dürfen.
Die volksmäßigen Erzählungen zerfallen in Heldensage, Volkssage und Märchen. Dass sie alle miteinander, obgleich erst in christlicher Zeit nachweisbar, manches Heidnische erhalten haben, bestätigt sich einfach dadurch, dass in denselben mehrfach Persönlichkeiten auftreten, die unabweisbar dem Heidentum angehören, namentlich

---

reimend scheinen. S. Bragur VI, 1, 65. VII, 2, 38, 68. Zuletzt in dieses dem Ostar gewidmete Denkmal von Schaumann in der Geschichte des niedersächsischen Volkes, S. 115 ff, besprochen.

jene untergeordneten Wesen, Zwerge, Wassergeister und andere, welche in keiner Religion fehlen, welche wie die deutsche Begriffe von persönlichen Göttern entwickelt hat.

Die hauptsächlichsten Quellen der deutschen *Heldensage* sind eine Reihe von Gedichten, welche uns aus dem 8., 10., vorzüglich aber aus dem 12. bis zum 15. Jahrhundert vorliegen. Diese Gedichte beruhen, wie jetzt hinlänglich erwiesen ist, auf volksmäßigen Liedern, welche meistens Kunstsänger sammelten, ordneten und in ein Ganzes brachten. Eben diese volksmäßige Entstehung verbürgt uns ihren altnationalen Gehalt, und ihr Ursprung wurzelt auch nachweislich in dem Heldenalter des deutschen Volkes, den Zeiten der Völkerwanderung. Ungeachtet, dass die Hauptfärbung dieser Gedichte christlich ist und den Zeiten entspricht, in welchen sie ihre letzte Gestalt erhielten, ungeachtet ein Teil dieser Sagen auf verdunkelten historischen Erinnerungen beruht, so hat sich in ihnen Heidnisches nicht nur in manchen Beiwerken erhalten, sondern bei einzelnen fällt auch der Hauptinhalt der Sage mythischen Anschauungen des Heidentums anheim. Diese Helden, welche die Hauptpersonen der Erzählung bilden, waren mutmaßlich früher Götter oder Heroen, deren tief wurzelnde Mythen in die christliche Zeit in veränderter und verdunkelter Fassung übertragen wurden. Bei der großartigsten deutschen Heldensage, der Sage von Siegfried und den Nibelungen, ist wenigstens diese Annahme um so sicherer, da sie schon in heidnischen Zeiten in nordischen Liedern verbreitet war.

Wenn in der Heldensage die mythischen Anschauungen, besonders diejenigen, welche den Kern der Erzählung bilden, oft versteckt sind, so liegen sie in der deutschen *Volkssage* häufig offener zu Tage. So nennen wir diese in großer Anzahl und in merkwürdiger Übereinstimmung durch Deutschland verbreiteten Erzählungen, welche sich namentlich an Felsen, Berge, Seen und andere irgendwie hervorstechende Lokale knüpfen.[20] Die Sammlung derjenigen, welche sich noch im Munde des Volkes erhalten haben, hat seit dem Erscheinen der deutschen Sagen von den Brüdern Grimm erfreuliche Fortschritte gemacht. Freilich gehören von diesen Erzählungen sehr viele nicht in unser Gebiet, indem einige nur verdunkelte geschichtliche Erinnerungen sind, andere ihren Ursprung etymologischen Deutungen oder auch Bildwerken verdanken, welche das Volk sich auf seine Weise zu erklären sucht, andere wieder nachweislich erst in christlicher Zeit aufkamen oder durch die Gelehrsamkeit hervorgerufen wurden. Aber dessen ungeachtet bleibt ein großer Teil übrig, der aus alten Zeiten stammt, und die deutsche Mythologie hat aus den Volkssagen noch besondere Bereicherung zu hoffen, da die bisher bekannt gemachten schon einen reichen Schatz von mythischen Anschauungen bieten, ohne welche unsere Kenntnis des Heidentums um ein Bedeutendes mangelhafter sein dürfte. Diese Erzählungen versetzen uns nicht nur häufig in eine eigene mythische Welt, sondern es ließe sich selbst aus ihrer Gesamtheit noch am ersten das untergegangene Religionssystem der Vorzeit konstruieren, wenn dieses natürlich auch an und für sich weder für vollständig noch für ursprünglich gelten dürfte. Wir haben daher mehrfach aus dem veränderten Glauben durch

---

[20] Weniger heftet sich die Sage an berühmte Männer der Vorzeit, sie hat nur das Andenken an einige besonders ausgezeichnete Persönlichkeiten bewahrt.

Kritik und durch Vergleich reinerer religiöser Anschauungen den echteren herzustellen, obgleich wir hier häufig nur auf Ahnungen beschränkt sind.
In die Volkssage hat sich besonders die mythische Naturanschauung des Heidentums geflüchtet: Eine jede Einzelerzählung dient hier in der Regel zum Beleg für einen allgemeineren Glauben. Das *Volksmärchen*[21], welches gewöhnlich weder Namen noch lokale Anknüpfungen kennt, enthält, so weit es für unsere Untersuchung in Betracht kommt, vorzugsweise aus ihrem ursprünglichen Zusammenhang gerissene und für sich in veränderter phantastischer Gestalt hingestellte Mythen. Durch die hinzutretende freiere Erfindung, durch Vermischen anfangs getrennt bestehender Erzählungen, durch Anpassung an die jeweilige Zeit, in welcher sie wiedergeboren werden, und an die zuhörende Jugend, durch Übertragung von einem Volk auf das andere, sind die mythischen Elemente der Märchen so verwildert, dass der Hauptinhalt derselben für uns in seinen mythologischen Beziehungen schwer verständlich geworden ist. Wie vermögen wir diese zersprengten Mythenanklänge zu deuten? Die Charaktere der handelnden Hauptpersonen sind meistens schon zu gewöhnlichen menschlichen geworden, bei welchen nur der häufige Gegensatz von böse und gut, fromm und gottlos, eine mythische Verschiedenheit oder einen mythischen Gegensatz ahnen lässt. Häufig lässt sich auch in dem Märchen zwischen lebendig poetischen Auffassungen und mythischen Anschauungen schwer eine Grenze ziehen. Am Verständlichsten ist auch hier noch das Beiwerk geblieben, das lokal der Haupthandlung und die dienenden mythischen Wesen, welche den Hauptpersonen hilfreich zur Seite stehen. In den meisten Fällen wird aber das Märchen nur zur Bestätigung desjenigen dienen, was in anderen Quellen in reinerer Gestalt vorliegt.
Überhaupt sind Sagen und Märchen zusammengenommen größtenteils unselbständige Quellen, welche nur durch Verbindung mit zuverlässigen Nachrichten bedeutenden Wert erhalten können. Eine noch unselbständigere Quelle ist jedoch der *Aberglaube*, welcher sich in den niederen Volksklassen, besonders auf dem Land, noch in großen Massen vorfindet. Ein bedeutender Teil desselben hat unserer Ansicht nach mit der deutschen Mythologie nichts zu schaffen, obgleich man in neuerer Zeit geneigt scheint, fast jede Sammlung von abergläubischen Meinungen und Gebräuchen für einen Beitrag zu derselben zu halten.[22]
Für den Aberglauben ist es besonders charakteristisch, dass er einen Kausalnexus[23] zwischen Gegenständen oder Begebenheiten sucht, zwischen welchen vernünftiges

---

[21] Nur von solchen, nicht von erfundenen, kann hier die Rede sein. Ich bediene mich gewöhnlich der 2. Ausgabe der Kinder- und Hausmärchen der Brüder Grimm (KM).

[22] Bei diesen Sammlungen, welche in löblicher Absicht von mehreren unternommen sind, sollte mit größerer Auswahl verfahren werden als bei der Sammlung und Bekanntmachung von deutschen Volksagen, welche doch wenigstens, wenn sie auch nichts Mythisches enthalten, häufig ein poetisches Interesse haben.

[23] *Der Kausalnexus ist die Kausalität ursächlicher Zusammenhänge, die Verbindung durch Ursache und Wirkung. Der Nachweis ist die Grundlage jeder wissenschaftlichen Betrachtung der Dinge. (rs)*

Nachdenken keinen solchen Zusammenhang entdecken kann.[24] Ein solcher Kausalnexus besteht bisweilen wirklich zwischen den dem Glauben nach aufeinander einwirkenden Dingen und man findet denselben, sobald man das als Ursache Gedachte etwas anders fasst, besonders sich die für einen speziellen Fall als geltend angenommenen Gründe in ihrer Allgemeinheit denkt. Wenn z. B. ein Aberglaube Eheleuten die Vorschrift gibt, von ihrem Hochzeitsbrot aufzubewahren, damit sie nie Mangel an Brot leiden, so liegt darin die höchst einfache Regel: Spare die Vorräte, die du hast, und du wirst keinen Mangel leiden. Diese Regel ist indes durch ihre individuelle Fassung so missverstanden, dass das Volk sie nur in ihrer speziellen Anwendung für wahr hält, wodurch denn eben ein törichter Aberglaube entsteht. Aber die meisten abergläubischen Meinungen entspringen daher, dass man einen Kausalnexus zwischen *zufällig* sich begegnenden Begebenheiten oder Dingen sucht, der in der Wirklichkeit nicht existiert. Wenn es z. B. heißt: Eine Henne setze man zum Brüten, wenn die Leute aus der Kirche kommen, oder wenn der Schäfer seine Herde austreibt, dann kommen viele Junge aus, so sieht man ganz deutlich, wie das zahlreiche Kommen der Leute aus der Kirche und das Auskommen der jungen Hühner eine zufällige Ideenassoziation hervorgerufen hat, welcher sich nachher in einen Glauben umwandelt, nach welchem diese beiden Begebenheiten notwendig aufeinander einwirken. Diesen notwendigen Zusammenhang des Zufälligen findet der Aberglaube besonders zwischen der Gegenwart und Zukunft, weshalb er so gern in besonderen Ereignissen Andeutungen des künftig Geschehenden sieht.
Man kann nicht leugnen, dass der Aberglaube bisweilen durch die sinnreiche Verbindung von zufälligen, aber doch in einer Hinsicht ähnlichen Dingen, wenn man eben von der Unzuverlässigkeit des Kausalnexus absieht, geradezu witzig wird oder selbst auch einen Anflug von Poesie erhält. Oft ist derselbe auch nur eine poetische Idee, welche namentlich durch eine lebendige Auffassung der Natur hervorgerufen ist. Zum Beleg dieser Ansicht möge Nr. 972 dienen. Hier heißt es: Eiche und Nussbaum haben Widerwillen gegen einander und können nicht zusammen stehen, ohne zu verderben. Ebenso Schwarzdorn und Weißdorn: Stehen sie zusammen, so behält der Weißdorn allemal die Oberhand, der Schwarzdorn geht ein. –

Was ist das anders als eine lebendige Anschauung der verschiedenen Natur dieser Gewächse, denen gewissermaßen menschliche Gefühle und menschliche Leidenschaften beigelegt, und die eben deshalb nur als feindselig aufeinander einwirkend gedacht werden? Man würde ohne weiteres hier den Stoff zu einer Fabel haben. Wir sehen aber zugleich, wie diese Art von Aberglauben schon an der Grenze der Mythologie liegt; denn man gehe bei dem angeführten Beispiel nur einen Schritt weiter und

---

[24] Z. B., wenn es heißt: Vieh, das geschlachtet wird, soll man nicht bedauern, sonst kann es nicht sterben (Nr. 297 der Sammlung in Grimms d. Mythol.). Dass manches, was jetzt Aberglaube ist, weil es nicht mehr verstanden wird, früher, als es entstand, sehr vernünftig und anerkennenswert sein möchte, hat Leo ausgeführt in Raumers histor. Taschenbuch 6, 390.

sondere in Gedanken lebende Wesen ab, welche diese Gewächse bewohnen, so entspringt der Begriff von Dryaden[25].
Hierdurch glauben wir schon hinlänglich gezeigt zu haben, dass ein großer Teil des jetzt noch bestehenden Aberglaubens nicht in den Bereich der deutschen Mythologie gehört. –

Sehen wir aber auch von dem Inhalt einzelner abergläubischer Meinungen ab, so ist außerdem noch anzunehmen, dass mancher Aberglaube, der jetzt schon ein altertümliches Ansehen hat, wohl erst in christlichen Zeiten entstand. Eine andere Masse wird freilich schon in den Zeiten des Heidentums dagewesen sein, aber in keiner anderen Form, als in welcher wir ihn jetzt kennen. Man braucht nur einige alte isländische Sagen durchzulesen, um gewiss zu werden, dass in heidnischen Zeiten schon mancher Aberglaube fast auf die nämliche Weise wie jetzt bestand, wodurch man denn zugleich die Überzeugung gewinnt, dass häufig in demselben nichts weiter zu suchen ist, als was er ausspricht, dass er damals oft ebenso wenig zu der eigentlichen Religion gehörte wie heute, sondern nur einen Teil von jenen unentwickelten, nicht zu vollständigen Ausbildung gelangten Vorstellungen ausmachte, die wir in den meisten Religionen als Überbleibsel einer früheren niedrigeren Kulturstufe vorfinden, welche sich erstarrt und unverständlich forterhielten. Darum hat auch der Aberglaube der verschiedensten Völker oft die größte Ähnlichkeit.
Hieraus folgt, dass der Aberglaube nur eine dürftige Quelle für die deutsche Mythologie sein kann.[26]
Er kann überhaupt nur als Quelle für dieselbe angesehen werde, wenn der Kausalnexus, der zwischen zufälligen Dingen angenommen wird, in religiösen Vorstellungen seinen Grund hat. Insofern führt er uns insbesondere auf das Gebiet der heidnischen Symbolik und Mantik und gestattet in dieser Beziehung einige Schlüsse auf die religiösen Anschauungen der Vorzeit, oder wird umgekehrt, was fast noch häufiger der Fall ist, durch diese erläutert. Es wird z. B. deutlich, weshalb es ein glückliches Vorzeichen für eine Unternehmung ist, wenn einem Menschen ein Wolf begegnet, so bald wir wissen, dass der Wolf das heilige Tier des Wodan war, also auf Sieg deutete. War das Rotschwänzchen das heilige Tier des Donnergottes, so erkennen wir leicht, warum man noch jetzt glauben kann, dass das Gewitter da nicht einschlage, wo dieser Vogel nistet.
In anderen Fällen finden wir in dem Aberglauben auch Spuren von ehemaligen Kultur- und Festbräuchen. Wenn es z. B. Jungfrauen in der Andreas-[27] oder Weih-

---

[25] *Die Dryaden, sog. Dryas, sind die in den Bäumen (griech. drys, Eiche, Baum) lebenden Nymphen. Während die übrigen Nymphen als langlebig, aber nicht unsterblich galten, glaubte man, dass Dryaden mit dem Leben ihres Baumes endeten.*
Zitiert nach: www.mythologica.de/dryaden.htm. (rs)

[26] Wie denn auch die klassische Mythologie, welche vollständigere Quellen besitzt, bis jetzt mit Recht auf den Aberglauben wenig Rücksicht genommen hat.

[27] *Die Andreasnacht ist die Nacht zum 30. November (Andreastag), dem Todestag des Hl. Andreas. Nach altem Volksglauben ist diese Nacht (sogenannte Losnacht, wie auch Weihnachten, Silvester oder Hl. Thomas (21.12.)) besonders dazu geeignet, den gewünschten*

nachtsnacht nach dem Glauben des Volkes durch diese oder jene Handlung bewirken können, dass sie ihren künftigen Gatten im voraus sehen, es wird nicht zufällig sein, dass sie eben zu dieser Zeit solche Bräuche vornehmen. Vielmehr ist mit Wahrscheinlichkeit daraus zu folgern, dass in dieser Zeit früher der Kultur einer Gottheit besonders hervortrat, welche den Ehen vorstand, und dass ähnliche Bräuche, durch welche man ein solches Orakel erhielt, schon ehemals bestanden. Indessen bleibt uns, wir wiederholen es, der größte Teil des jetzt noch bestehenden Aberglaubens unverständlich.[28]

Zu dem Aberglauben sind insbesondere noch die *Beschwörungen* und *Segensformeln* zu rechnen, welche zur Heilung einer Krankheit oder zur Abwendung einer Gefahr, oft mit besonderen Zeremonien und Bräuchen, ausgesprochen werden müssen, und sich zum Teil noch jetzt in den niederen Volkklassen erhalten haben, zum Teil in Handschriften vorkommen.[29] Sie sind meistens poetisch abgefasst und schließen gewöhnlich mit einer Anrufung Gottes, Christi und der Heiligen. Ihr Eingang ist häufig episch, der mittlere Teil enthält die für den Gegenstand der Beschwörung besonders wirksamen Worte. Dass sehr viele von diesen Segensformeln noch aus den heidnischen Zeiten stammen, in welchen denn natürlich die ehemaligen Götter die Stelle der christlichen Heiligen einnahmen, wird dadurch deutlich, dass in einzelnen noch wirklich heidnische Wesen angerufen werden.[30] Besonders wird aber der heidnische Ursprung derselben dadurch erwiesen, dass jener thüringische Zauberspruch über den verrenkten Fuß eines Pferdes sich der Hauptsache nach in einer dänischen Formel so erhalten hat, dass Christus an der Stelle von Wodan und Baldr steht.[31] Obgleich aber dieser zufällige Umstand uns besonders erst den heidnischen Ursprung der Segensformeln aufgeschlossen hat und uns einen tieferen Blick in das altheidnische Zauberwesen tun lässt, so kann doch von allen christlich umgewandelten Formeln höchstens nur im Allgemeinen gelten, dass sie veränderte Reste des Heidentums sind, welche aber im Einzelnen, da wir nicht wissen können, welche heidnische

---

künftigen Ehepartner an sich zu binden oder erst mal herauszufinden, wer es denn sein wird. Dies begründet sich darin, dass der Hl. Andreas nicht nur Schutzheiliger der Fischer, sondern auch der Liebenden und des Ehestandes ist.
Zitiert nach: de.wikipedia.org/wiki/Andreasnacht. (rs)

28 Wir nehmen in diesem Buch deshalb nur in soweit auf den Aberglauben Rücksicht, als wir ihn mit den religiösen Anschauungen unserer Voreltern in eine engere Verbindung setzen können.

29 Viele Segensformeln sind in d. Mythol. S. CXXVI–CXLIX abgedruckt. Vgl. außerdem Mones Anzeiger zur Kunde d. d. Vorzeit, Jahrg. 6, Sp. 459–477. 7, 188. 420–422, 608. Altdeutsche Blätter von Haupt und Hoffmann II, S. 1. 266–273, 323. Haupts Zeitschrift III, 41, 42, 358 ff. Schreibers Taschenbuch 1839, S. 318 ff., Adalb. Kuhn, Märkische Sagen, S. 388. Mone, Übersicht der niederländischen Volksliteratur, 334 ff. Unter Einzelnen findet oft eine große Ähnlichkeit statt.

30 Z. B. die Namen Erce und Fasolt. D. Mythol. CXXX, CXXXII.

31 In dieser dänischen Formel heißt es: Jesus ritt zur Heide; da ritt er das Bein seines Fohlens entzwei. Jesus stieg ab und heilte es; er legte Mark in Mark, Bein in Bein, Fleisch in Fleisch; er legte darauf ein Blatt, dass es in derselben Stelle bleiben sollte. Vgl. Grimm über zwei entdeckte Gedichte, S. 21. D. Mythol. CXLVIII.

Wesen früher an der Stelle der christlichen Namen angerufen wurden, uns nicht weiter führen, wenn nicht ein Zufall uns über ihre echte Gestalt aufklärt.

Eine andere Quelle eröffnet sich uns noch in den *deutschen Sitten.* Da überhaupt jedes Volk an seinen altherkömmlichen Gewohnheiten festzuhalten pflegt, selbst wenn es die Bedeutung derselben nicht mehr einsieht, so hat sich auch bei uns noch mancher Brauch erhalten[32] oder ist erst vor kurzem erloschen, der seinem Ursprung nach dem Heidentum angehört, aber natürlich seine Beziehung zu demselben verloren oder sich an christliche Ideen angelehnt hat. Es kommen hier besonders Volksbelustigungen und Umzüge in Betracht, welche zu gewissen Zeiten des Jahres in verschiedenen Gegenden angestellt werden. Sie fallen freilich häufig auf christliche Festtage, stehen aber doch mit ihnen in keinem inneren Zusammenhang und es werden viele deshalb schon für Spuren heidnischer Kultusbräuche und Festfeierlichkeiten zu halten sein. Dass dem wirklich so sei, erkennen wir daraus, dass einige von diesen Bräuchen, wie z. B. das Anzünden von Feuern, schon in den Zeiten der Bekehrung als heidnisch verboten wurden und sich auch in dem Heidentum anderer Völker nachweisen lassen. Aber wir wissen nicht, welchen Gottheiten diese Bräuche galten, oder welchen zu Ehren diese Feierlichkeiten angestellt wurden: Nur bei einzelnen lässt sich ihr ursprünglicher Zweck und ihre wahrscheinliche Bedeutung erraten; meistens können sie nur in ihrer Absonderung und Zusammenhanglosigkeit betrachtet werden. Zudem mischen sich hier besonders die Sitten unserer Nachbarn, der Kelten und Slawen, in die deutschen.

Zuletzt sei hier noch des älteren deutschen Gerichtswesens und der altherkömmlichen Rechtsgebräuche gedacht, welche insofern auch unter die Quellen der deutschen Mythologie gerechnet werden dürfen, als in ihnen mehrfach ein Zusammenhang mit heidnischen religiösen Vorstellungen und Bräuchen ersichtlich ist. Es ist nun freilich dieser Gewinn schon nicht gering anzuschlagen, dass wir wissen oder doch schließen können, dass Recht und Religion bei unseren Vorfahren innig miteinander verbunden waren und sich gegenseitig durchdrangen, dass namentlich, um hier gleich einige Beispiele anzuführen, die Gerichtsplätze mit den Opferplätzen häufig dieselben waren, dass die Strafen, besonders die Hinrichtungen, eine enge Beziehung zur Religion hatten, aber Bereicherungen im Einzelnen kann die deutsche Mythologie doch nur selten aus den Rechtsaltertümern entnehmen. Hauptsächlich gestatten nur jene sinnigen Symbole, an welchen unser Recht so reich war, welche jedenfalls dem grauesten Altertum angehören und meistens auf einem religiösen Grund beruhen, einige für die Erkenntnis des deutschen Heidentums nicht unwichtige Schlüsse.

Da aus dieser Übersicht hervorgeht, dass die gesamten Quellen der deutschen Mythologie nur zerstreute Einzelheiten und Äußerlichkeiten liefern, oder, wenn sie auch hier und da einen Blick in die innere Gemütswelt des deutschen Volkes gestatten, doch keine Bürgschaft für die Treue der Überlieferung haben, so hat man zur Ergänzung der dürftigen einheimischen Überbleibsel die altnordische Religion zu Hilfe genommen, indem man von der Überzeugung ausging, dass dieselbe mit der deutschen

---

32 Ungeachtet dergleichen früher von der Geistlichkeit, später wegen des häufig sich damit verbindenden Unfugs von der Polizei verfolgt wurde.

identisch oder wenigstens von ihr doch nicht sehr verschieden sei. Um nun das Verhältnis der nordischen Mythologie zu der deutschen und ihre Anwendung als eines Hilfsmittels für diese genau erörtern zu können, haben wir zweierlei in Erwägung zu ziehen: Einmal, in welchem Umfang die nordischen Quellen auf Vollständigkeit Anspruch machen können, dann aber, welcher Grad der Gleichheit oder Ähnlichkeit zwischen der Religion der Skandinavier und der Deutschen aller Wahrscheinlichkeit nach stattgefunden haben mag.

Zwei günstige Umstände haben dazu gewirkt, dass uns in die nordische Religion verhältnismäßig eine tiefere Einsicht gestattet ist als in die deutsche. Wir rechnen dahin die Erhaltung mehrerer einheimischen Originalquellen und den Umstand, dass das Heidentum sich im Norden länger erhielt, dass also auch in dem Volksglauben und den Volkssagen sich mehr heidnische Elemente und ungetrübter erhalten haben als in Deutschland. Wir glauben indes, dass der Wert der noch ins Heidentum oder in die ersten Jahrhunderte des Christentums hinaufreichenden Quellen, auf welche es uns hier hauptsächlich ankommt,[33] zu hoch geschützt ist, eben weil man die Armut der Deutschen zu empfindlich fühlte.

Es kommt hier zunächst die Sammlung heidnischer Gedichte in Betracht, welche, weil sie von Sæmund dem Weisen veranstaltet sein soll,[34] unter dem Namen Sæmunds Edda bekannt ist. Obgleich das Alter dieser Gesänge, welche Mythen, Heldensagen und gnomische Dichtungen enthalten, sehr verschieden ist, da einzelne erweislich schon christliche Ideen zeigen, so darf der Hauptbestandteil derselben doch mit Sicherheit in das 8. und den Anfang des 9. Jahrhunderts gesetzt werden. Denn wenn auch zur Beurteilung ihres Alters die Kritik ihrer Sprache äußerst wenig mitwirkt, so lässt doch die Färbung und Form dieser Dichtungen erkennen, dass sie wegen ihrer größeren Einfachheit und Natürlichkeit meistens noch vor die künstlichere Skaldendichtung des 9. Jahrhunderts gestellt werden müssen.[35]

Die Erhaltung der älteren Edda ist freilich schon deshalb unschätzbar, weil sie uns einen Überblick über eine Kosmogonie, über ein Göttersystem und die sich an dassel-

---

[33] Eine vollständige Übersicht über die Quellen der nordischen Religion bleibt hier ausgeschlossen; sie gibt C. F. Koeppen: Literarische Einleitung in die nordische Mythologie. Berlin 1837. Doch ist in diesem Werk die spätere Volkssage nicht berücksichtigt.

[34] Dass der isländische Priester Sæmund (†1133) diese Gesänge wirklich gesammelt habe, ist nicht zu beweisen. Im Jahr 1643 fand Brynjulf Svendsen, Bischof von Skalholt, eine alte Handschrift isländischer Gedichte (den jetzt zu Kopenhagen befindlichen vor der Mitte des 14. Jahrhunderts geschriebenen codex regius der Edda); er ließ sie abschreiben und setzte auf die Abschrift den Titel: *Edda Sæmundar hins frôda* (Edda Sæmunds des Weisen). S. die Einleitung zu der Kopenhagener Ausgabe der Edda, p. XLI, und die Lebensbeschreibung Sæmunds ebenda. P. VII; vgl. Koeppen a.a.O., S. 56. – Bergmann Poëmes Islandais, p. 16, stellt auf, dass diese Gesänge erst gegen das Ende des 13. oder den Anfang des 14. Jahrhunderts gesammelt, also als Sammlung selbst später als die jüngere Edda seien. Allerdings spricht für diese Ansicht, dass der Verfasser der jüngeren Edda einige Gedichte der älteren, namentlich Lokasenna und Odhins Rebenzauber, nicht gekannt zu haben scheint.

[35] Vgl. Dietrich, altnordisches Lesebuch, S. XXff.

be anschließenden Mythen gibt, was wir alles in Deutschland vergebens suchen. Aber es schadet dem Quellenwert dieser Dichtungen doch augenscheinlich, dass sie Produkte einer Kunstpoesie sind.[36] Denn daher ist es gekommen, dass die Mythen hier selten in einer einfachen objektiven Gestalt erzählt werden.[37] Gewöhnlich werden die Religionslehren Göttern oder auch weisen Seherinnen in den Mund gelegt, oder es wird statt der Erzählung die dramatische Form gewählt. Diese Art der Ausführung bringt es mit sich, dass manches nur angedeutet wird, worüber wir bei dem Mangel anderweitiger Quellen keinen näheren Aufschluss finden. Bisweilen wird eben dadurch ein Gedicht in absichtliches Dunkel gehüllt und eine gewisse mythologische Gelehrsamkeit ostentiert. Nomenklaturen aller Art, besonders unendlich zahlreiche Benennungen von Göttern und anderen mythischen Wesen, füllen öfter den Raum, wo lebendige Mythen und lieber sein würden. Auch kann ich mich nicht enthalten zu glauben, dass schon zu der Zeit der Abfassung dieser Gedichte gewisse Teile der Mythologie entweder vorzugsweise zur poetischen Behandlung geeignet schienen, oder doch aus irgendwelchen Gründen besonders hervorgesucht wurden. Denn wir finden bei den Skaldengedichten der zunächst folgenden Periode, so viel aus den zerstreuten Bruchstücken hervorgeht, dass diese Beschränkung auf einzelne Gegenstände der Mythologie immer mehr zunimmt, da die Fragmente derselben oft auf verschiedene Behandlungen desselben Stoffes weisen und zugleich die aus der Mythologie hergenommenen Bilder und Vergleiche sich immer mehr auf einige stehend gewordenen einschränken.

Um den Wert der jüngeren Edda[38] nicht zu überschätzen, müssen wir vor allem daran erinnern, dass sie erst in christlichen Zeiten abgefasst wurde, dass ihre Quelle also nicht der lebendige heidnische Volksglaube sein konnte, welcher damals, wenn auch

---

36 Ich weiß freilich wohl, dass man diese Dichtungen in der Regel für alte Volksgesänge hält, und ich will auch ihren Zusammenhang mit der Volkspoesie nicht ableugnen. Aber als reine Volkslieder betrachtet, haben sie doch einen viel zu künstlichen Charakter. Dagegen schließen sie sich ihrer Hauptfärbung nach der Skaldendichtung nahe an und stehen offenbar in Verwandtschaft zu derselben. Einige Gedichte, z. B. Odhins Rabenzauber, können an jener Künstlichkeit oder reflexmäßigen Überkünstelung, durch welche die altnordische Dichtung zu Grunde ging, mit ihr wetteifern.

37 Mit Recht hält daher Dietrich S. XX Hymisquidha und Thrymsquidha, welche besonders durch ihre einfachere Objektivität anziehen, für älter als selbst die Völuspâ.

38 Für Leser, welche mit der nordischen Literatur nicht vertraut sind, bemerken wir hier Folgendes: Die jüngere Edda ist der gewöhnlichen Annahme nach von dem Isländer Snorri Sturleson († 1241) verfasst, obgleich das ganze wohl aus verschiedenen Zeiten und von verschiedenen Verfassern stammt. Die vollständigste Ausgabe der Snorra-Edda von Rask (Stockholm 1818) enthält außer anderen Zugaben 1. zwei mythologische Abhandlungen oder in Gesprächsform eingekleidete Mythensammlungen. 2. *Kenningar* und *Heiti*, oder poetische Benennungen und Umschreibungen, die oft durch eingestreute mythische Erzählungen und Dichterstellen erläutert werden, und poetische Synonyme, welche beide auch unter dem gemeinschaftlichen Namen *Skalscaparmal* zusammengefasst werden. 3. *Bragarhaettir*, eine Verslehre. Vgl. besonders P. E. Müller, Über die Echtheit der Asalehre und den Wert der Snorrischen Edda, übersetzt von Sander. Kopenhagen 1811; Koeppen, Litterärische Einleitung, S. 93ff.

noch nicht spurlos verschwunden, doch wenigstens als gar nicht mehr bestehende angesehen wurde. Auch wies der Zweck, mit welchem das Ganze angefertigt wurde, junge Dichter mit der heidnischen Mythologie, welche noch in christlichen Zeiten in der Poesie angewandt wurde, bekannt zu machen, darauf hin, zunächst nur vorliegende Gedichte zu benutzen. Aus ihnen wurden die verschiedenen Bezeichnungen der Götter und anderer mythischen Wesen genommen; aus denselben Quellen, namentlich den Gesängen der älteren Edda, die der Verfasser aber nicht einmal alle vor sich hatte, und einigen anderen Gedichten, stammen auch die beiden mythologischen Abhandlungen, welche eine zusammenhängende Übersicht über die alte Mythologie zu gleichem Zweck geben. –

Beide Abhandlungen haben eine ersichtlich willkürliche mythische Einkleidung, was uns zeigt, dass jene bemerkten ähnlichen Einkleidungen der Eddalieder in den meisten Fällen gleichfalls erfunden sein mögen. –

Derselbe Zweck führte aber auch in einigen Fällen Beschränkung, in anderen eine größere Ausführlichkeit mit sich. Darum finden wir, dass einzelne Gottheiten mit besonderer Aufmerksamkeit, andere aber sehr kurz behandelt, bisweilen nur eben namhaft gemacht werden, entweder, weil der Verfasser nichts weiter über sie vorfand, oder nicht ausführlicher über sich berichten wollte. Das System, welches diese Abhandlungen in die nordische Weltanschauung und den skandinavischen Götterglauben gebracht haben, hat für uns am wenigsten Gewicht, da eine kritische Untersuchung desselben zeigt, dass es an mehreren Stellen unzweideutige Kennzeichen verschiedenartiger religiöser Anschauungen trägt, deren Abweichung voneinander entweder in dem verschiedenen ursprünglichen Lokal der Mythen seinen Grund hat, oder durch Mischung mehrerer Ideen, welche durch die Zeit voneinander getrennt waren, entstanden ist.

Diese Bemerkungen sollten vornehmlich zeigen, dass die Hauptquellen der nordischen Mythologie, die beiden Edden, deren Echtheit wir übrigens ebenso wenig angreifen wie ihren Wert verkleinern wollen, durchaus nicht darauf Anspruch machen können, uns irgendwie vollständig über die skandinavische Religion zu belehren. Denn beide Denkmäler lehren uns dieselbe besonders so kennen, wie sie von den Dichtern aufgefasst und ausgebildet wurde. Aber ebenso wenig wie wir aus den griechischen Dichtern, wenn wir auch Homer, Hesiod, Pindar und die Tragiker zusammenfassen, die griechische Religion in ihrem ganzen Umfang kennen lernen, ebensowenig dürfen wir glauben, dass in den Edden die nordische uns vollständig vorliegt.

Wir vermissen in den Edden besonders Nachrichten über die Verehrung der Götter und über Kultbräuche, welche durch ihre Beziehung auf die Mythen erst recht ihr Wesen und ihre Bedeutung ins Licht setzen. Einzelne Andeutungen, welche sich in den teils mythischen, teils auf einem geschichtlichen Grund beruhenden oder ganz historischen Sagen finden, von denen eine große Menge, namentlich von Isländern verfasst, vorliegt, ergänzen diesen Mangel einigermaßen und schließen uns hin und wieder neue Seiten des nordischen Heidentums auf. Was wir aber besonders schmerzlich entbehren, ist eine vorurteilsfreie und mit dem Zweck der Belehrung unternommene Aufzeichnung von heidnischen Bräuchen und Götterkulten, in größerer Vollständigkeit und weiterer Ausdehnung, als wir sie bei Adam von Bremen, der sich nur auf den Tempel zu Upsala beschränkt,[39] vorfinden; oder es fehlt uns ein nordischer Pausanias.

Als sich im Norden eine allgemeine zusammenfassende Geschichtsschreibung auf den Grund der früheren Einzelgeschichten aufzubauen anfing, war das Heidentum schon so verdunkelt, dass die christlichen Geschichtsschreiber sich wenig in dasselbe finden konnten. Da sie nicht umhin konnten, das Heidentum mit christlichen Ideen anzusehen und sich auf ihre Weise dasselbe zu erklären, verfielen sie dadurch auf einen Euhemerismus[40], nach welchem sie in den alten Göttern nur gewöhnliche Menschen,[41] höchstens Zauberer sahen, welche sich durch ihre Künste zu einem solchen Grad von Ansehen emporgeschwungen hätten, oder sie suchten die Mythen durch Anknüpfung an antike Sagen zu erklären.[42] Der Däne Saxo Grammaticus[43], der freilich gleichfalls die heidnischen Götter für Zauberer hält, hat dennoch eine bedeutende Wichtigkeit für die nordische Mythologie, weil er es nicht verschmähte, die alten Sagen und Mythen seines Volkes, so wie sie sich bis auf seine Zeit in Liedern und in prosaischer Form erhalten hatten, in sein Werk aufzunehmen.

Obgleich daher die ersten acht Bücher seiner dänischen Geschichte für die eigentliche Historie ohne Ausbeute sind,[44] da die darin erzählten Begebenheiten kritisch beleuchtet, entweder gar keine oder nur höchst geringe geschichtliche Anknüpfungen bieten, so sind sie doch für die Mythologie und die Mythenforschung insbesondere von großem Wert. Es erscheinen namentlich an der Spitze seiner Geschichte mehrere Personen als dänische Könige, deren Begebenheiten nicht nur einen mythischen Boden haben, sondern die oft geradezu für Götter zu halten sind, bisweilen selbst so unverdeckt auftreten, dass sie nicht einmal den göttlichen Namen abgelegt haben. Die Übereinstimmung dieser Sagen mit anderen skandinavischen bekräftigt auf der einen

---

39 Doch sind die wenigen Andeutungen dieses Schriftstellers von großer Wichtigkeit.

40 *Euhemerismus (nach dem griechischen Philosophen Euhemeros, um 300 v. Chr.) bedeutet die (rationalistische) Deutung von Mythen und Religionen.*
Zitiert nach dem Duden/Fremdwörterbuch. (rs)

41 Dieser Euhemerismus wiederholte sich, wenn auch in anderer Form, im 18. Jahrhundert.

42 Die auffallendsten Beispiele liefern die Vorrede zur jüngeren Edda und die Ynglîga-Sage.

43 *Saxo, mit dem Beinamen Grammaticus (der Gelehrte), war ein dänischer Geschichtschreiber (* um 1150, † um 1216) und Schreiber des Roeskil der Bischofs Absalon. Er verfaßte auf dessen Anregung in vorzüglichem Latein die berühmte „Historia danica", die vom fernsten Altertum bis 1184 reicht. Die neun ersten Bücher enthalten eine lebensvolle und anschauliche Darstellung der dänischen Vorzeit auf Grund der heimischen Sage, aber keine wirkliche Geschichte. Die sieben letzten Bücher dagegen bieten eine meisterhafte Schilderung der historischen Zeit, besonders der des Königs Waldemar I. und Absalons, der Wendenkriege etc., und sind die wichtigste Geschichtsquelle derselben. Zitiert nach: Meyers Großes Konversations-Lexikon. Leipzig 1905-1909, Band 17, S. 652.*

44 Ich verweise auf Dahlmanns bekannte Abhandlung über Saxo in den Forschungen etc. I, 151 ff.

Seite ihre mythische Natur; auf der andern lässt sie einen reicheren nordischen Mythenschatz ahnen, als wir ihn sonst annehmen dürften.

Aber die Vorzüge dieser Quelle werden durch Anderes, was sich uns bei dem Lesen des Saxo aufdrängt, verdunkelt. Diese Erzählungen sind uns in so verdunkelter Gestalt überliefert, dass sie nicht selbständig für sich bestehen, sondern fast immer nur als sekundäre Quellen benutzt werden können, weil sie mehr die Form von Sagen angenommen, als das echt mythische bewahrt haben.[45] Daher sind wir in den meisten Fällen nicht im Stande, das Sagenhafte von dem Mythischen zu unterscheiden, sondern müssen das, was uns hier in poetischer Fülle überliefert ist, unbenutzt liegen lassen, wenn uns nicht anderswo in reinerer Gestalt überlieferte Mythen klarer zeigen, auf welchem Boden wir uns befinden. Wie würde man z. B. ohne die Edden die Erzählung von Balder und Hother für das erkennen, was sie wirklich ist? Und halten wir dieselbe zu dem eddischen Mythos von Balders Tod, wie sehr erscheint Saxos Bericht entstellt! Der mythische Gegensatz zwischen den beiden Göttern ist ganz verloren gegangen, oder wird doch als eine gewöhnliche menschliche Feindschaft aufgefasst, welche beiderseitiges Bemühen um den Besitz der schönen Nanna herbeigeführt hat.

So wichtig daher Saxo für denjenigen sein würde, welcher darstellen wollte, wie sich die heidnischen Mythen des Nordens in den ersten Zeiten des Christentums erhielten und umgestalteten, so wenig können wir sein Werk, einige Einzelheiten abgerechnet, als eine selbständige mythologische Quelle ansehen: Ja, wir halten das schon für eine Überschätzung dieses Schriftstellers, wenn Stuhr seine sagenhaften Erzählungen für ein fortlaufendes Epos ansieht, in dem die früheste Geschichte des Gemütes des dänischen Volkes dargestellt sei und das die Schilderung der abwechselnden inneren Zustände derselben enthalte;[46] denn auf den chronologischen Zusammenhang, in welchen Saxo seine Erzählungen gebracht hat, und die Reihe derselben, haben wir wenig zu geben.

Aus diesem allen geht hervor, dass uns nicht einmal die nordische Religion in einer solchen Ausdehnung bekannt ist, wie es erforderlich wäre, um sie nach allen Richtungen durchforschen und in ihrem Verlauf verfolgen zu können. Der vielgerühmte Reichtum der mythologischen Quellen des Nordens verschwindet auf einmal, sobald man sie gegen die der griechischen Religion hält, gegen die außerordentliche Fülle der Mythen, gegen die Menge über das Wesen der Götter belehrender Kulturbräuche und gegen die große Anzahl aus der Mythologie hergenommener plastischer Darstellungen.[47] Man stelle nur, um sich den Reichtum auf der einen und die Armut auf der anderen Seite klar zu machen, den allem Anschein nach nicht unbedeutenden Gott Ullr, von welchem wir nur wissen, dass er der beste Bogenschütze und Schneeschuh-

---

[45] Sage und Mythos sind oft miteinander verwechselt. Eine Sage, wenn sie auch keinen historischen Grund hat, ist darum noch kein Mythos.

[46] Abhandlungen über nordische Altertümer, S. 20. – Saxo konnte seine Sagen doch nur so aufzeichnen, wie er sie zu seiner Zeit vorfand. Und jede Sage ist, mag sie auch noch so viel Altertümliches enthalten, einer steten Veränderung ausgesetzt.

[47] Von plastisch dargestellten Mythen haben wir im Norden nur eine Spur in der Laxdælasage, c. 29; vgl. darüber die Bemerkungen von Finn Magnusen, ebenda, S. 386 ff.

läufer war, dass bei einem ihm geheiligten Ring Eide abgelegt wurden, und dass er bei Zweikämpfen angerufen wurde, mit dem griechischen Apollo zusammen und setze den Fall, auch von diesem Gott wüssten wir nur, dass er ein guter Bogenschütze war, Krankheiten heilte und Orakel gab; dann wird es nicht befremden, wenn wir über die Dürftigkeit der nordischen Quellen klagen. Ob die skandinavische Religion überhaupt jemals den Ideenreichtum aufzuweisen hatte wie die griechische, dürfen wir allerdings mit Recht bezweifeln; dass aber sehr viel verloren gegangen ist, kann sicher angenommen werden.

Nichtsdestoweniger reichen die besprochenen Quellen doch hin, um die nordische Religion als ein in sich Zusammenhängendes erkennen zu können, während die Einzelheiten, welche wir von der deutschen wissen, von wenigen Punkten abgesehen, nur als beschädigte Trümmer eines Gebäudes erscheinen, zu dessen Wiederherstellung uns der Grundriss fehlt. Diesen Grundriss erhalten wir eben durch die nordische Mythologie, da wir sehen, dass Mehreres von den deutschen Trümmern gar wohl zu demselben passt. Wir dürfen danach mit Sicherheit schließen, dass auch die deutsche Religion, wenn sie uns in ähnlicher Vollständigkeit wie die nordische überliefert wäre, im Ganzen denselben Zusammenhang haben würde, und nehmen deswegen zu diesem letzten Mittel, welches uns übrig bleibt, unsere Zuflucht, um ihren zerstreuten Einzelheiten eine Stelle anweisen zu können.

Obgleich außerdem noch die Ähnlichkeit der Sprache und der Sitten bedeutend für die ziemliche Gleichheit der deutschen und nordischen Mythologie spricht, so ist die Annahme einer vollständigen Identität der beiden Religionen doch deshalb unzulässig, weil die einzigen authentischen Quellen des deutschen Heidentums, die Merseburger Gedichte, in den kurzen Andeutungen, welche sie geben, schon merklich Abweichungen von dem nordischen Göttersystem zeigen. Wenn ferner die nordischen Quellen selbst bedeutende Verschiedenheiten in den Götterkulten nach den verschiedenen Gegenden erkennen lassen, um so mehr wird eine Verschiedenheit bei Stämmen anzunehmen sein, welche sich durch ihre Sprache von den nordischen viel bedeutender sonderten, als Schweden, Norweger und Dänen, namentlich in den älteren Zeiten, durch die ihrige. –

Aus ähnlichen sprachlichen Gründen werden wir nicht einmal eine vollkommene Übereinstimmung der religiösen Anschauungen bei allen eigentlich deutschen Stämmen voraussetzen können; wir werden im Gegenteil besonders eine merkliche Abweichung in dem Glauben der hochdeutschen und der niederdeutschen Völkerschaften annehmen und bei den ersteren eine größere Annäherung an die nordische Religion vermuten dürfen.

Auch das spricht noch für einzelne Verschiedenheiten der nordischen und deutschen Mythologie, dass das Heidentum in Skandinavien länger fortdauerte als in Deutschland, dass es also notwendig während dieser Zeit der Fortentwicklung, so wie auch früher, so lange es getrennt für sich bestand, nicht ganz dieselbe Gestalt behalten konnte, wenngleich die Hauptgrundlage nicht verändert wurde. Denn das Glaubenssystem eines Volkes ist älter als seine bekannte politische Geschichte, und die Nachrichten, welche Procopius von der Religion der Thuliten gibt, stimmen im Ganzen zu dem, was wir aus späteren Quellen wissen.

Endlich werde hier noch ein historischer Umstand erwogen. Auf den Glauben der Skandinavier, wie der Deutschen, haben in früheren Zeiten aller Wahrscheinlichkeit die Nachbarvölker nicht unbedeutend eingewirkt. Die westlichen Nachbarn der Deutschen sind die Kelten, welche früher nachweislich auch im südlichen Deutschland bis an den Main wohnten.[48] So wie sie zu beiden Seiten der Donau saßen, werden sie auch beide Ufer des Rheins eingenommen haben, und selbst die ganze Nordküste Deutschlands bis zur Weichsel hin zeigt Spuren keltischer Niederlassungen.[49] Da es außerdem eine natürliche Annahme ist, dass viele keltische Bewohner bei den Deutschen als Hörige zurückblieben und sich noch in unserer heutigen Sprache viele Wörter sicher aus dem Keltischen deuten lassen,[50] so wird auch die Religion nicht frei von keltischen Einflüssen geblieben sein: Wie im Osten die Berührung mit den Slawen ähnliche, wenn auch geringere, Einwirkungen herbeiführte. Ebenso wenig sind frühere keltische Einflüsse auf die skandinavische Religion abzuweisen, da auch die altnordische Sprache Spuren des Keltischen zeigt. Slawen kamen mit Dänen in mehrfache Verbindung, finnische Völkerschaften besonders mit Schweden und Norwegern. –

Wie diese Bemerkungen im Voraus einzelnen unten folgenden Nachweisen über keltische Bestandteile in der deutschen und nordischen Religion eine Stütze gewähren, so wird daraus auch deutlich, dass diese Einwirkung fremder religiöser Ideen doch nicht im Norden ganz auf dieselbe Weise vor sich gegangen sein kann wie in Deutschland, dass also auch dadurch eine Verschiedenheit der skandinavischen und deutschen Religion begründet wird.

Ich kann wohl, um das Verhältnis der deutschen und nordischen Religion zu bezeichnen, nichts passender zum Vergleich ziehen, als die Sprache, welcher sich die gesamten deutschen Stämme bedienen. Wie die verschiedenen Dialekte derselben im Ganzen übereinstimmend lauten, in Wurzeln und Flexionen in den einzelnen Dialekten sich individuell ausgeprägt haben; wie Wurzeln in dem einen verloren gegangen, in dem andern erhalten sind und neue Schösslinge getrieben haben, so wird auch ein übereinstimmender Grundtypus in dem Glauben aller Germanen gewesen sein, der sich aber bei den einzelnen Stämmen noch individueller gestaltete als ihre Sprache. Denn diese hat, sobald ein gewisser Kreis von Worten zum Ausdruck der Begriffe errungen ist, ein positives, körperliches und daher mehr unbewegliches Element erlangt, während religiöse Ideen, obgleich auch sie durch die regelmäßige Wiederkehr der Feste und Kultusbräuche Stabilität bekommen, doch immer von Neuem sich gestalten.

---

48 Tac. Germ. c. 28., vgl. Liv. 5, 34.

49 Herm. Müller, Die Marken des Vaterlandes I, 117 ff.

50 Ich verweise auf Leo, Die malbergische Glosse, ein Rest alt-keltischer Sprache und Rechtsauffassung, 1. Heft, besonders § 2 und 3.

Durch diese einleitenden Bemerkungen wird die Ordnung, welche wir in dieser Schrift befolgt haben, begründet. Es schien zweckmäßig, in dem ersten Buch das, was von der deutschen Religion erhalten ist, so weit es für sich verständlich ist und nicht durch Hilfe der nordischen Mythologie einen andern Zusammenhang gewinnt, nach den Zeiten gesondert übersichtlich zusammenzustellen und daraus die nächsten Resultate, welche sich ergeben, zu ziehen. Wir nennen es darum Geschichte der deutschen Religion, nicht, weil wir uns anmaßten, eine innere Entwicklungsgeschichte derselben schreiben zu wollen, welche bei vollständiger erhaltenen Religionen schon vielen Schwierigkeiten unterliegt, hier aber in den meisten Fällen ganz unmöglich ist. Es wird im Gegenteil der Natur der Quellen gemäß dieses Buch hauptsächlich nur eine Darstellung des äußeren Götterkultus und ein Bericht über die vorkommenden göttlichen Wesen sein können, indem wir ja das innere Verständnis des deutschen Glaubens meistens aus dem Norden herholen müssen. Diesen inneren Zusammenhang der religiösen Anschauungen der deutschen Völker zu erörtern, wird in dem zweiten Buch beabsichtigt, in welchem daher die nordische Mythologie (die wir in dem ersten Teil, damit das eigentümlich Deutsche sich desto besser und reiner absondere, so viel wie möglich unberücksichtigt lassen), insoweit sie zur Erläuterung der deutschen dienen kann, in den Vordergrund gestellt wird. Einzelheiten, welche in beiden Büchern keine zweckmäßige Stelle finden und daher, wie es namentlich mit manchen Volkssagen und abergläubischen Meinungen der Fall ist, noch unverständlich sind, bleiben ganz unberücksichtigt.

Erstes Buch: Geschichte der altdeutschen Religion

Kapitel I - Geschichte der deutschen Religion vor der Völkerwanderung

Wir fassen in diesem Kapitel besonders den Zustand des deutschen Heidentums ins Auge, wie er uns durch Cäsar und Tacitus beschrieben wird, indem wir als Grenze jene Zeiten setzen, in welchen die alten Namen der deutschen Stämme verschwunden und neue an ihre Stelle getreten sind.

Die Deutschen erscheinen uns in den ältesten Zeiten als eine Menge lose untereinander verbundener Völkerschaften, denen Krieg und Jagd freilich lieber als der Ackerbau war, welche aber doch durch ihre eigentümliche, auf Freiheit der Volksgemeinde verbunden mit dem Ansehen der Fürsten gegründete Verfassung, durch ihre geregeltes Kriegswesen, durch Einfachheit und Unverdorbenheit der Sitten und besonders durch die moralische Würde ihres Familienlebens die Aufmerksamkeit der Römer auf sich zogen. –

Ihre Religion war der Polytheismus. Sie verehrten mehrere Götter, welche so lebendig und persönlich im Glauben dastanden, dass Cäsar und Tacitus sie mit römischen Gottheiten vergleichen konnten, obgleich sie mehr in ihrem innigen Zusammenhang mit der Natur ins Bewusstsein traten, als dass sie als ethische Ideen und als genau begrenzte, individuelle Charaktere aufgefasst wären.

Dieser innige sinnlich-lebendige Zusammenhang der Götter mit der Natur, leuchtet zunächst aus dem Bericht des Cäsar hervor, welcher uns lehrt, dass die Deutschen nur diejenigen für Götter hielten, welche sie sahen und durch deren Macht ihnen ersichtlich geholfen wurde, Sol, Luna, Vulcanus, dass die übrigen aber nicht einmal durch ein Gerücht ihnen bekannt geworden waren.[51] Wir werden nach allem, was wir sonst von der deutschen Religion wissen, diese Nachricht so verstehen: Dass von den Deutschen nur solche Götter verehrt wurden, welche in der Natur ersichtlich waren, namentlich in Sonne und Mond, die Erde erwärmten und erleuchteten und in dem Element des Feuers sich wirksam zeigten[52], dass ihnen aber Begriffe von Gottheiten fehlten, welche außer Zusammenhang mit der Natur und mit den Elementen gedacht wurden, wie solche die Römer kannten. Auch einige Stellen des Tacitus dienen zur Bestätigung für einen solchen nicht götterlosen, sondern durch Götter belebten Natur-

---

[51] Cäsar b. G. VI, 21: deorum numero eos solos ducunt, quos cernunt, et quorum aperte opibus juvantur, Solem, et Vulcanum, et Lunam: Reliquos ne fama quidem acceperunt.

[52] *Vergleiche dazu auch: „Es hat sich als psychologisch wohlbegründete Tatsache ergeben, dass die Mythen Ausdruck ganz realer konkreter Anschauungen sind, nicht etwa dichterisch-phantastische Fiktionen: So wie Schliemann die Sagen wortwörtlich nahm und dadurch Troja fand, so sind Mythen keine Allegorien oder gar symbolische Bilder für sittliche Ideen." Indogermanische Mythologie von Prof. Dr. Ernst Siecke, Bohmeier Verlag, ISBN 978-3-89094-472-2*

dienst der Deutschen. Er erzählt uns, wie der Fürst Bojocal, als er die Römer um Land für sich und sein Volk flehentlich bat, zur Sonne schaute und die übrigen Gestirne anrief,[53] und wie man in dem Glanz des Abendrots die Gestalten der Götter wahrzunehmen und ihre strahlenden Häupter zu erblicken glaubte.[54]

Einer solchen Auffassung der Natur der Götter war es angemessen, dass sie nicht in gebauten Tempeln, sondern im Freien, besonders in heiligen Hainen[55] verehrt wurden, in welchen ihre Altäre standen,[56] dass ferner keine Bilder derselben da waren,[57] sondern nur heilige Symbole in ihrem Kult angewandt wurden,[58] wenn auch beides nicht ganz ohne Ausnahme gewesen zu sein scheint. Denn das *Templum Tanfanae*, welches dem Boden gleich gemacht wurde,[59] kann möglicherweise ein Gebäude gewesen sein, und die Nerthus, welche auf einem Wagen umher geführt und in einem See gebadet wurde,[60] musste doch wohl ein Bild haben.

Wenn aber Tacitus den Grund dieser beiden Erscheinungen darin sieht, dass man es für unwürdig gehalten habe, die Götter in Wände einzuschließen und Bildnisse von ihnen zu machen,[61] so müssen wir das ebenso wohl für eine idealisierte subjektive Anschauung des Schriftstellers halten, als wenn Plutarch nach Varre von den Römern versichert, dass sie in den ersten 170 Jahren deshalb kein Götterbild gehabt hätten, wie sie glaubten, dass es nicht erlaubt sei, das Bessere dem Schlechteren zu verähnlichen, noch möglich Gott anders als durch den Gedanken zu begreifen.[62] Denn wir erkennen in der Bilderlosigkeit hier nicht sowohl eine Annäherung an den Mono-

---

[53] Solem deinde respiciens et cetera sidera vocans quasi corum interrogabat, velletne contueri inane solum? Tacit. Annal. 13, 55. Vgl. Leo in Raumers histor. Taschenb. 6, 400.
"Bojocal sagt indem er für die vertriebenen Ampsivaren Land verlangt, wie der Himmel den Göttern, so sei die Erde den Menschen zugewiesen, und unbewohntes Land gehöre Jedem, der komme. Dann zur Sonne aufblickend (und zu den übrigen Gestirnen, welche Tacitus aber wohl nur dazudenkt, da sie nicht zugleich mit der Sonne leuchten können) fragt er sie, ob sie gern auf unbewohnte Erde niedersehen?"
Zitiert nach: Beilage zur Germania, 26. jahrg. (1881) 1., 3., hft.: Die Sanct-Pauler predigten unde Herr Anton Schönbach. Von Adalbert Jeitteles. 150 pp.

[54] Germ. c. 45: – extremus cadentis jam solis fulgor in ortus edurat, adeo clarus, ut sidera hebetet. Sonum insuper audiri, formas deorum et radios capitis aspici persuasio adjicit.

[55] Germ. 9, 7, 39, 40, 43. Ann. 2, 12: Silvam Herculi sacram. Histor. 4, 14: sacrum nemus. 4, 22.

[56] Lucis propinquis barbarae arae. Annal.1, 61.

[57] Germ. 9, 43.

[58] Germ. 7, 9, 45. Hist. 4, 22. Ein solches heiliges Symbol war auch der eherne Stier der Cimbern. Plut. Mar. c. 23.

[59] Prosana simul et sacra et celeberrimum illus gentibus templum, quod Tanfanae vocabant, *solo aequantur*. Annal. 1, 51.

[60] Vehiculum et vestes et, si credere velis, numen ipsum secreto lacu abluitur. Germ. 40. Wenigstens musste etwas einem Bild Ähnliches vorhanden sein, das die Göttin dartellte.

[61] Ceterum nec cohibere parietibus deos, neque in ullam humani oris speciem assimilare ex magnitudine coelestium arbitrantur. Lucos ac nemora consecrant, deorumque nominibus appellant secretum illud, quod sola reverentia vident. Germ. 9.

[62] Plut. Num. c. 8. Vgl. Hartung, Die Religion der Römer I, 147.

theismus als eine Stufe, durch welche der Polytheismus gehen muss, ehe er zu der individuelleren Götteranschauung gelangt. Dass nämlich auch in dem Polytheismus eine fortschreitende Entwicklung ist, wird niemand leugnen, der die Geschichte der Religionen mit unbefangenem Auge betrachtet, und dass durch Bilder die individuelle Ausprägung und Entfaltung der Religionen gewinnt, ist ebenso augenscheinlich, als es historisch bewiesen werden kann. Die Skandinavier hatten in späteren Zeiten Götterbilder, ebenso wie die Slawen. Götterbilder waren bei den Griechen am Häufigsten, als sich bei ihnen schon ein bestimmtes Göttersystem ausgeprägt und festgesetzt hatte, wohingegen in den älteren Zeiten die Begriffe von den einzelnen Göttern noch allgemeiner und unbestimmter waren,[63] und bei denjenigen griechischen und römischen Götterkulten, welche am meisten Altertümliches zeigen, wurden auch später noch am häufigsten Symbole ohne Bilder angewandt. Wenn die Idee eines Gottes am lebendigsten in dem menschlichen Geist geworden ist, so strebt er auch danach dieselbe durch ein Bild zu verkörpern, was denn später freilich wieder zur Verdunkelung des ursprünglichen Begriffes und zur Beschränkung auf einen toten Bilderdienst führt.

Aus der Art und Weise, wie Tacitus die einzelnen Götter erwähnt, geht mit Sicherheit hervor, dass nicht alle deutschen Stämme dieselben Wesen gleich hoch hielten, und dass einzelne ihre besonderen Götterkulte hatten. Namentlich hebt er mehrere Gottheiten hervor, welche suevischen[64] Völkerschaften eigentümlich waren, die auch sonst nach seiner Beschreibung in ihren Sitten sich von den übrigen Deutschen unterschieden. –

Im Allgemeinen versichert der Schriftsteller, dass die Deutschen vorzüglich den Mercurius, danach den Herkules und Mars verehrten[65] Die Dreizahl, welche sich auch bei Cäsar findet, ist bemerkenswert, obgleich diese Namen keinen Vergleich mit Sol, Luna und Vulcanus zulassen, selbst wenn man einen Deus Lunus statt der Luna annehmen wollte.

---

63 Vgl. die vielbesprochene Stelle bei Herodot II, 52, 53.

64 *Sueven (Suevi), Name eines germanischen Völkerbundes, welcher wohl die im Osten der Elbe vorhandenen, weniger von Ackerbau als von Jagd und Viehzucht lebenden kriegerischen, wanderlustigen („schweifenden") Stämme umfasste, später Name eines einzelnen Volkes. Cäsar, welcher die nach Gallien eingedrungenen S. unter Ariovist 58 v. Chr. besiegt hatte, begreift unter diesem Namen die hinter den Ubiern und Sigambern wohnenden Germanen und berichtet, dass sie 100 Gaue mit je 10.000 streitbaren Männern gezählt, aber sich bei seinem Rheinübergang weit, nach dem Wald Bacenis, zurückgezogen hätten. Sie sollen keine festen Wohnsitze gehabt haben, sondern alljährlich zum Teil auf kriegerische Unternehmungen ausgezogen sein. Tacitus nennt das ganze östliche Germanien von der Donau bis zur Ostsee Suevia. Die Hermunduren gelten ihm als das vorderste, die Semnonen als das angesehenste, die Langobarden als das kühnste unter den suevischen Völkern. ... In Deutschland hat sich der Name S. in dem der Schwaben erhalten.*
Zitiert nach: www.retrobibliothek.de/retrobib/seite.html?id=115436. (rs)

65 Germ. c. 9. Marti ac Mercurio Annal. 13, 57. Communibus deis et praecipuo deorum Marti Histor. 4, 64. Silvam Herculi sacram Annal. 2, 12. – Germ. c. 3 ist Hercules primus omnium virorum fortium, also ein Held. Die Herculis columnae Germ. 34 gehören römischer Überlieferung an.

Die übrigen Gottheiten, welche Tacitus beiläufig erwähnt, wurden entweder als gemeinschaftliche Bundesgötter vereinigter Völkerschaften oder von einzelnen Stämmen verehrt. So hatten die Semnonen nach Germ. c. 39 ein gemeinschaftliches Heiligtum, einen heiligen Hain, in welchen alle Völker dieses Namens zu bestimmter Zeit Gesandtschaften schickten, um daselbst ein feierliches Menschenopfer anzustellen. Der Hain wurde so heilig gehalten, dass man nur gefesselt denselben zu betreten wagte, und dass derjenige, welcher zufällig in demselben niederfiel, nicht wieder aufstehen durfte, sondern auf dem Boden herausgewälzt werden musste. Den Namen dieses Gottes kannte Tacitus wahrscheinlich selbst nicht, und da sein Bericht auch sonst keine sichere Anknüpfung gewährt, so dürfen wir umso weniger Deutungen desselben versuchen.[66]

Ein Teil der Sueven[67] brachte der Isis Opfer. Diese Göttin glaubte der Römer deshalb in Deutschland zu finden, weil das Symbol (Signum) derselben ein nach Weise einer Liburne[68] gestaltetes Schiff war, welches aller Wahrscheinlichkeit nach, wie das der Isis, umhergezogen wurde. Wir werden unten dieses Umziehen eines Schiffes kennenlernen. – Die Aestyer[69], ein Volk, welchen in seinen Sitten den Sueven, in seiner Sprache den Briten ähnlich war, verehrten die *mater deum.* Das Symbol dieses Kultus

---

66 Zeuss, (Im Original: „Zeuß" – aber in den weiteren Verweisen immer mit „ss" geschrieben!) Die Deutschen und die Nachbarstämme, S. 22. Auf die Worte „ibi regnator omnium deus" sich stützend, hält diesen Gott für Wodan.

67 *Sueven nannte man zu den Zeiten der Römer eine Vereinigung deutscher Völker, zu welcher namentlich die Hermunduren, Semnonen, Longobarden, Angeln, Vandalen, Burgunder, Rugier und Heruler gehörten. Von ihren ursprünglichen Wohnsitzen zwischen der Oder und Weichsel breiteten sie sich allmälich bis an den Neckar und Rhein aus, zogen dann bei der Völkerwanderung mit den Alanen und Vandalen nach Gallien, endlich 409 über die Pyrenäen nach Spanien und drangen zuletzt bis Portugal vor. Sie hatten mit den Römern und Westgothen zu kämpfen und wurden von den letzteren 586 so völlig überwunden, dass ihr Name in der Geschichte Spaniens nicht wieder genannt wird. Nach dem röm. Schriftsteller Tacitus sollen sie ihren Namen von ihren langen Haaren erhalten haben, die sie in Form eines Zopfes oder Schweifes trugen. In Deutschland – zwischen dem Oberrhein und dem Main, um den Neckar, die Donau und den Lech – traten als Nachkommen der alten Sueven in Verbindung mit den Alemannen im 5. Jahrh. die Schwaben auf.*
Zitiert nach: Brockhaus Bilder-Conversations-Lexikon Bd. 1, S. 329

68 *Eine Liburne war in der römischen Flotte ein leichtes, zweirangiges und bewegliches Kriegsschiff (Bireme). Die Römer übernahmen den Schiffstyp von den Liburnern. In der Schlacht bei Actium bestand die Flotte Oktavians (des späteren Augustus) überwiegend aus Liburnen. In der Kaiserzeit wurden Liburnen zum hauptsächlichen Schiffstyp der römischen Flotte (liburna konnte fortan auch „Kriegsschiff" generell bedeuten). Sie waren vielseitig verwendbar, so zur Überwachung der Schifffahrtswege, Bekämpfung von Piraten, Begleitschutz für die Handelsflotte, aber auch etwa zum Transport des Landheeres. Ob Liburnen konstruktive Besonderheiten aufwiesen, die sie von anderen Biremen unterschieden, ist in der Forschung umstritten. Es gab sie offenbar in verschiedenen Größen, die kleineren zum Einsatz bei römischen Flussflotten, etwa auf Rhein und Donau. Zitiert nach: www.classis-germanica.de/html/schiffstypen.html. (rs)*

69 *Die Aestyer (Esten?) waren nach Tacitus ein baltischer Volksstamm an der Ostsee-Küste, die den Eber als Amulett gebrauchten. (rs)*

(insigne superstitionis) waren Ebergestalten, welche diejenigen in der Verehrung der Nerthus ein Überbleibsel eines keltischen Kultus zu sehen, den die suevischen Völkerschaften zu dem ihrigen machten.

Auch den Namen Tanfana hat man früher schon aus dem Keltischen abzuleiten versucht. Nun bedeutet allerdings im Welschen *tan* Feuer und *fan* Schutz, Bedeckung, und man könnte danach die Taufana für eine Göttin halten, deren heiliges Symbol das Feuer war; aber es scheint noch nicht einmal sicher, ob das „templum, quod *Tanfanae* vocabant" nicht bloß eine örtliche Benennung ist.[70] In diesem Falle könnte man schon eher an einen deutschen Ursprung des Namens denken,[71] obgleich auf die Erklärung des Wortes dann nicht viel ankommen würde.

Wie es sich aber auch mit den Namen Tanfana verhalte, da Nerthus ohne Zweifel ein keltischer Name ist, da die Mater deum, welche wir unten in einer nordischen Göttin wiedererkennen werden, einem Volk angehörte, dessen Sprache der britischen ähnlich und das also den Kelten verwandt war,[72] da das Schiff, welches Tacitus in dem Kult der Isis bemerkte, auch in dem Mythus der keltischen Göttin Ceridwen eine große Rolle spielt,[73] so sehen wir den Satz nicht ganz unbegründet, dass schon in den Zeiten des Tacitus die deutsche Religion mit keltischen Bestandteilen vermischt war, dass namentlich die Götterkulte, welche an einzelne Orte und einzelne Stämme geknüpft waren, zum Teil ursprünglich den Kelten angehören mochten.

Über das Wesen aller dieser Gottheiten enthalten die Nachrichten des Tacitus keine näheren Aufschlüsse, als diejenigen, welche uns die römischen Namen gewähren. Nur sehen wir, dass Mercurius und Mars der Lenkung des Krieges vorstanden, da die Hermunduren, als sie mit den Chatten um Salzquellen stritten, welche bei allen Germanen besonders heilig gehalten wurden, diesen Göttern um den Sieg zu erlangen, das feindliche Heer weihten und opferten.[74] Dass die deutschen Göttinnen in näherer Beziehung zu der Erde und also besonders auch zum Ackerbau standen, lässt sich

[70] Die persönliche Bedeutung des Namens würde sicher sein, wenn die zu Teramo im Neapolitanischen gefundene Inschrift „Tamfanae sacrum M. Appulejus (Gudii inscript. ant. p. LV) erweislich echt wäre. Nach Orelli 2053 ist sie von Ligorius gemacht. – Zu vergleichen sind jedoch die am Rhein gefundenen Inschriften, welche sich auf die Matres Aufanae beziehen. Orelli 2079, 2106. Lersch Centralmuseum II, 31. Vgl. Keysler antiq. septent. et celtic. 426 f. Schreiber, Die Feen in Europa, 59. Danach könnte man vermuten, dass, wenn diese Gottheiten nach dem Lokal ihrer Verehrung benannt scheinen, auch Tanfana nur eine von dem Ort der Verehrung hergenommene Benennung einer Göttin war.

[71] Tan bedeutet im Mittelhochdeutschen Wald; im Gothischen ist *fani* lutum, altnord. *fen*, engl. *fen* palus – Der Hain, quem *Baduhannae* vocant, welcher Annal. 4, 73 bei den Friesen erwähnt wird, ist noch wahrscheinlicher eine lokale Benennung; vgl. welsch *bedw*, *bedwen* betula, *bedweni* Birkenhain.

[72] Die Zuverlässigkeit des Tacitus in dieser Beziehung verteidigt Leo. Die malbergische Glosse, S. 26.

[73] Davies mythology of the british druids, besonders sect. 3.

[74] (Sed bellum Hermunduris prosperum, Chattis exitiosius fuit, quia victores diversam aciem *Marti ac* Mercurio sacravere quo voto equi, viri, cuncta victa occidioni dantur) Annal. 13, 57. Vielleicht hatte die Vernichtungswut, welche die Cimbern nach ihrem großen Sieg über die Römer zeigten, einen ähnlichen religiösen Grund. Vgl. Oros. 5. 15.

daraus schließen, dass unter den drei Göttinnen, welche Tacitus in der Germania erwähnt, eine terra mater und eine mater deum befindlich ist, und dass der Gott Tuisco, der Stammvater des Volkes, nach alten Liedern der Sohn der Erde war. Wir müssen jedoch diesen Mythos, so wie die gesamten Spuren der älteren deutschen Heldensage, welche sich bei Tacitus finden, hier vorläufig beiseite setzen, da sie nur im Zusammenhang mit der nordischen Mythologie einigermaßen erläutert werden können.

Die Unvollständigkeit der Nachrichten, welche beide Schriftsteller, Cäsar und Tacitus, über die deutsche Religion geben, geht besonders daraus hervor, dass sie von den untergeordneten Wesen der deutschen Mythologie ganz schweigen, obgleich nicht daran zu zweifeln ist, dass der Glaube an dieselben schon in den ältesten Zeiten bestand. Das lässt sich nicht nur aus der späteren Volkssage schließen, sondern auch der innige Zusammenhang der deutschen Götter mit der Natur macht die Annahme von niederen Wesen, welche in den Elementen ihr Leben haben, notwendig.[75] Vollständiger sind dagegen die Nachrichten über die äußere Verehrung der Götter, welche wir hier noch in der Kürze zusammenstellen müssen.

So wie den Göttern bestimmte Stätten geweiht waren, welche wir schon kennen gelernt haben, so wurden ihnen auch zu bestimmten Zeiten Feste gefeiert, welche durch Abgesandte einzelner Völkerschaften oder die gesamte Volksmasse begangen wurden.[76] Diese Feste hatten, so viel wir sehen, einen frohen Charakter und die Störung der Feierlichkeiten war durch einen besonders für diese Zeit festgesetzten Frieden verhütet.[77] Von Kultusbräuchen werden außer Umzügen und Gebeten[78] besonders Opfer hervorgehoben, obgleich die Deutschen nach Cäsar keine eifrigen Opferer waren.[79] Die vornehmsten Opfer waren Menschenopfer, welche daher besonders dem Mercurius fielen.[80] Häufig wurden Kriegsgefangene dazu ersehen.[81] Herkules und Mars wurden mit bestimmten, ihnen zustehenden Tieren versöhnt.[82] Über den Hergang bei den Opfern erfahren wir nichts, als dass die Häupter der Opfertiere auf Baumstämme gesteckt wurden.[83]

Die heiligen Riten verrichtete der Priester, wenn sie sich auf den Staat bezogen. Gingen sie nur die Familie an, so vertrat der Hausvater die Stelle desselben.[84] Eine

---

75 Von den Thuliten berichtet schon Procop. B. Goth. II, c. 15, dass sie viele Götter und Dämonen des Himmels, der Luft, der Erde, des Meeres und niedere Geister verehrten, welche in Quellen und Flüssen hausten.

76 Germ. 9, 39, 40. Eine fröhliche Festnacht benutzte Germanicus, um die Marsen zu überfallen. Annal. 1, 50.

77 Germ. 40, Die Festfrieden des Nordens sind bekannt.

78 Germ. 10.

79 Neque sacrificiis student. b. G. 6, 21.

80 Germ. 9. vgl. 39.

81 Annal. 1, 61. Auch die Cimbern opferten Kriegsgefangene. Strab. 7, 2.

82 Concessis animalibus. Germ. 9.

83 Equorum artus, simul truncis arborum antefixa ora. Annal. 1, 61. Wir werden unten auf diesen Gebrauch zurückkommen.

84 Germ. 10

abgeschlossene Priesterkaste gab es nicht,[85] obgleich der Stand geehrt und geachtet war, da die Priester die heiligen Symbole der Götter, welche gewöhnlich in ihren Hainen hingen, ins Feld trugen und auch im Krieg allein die Strafgewalt ausübten, indem sie wie auf des Gottes Geheiß geißeln und fesseln konnten. Ihnen stand es auch zu, bei den öffentlichen Versammlungen zur Beratung und zum Gericht Stille zu gebieten und die Widerspenstigen zu zügeln.[86] Diese Stellung der Priester deutet auf einen engen Zusammenhang der Religion mit dem Recht, und einen ethischen und politischen Hintergrund derselben, dessen genauere Erkenntnis uns freilich entgeht. Priesterinnen werden nur bei den Cimbern[87] erwähnt,[88] einem Volk, dessen deutsche Abkunft nicht ohne Grund vielfach bezweifelt ist. Nach Tacitus hatte auch die Nerthus einen Priester. Aber man glaubte, dass den Frauen insbesondere die Gabe der Weissagung eigen sei. Solche Seherinnen waren hoch beehrt und fast Göttinnen gleich geachtet.[89] Auch Cäsar erwähnt schon solche weissagenden Frauen.[90] Die Namen der aus Tacitus bekannten Veleda,[91] welche bei dem Aufstand der Bataver durch ihre Weissagungen und Ratschläge einen bedeutenden politischen Einfluss übte und so heilig gehalten wurde, dass nur wenige zu dem Turm, in welchem sie wohnte, Zutritt hatten, und der minder berühmten Aurinia hat man wohl mit Recht für Appellativa[92] gehalten. Der Name Veleda hat manche Deutungen erfahren,[93] unter welchen die Zusammenstellung mit den nordischen Seherinnen, welche Walen hießen, sich am meisten Eingang verschafft hat. Am einfachsten leitet man jedoch das Wort von dem Welschen Zeitwort *Gweled* ab, welches „sehen" bedeutet. Veleda ist also die Seherin und empfing diesen Namen vielleicht nicht ohne Zutun Gallischer Völkerschaften, welche ihn den Römern überlieferten. Oder war er auch bei den Deutschen gewöhnlich? – Aurinia ist mehrfach mit den Aliorunen zusammengestellt, jenen zauberhaften Frauen, welche nach der bekannten gotischen Sage von dem König Filimer vertrieben seien und mit den Waldleuten die Hunnen erzeugt haben sollen.[94] Der Zusammenhang dieser Namen ist wohl nicht abzuleugnen. Doch ist kein Grund vorhanden, eine arge Entstellung des Wortes Aurinia anzunehmen. Vielmehr lässt sich der Vokal *i* aus dem

---

85 Neque Druides habent, qui rebus divinis praesint. Caes. B. G. 6, 21.

86 Germ. 7. 11. – bei Strab. 7, 1, 4.

87 *Kimbern (auch Cimbern geschrieben) waren ein vermutlich germanischer Volksstamm, der aus dem nördlichen Jütland (Kimberland, das heutige Himmerland in Dänemark) stammte. Gemeinsam mit den Teutonen und Ambronen zogen sie um das Jahr 120 v. Chr. aus ihrem Siedlungsgebiet im Norden Mitteleuropas nach Süden.*
Zitiert nach: de.wikipedia.org/wiki/Kimbern. (rs)

88 Strab. 7, 2.

89 Germ. 8. Hist. 4, 61.

90 B. G. 1, 50.

91 Germ. 8. Hist. 4, 61. 65. 5, 22. 24. 25. Aus Statius sylv. I, 4, 90, schließen wir, dass sie später gefangen nach Rom gebracht wurde.

92 *Appelativ = Gattungsname. (rs)*

93 Keysler antiquit septentr. et celtic. 476. F. Wachter in der allgemeinen Encyclopädie III, 4, 340. mythol. 374.

94 Jornandes de reb Get. c. 24.

Keltischen rechtfertigen. Das Welsche *rhin* (gäl. *rú, rún,* goth. *runa*[95]) bedeutet Geheimnis, Zauber; *rhiniaw* mit Geheimnissen umgehen, zaubern. Aurinia ist daher appellativ für eine mit Geheimnissen umgehende, zauberkundige Frau. Eine solche weise Frau war wahrscheinlich auch das Weib, welches dem Drusus entgegentrat und ihm sein bevorstehendes Ende weissagte.[96]

Die Weissagung war überhaupt eng mit der Religion verknüpft und wurde sehr hoch gehalten.[97] Sie zerfiel in zwei Hauptarten. Einmal schloss man auf die Zukunft durch Lose. Zu dem Ende nahm man einen Zweig von einem Fruchtbaum, schnitt ihn in Stäbchen, versah diese mit gewissen verschiedenen Zeichen und streute sie auf ein weißes Tuch. Der Priester oder der Hausvater, je nachdem das Orakel von Staatswegen befragt wurde oder nur die Familie anging, nahm darauf unter Gebet und mit zum Himmel gerichteten Augen zu drei Malen ein Stäbchen heraus und schloss nach den Zeichen auf günstigen oder ungünstigen Erfolg des Unternehmens. Dann galt das Schnauben und Gewieher der Rosse für vorzüglich bedeutungsvoll. Auf Staatskosten wurden in heiligen Hainen weiße, wahrscheinlich einem Gott geweihte Pferde gehalten, welche keine Arbeit für die Menschen verrichten durften. Man spannte sie zu gewissen Zeiten vor einen heiligen Wagen, den der Fürst oder Priester begleitete, um auf die Orakel zu merken.[98] Geschrei und Flug der Vögel beachteten die Deutschen wie die Römer. Wenn ein gefährlicher Krieg bevorstand, so musste ein Gefangener aus dem feindlichen Volk mit einem aus dem eigenen Stamm erwählten Krieger, ein jeder mit den Waffen seines Volkes, kämpfen, und nach dem Sieg des einen oder des andern galt der Ausgang des Krieges für entschieden. Im Anbeginn einer Schlacht galt auch der stärkere oder geringere Ton des Schlachtgesanges (baritus) für vorbedeutend.[99]

Besonders achtete man auch auf das Zu- und Abnehmen des Mondes. Die Volksversammlungen wurden daher gewöhnlich bei Neumond oder Vollmond gehalten, und die suevischen Weissagerinnen verkündigten einen unglücklichen Ausgang der Schlacht, wenn sie vor dem Neumond unternommen würde. Nach Plutarch entnahmen sie ihr Orakel den Strudeln und Wirbeln der Flüsse.[100]

---

95 Das deutsche Wort Rune stellt Leo, malb. Glosse, S. 10, mit dem welschen rhin, rhiniaw zusammen.

96 Cass. Dio 55, I, Suet. Claud. 1. Vgl. auch noch Cass. Dio 67, 5.

97 Germ. 10.

98 Germ. 10. Die Pferdeorakel der Perser und Slawen sind bekannt.

99 Germ. 10. 3.

100 Germ. 11. Caes. b. G. I, 50. Plut. Caes. c. 19. Vgl. Clem. Alexandr. Strom. I, 305. Die cimbrischen Priesterinnen weissagten aus dem Blut der geopferten Gefangenen, welches sie in einem Kessel auffingen. Strab. a.a.O.

Kapitel II - Geschichte des deutschen Heidentums von den Zeiten der Völkerwanderung bis zur Einführung des Christentums

Nachdem wir durch die Römer kaum einige wenige Nachrichten über das deutsche Heidentum erhalten haben, lehrt uns dieser Zeitraum schon seinen Untergang kennen. In den lange dauernden Kämpfen, welche die deutschen Völkerschaften mit den Römern zu bestehen hatten, fand allmählich das Christentum mit seinen segensreichen Wirkungen unter ihnen Eingang. Zuerst traf dieses Los diejenigen Stämme, welche auf römischem Gebiet eine neue Herrschaft gründeten, da hier die Masse der umwohnenden Christen der neuen Religion natürlich am leichtesten Eingang verschaffte. Die Westgoten mussten, als sie im Jahre 375 auf römischem Gebiet Wohnsitze erhielten, die christliche Religion annehmen, nachdem dieselbe schon vorher durch römische Gefangene bei Einzelnen verbreitet war.[101] Ihnen folgten Ostgoten, Wandalen, Gepiden. Die Burgunden traten bald nach ihrer Einwanderung in Gallien im Jahre 413 zum Christentum über. Gegen Ende des fünften Jahrhunderts und in der zunächst folgenden Zeit wurden die Franken bekehrt, welchen sich im sechsten die Alemannen anschlossen, bei denen die neue Religion schon vorher durch die Nachbarschaft der christlichen Gallier Anklang gefunden hatte. Die Bekehrung der Langobarden folgte auf die der Alemannen. –

Abgesehen von den Franken waren alle Arianer; doch wandten sich Burgunder und Westgoten im sechsten, die Langobarden im siebten Jahrhundert gleichfalls der katholischen Kirche zu.

In Britannien hatte freilich das Christentum schon unter der römischen Herrschaft Eingang gefunden, aber die einwandernden Angelsachsen drängten die britische Kirche nach Wales zurück, bis auch ihre Bekehrung gegen Ende des sechsten Jahrhunderts von Rom aus anfing. Im Jahre 668 war der Sieg des Christentums vollständig entschieden.

Das eigentliche Deutschland blieb noch länger heidnisch. Doch fügten sich die Bayern im siebten und achten Jahrhundert der christlichen Religion Hessen, Thüringer, Friesen traten gleichfalls im achten Jahrhundert über. Am meisten Widerstand fand das Christentum bei den Sachsen, welche, nachdem frühere Einzelversuche gescheitert waren, gegen Ende des achten und im Anfang des neunten Jahrhunderts mit Gewalt von den Franken unterworfen und bekehrt wurden.

Die meisten Nachrichten von dem Heidentum dieser Stämme sind uns aus der Zeit ihrer Bekehrung erhalten: Oft müssen wir selbst die nächsten Jahrhunderte der christlichen Zeit, in denen sich noch vieles Heidnische erhielt, zu Hilfe nehmen. Obgleich aber demnach unsere Quellen uns in verschiedene Jahrhunderte versetzen, so ist doch bei ihrer oben charakterisierten Dürftigkeit nicht wohl möglich, hier die Verschiedenheit der Zeit noch weiter zu berücksichtigen. Derselbe Umstand hindert auch den

---

[101] Schon bei der Nicäischen Synode war ein gotischer Bischof gegenwärtig. Socrates hist. eccles. II, 4; vgl. Gieseler, Kirchengeschichte I, § 106.

Versuch, die Religion der einzelnen Stämme für sich zu betrachten, da manche in vielen Beziehungen so gut wie ganz leer ausgehen würden und sich charakteristische Unterschiede im Ganzen nur wenig auffinden lassen. Denn es gestattet die Summe von alledem, was wir aus diesem Zeitraum erfahren, kaum hier und da einen Vergleich mit dem von Tacitus beschriebenen Zustand der deutschen Religion.
Zunächst möge hier eine Übersicht von dem Äußeren des Gottesdienstes gegeben werden, welches sich noch am Anschaulichsten darstellt.
Die hauptsächlichsten Stätten für den Gottesdienst waren auch in dieser Zeit noch, dem allgemeinen Charakter der deutschen Religion angemessen, in der freien Natur. Besonders gilt noch der Ausspruch des Tacitus: „Lucos ac nemora consecrant." Haine, die den Göttern geweiht waren, werden daher mehrfach erwähnt und heidnische Bräuche in denselben verboten.[102] Sie mussten in Niedersachsen noch im 11. Jahrhundert, um das abgöttische Wesen vollends zu vertilgen, vom Bischof Unwan von Bremen ausgerottet werden.[103] Da der Wald in der Regel die Grenze der Markgenossenschaften bildete, so war es auch der natürlichste Platz zur Besprechung gemeinsamer Angelegenheiten und insbesondere zur gemeinschaftlichen Verrichtung des Gottesdienstes.
Noch mehr aber werden als solche Stätten des heidnischen Gottesdienstes Bäume und Quellen genannt, entweder so, dass abgöttische Bräuche bei denselben anzustellen verboten wird, oder dass sie geradezu als Gegenstände der Verehrung bezeichnet werden.[104] Jedoch dürfen wir nicht glauben, dass eine fetischartige Verehrung von Bäumen und Quellen stattgefunden habe, ohne dass man mit den religiösen Bräuchen die Idee von göttlichen oder halbgöttlichen Wesen verband, denen man seine Verehrung erwies. Denn der ganze Charakter der angeführten Zeugnisse zeigt es hinlänglich, dass uns in denselben nur Äußerlichkeiten des Kultus überliefert sind, deren Motive man entweder nicht kannte oder nicht kennen wollte. Die Bedeutung dieser Kulturbräuche wird aber aller Wahrscheinlichkeit nach folgende gewesen sein.
Man benutzte zu heiligen Stätten, an welchen man den Göttern opferte, besonders solche Orte, an denen sich Bäume und Quellen befanden. Die Bäume waren den

---

102 Lucos vetusta religione truces, Claudian. Cons. Stilich.1, 289. Vgl. Capit. Francof. A. 794. c. 41.; über den Namen Thegathon s. unten. Benennungen wie Sylva Sacra, Heiligeforst und andere aus Urkunden nachgewiesen, Mythol. 65.

103 Vita Meinwerci c. 22. Vgl. Adam. Brem. c. 86 Lindenbr.

104 Claudian. cons. Stilich. 1, 290. Agathias 28, 4. ed. bonn. Von den Alemannen. Gregor. Tur. II, c. 10, von den Franken: Vgl. Gregor M. epist. 7,5. Rudolf von Fuld (Pertz 2, 676) von den Sachsen. –
In den Lebensbeschreibungen der Heiligen werden besonders heilige Bäume hervorgehoben. Zunächst ist hier die dem Jupiter geweihte Eiche bei Geismar unweit Fritzlar zu erwähnen, welche der heilige Bonifacius umhieb; Wilibald. Vita Bonifacii (Pertz II, 343.). Über den Blutbaum der Langobarden vita s. Barbati (†683) act. Sanct. 19 febr. p. 139. –
Die Verbote in den Konzilienbeschlüssen und Gesetzen stellen gewöhnlich Bäume und Quellen oder Bäume, Quellen, Felsen und Kreuzwege zusammen. –
Ob die Stellen, welche sich auf Gallien beziehen, alle das deutsche Heidentum betreffen, ist nicht immer gewiss. Auch die Kelten hielten Bäume und Quellen heilig.

Göttern heilig, deren Feste bei denselben begangen wurden, wie dieses die dem Jupiter geweihte Eiche, welche Bonifacius umhieb, schon hinlänglich zeigt. Dieselben Bäume wurden, wie wir unten sehen werden, bei den Opferfesten so benutzt, dass die Opfertiere oder ihre Häute an denselben aufgehängt wurden. Daher hat denn auch der langobardische Blutbaum seinen Namen von den Opfern.[105] Ebenso verhält es sich mit den Quellen, an denen geopfert wurde. Auch sie waren dem Gott heilig, dessen Kultur begangen wurde, was sich dadurch bestätigt, dass einzelne Brunnen in Deutschland von Göttern den Namen führten und sich bei ihren Heiligtümern befanden.[106]
Inwieweit sie auch bei Opferbräuchen notwendig waren und in welcher Art sie bei denselben benutzt wurden, bleibt uns unbekannt.
Dann mag wirklich ein Baum- oder Quellendienst in der Art bestanden haben, dass man die Geister verehrte, welche nach dem Glauben in denselben ihre Wohnung hatten. Denn die lebendige einheimische Sage hat uns noch viele Traditionen von solchen Wesen erhalten, welche in Wäldern und in Gewässern hausen, und es haben sich zugleich mehrere Spuren ihrer Verehrung erhalten, die wir unten anführen werden. Indessen wird der Kultur dieser Geister, welche zu den Göttern in einem untergeordneten Verhältnis stehen, wohl nicht so auffällig gewesen sein, dass man nötig gehabt hätte, so häufige Verbote gegen dieselben zu erlassen.
Diese doppelte Erklärung gestattet auch das dritte Lokal, bei welchem heidnische Bräuche geübt wurden, die Steine und Felsen.[107] In den Steinen haben nach dem Volksglauben die Zwerge ihre Wohnung; vorzüglich werden aber darunter rohe Felsaltäre der Götter verstanden sein, welche sich noch jetzt in manchen Gegenden Deutschlands vorfinden. Bei den Stellen, welche Gallien betreffen, dürfen wir auch an jene Überbleibsel heidnischer Tempelbauten und ersichtlich durch Menschenhand zusammengebrachter Steinmassen denken, welche jetzt Feenschlösser, Feenhütten und ähnlich benannt werden,[108] und an welche das Volk noch hin und wieder heidnische Sagen und Bräuche knüpft.
Dafür, dass auch die Kreuzwege als Stätten heidnischer Riten bezeichnet werden, weiß ich nur einen äußeren Grund beizubringen. Ebenso wie jene heiligen Haine auf der Mark lagen und insofern für benachbarte Genossenschaften den passendsten Ort zu festlichen Zusammenkünften abgaben, so scheinen auch die Kreuzwege aus der natürlichen Ursache zu Opferstätten gewählt zu sein, weil sie zu denselben bequem lagen. Aber wir dürfen aus dem Glauben der Griechen und Römer, so wie aus der Scheu, welche unser Volk noch jetzt vor den Kreuzwegen hat, schließen, dass die gottesdienstliche Anwendung derselben noch daneben einen Grund in alten reigiösen Anschauungen hatte, welcher uns jetzt entgeht.

---

105 Vgl. goth. ags. *blôtan*, altn. *blôta*, ahd. *pluozan* opfern.

106 Wie bei dem Hain des friesischen Gottes Fosite eine heilige Quelle war, darüber unten mehr, vgl. hier noch vita s. Remacli ep. Traject. c. 12 (Die Begebenheit fiel im Ardennenwald vor).

107 Siehe oben. Vgl. noch indicul. sup. c. 7. Namnet. c. 20. Eccard. Franc. or. I, 415.

108 Schreiber, Die Feen in Europa, S. 9 ff.

Wir können es nicht mit Sicherheit entscheiden, ob sich an den erwähnten Opferplätzen zugleich die Begräbnisse der Toten befanden, was jedoch die Menge von Aschekrügen, welche mehrfach auf vermutlichen Stätten ehemaliger heidnischer Götterverehrung gefunden werden, glaubhaft macht. Aber es werden auch wohl die Gräber der Verstorbenen als Opferplätze neben den übrigen, welche wir schon kennen gelernt haben, bezeichnet.[109] Dass solche Opfer an den Gräbern bisweilen den Seelen der Abgeschiedenen gebracht wurden, welche man nach dem Tod als höhere und hilfreiche Wesen verehrte, oder welche man versöhnen wollte, ist deshalb anzunehmen, weil die christliche Kirche es mehrfach verbot, Heiligen zu opfern und Tote ohne Unterschied für Heilige anzusehen.[110] Wenn auch nicht alle *sacrificia mortuorum* und die heidnischen Bräuche, welche bei Begräbnissen noch später stattfanden,[111] den Toten galten, sondern sich auch auf Götter beziehen konnten. –
Wir dürfen demnach sicher schließen, dass alle die heidnischen Riten, welche bei Bäumen, Quellen, Steinen und an anderen Orten vorgenommen wurden, eine dreifache Beziehung hatten: Sie galten entweder den Göttern, oder untergeordneten elementarischen Geistern, oder endlich den Toten; keineswegs wurden aber von unseren Vorfahren leblose Naturgegenstände an und für sich verehrt.
Zunächst kommt nun in Betracht, ob die Götter nur an diesen Plätzen in der freien Natur verehrt wurden, oder ob ihnen auch Tempel errichtet waren. Zur Beantwortung dieser Frage können wir uns jedoch, da Grimm alle die Zeugnisse, welche von heidnischen Tempeln bei deutschen Stämmen berichten, gesammelt und im Einzelnen besprochen hat,[112] mit einigen allgemeinen Bemerkungen begnügen.
Im Allgemeinen ist festzuhalten, dass Tempel auch in dieser Periode, ebenso wie zur Zeit des Tacitus, selten waren. Im eigentlichen inneren Deutschland waren wahrscheinlich gar keine vorhanden, weil wir sonst doch wohl Nachrichten von irgendeinem Tempel der Sachsen haben würden, welche uns aber ganz fehlen.[113] Am Sichersten sind sie dagegen bei den Friesen anzunehmen, denn die Worte der Lex Frisionum „qui templum effregerit – immolatur diis, quorum templa violavit“ lassen sich nicht missverstehen.[114] Aber bei allen Tempeln, welche am Rhein oder in Gallien erwähnt werden (und hier gerade kommen die meisten vor), bleibt es zweifelhaft, ob nicht an alte keltische oder römische Heiligtümer zu denken ist, welche hin und wieder die eingedrungenen Franken und Burgunder zu den ihrigen machten. Denn das Heiden-

---

109 Burchard von Worm, 19, 5.

110 Indic. Superst. c. 9. conc. German. a. 742, can. 5 (vgl. capitull. VII, 128).

111 Indic c. 1.2. Burchard 10, 34. Bonifac. Epist. 44. capitull. VI, 197. – Gegen die Mitte des 9. Jh. verbietet die römische Synode unter Leo IV. den Sachsen *carmina diabolica.* Vgl. Wackernagel, Das Wessobrunner Gebet, S. 25.

112 Mythol. 70 ff.

113 Die Stelle Capitul. de part. Sax 1 ist schon von Schaumann, Geschichte des niedersächsischen Volkes, 133, abgewiesen.

114 Lex Fris. Addit. Sap. XII. Nach der Vita Liudgeri 1, 8, wurden in den friesischen Tempeln Schätze aufbewahrt; vgl. auch „fana in morem gentilium circumquaque erecta“ in der vita s. Willehadi (†789) bei Pertz 2, 381, und die Fana des Fosite vita s. Willobrordi (†739) in act. Benedict. Sec. 3, p. 609. Altfridi vita s. Liudgeri, Pertz II, 410.

tum ist geneigt, an die von anderen heilig gehaltenen Stätten den eigenen Götterdienst anzuknüpfen. –
An anderen Stellen sind die Nachrichten der Quellen so ungenau, dass man nicht sicher sein kann, ob wirklich von einem Tempel oder von einem Hain die Rede ist, wie denn das „fanum arboribus consitum", welches bei den Langobarden erwähnt wird,[115] allerdings nur ein Hain gewesen sein könnte. Das vierte Kapitel des Indiculus „de casulis i.e. fania" möchte auf kleine Gebäude gehen, in denen vielleicht Opfergerätschaften oder heilige Symbole aufbewahrt wurden.
Die Seltenheit der Tempel bei den deutschen Stämmen führt auch die Seltenheit der *Götterbilder* mit sich. Denn der heidnische Tempel dient nicht sowohl, wie die christliche Kirche, zur Aufnahme der Festversammlung, sondern ist ursprünglich nur das Obdach oder das Haus für das Götterbild. Allerdings dürfen wir das Vorhandensein von Bildern nicht ganz ableugnen; denn es wird uns ausdrücklich berichtet, dass der gotische König Athanarieb (†382) ein Schnitzbild auf einem Wagen umherführen ließ,[116] welches man, wie die Nerthus, mit Gebet und Opfern empfing: Aber wir sind doch durch diese Stelle keineswegs berechtigt, dieselben bei allen deutschen Stämmen anzunehmen. Und wenn auch mehrfach in den Quellen *idola* und *simulacra* erwähnt werden und gegen die Torheit der Heiden von goldenen, silbernen, steinernen und hölzernen Gebilden Hilfe zu erwarten geeifert wird, so sind dieses nur allgemeine gegen die Abgötter gerichtete Redensarten, welche eher von dem römischen als von dem deutschen Heidentum hergenommen sind.[117] Wir haben nämlich kein echtes und zuverlässiges Zeugnis, welches uns ein Götterbild in dem eigentlichen Deutschland deutlich beschriebe; in keiner Vita wird erzählt, dass ein Bekehrer ein solches zertrümmert habe. Vielmehr deuten alle Stellen, die hier in Betracht kommen, entweder auf Einmischung fremder Kulte, oder es ist bei näherer Prüfung darin von keinem Bild die Rede, oder sie sind verdächtig.
Die drei ehernen und vergoldeten Statuen, welche der heilige Gallus bei Bregenz am Bodensee in der Wand einer der heiligen Aurelia gewidmeten christlichen Kirche eingemauert und vom Volk als Götter verehrt fand und zertrümmerte,[118] sind gewiss eben sowohl römischen Ursprungs wie die steinernen Imagines, welche der heilige Columbanus (†615) zu Luxeuil in Franche comté antraf.[119] Denn wie hier offenbar die Statuen römischer Thermen verehrt wurden, so wird sich auch dort an die fremden ehernen Bilder nur zufällig ein heidnischer Kultus geknüpft haben. Die Bildsäule der

---

115 Vita s. Bertulfi bobbiensis (†640) in act. Bened. sec. 2. p. 164

116 Sozomen. Hist. eccles. 6, 37.

117 Solche allgemeinen Redensarten finden sich mehrfach, z. B. Gregor. Tur. Hist. Franc. II, 29. Willibaldi vit. Bonifac. II, 339. bei Pertz. Vita Willehadi ebend. II, 380. Bonifac. Epist. 6. vita Lebuini ebend. II, 362. vita s. Kiliani in Act. Bened. Sec. 2, p. 992. *Idola* war nun einmal die gewöhnliche Benennung der heidnischen Götter. Doch können die Stellen in der Vita Bonifacii und der Vita Willehadi, welche sich auf die Friesen beziehen, eher für beweisend gelten, da diese auch Tempel hatten.

118 Walafrid. Strab. vita s. Galli in act. Bened. sec. 2, p. 233. Vgl. vita s. Galli bei Pertz 2, 7. Ratperti casus s. Galli bei Pertz 2, 61.

119 Jonae bobbiensis vita s. Columbani c. 17. in act. Bened. sec. 2, p. 12, 13.

Diana bei Trier und die Simulacra des Mars und Mercurius im südlichen Gallien, welche Gregor von Tours erwähnt,[120] sind ebenfalls eher römisch oder keltisch als deutsch. –

Der Ares, welcher nach einer Glosse zu den Corveier Annalen in die Mauern der Stadt Eresburg gefügt war, verdankt seinen Namen wie seinen Ursprung sicher nur einer etymologischen Deutelei.[121] Selbst nicht einmal die viel besprochene und auch in anderer Hinsicht merkwürdige Stelle des Widukind (I, 12), nach welcher die Sachsen nach ihrem Sieg über die Thüringer an der Unstrut einen Siegesaltar errichteten und einen Gott verehrten „nomine Martem, *effigie columnarum* imitantes Hereulem, loco Solem, quem Graeei appellant Apollinem", scheint uns sicher ein wirkliches Götterbild anzudeuten. Wir dürfen hieraus nur auf die Errichtung einer solchen Säule schließen, wie die bekannte Irmensäule bei Eresburg war, welche Karl der Große zerstörte. In den Stellen, welche über diese berichten,[122] wird sie bald idolum, bald fanum, bald lucus genannt; aber das Wort selbst spricht dafür, das Rudolf von Fuld Recht haben wird, wenn er sie „truneum ligni non parvae magnitudinis in altum erectum" nennt, da auch seine Übertragung durch universalis columna nicht unpassend ist.[123] – Hiernach käme nur noch das *simulacrum* in Betracht, welches nach dem indiculus superstitionum um die Felder getragen wurde.[124] Dieses könnte allerdings ein Bild sein, mit demselben Recht können wir es aber auch nur für ein Symbol halten.

Denn darauf, dass es mehrfach, wie zu der Zeit des Tacitus, heilige Symbole der Götter gab, deutet manches. Solche Symbole waren bei den Quaden die Schwerter, auf welchen sie ihre Eide ablegten,[125] ferner das goldene Schlangenbild, welches die Langobarden verehrten.[126] Auch die Tiergestalten, welche die Franken nach Gregor von Tours anbeteten, könnten ebenso Symbole gewesen sein wie das heilige Feldzeichen der Sachsen solche zeigte, nämlich einen Löwen, einen Drachen und darüber einen Adler.[127]

Wir dürfen aus diesem allen den doppelten Schluss ziehen, dass sich die Götterbilder aus den Symbolen entwickelten, dass aber das deutsche Heidentum in seiner Fortbildung gerade in dem Zeitpunkt gestört wurde, als einzelne Stämme schon entschieden

---

120 His. Franc. 8, 15. mirac. 2, 5. – Vielleicht eine Säule ohne Bild?

121 Annal. Corb. A. 1145. Pertz 5, 8 not. Den etymologischen Ursprung der Sage verraten die Worte: „quando et Arispolis nomen habuit ab eo."

122 Siehe die Stellen über die Irmensäule bei Meibom de Irminsula Saxonica, rer. Germ. scriptt. T. III, p. 2 seq. Mythol. 105f.; vgl. auch Idelers Einhard I, 156, 157.

123 Rudolf Fuld. Translatio s Alexandri bei Pertz II, 676. Die Zusammensetzung mit *irmin* verstärkt den Begriff des Wortes. S. Mythol. 106. Anderes über die Irmensäule unten.

124 Indic. c. 28. Vgl. c. 26. c. 27.

125 Ammian. Marc. 17, 12. Vgl. über das Schwert der Alanen ebend. 31, 2.

126 Vita s. Barbati in act. sanct. 19. Febr. p. 139: bestiae simulacro, quae vulgo vipera nominatur, flectebant colla. Vgl. p. 112.

127 Widukind 1, II: Signum quod apud eos habebatur sacrum, leonis atque draconis et desuper aquilae volantis insignitum effigie. Aus Tacitus wissen wir, dass die heiligen Symbole mit ins Feld genommen wurden.

zu dem Bilderdienst übergegangen waren, andere noch auf der Stufe verharrten, auf welcher die Gottheiten nur durch Symbole repräsentiert wurden, andere wieder eine Mittelstufe einnahmen, auf welcher das Symbol der Gottheit ihr Bild vertrat.
Die Entwicklungsgeschichte des griechischen und römischen Bilderdienstes kann uns in dieser Beziehung zu einer klareren Anschauung des einheimischen Heidentums verhelfen. Das griechische Götterbild macht von Anfang an durchaus nicht den Anspruch, ein Bild des Gottes zu sein, sondern ist nur ein symbolisches Zeichen seiner Gegenwart, wozu die Frömmigkeit alter Zeiten um so weniger Äußeres bedarf, je mehr sie innerlich von dem Glauben an diese Gegenwart erfüllt ist.[128] Eines äußeren Zeichens der Gottheit bedurfte man aber, um einen Gegenstand zu haben, an welchem sich die fromme Verehrung der Götter zeigen konnte. Wie daher noch in späteren Zeiten in Hellas und Italien altertümliche Götterbilder nur Symbole, wie z. B. Lanzen waren, so werden wir die Schwerter der Quaden und die Schlangenbilder der Langobarden nur als geheiligte Zeichen ansehen, welche die Gegenwart des Gottes verkünden. Die eigentlichen Götterbilder entwickelten sich bei den Griechen zunächst und vorzüglich aus rohen Steinen, Steinpfeilern und Holzpfählen, welche man aufrichtete und ganz wie Bildnisse der Götter behandelte. Aufgerichtete Pfähle und Balken werden auch bei den Deutschen die vorherrschenden, noch symbolartigen Bilder gewesen sein. Die Irmensäule war ein solcher Holzpfahl, auf ein ähnliches Bild, wenn man es so nennen darf, auf eine einfache aufgerichtete Säule, deutete die oben angeführte Stelle des Widukund, und im Norden, welcher bekanntlich später Götterbilder hatte, scheint die Heilighaltung der *öndvegissulur* oder der Holzpfeiler, welche zu beiden Seiten den Sitz des Hausherrn einfassten und vom Grunde des Hauses bis an das Dach reichten, darauf zu deuten, dass sie ursprünglich die Stelle der Götterbilder vertraten.[129]
Bei den Griechen entwickelten sich aus den Pfeilern und Pfählen die eigentlichen Götterbilder zunächst so, dass man dieselben mit bezeichnenden Gliedern, wie z. B. die Hermen mit Köpfen versah. Bei den Kelten wurden ebenfalls die alten Heiligen symbolartigen Spitzsteine, Feenspindeln oder mit einem einheimischen Namen *Menhir`s* genannnt, später in rohe menschenähnliche Figuren umgewandelt.[130] Die Germanen scheinen teilweise einen anderen Weg eingeschlagen zu haben; sie schnitzten an den Balken Götterbilder aus. Wenigstens wissen wir, dass sich an jenen Hochsitzsäulen des Nordens geschnitzte Götterbilder befanden,[131] und wenn jener „stips

---

128 O. Müller, Handbuch der Ärchäologie der Kunst, § 66.

129 So mag sich denn vielleicht auch in einer altertümlichen Hildesheimer Sitte, dem Umwerfen des Jupiters, welches Sonnabends nach Lätare stattfand, und in dem Umwerfen von zwei Kegeln, welche auf einen Klotz gestellt waren, bestand, eine Erinnerung an die Hauptform der alte sächsischen Götterbilder erhalten haben. Wenigstens knüpfte sich an diesen Gebrauch die Tradition, dass die Kegel die alten heidnischen Götzen bedeuten. Letzner hist. Caroli magni Hildesh. 1603, c. 18, Vergl. Mythol. 172. 173. Ein ähnlicher Gebrauch fand in Halberstadt am Montag nach Lätare statt. Auch dort wurde ein hölzerner Kegel aufgestellt und von den Domherrn umgeworfen. S. Scheffers Haltaus S. 218.

130 Vgl. Schreiber, Die Feen in Europa, S. 19.

131 Isl. Landnâmab. II, 12. Eyrbyggia-saga c. 4.

magnus diversis imaginibus figuratus atque ibi (bei Bourg d'Augst unweit Eu) in terram magna virtute immissus", den die Neustrier wie einen Gott verehrten, den aber der heilige Walarich (†622) umwerfen ließ,[132] deutschen Ursprungs war, so fand auch bei den Franken derselbe Fortschritt von den einfachen zu den mit Götterbildern oder auch nur mit bezeichnenden Symbolen ausgeschnitzten Balken statt. Ob man in Deutschland noch weiter ging, ob man auch vollständige Götterbilder auf Säulen setzte, muss unentschieden bleiben.[133]

Durch diese Auseinandersetzung gewinnen wir Aufschluss über einen in Skandinavien und auch wohl in Deutschland gewöhnlichen Namen der Götter, welcher sonst schwierig zu erklären ist. Die nordischen Götter führen den Namen Asen (*asir*, singul. *âs*). Dieser ist identisch mit den gotischen *anses*, einer Bezeichnung des alten gotischen Fürsten, welche Jornandes durch *semidei* wiedergibt.[134] *Ans* bedeutet aber bei Ulphilas (Luk. 6, 41, 42), ebenso wie das nordische *âs*, einen Balken. Das Wort konnte unserer Ansicht nach nur dann zugleich eine Bezeichnung der Götter werden, wenn Balken oder Pfähle ihre gewöhnlichen Symbole oder Bilder waren.[135]

Von den Zeiten, in welchen man sich besonders an den heiligen Stätten zum Gottesdienst versammelte, wissen wir sehr wenig. Durch Widukind (1, 12) ist uns bekannt, dass die Sachsen im Anfang des Oktober ein großes dreitägiges Fest feierten, an welchem man auch der Verstorbenen gedachte. Die Sage knüpft die Einrichtung derselben an den Sieg über die Thüringer. Es wird vorzugsweise ein Totenfest gewesen sein, da auch später um dieselbe Zeit in dem christlichen Niedersachsen ein Bußfest für die abgeschiedenen Seelen gefeiert wurde.[136] – Feste des Jupiter oder Merkur erwähnt der Indiculus (c. 20), ohne sie näher zu bestimmen, und ein Blick auf denselben lehrt überhaupt, dass es manche Gebräuche gab, die in bestimmten festlichen Zeiten wiederkehrten. Ferner lassen die häufigen Gebote den Sonntag zu feiern und die Verbote gegen die Heilighaltung anderer Tag, namentlich des Donnerstag[137], schließen, dass auch einzelne Wochentage den Göttern geweiht waren.

An diese Erörterungen knüpfen wir jetzt das wenige, was uns sonst von der äußeren Art des Götterkultes erhalten ist. –

Dass die Gebete zu den Göttern häufig in gebundener Form abgefasst waren, dass also religiöse Gesänge und Dichtungen existierten, ist schon daraus ersichtlich, dass

---

132 Vita Walarici abbatis Leuconensis in act. Bened. sec. 2. p. 84, 85.

133 Hier würde die bereits angeführte Stelle des Gregor von Tours in Betracht kommen, nach welcher das Bild des Mars und des Merkur auf einer hohen Säule stand. Vgl. auch die Sage in der Kaiserchronik, wo es von den Römern heißt: ûf einir yrmensûle / stuont ein abgot ungehiure, / den hiezen sie ir koufman.

134 Jornandes c. 13: tum Gothi, magna potiti per loca victoria, ... führt Grimm Mythol. 22 aus einem angelsächsischen Gedicht an.

135 Andere Vermutungen über den Ursprung dieser Bezeichnung der Götter, s. Mythol. 22.

136 Die sogenannte gemeine Woche. S. Scheffer, Haltaus 141ff. Auch die allgemeine Versammlung der Sachsen zu Marklo an der Weser hatte zugleich eine religiöse Bedeutung. Sie wurde mit Gebet und Opfer angefangen und steht daher der Festversammlung der Semnonen (Germ. 39) zu vergleichen. Vita Lebuini, Pertz II, 362.

137 Burchard von Worms 19, 5.

die Langobarden einem ihrer Götter das Haupt einer Ziege unter gewissen Zeremonien darbrachten, die von einem Lied begleitet waren.[138] Dieselbe Stelle, welche hierüber Nachricht gibt, lässt auf tanzartige Bewegungen bei den Opfern schließen. Und warum sollten religiöse Gesänge in dieser Zeit nicht vorhanden gewesen sein, da früher schon im Anbeginn der Schlacht Herkules besungen wurde, da Tacitus schon alte mythisch-epische Gesänge erwähnt, in welchen die Sagen des deutschen Volks niedergelegt waren? Die älteste Poesie eines Volkes schließt sich überhaupt eng an die Religion, und die durch Tradition aus dem Heidentum ererbten Segensformeln und Beschwörungen sind meistens noch in rhythmischer Form abgefasst. Es steht auch zu vermuten, dass der Volksgesang in den ersten christlichen Jahrhunderten deshalb so heftig von den Geistlichen verfolgt wurde, weil er noch viele Überbleibsel heidnisch-religiöser Festgesänge enthielt und daher dem Christentum gefährlich scheinen konnte. Die Bezeichnung der Volkslieder als Carmina *diabolica*, die Prädikate *turpia, inepia, obscoena,* welche ihnen gegeben werden, verschaffen dieser Vermutung noch mehr Geltung, und die Kapitalien verbieten Tänze und Gesänge geradezu als Überbleibsel des Heidentums.[139] Auch bei Begräbnissen wurden heidnisch-religiöse Lieder gesungen.[140]

Mit dem Gebet ist das Opfer unzertrennlich verbunden, welches bei dem heidnischen Kult die Hauptsache ist. Man betete vorzüglich nur, wenn man opferte. Für das vornehmste Opfer galt das Menschenopfer, dessen Darbringung uns fast bei allen deutschen Stämmen bezeugt wird.[141] Menschen scheinen hauptsächlich zu Sühneopfern gedient zu haben, welche entweder den grollenden Göttern geweiht wurden oder die Toten in der Unterwelt versöhnen sollten.[142] Die Sitte, die Diener und Rosse mit der Leiche eines Verstorbenen zugleich zu verbrennen, muss daher als ein Sühneopfer für den Schatten des Abgeschiedenen gefasst werden.[143]

---

138 Gregor. M. dial 3, 28. In dem Opferhain bei Upsala erschollen *naeniae inhonestae*. Adam. Brem. p. 144 Lindenbr.

139 Capitull. 6, c. 196. Im Übrigen verweisen wir in Beziehung auf die Verbote des älteren Volksgesanges auf die bekannten Sammlungen der hierher gehörigen Stellen: Wackernagel, Das Wessobrunner Gebet, S. 25–29. Hofmann, Geschichte des d. Kirchenliedes, S. 8–11. Maßmann, Abschwörungsformeln, S. 11.

140 Vgl. Jornand. c. 41.

141 Menschenopfer der Goten, Jorn. c. 5. Isidor. Chron. Gothorum aera 446; der Heruler Procop. De bello Goth. II, 14; der schon bekehrten Franken ebend. II, 25; Sachsen Sidon. Apollin. 8, 6. Capitul. De partib. Sax. 9; Friesen Lex Frisionum addit. Sap. Tit. 12; Thüringer Bonifac. Epist. 25. Vgl. Mythol. 39.

142 So war das große Opfer zu Lethra, welches Dietmar von Merseburg I, 9, beschreibt, bei welchem 99 Menschen, ebensoviel Pferde, Hunde und Hähne dargebracht wurden, offenbar ein Sühneopfer.

143 Tacitus Germ. 27 bezeugt nur das Mitverbrennen des Rosses. Im Norden wurden Diener und Habichte mit der Leiche verbrannt, Sæm. 225b, 226. Im Grab des Königs Childerich wurde ein Menschenhaupt gefunden, welches man für das seines Marschalls hält. – Die Frauen der Heruler pflegten sich bei den Gräbern ihrer Männer zu erhängen; Procop. De bello Goth. II, 14. Auch bei den Galliern war es Sitte, Sklaven und Klienten mit der Leiche eines angesehenen Mannes zu verbrennen. Caes. b. G. 6, 19.

Die angeführten Zeugnisse über die Menschenopfer sagen zum Teil zugleich aus, dass bevorzugt Kriegsgefangene (wie zurzeit des Tacitus), erkaufte Sklaven oder Verbrecher zum Opfertod ersehen wurden.[144] Wenn ein Verbrecher geopfert wurde, so war seine Opferung zugleich die Strafe, welche er für seine Taten zu erdulden hatte. Er wurde demjenigen Gott dargebracht, den er besonders beleidigt zu haben schien, und seine durch Gesetze gebotene Hinrichtung sparte man für das Fest dieses Gottes auf. Diese Sitte, welche uns wieder einen Blick in die enge Verbindung des Rechtes mit der Religion tun lässt und die Todesstrafen bei den Deutschen in einem eigentümlichen Licht zeigt, wird besonders durch die Menschenopfer der Friesen deutlich. Diese brachten die zu Opfern ersehenen Verbrecher auf verschiedene Weise ums Leben. Sie wurden entweder durch das Schwert hingerichtet oder an den Galgen gehängt, erdrosselt oder ertränkt.[145] Eine grausamere Strafe traf denjenigen, welcher den Tempel eines Gottes erbrochen hatte.[146] Aus einer ähnlichen Idee erklärt es sich wohl, weshalb die Sachsen ihre Kriegsgefangenen so marterten.[147] Je mehr der Gefangene gequält wurde, desto angenehmer war sein Opfertod den Göttern. Die Todsstrafen des Erhängens und Ertränkens erwähnt schon Tacitus, doch ohne sie als Opfer zu bezeichnen.[148]
Ähnliche verschiedene Opferungen von Gefangenen und Verbrechern kamen in Skandinavien vor. Nach Procop opferten die Thuliten ihre Kriegsgefangenen dem Ares so, dass sie sie erhenkten oder in Dornen warfen, oder auf andere grausame Weise ums Leben brachten.[149] In Island wurden ebenso die durch die Gerichte verdammten Verbrecher auf verschiedene Art dem Thôrr geopfert; sie wurden von einem Felsen herabgestürzt oder in Sümpfe geworfen.[150] Auch die Gallier bestraften Verbrecher durch den Opfertod und glaubten, dass das Darbringen derselben den Göttern ganz vorzüglich angenehm sei.[151]
Von Tieren, welche zu Opfern dienen, werden Pferde, Rinder und Ziegen erwähnt.[152] Das Pferdeopfer war das angesehenste und ist für die germanischen Stämme beson-

---

144 Nach der Vita s. Wulframni (†720) in act. Bened. sec. 3, p. 359, 361, wurden die zu opfernden Menschen bisweilen durch das Los bestimmt. – Die Nachrichten, welche diese Vita gibt, klingen freilich sagenhaft, sind aber doch wohl nicht zu verwerfen. Auch über den heiligen Willibrord und seine Begleiter wurde, als sie das Heiligtum des Fosite verletzt hatten, das Los geworfen, und einer, den das Los traf, hingerichtet. Alcuini vita s. Wilibrordi c. 10. Auch bei den Slawen wurden Menschenopfer durch das Los bestimmt; Jahrbücher für slaw. Literatur 1843, S. 392.

145 Vita s. Wulfram. p. 360.

146 Lex Frisionum addit. Sap. Tit 12.

147 Sidon. Apollin. Ep. 8, 6.

148 German. 12. Zusammenhang dieser Strafen mit Opfern vermutet F. Wachter, Encyclop. III, 4, 94. Auch die Cimbern hingen ihre Gefangenen auf.

149 Procop. b. Goth. 2, 15.

150 Landn. II, 12. Kristnisaga c. 11. Kjalnesingas. c. 2. Vgl. Finn Magnusen, Lex. Mythol. 929.

151 Caes. b. G. 6, 17.

152 Pferde und Rinder von den Alemannen geopfert. Agathias p. 28, 5. Den Thüringern wurde der Genuss des Pferdefleischs untersagt. Bonifac. epist. 25. 87. Stiere und Böcke in Thüringen geopfert, Epist. 82. Ziegenopfer der Langobarden, Greg. M. dialog. 3, 28.

ders charakteristisch. Das Darbringen anderer Haustiere, namentlich der Schweine, Schafe, Hühner, ist zu vermuten.[153] Den Göttern wurden vorzugsweise die Häupter dargebracht, welche wohl an Bäume gesteckt oder gehängt wurden.[154] Auch wurden die Felle der geopferten Tiere an heilige Bäume gehängt und mit ihnen allerlei Bräuche vorgenommen.[155] Nähere Nachrichten über das Verfahren bei den Opfern sind uns nicht erhalten. –

Im Norden wurde das Opferfleisch gekocht, und mit dem Blut der geschlachteten Tiere wurden die Tempelpfosten bestrichen.

Auf eine besondere Art von Opfern lässt noch der Indiculus (c. 26) schließen. Das *simulacrum de consparsa farina*, welches hier erwähnt wird, scheint das gebackene Bild eines Opfertieres, welches den Göttern zum Ersatz für das wirkliche gegeben wurde. Ähnliche Bräuche sind uns von Griechen und Römern bekannt, und in Schweden war es noch in neuerer Zeit Sitte, auf Julabend[156] Kuchen in Ebergestalt zu backen.[157] Kann das nötige Opfertier nicht angeschafft werden, so genügt den Göttern die Form desselben.

Ein feierliches, zu Ehren Wodans angestelltes *Trankopfer,* zu welchem sich ein Haufe Sueven vereinigt hatte, erwähnt die Vita des heiligen Columbanus.[158] Sie hatten zu diesem Zweck ein großes Gefäß voll Bier in die Mitte gestellt. Im Norden war es gewöhnlich, bei Gastmählern Becher zum Gedächtnis einzelner Götter zu leeren, von welcher Sitte sich auch bei uns noch Spuren in der christlichen Zeit erhalten haben. Andere heilige Bräuche, welche in dieser Zeit erwähnt werden, stehen so vereinzelt, dass wir sie besser mit dem verbinden, was sich davon in der folgenden Periode erhalten hat.

---

153 Einzelnes, was hierauf deutet, Mythol. 44 ff.

154 Agath. a.a.O. Vgl. Gregor M. dialog. 3, 28. Epist. 7, 5. – Concil. Aurel. a. 541 can. 16. Vgl. den freilich wohl keltischen Brauch, welcher in der Vita s. Germani Autissiodorensis (†448) in Act. Sanct. Bolland. 31. jul. p. 202 berichtet wird, dass die Häupter erlegter Jagdtiere an einem Birnbaum aufgesteckt wurden. Jorn. c. 5. – Zu Upsala wurden nach Adam Brem. p. 144 die Häupter der Opfer den Göttern gebracht, die Körper an Bäume aufgehängt. Auch die Slawen brachten ihren Göttern vorzugsweise die Häupter der Opfer dar. W. Bernhardi in den Jahrbüchern für slaw. Literatur 1843. S. 391–393.

155 Nach der Vita s. Barbati act. sanct. 19. febr. p. 139, suchten die Langobarden von dem an den heiligen Opferbaum aufgehängten Fell Stücke mit Wurfspießen herab zu werfen, welche sie verzehrten.

156 *Das Julfest ist ein nordgermanisches Fest im Winter, dessen Ursprünge und Bedeutung weitestgehend im Dunkeln liegen. Eine vor allem durch den Nationalsozialismus geprägte, weitverbreitete, aber wissenschaftlich nicht haltbare Ansicht ist es, dass es ein Vorläufer Weihnachtens sei, das im Zuge der Christianisierung übernommen wurde, und es dessen Termin (mit-)bestimmt habe. Denn der Termin für Weihnachten ist wesentlich älter als der Einfluss germanischen Brauchtums. In den skandinavischen Sprachen heißt Weihnachten heute Jul, im Englischen besteht der Begriff Yule und im Nordfriesischen heißt es Jül. Zitiert nach: de.wikipedia.org/wiki/Julfest. (rs)*

157 Verelius, Noten zur Hervararsage, p. 130. Auch in Deutschland ist es in einigen Gegenden noch Sitte, auf Weihnachten Kuchen in allerlei Tiergestalten zu backen.

158 Joane Bobbiensis vita s. Columbani in Acta Benedict. Sec. 2, p. 26.

Von den Vollziehern der heiligen Bräuche und den Vorstehern des Gottesdienstes, den Priestern und ihrer Stellung zu dem Volk, ist uns aus dieser Zeit noch weniger bekannt, als aus derjenigen, welche Tacitus beschreibt. Es werden uns nur bei einzelnen Stämmen Priester genannt. Bei den Burgunden hieß der Oberpriester *Sinistus*;[159] er bekleidete sein Amt lebenslänglich und hatte keine Rechenschaft abzulegen. Von gotischen Priestern wissen wir nichts Bestimmtes. Allerdings sagt Jornandes, dass die gotischen Priester *Pileati* hießen, weil sie mit bedecktem Haupt opferten, und dass sie aus edlem Geschlecht waren, aber diese Nachrichten sind aus Cassius Dio geschöpft und gelten von den Daciern.[160] Das Vorhandensein gotischer Priester lässt sich indes schon aus dem Wort *gudja sacerdos* schließen, welches zu dem nordischen *godhi* stimmt. Die thüringischen Presbyteri, welche dem Jupiter opferten,[161] sind christliche Priester, welche sich in jener Zeit des Übergangs vom Heidentum zum Christentum zu heidnischen Bräuchen verstanden hatten; aber dieser Umstand scheint doch anzudeuten, dass sie die Stelle von früheren heidnischen Priestern einnahmen. Einen angelsächsischen Oberpriester erwähnt Beda.[162] Bei den Sachsen, bei welchen wir es am ersten erwarten sollten, wird kein Priester erwähnt.

Dessen ungeachtet scheint es notwendig, Priester bei allen deutschen Stämmen anzunehmen, da sie nicht fehlen können, wo irgend ein Staatsverband ist, sollte auch, wie es für die Deutschen annehmbar ist, die Priesterwürde mit anderen Ämtern, namentlich dem Richteramt, verbunden gewesen sein, wie im Norden. Es lässt sich auch indirekt ein Beweis für das Vorhandensein derselben bei allen deutschen Stämmen führen. Wir haben oben gesehen, dass die Priester früher zugleich das Amt des Weissagers hatte, dass er namentlich die Orakel der heiligen Pferde beobachtete. Nun werden auch in dieser Zeit Zauberer und Wahrsager häufig erwähnt und in Verboten verfolgt.[163] Wir werden dieselben freilich nicht immer für Überbleibsel heidnischer Priester zu nehmen haben, welche, nachdem ihnen die Opfer geraubt waren, wenigstens das Geschäft der Weissagung fortsetzten, aber sie scheinen doch in Zusammenhang mit diesen zu stehen.

Übrigens schließen wir die Darstellung des gesamten Wesens der Zauberei und Wahrsagung von unserer ferneren Untersuchung aus, da die ausführliche Behandlung derselben uns zu sehr von unserem Hauptzweck abführen würde, und ihr Zusammenhang mit der heidnischen Religion auch meistens schon verdunkelt ist.[164] Nur das sei

---

159 Ammian. Marc. 28, 5. Sinistus ist *sinisto*. Vgl. Sinista bei Ulphilas.

160 Jornandes c. 5. 11. Cass. Dio p. 1126. Reimar; doch s. Grimms d. Rechtsaltertümer 271.

161 Bonifac. epist. 25, 82.

162 Beda hist. eccles. II, 13.

163 S. die Zeugnisse bei Mone, Geschichte des Heidenthums II, 99, 128, 185, 187, 196, 229, 243.

164 Wir stellen hier nur die hauptsächlichsten Namen der Zauberer und Wahrsager zusammen, welche schon einen Blick auf ihr Wesen gestatten. Allgemeinere Namen sind: *divini*, *magi*, *harioli*, *caticinatores* u. a. Besondere: *sortilegi* (*sortiarii*), Losdeuter; *incantatores* Beschwörer; *somniorum conjectores* Traumdeuter; *cauculatores* und *coclearii* Weissager aus Opferschalen (vgl. du Fresne s. v. und indic. c. 22); *harnspices* Eingeweidebeschauer (Capitt. VII, 370. legg. Lintprandi VI, 30; vgl. indic. c. 16 „de cerebro animalium“ und die

hier bemerkt, dass einige Arten der Wahrsagung mit Tacitus Darstellung übereinstimmen, vornehmlich die durch Lose aus geschnittenen Stäbchen, welche sich bei mehreren deutschen Stämmen, aber auch bei Kelten und Slawen, nachweisen lässt.[165]

Nachdem wir das Äußere des Gottesdienstes betrachtet haben, stellen wir jetzt die wenigen Nachrichten zusammen, welche uns von den Göttern selbst aus dieser Zeit erhalten sind. Meistens sind wir hier auf einige Namen beschränkt, entweder einheimische oder fremde; über das Wesen der Götter wird wenig oder nichts berichtet. Von den einheimischen Götternamen behandeln wir diejenigen zuerst, welche mit dem nordischen System stimmen.

Am bedeutendsten tritt unter diesen *Wodan* hervor, von welchem Paulus Diaconus[166] folgende merkwürdige Sage erzählt: „refert hoc loco antiquitas ridiculam fabulam, quod accedentes Wandali ad Wodan, victoriam de Winilis postulaverint, illeque responderit, se illis victoriam daturum, quos primum oriente sole conspexisset. Tunc accessisse Gambaram ad Fream, uxorem Wodan, et Winilis victoriam postulase, Freamque consilium dedisse, Winilorum mulieres solutos erines erga faciem ad barbae similitudinem componrent, maneque primo cum viris adessent, seseque a Wodan idendas pariter e regione, qua ille per fenestram orientem versus erat solitus adspicere, coltocarent; atque ita factum fuisse. Quas cum Wodan cinspiceret oriente sole, dixisse: qui sunt isti Langobardi? Tunc Fream subjunxisse, ut quibus nomen trabuerat, victoriam condonaret, sicque Winilis Wodan victoriam concessisse.“ Der Schriftsteller setzt hinzu, dass Wodan von allen deutschen Stämmen als Gott verehrt worden sei. Wir können seinen Kultus, abgesehen von den Langobarden und Wandalen, mit Sicherheit bei folgenden deutschen Stämmen annehmen und nachweisen.

Als Gott der Sachsen ist Wodan, wenn wir die niederdeutsche Abschwörungsformel nicht auf dieses Volk beziehen, nicht sowohl durch ein direktes Zeugnis, als vielmehr durch die unten anzuführenden mehrfachen Spuren nachweisbar, welche sich von ihm noch in der christlichen Zeit erhalten haben. Der mit Wodan identische Odhinn wird auch in Fornmannasögur 5, 239, geradezu Sachsengott genannt, und die Bedeutung, welcher dieser Gott bei den Angelsachsen hatte, deren Könige ihr Geschlecht auf ihn zurückführten,[167] sichert seinen Kultus auch den Altsachsen. Für die angrenzenden Thüringer steht Wodan durch das Merseburger Gedicht fest. Die Franken werden ihn

---

Weissagung aus Menschenopfern, Procop. de b. Goth. 2, 25); auspices (Ammian. Marc. 14, 9); *obligatores* Nestelknüpfer, gleiche Bedeutung hat *caragii*, vgl. welsch *carai* a bandage or lace bei Owen; *tempestarii* oder *immisores tempestatum* Wettermacher u.a.

165 Über Weissagung aus Baumzweigen s. Grimm, Über deutsche Runen, 296 ff. Am deutlichsten wird die Sitte Lex. Fris. Tit. 14 beschrieben.

166 De gestis Langobard. I, 8. Vgl. *histor*. Franc. epitom. Bei Bouquet II, 406, wo die Hunnen die Stelle der Wandalen einnehmen.

167 Diese Stammtafeln der angelsächsischen Könige sind uns glücklicherweise mehrfach erhalten. Erörtert von Grimm, d. Mythol. Anhang, S. I ff. J. Kemble: Über die Stammtafel der Westsachsen. München 1836. Vgl. außerdem über Wodans Verehrung bei den Angelsachsen: Additamenta operum Matthaei Paris. Ed. W. Watts, Paris 1644, p. 26. Wilhelmus Malmesbur. Savile 1601, p. 9. Galfredus Monemut. Lib. 6. ed. 1587, p. 43. Matth. Westmonast. Flores, ed. 1601, p. 82.

als Nachbarn der Sachsen ebenso wohl gekannt haben, und es darf für sie auch das Zeugnis der erwähnten Abschwörungsformel in Anschlag gebracht werden. Bei den Goten wird Wodan freilich nicht genannt, aber die Erwähnung der *Anses* bei Jornandes setzt eine bedeutende Ähnlichkeit des gotischen Göttersystems mit dem nordischen voraus, und wir werden unten noch einiges in Anschlag bringen, das dafür spricht, dass dieser Stamm ihn vorzugsweise verehrte. Außerdem lehrte uns die angeführte Stelle der Vita Columbani, dass ein Suevenstamm am Bodensee ihm opferte.

Sehen wir von diesen Sueven oder Alemannen ab, so herrschte der Kult des Wodans besonders bei denjenigen Stämmen, welche nach ihren Sagen und nach anderen geschichtlichen Spuren sich vom Norden nach dem Süden wandten. Ob er allen deutschen Stämmen als Hauptgott bekannt war, darf zwar nicht geradezu bezweifelt werden, es ist aber wenigstens nicht zu beweisen. Es fehlen namentlich Zeugnisse über seine Verehrung bei den Bayern. Selbst die Bezeichnung des vierten Wochentages nach diesem Gott findet sich vorzugsweise in Norddeutschland, nicht aber im hochdeutschen Dialekt,[168] so wie auch die Örtlichkeiten, welche seinen Namen erhalten haben, nach Süden hin nicht über Hessen und Thüringen hinausgehen.[169] – Über die Eigenschaften dieses Gottes erfahren wir nur durch Paulus, dass er Himmelsgott war und Sieg verlieh, und durch das Merseburger Gedicht, dass ihm eine besondere Macht beiwohnte, Wunden durch Besprechungen zu heilen.

Die Verehrung des *Thunaer* oder *Donar*, des nordischen Thôrr, wird uns nur durch die niederdeutsche Abschwörungsformel und die Nennung des fünften Wochentages[170] gesichert; denn lokale Benennungen wie Donnersberg und dgl. können hier nicht mit Bestimmtheit auf den Gott bezogen werden.

Der Gott *Zio*, welcher mit dem nordischen Tŷr identisch ist, wird freilich nirgend geradezu genannt, steht aber durch die Bezeichnung des dritten Wochentages[171] fest, so wie sich sein Name auch in einigen lokalen Benennungen erhalten zu haben scheint, welche, was bemerkenswert ist, auch in Süddeutschland vorkommen.[172] Dass

---

168 Über die Benennung der Wochentage im allgemeinen s. Mythol. 111ff. Der vierte Wochentag heißt in westfälischer Mundart Godenstag, Gaunstag, Gunstag, in niederrheinischer Gudenstag, mnl. Woensdach, nnl. Woensdag, belg. Goensdag, altfries. Wernsdei, neufries. Wànsdey, nordfr. Winsdei, ags. Vôdenes, Vôdnes däg, engl. Wednesday, altn. Odhinsdagr.

169 S. die Nachweise dieser mehr oder weniger sicher auf Wodan deutenden Lokalnamen in Mones Anzeiger 6, 232. Münchener gelehrte Anzeigen 1842, sp. 791. Mythol. 138–140.

170 Ahd. Donares tac Toniris tac, mhd. Donrestac, mnl. Donresdach, nnl. Donderdag, altfris. Thunresdei, Tornsdei, neufries. Tongersdei, nordfries. Türsdei, ags. Thunores däg, engl. Thursday, altn. Thôrsdagr.

171 Ahd. Cies dac, früher wahrscheinlich Ziuwes tac, später schwäb. Ziestac, andere Formen s. Mythol. 113. Das neuhochdeutsche Dienstag ist aus Diestag entsprungen. Mnl. Disendach, nnl. Dingsdach, altfries. Tysdei, neufries. Tyesdey, nordfries. Tirsdei, ags. Tives däg, engl. Tuesday, altn. Tŷrsdagr, Tŷsdagr.

172 Wenn anders Zierberg in Bayern und Zierenberg in Niederhessen hierher gehört. Tisdorf und Ziesberg in Niedersachsen. Vgl. Mythol. 180.

die Schwaben diesen Gott vorzugsweise verehrten, dürfte man daraus schließen, dass in einer Wessobrunner Glosse *Ciuvari* als ein Name der Schwaben vorkommt, welcher mit Grimm durch Verehrer des Zio erklärt werden muss.[173]

Balder erscheint in dem Merseburger Gedicht, wo er auch den Namen Phol führt. Lokale Benennungen bestätigen die Verbreitung seines Kultus über ganz Deutschland.[174]

Der friesische Gott *Fosite* ist aller Wahrscheinlichkeit nach der nordische Forsete. Über ihn wird uns berichtet,[175] dass demselben auf der Insel Helgoland (hèlegland), welche früher Fositesland hieß, Tempel erbaut waren. Zugleich war dort eine Quelle, aus welcher man nur schweigend schöpfen durfte. Von den auf der Insel weidenden, dem Gott geheiligten Tieren und den anderen dort befindlichen Gegenständen wagte niemand etwas anzurühren. Der heilige Wilibrord taufte drei Friesen in der Quelle und schlachtete drei der Tiere für sich und seine Begleiter, hätte aber beinahe die Entweihung des Heiligtums, auf welche nach dem Glauben der beiden Wahnsinn oder schneller Tod folgen musste, mit dem Leben gebüßt. Noch später galt, wie uns Adam von Bremen[176] berichtet, die Insel den Seeräubern für heilig.

An diese fünf Götter reihen sich drei Göttinnen: zunächst Frigg, die Gemahlin Wodans, welche Paulus Diaconus Frea nennt.[177] In dem Merseburger Gedicht, wo sie Frija oder Fria[178] heißt, erscheint sie als Schwester der Volla, der nordischen Fulla. Der sechste Wochentag wird nach ihr oder nach der nordischen Freyja, welche aber in Deutschland wahrscheinlich Frouwa hieß, benannt.[179] Die *dea Hludana*, welche in einer bei Birten am Niederrhein gefundenen und zu Bonn aufbewahrten Inschrift genannt wird, ist von Thorlacius mit der nordischen Hlódhya identifiziert.[180]

Wir können also im Ganzen acht Gottheiten nachweisen, welche sich auch in der nordischen Mythologie finden: Zu diesen kommen ebenso viele, welche nicht sicher mit skandinavischen Gottheiten zusammengestellt werden können. Bei einigen derselben ist es fraglich, ob sie jemals in Deutschland vorhanden waren.

---

173 Graff Diutiska 2, 370. Mythol. a.a.O.

174 Haupts Zeitschrift II, 256. Mythol. 206 ff. Dass in dem Merseburger Gedicht Phol und Balder ein und dieselbe Person bezeichnen, leidet keinen Zweifel. Wackernagel (Lesebuch I, s. X) stellt Phol und Volla als Gottheiten der Fülle zusammen. Vgl. noch Bäldäg Vòdens Sohn in den Stammtafeln von Bernicia und Wessex.

175 Alcuini vita s. Willibrordi († 739) c. 10 in Acta sanct Bened. sec. 3, pars 1, p. 609. Vgl. Altfridi vita Liudgeri bei Pertz II, 410.

176 De situ Daniae, p. 132.

177 Vgl. auch die Anm. 1 angeführten Stellen des Wilhem. Malmesbur. Und Matth. Westmonast.

178 Grimm liest Frûâ und versteht Frouwa, die nordische Freyja; aber die Verwandtschaft mit Fulla zeugt für die Frigg.

179 Die Namen des sechsten Wochentages schwanken: ahd. Fria dag, Frije tag, mhd. Frîtac, Vriegtag Ulrich 73a, mnl.Vridach, nnl. Vridag, altfries. Frigendei, neufries. Frêd, ags. Frige däg, engl. Friday, altnord. Friadagr, Freyjudagr, schwed. dän. Fredag.

180 DEAE HLUDANAF SACRUM C. TIBERIUS VERUS. – Thorlacius antiq. Bor. Spec III. Hafn. 1782. Schreiber, Die Feen in Europa, S. 63, bezieht den Namen auf den Ort Lüddingen, welcher von Birten nicht weit entfernt ist.

Ein Gott *Saxnòt* wird uns in der niederdeutschen Abschwörungsformel neben Thunaer und Wodan genannt. Wir wissen von diesem Namen nichts weiter, als dass er wörtlich Schwertgenosse bedeutet, und dass in der Stammtafel der Könige von Essex Saxneát als Vòdens Sohn erscheint.

In Bothes Sachsenchronik wird erzählt, dass auf der Harzburg der Gott Saturn verehrt worden sei, den das gemeine Volk *Krodo* genannt habe. Das daselbst hinzugefügte Bild zeigt den Götzen auf einem Fisch stehend, in der linken Hand ein Rad, in der rechten einen Korb oder vielmehr einen Eimer mit Früchten haltend. Delius[181] hat die Unzuverlässigkeit dieser Nachricht des 15. Jahrhunderts, welche früher so großen Anklang fand, zur Genüge dargetan. Auch wir verweisen den Krodo, obgleich ältere Quellen den Namen Saturn kennen, unbedenklich aus der Reihe der deutschen Götter, da die Erinnerung an einen heidnischen Kultur sich unmöglich mit solchen Einzelheiten siebenhundert Jahre im Christentum erhalten konnte. Indessen scheint diese Nachricht insofern nicht ganz eine Dichtung zu sein, als sie von einem slawischen Götterkultus hergenommen sein kann. Widukind erwähnt (III, 68) ein ehernes Bild des Saturn bei den Slawen, welchen Gott altböhmische Glossen durch Sytiwrat wiedergeben.[182] Von slawischen Göttern könnte wenigstens im 15. Jahrhundert noch eher eine Tradition leben, nicht aber von sächsischen.

Besser begründet ist durch das Merseburger Gedicht ein göttliches Schwesternpaar, *Sunna* und *Sindgund,* obgleich beide nicht unter diesem Namen im nordischen System erscheinen. Da Sunna offenbar die Personifikation der Sonne ist, so wird ihre Schwester Sindgund wohl den wandelnden Mond bedeuten,[183] wodurch wir denn der Sache nach Caesars Sol und Luna erreichen.

Zwei angelsächsische Göttinnen Hrede und Eástre, nach welchen der März Rhemonath und der April Esturmonath benannt seien, erwähnt Beda.[184] In Deutschland findet sich wohl der Name Retmonat[185], aber keine Hrede. Eine Ostara suchen wir ebenfalls vergebens, und es steht auch zu bezweifeln, ob eine *deutsche* Göttin dieses Namens jemals vorhanden gewesen ist, da derselbe sich schwerlich aus unserer Sprache erklären lässt.[186]

---

181 Untersuchungen über die Geschichte der Harzburg und den vermeinten Götzen Krodo. Halberstadt 1826.

182 Bei Hanka 17a, 20a. Vgl. Mythol. 227. Grimm vermutet, dass Krodo aus Kirt entstanden sei, dessen Enkel Radigast in einer Glosse bei Hanka 14a genannt wird. Über Sytiwrat und dessen Identification mit Saturn s. auch Hanusch, Slaw. Myth. 116.

183 Vgl. Goth. *Sinths* Weg: Mythol. 667 wird erinnert, dass Sæm. 1b Sôl (Sonne) die Begleiterin (*Sinni*) des Mâni (Mond) heißt.

184 De temporum ratione c. 13.

185 Für März und Februar s. Mythol. 267. Den Namen Hrede hält Grimm zu dem althochdeutschen *hruod* gloria, fama.

186 Dass im baskischen *ostaro* Mai, Zeit des Blühens, Belaubens von *ostoa* Laub, Blatt heißt, möchte ich nicht mit Grimm für einen bloß zufällige Anklang halten.

Eine *Dea Nehalennia* ist uns durch Abbildungen und Inschriften auf Altären, welche im Jahre 1647 an der Küste der Insel Walchern gefunden wurden, bekannt.[187] Auf denselben befindet sich die Göttin sitzend oder stehend mit einem Korb voll Obst auf dem Schoß oder solche Körbe zu beiden Seiten. Bisweilen steht neben ihr ein Hund, oder sie selbst steht auf dem Vorderteil eines Schiffes. Diese Attribute deuten auf eine Göttin, welche Einfluss auf die Fruchtbarkeit der Erde und auf die Schifffahrt übt, wie ihr denn auch die meisten Altäre von Seefahrern gesetzt sind. Wenn nun auch deutsche Stämme, etwa die Friesen, diese Göttin verehrten, so ist sie doch nicht echt deutsch, sondern gehört ihrem Ursprung nach sicher den Kelten an. Das beweisen die vielen des *Nekis* oder *Nehabus* gewidmeten Steine, welche in Rheingegenden gefunden sind. Schreiber leitet den Namen von dem keltischen *néza* oder *néa* ab, wonach Nehalennia also die Spinnerin wäre. Man könnte auch an das welsche *nêv* Himmel, *nevawl* himmlisch, denken. Diese Ableitung lässt wenigstens einen Zusammenhang des Namens der Göttin mit ihren Attributen erkennen: die himmlische Göttin (etwa eine Mondgöttin?) macht die Erde fruchtbar und gibt den Schiffern günstigen Wind.
Die bayrische Göttin *Zisa*, welche in der Stadt Augsburg, die davon den Namen Zizaris führte, einen hölzernen Tempel gehabt haben, und deren Fest am 28. September von Bayern und Schwaben gefeiert sein soll, erwähnen wir zuletzt, weil die Nachrichten über sie aus ziemlich später Zeit sind und es durch ihren ganzen Charakter zweifelhaft machen, ob eine deutsche Göttin dieses Namens jemals existiert hat. Wir teilen den ältesten Bericht über sie, welcher sich in einer Münchener Handschrift des 12. Jahrhunderts findet,[188] dem Leser mit:

> „Dum bec circa *renum* geruntur, in *noricorum* (übergeschr. *Bawariorum*) finibus grave vulnus romanus populus accepit. Quippe *germanorum* gentes (übergeschr. *Suevi*), que *retias* occupaverant, non longe ab alpibus tractu pari patentibus campis, ubi duo rapidissimi amnes (übergeschr. *licus* et *werthaha*) inter se confluant, in ipsis *noricis* finibus (übergesch. Terminis *bawariorum et suevorum*) civitatem non quidem muro sed vallo fossaquc cinxerant, quam appellabant *zizarim* ex nomine dee *cice*,[189] quam religiosissime colebant. Cujus templum quoque ex lignis barbarico ritu constructum, postquam eo[190] colonia *romana* deducta est, inviolatum permansit, ac vetustate collapsum nomen[191] colli servavit. Hane urbem *titus annius* pretor ad arceudas barbarorum excursiones kal. sextilibus (übergesch. exacta jam aestate) exercitu circumvenit. Ad meridianam oppidi partem, que sola a continenti (übergesch. littoribus) erat, pretor ipse cum legione *martia* castra operosissime communivit. Ad occiden-

187 Vgl. Ol. Vredii histor. Com. Flandr. I, addit. XLIV f. Mém. de l'acad. Celt. I, 199ff. Keysler exercitario de dea Nehallennia in antiq. Sel. Septentr et celt. 236ff. Schreiber, Die Feen in Europa, 64 ff.

188 S. Mythol. 269 f., wo auch die übrigen Berichte zu finden sind.

189 Am Rande: „quem male polluerat cultura nesaria dudum *gallus* monticulum hunc tibi ciza tulit."

190 Am Rande: „post conditam urbem *augustam a romanis*."

191 Am Rande: „ut usque hodie ab incolis *cizunbere* nominatur."

tem vero, qua barbarorum adventus erat, *ávar, bôgydus* regis filius, cum equitatu omni et auxiliaribus *macedonum* copiis inter flumen et vallum loco castris parum amplo infelici temeritate extra flumen (übergesch. *werthaha*) consedit. pulchra indoles, non minus *romanis* quam grecis disciplinis instructa. Igitus quinquagesimo nono die, qua eo ventum est, cum is dies *dee cize* apud *barbaros* celeberrimus ludum et lasciviam magis quam formidinem ostentarct, immanis *barbarorum* (übergeschr. *suevorum*) multitudo ex proximis silvis repente erumpens ex improviso castra irrupit, equitatum omnem, et quod miserius erat, auxilia sociorum delevit. *avar*,[192] cum in hostium potestatem regio habitu vivus venisset, (sed que apud *barbaros* reverentia?) more pecudis ibidem mactatur.[193] Oppidani vero non minori fortuna sed majori virtute pretorem in auxilium sociis properantem adoriuntur. *Romani* hand segniter resistunt. Duo principes oppidanorum *habino*[194] et *caccus*[195] in primis pugnantes cadunt. Et inclinata jam res oppidanorum esset, ni maturassent auxilium ferre socii in altera ripa jam victoria politi. Denique coadunatis viribus castra irrumpunt, pretorem, qui paulo altiorem tumulum (übergeschr. *perleik*) frustra ceperat, *romana* vi resistentem obtruneant. Legionem[196] divinam (übergesch. *martiam*), ut ne nuncius cladis superesset, funditus delent. *Verres* dolus tribunus militum amne transmisso in proximis paludibus se occultans[197] honestam mortem subterfugit. Nec multo post sicilie proconsul immani avaricia turpem mortem promernit. Nam cum se magistratu abdicaret, judicio civium damnatus est."

Wir halten es für überflüssig, den unhistorischen Charakter dieser Erzählung, der sich besonders in der seltsamen Zusammenstellung von Namen aus verschiedenen Zeiten zeigt, im Einzelnen zu beweisen. Es wird niemand die hier berichtete Begebenheit für eine geschichtliche halten, der nur in Erwägung zieht, dass bei der Belagerung der Stadt Verres Ciceros Zeitgenosse mit tätig gewesen sein soll, den andere Aufzeichnungen derselben Sage sogar mit dem bekannten Quinctilius Varus identifizieren. Wenn nun das Ganze anscheinend historische Faktum in nichts zusammenfällt, so dürfen wir auch nicht glauben, dass einzig und allein die Verehrung der Göttin Zisa

---

192 Am Rande: „ex cujus vocabulo quia ibi mactatus et tumulatus est, *chrikesaveron* nomen accepit."

193 Am Rande: „hoc nomen terris *bogudis* dat regia proles grecavar, pecudis de suevis more litatus."

194 Am Rande: „prefectus *habeno* se victum hicque sepultum perpetuo montis nomine notificat. Qui juxta montem occisus et sepultus nomen monti *habenouberck* dedit, quem rustici *havenenberch* dicunt."

195 Cod. Vindob. CII, welcher dieselbe Erzählung enthält, fügt hinzu: „a cujus nomine putamus *ickingen* nominari."

196 Am Rande: „de hac ibi perdita legione adhuc *perleich* nominatur." Mit kleinerer aber gleichzeitiger Schrift: „indicat hic collis *romanam* nomine cladem, *martia* quo *legio* tota simul periit. Subdidit hunc *rome* prepes victoria petro, hoc sibimet templum qui modo constituit."

197 Am Rande: „hic quia in paludibus adjacentibus latuit, lacui *uerisse* huc usque nomen dedit."

geschichtlichen Grund habe. Sie hat unserer Ansicht nach ebensowenig Ansprüche auf Existenz, als der Ares, dessen Bild auf den Mauern der Stadt Eresburg gestanden haben soll, ungeachtet auch Entzelt in der Chronik der Altmark[198] Ziza als eine märkische Göttin erwähnt, und von ihr Kräuternamen wie Zizenhaar und ähnliche ableitet, was nur zeigt, dass die Dichtung später noch großen Anklang fand. Denn diese ganze Erzählung ist offenbar nur aus der Sucht entstanden, Lokalnamen auf eine gelehrte Art zu deuten. Wie der Hügel, Perleich genannt, „de ibi perdita legione" den Namen führen soll, so musste auch der Zisenberg von einer Göttin Ziza benannt sein. Wir haben aber kein Recht, auf eine bloße Etymologie die Existenz dieser Göttin zu gründen, wenngleich, wäre die Nachricht besser beglaubigt, eine Zisa als Gemahlin des Zio sich an und für sich wohl denken ließe. Möglich ist es, dass einige römische Namen auf Steininschriften der Dichtung Anknüpfungspunkte gewährten, möglich auch, dass der Name der preußisch-littauischen Ziza, der slawischen Ziwa[199] dem Verfasser irgendwie zu Ohren gekommen war, welcher auch Entzelt vorgeschwebt haben mag.

Unter den fremden Namen, mit welchen deutsche Götter belegt werden, treten besonders Merkurius, Mars und Jupiter hervor.[200] Dass darunter Wodan, Zio und Donar verstanden werden, ist aus den Namen des dritten, vierten und fünften Wochentages ersichtlich, wenngleich diese Bezeichnungen, da die Deutschen die siebentägige Woche aller Wahrscheinlichkeit nach nicht von Anfang an hatten, erst aufkamen, als man die römischen Wochentagsnamen kennen gelernt hatte. Dass man Wodan durch Merkurius übertrug, sichern außerdem noch bestimmte Zeugnisse.[201] Für Wodan wäre sonst Mars eine ebenso passende Übersetzung, und er mag auch bisweilen unter diesem Namen verborgen sein.[202] Merkurius und Mars kannte schon Tacitus; es ist daher möglich, dass Jupiter der von ihm erwähnte Herkules ist, welcher sonst in dieser Periode nicht genannt wird.[203]

Bei anderen Namen müssen wir es dahin gestellt sein lassen, ob und welche deutsche Götter gemeint sind. Außer Phöbus, der in Britannien verehrt sein soll,[204] werden noch

---

198 S.29. Vgl. Kuhn, Märk. Sagen, Nr. 21.

199 Vgl. Hanusch, Slaw. Myth. 132.

200 Über Jupiter s. 5, 74. Anm. 2. robur Jovis, Wilibaldi vit. Bonif. Bei Pertz II, 343. Presbyter Jovi mactans, Bonifac. ep. 25. Jupiter und Mercur indicul. c. 8. 20. Saturn, Jupiter, Mars und Mercurius bei Gregor von Tours II, c. 29, sind der römischen Mythologie entnommen. Mars von den Goten vorzüglich verehrt, Jorn. c. 5. Mars bei den Alanen, Ammian. Marc. 31, 2. Über Mercur s. noch die folgende Anmerkung.

201 Paul. Diac. 1, 8: Wodan ipse est, qui apud Romanos Mercurius dicitur. Vit. S. Columbani in act. Bened. sec. 2, p. 26: deo suo Wodano, quem Mercurium vocant alii. Addit. Op. Matth. Par. P. 26: Mercurium Voden anglice appellatum. Ähnliches bei Galfr. Monemut. Matth. Westmonast. Oben s. 85, Anm. 1.

202 So scheint der Mars der Goten Wodan zu sein. Vgl. auch die Glosse zu der angeführten Stelle der vit. Columbani: qui apud eos *Vuotant* vocatur, Latini autem Martem illum appellant.

203 Widukind I, 12: „effigie columpnarum imitantes Herculem" ist kaum als Zeugnis für diesen Gott anzuführen.

204 Addit. Opp. Matth. Par. a.a.O.

Neptunus, Orcus, Minverva und Geniscus genannt.[205] Saturn kommt in keinem zuverlässigen Zeugnis als fremde Benennung eines einheimischen Gottes vor.[206] Häufig wird dagegen der Kult der Diana erwähnt.[207] Es kommt hier in Frage: Ist Diana nur der fremde Name für eine deutsche Gottheit, oder wurde der Kultus der römisch-gallischen Göttin auf deutschen Boden übertragen? Beides kann der Fall gewesen sein. Das erstere vermute ich besonders in Beziehung auf die nach der Vita s. Kiliani im Würzburgischen verehrte Diana; das letztere steht aber auch wohl nicht abzuleugnen, besonders da in dem Leben des heil. Caesarius Arelatensis ein daemonium erwähnt wird, quod rustici Dianam vocant.

An diese gewiss nicht vollständige Reihe deutscher Gottheiten schloss sich aller Wahrscheinlichkeit nach eine Menge von untergeordneten Wesen, da Wald- und Wassergeister an einzelnen Stellen erwähnt werden[208] und das erste Merseburger Gedicht von Jungfrauen (idisi) berichtet, welche Fesseln fesselten, das Heer aufhielten und nach Kniestricken pflückten. Dieses kann jedoch, wie einiges andere hierher Gehörige, erst im zweiten Buch seine vollständige Erläuterung finden.

Wenn wir alles zusammenfassen, was wir aus der Zeit vor der Bekehrung wissen, so haben wir hauptsächlich nur eine oberflächliche Ansicht von den Äußerlichkeiten des Kultus bekommen und eine Reihe von Götternamen kennen gelernt, welche uns ohne die nordische Mythologie ganz unverständlich bleiben. Die Erzählungen, wie Wodan Baldres Pferd heilte und den Winilern Namen und Sieg verlieh, sind die einzigen Göttermythen, welche wir aus diesem Zeitraum kennen.[209] Das Vorhandensein von vielen anderen, welche für uns verloren sind, ließ sich aus den häufigen Verboten heidnischer Gesänge und leerer Fabeln schließen, und die Betrachtung des folgenden Zeitraumes wird uns lehren, dass nicht alle heidnischen Bräuche und Ansichten durch das Christentum untergingen.

---

205 Vit. S. Eligii II, c. 16.

206 Die Stellen Gregor. Tur. II, 29 und Galfried Monemut, lib. 6, p. 43 können kaum in Betracht kommen. Grimm bringt in Mythol. 226, 227 außerdem für diesen Gott den Namen des siebenten Wochentages, einen ags Ortsnamen Saeteresbyrig und einiges andere in Anschlag. Über den Saturn der Sachsenchronik s. oben.

207 Vit. S. Eligii II, c. 16; lapis Dianae im Ardennerwalde vit. S. Remacli c. 12; Bildsäule der Diana im Trierischen Greg Tur. 8, 15; Kultus der Diana im Würzburgischen vit. S. Kiliani (†689) in Act. s. Ben. Sec. 2, p. 993. Über die Stelle bei Burchard von Worms 10, 1, welche sich später noch mehrfach wiederholt, s. unten.

208 Wassergeister erwähnt Greg. Turon. de glor. Consess. c. 31; Wasser- und Waldgeister, wie es scheint, vit. S. Galli bei Pertz II, 7. Zwei nackte, Steine werfende Seejungfrauen ebend. S. 9. Waldleute Jornand. c.24.

209 Daniel, Bischof von Winchester, spricht in einem merkwürdigen Brief an Bonifacius (Epist. 14) von heidnischen Göttergenealogien; allein wir wissen nicht, ob sie das deutsche Heidentum betreffen.

Kapitel III - Über die Fortdauer heidnischer Ideen und Bräuche in der christlichen Zeit

Das Mangelhafte der heidnischen Religionen zeigt sich besonders darin, dass sie ihren Bekennern weder die gehörige Sicherheit im Glauben geben, noch auch vollkommen das Gemüt befriedigen. Die Menge der Götterkulte, welche nach althergebrachten Sitten in verschiedenen Gegenden und bei verschiedenen Geschlechtern verschiedenes Ansehen genießen, befördert diese Unsicherheit ebensowohl, wie der Mangel heiliger Religionsschriften, welche in der Regel wenigstens fehlen, sie notwendig macht. Ist nun außerdem, wie bei den Deutschen, kein abgeschlossener Priesterstand da, der in das Glaubenssystem einige Einheit und Festigkeit bringt, so ist die natürliche Folge hiervon, wie von jenem ungenügenden der heidnischen religiösen Vorstellungen, dass einzelne den Volksglauben verlassen und entweder überhaupt Verächter alles Göttlichen werden oder sich reinere Begriffe zu verschaffen suchen.[210]

Die Geschichte der griechischen und römischen Religion könnte zu dieser Erscheinung hinlängliche Belege liefern; es mögen hier aber nur einige Beispiele aus dem uns näher liegenden nordischen Heidentum erwähnt werden. Wir lesen in altnordischen Erzählungen, wie einzelne Männer Götter, Opfer und Orakel verachteten und sich auf ihre eigene Stärke verließen, und wie andere von selbst den heidnischen Gottesdienst aufgaben.[211] Der Isländer Thorkell empfahl sich, als sein Ende herannahte, dem, der die Sonne erschuf.[212]

Eine ebenso häufige Erscheinung im Heidentum, die sich auch aus dem Mangel an wahrer Befriedigung erklärt, ist es, dass die Heiden sehr geneigt sind, fremde Götterkulte zu den schon bestehenden aufzunehmen. Als einen solchen neuen Götterkult sahen sie auch das Christentum an. Christus war ihnen ein neuer Gott, an den sie gern glauben wollten, ohne darum ihre alten Götter aufzugeben. Sie stellten ihn ganz in die Reihe ihrer Götzen, hielten ihn aber nur anfänglich für schwächer als diese.[213] Darum nahmen mehrere zwar das Christentum an, behielten aber den alten Kultus daneben bei. Der Isländer Helgi glaubte freilich an Christus, rief aber außerdem den Thôrr bei Seefahrten und in schwierigen Angelegenheiten an, und der angelsächsische König Rednald hatte in demselben Tempel einen christlichen Altar und einen Opferaltar für die heidnischen Götter.[214] Anderwärts wurden christliche Bräuche und Ideen ganz heidnisch umgewandelt. In Island hatte eine Christin Kreuze auf einen Hügel aufgepflanzt und daselbst ihre Andacht verrichtet. Nach ihrem Tod hielten auch ihre Ver-

---

210 *Der Leser möge vergleichen mit „Die Christianisierung der heidnischen Bräuche und Gottheiten - Die germanischen Ursprünge der deutschen Kirchenheiligen und Heiligenfeste von Walburg, Verena und Gertrud" von Ernst Ludwig Rochholz, Bohmeier Verlag.*

211 Fornmanna-sögur I, 35. 2, 151. Fornald. Sög. 1. 98, 2. 165, 505. Landn. I, 5, 7. II, 3, 7, 5, 2. Fridhthiosr. fragt nichts nach Balders Gunst, Fridhthiofssag. c. 4.

212 Land. I, 9.

213 Widukind III, 65. Man fabelte selbst, Thôrr habe Christus einst zum Zweikampf herausgefordert, dieser habe aber der Herausforderung nicht Folge geleistet. Nialssag. c. 103.

214 Landn. 3, 12 Beda hist. eccles I, 15.

wandten den Hügel für heilig; richteten aber in der Folge ihre Götterbilder auf demselben auf.[215] Andere glaubten an den heiligen Kolumbilla, ohne getauft zu sein.[216] – Diese Bereitwilligkeit der Heiden, fremde Kulte zu den schon bestehenden anzunehmen, welche die notwendige Folge von ihrer Unsicherheit im Glauben war, kam der Einführung des Christentums ebenso wohl zu Hilfe, als sie zugleich anfänglich das tiefere Eindringen desselben hinderte.

Aber auch die Art, wie die Bekehrung vor sich ging, brachte es mit sich, dass nicht alles Heidnische auf einmal vertilgt wurde, sondern dass sich noch manche Überbleibsel desselben lange und fortdauernd erhalten mussten. Wir haben oben gesehen, dass der Übertritt der deutschen Stämme einzeln und allmählich in einem Zeitraum von fünf Jahrhunderten erfolgte. Da christliche Stämme häufig neben heidnischen wohnten und heidnische in christliche Länder eindrangen, so musste natürlich die neue Religion unter solchen Verhältnissen leiden. Auch wurde ein Stamm immer nur nach und nach bekehrt An Chlodwigs Tafel saßen Christen neben Heiden, König Agilulf setzte noch einen heidnischen Herzog von Spoleto ein.[217] Die Aufrechterhaltung der bestehenden politischen Verhältnisse gebot anfänglich auch einem christlichen Herrscher, gegen die Heiden duldsam zu sein, und je roher und neuer seine eigene Religion war, desto weniger verlangte er ein wahres Christentum von seinen Untergebenen. Öfter begnügte man sich damit, dass die Heiden sich nur mit dem Kreuz bezeichneten oder sich primisignieren ließen, im Übrigen mochten sie es mit ihrem Glauben halten, wie sie wollten. Allerdings begegnen wir auch wohl Beispielen gegenseitiger Unduldsamkeit, aber dann mischte sich die Politik mit dem Glaubenseifer. Man wird nicht behaupten wollen, dass Karl dem Großen die Bekehrung der Sachsen so am Herzen gelegen haben würde, wenn nicht zugleich die Einführung des Christentums das sicherste Mittel gewesen wäre, dieses Volk vollständig zu unterjochen. Die norwegischen Könige suchten mit der Einführung des Christentums zugleich ihre landesherrliche Gewalt zu vergrößern.

Dabei erwäge man die Wirksamkeit der Bekehrer selbst. Da die Taufe häufig in Massen erfolgte, so konnte unmöglich eine so gründliche Belehrung damit verbunden werden, wie sie stattfinden musste, um alles Heidnische zu tilgen. Zudem kannten die Bekehrer die heidnische Religion nicht einmal so genau, dass sie sie ganz ausrotten konnten. Sie verfolgten hauptsächlich die äußeren Riten und suchten an ihre Stelle zunächst die Äußerlichkeiten des Christentums zu setzen; die heidnischen Ideen blieben häufig genug dabei ziemlich unverletzt bestehen, und es bildete sich zunächst nur eine rohe Mischung von Heidentum und Christentum. Es wird ein gewöhnlicher Fall gewesen sein, dass solche Namenchristen noch Opferfleisch genossen und die Kirchen zu heidnischen Bräuchen benutzten.[218]

---

215 Landn. II, 16.

216 Landn. I, 12, vgl. 16.

217 Vita s. Fridolini, abb. Seck, c. 20. bei Bouquet T. II, p. 388. Paul. Diac IV, 17. Vgl. Phillips, Deutsche Geschichte I, 466.

218 Man glaubte, das Opferfleisch der Heiden ohne Scheu genießen zu dürfen, wenn man das Zeichen des Kreuzes darüber machte, Bonif. Ep. 24. Das Conc. Germ. c. 5 verbietet *hostias immolatitias*. Vgl. Capitt. 6, 196, statut. Bonif. c. 21, indic. c. 5.

Außerdem war es sehr schwer, den Rückfall zum Heidentum zu verhindern. Denn um eine bekehrte Gemeinde bei dem wahren Glauben zu erhalten, waren wohlunterrichtete Geistliche nötig, und diese waren natürlich selten, oder führten selbst ein profanes und gottloses Leben. Von manchen war es selbst ungewiss, ob sie die Weihe empfangen hatten.[219] Darum konnten Fälle vorkommen, wie der, den die Vita S. Galli[220] schildert, dass in einem der heiligen Aurelia geweihten Bethaus später Bildsäulen mit Opfern verehrt wurden, und wir haben gesehen, dass die Franken nach ihrer Bekehrung bei ihrem Einbruch in Italien noch Menschenopfer brachten.[221] Wenn die Bekehrer schon ihr Werk gesichert glaubten, so mochte die Wiederkehr der Jahreszeit, in welche sonst ein fröhliches heidnisches Fest fiel, auf einmal das kaum zurückgedrängte Heidentum wieder in Erinnerung bringen, wovon wir unten ein interessantes Beispiel aus dem 12. Jahrhundert kennen lernen werden. Die Priester, welche das Volk bei dem Christentum erhalten sollten, bequemten sich selbst dazu, den heidnischen Göttern zu opfern, wenn sie auch daneben nach christlicher Weise die Taufe verrichteten;[222] sie gaben sich mit Zauberei und Weissagung ab[223] und waren selbst noch so in dem Heidentum befangen, dass sie auf Bügeln Kreuze aufpflanzten und an den alten heidnischen Opferplätzen mit großem Beifall des Volks christlichen Gottesdienst hielten.[224] Erst wenn Klöster als Pflanzstätten der christlichen Bildung in einer Gegend gegründet waren, konnte auf einen dauerhaften Bestand und auf tiefere Einprägung des Christentums gerechnet werden.

Zudem musste die Geistlichkeit manches Heidnische bestehen lassen, wenn sie nicht die bürgerliche Ordnung des Lebens durchaus verwirren und umkehren wollte. Institute des Heidentums, welche politisch von Bedeutung waren, durften ebenso wenig angegriffen werden, wie andere, welche eine bedeutungsvolle und heilsame Sitte ehrwürdig und unverletzlich gemacht hatte. Die heidnischen Bräuche, welche mit den rechtlichen Handlungen verbunden waren, mussten meistens bleiben, wenn die Geistlichkeit nicht auch das Recht selbst umstürzen oder es damals schon etwa durch das römische, nach welchem sie selbst lebte, verdrängen wollte. Darum blieben Ort und Zeit der Gerichtsversammlung[225] unverändert in ihrem Zusammenhang mit den heidnischen Opferplätzen und Festen, wenn auch die Opfer, welche sonst mit der Gerichtshaltung verbunden waren, wegfielen. Ebenso erhielten sich die altheidnischen Ordalien[226], wurden aber christlich umgewandelt. Verbrecher mussten bestraft werden,

---

[219] Bonifac. ep. 38, 46.

[220] Acta Bened. sec. 2. p. 233.

[221] Procop. de bello goth. 2, 25.

[222] Bonifac. ep. 25. Vgl. ep. 82 und Capitt. VII, 405.

[223] Statut. Bonifac. 33, p. 142 Würdtw.

[224] Bonifac. ep. 87. Vgl. ep. 59, 67.

[225] Deutsche Rechtsaltertümer, 793f., 822f.

[226] *Ordalien (Urteile), Gottesurteile, im Mittelalter bei germanischen Völkern ein gerichtliches Verfahren, wo je nach dem Bestehen oder Nichtbestehen einer Gefahr die Unschuld od. Schuld eines Angeklagten als erwiesen angesehen wurde. Das Verfahren ist heidnischen Ursprungs u. erhielt sich trotz der Gegenwirkung des Papstes bis in das 15. Jh., als Hexenprobe sogar bis in das 17. Für Männer war der gerichtliche Zweikampf gewöhnlich,*

und die Geistlichkeit konnte es ruhig geschehen lassen, dass sich mit der Strafe heidnische Bräuche verbanden,[227] weil der Übeltäter ja ein unwürdiger Christ war. In die Ordnung des Kriegswesens und der heidnischen Bräuche, welche im Feld beobachtet wurden, konnten die Geistlichen ebenso wenig störend eingreifen. Darum opferten die christlichen Franken, als sie in Italien einfielen, auch Menschen, während sonst diese Grausamkeit im gewöhnlichen Leben wohl schon längst abgeschafft war. So kehrte manches Heidnische in den ersten christlichen Zeiten wieder oder erhielt sich noch später, weil es durch Recht und Sitte geheiligt war. Wo die Bekehrer zu unvorsichtig umgestaltend in die bürgerlichen Verhältnisse eingreifen wollten, da fand die Annahme des Christentums viele Hindernisse. Die Lehre des heiligen Kilian hatte bei dem fränkischen Herzog Gozbert schon Anklang gefunden, aber als er seine Ehe mit einer Verwandten tadelte, büßte er mit dem Leben. Bei den Sachsen fand das Christentum darum so bedeutenden Widerstand, weil mit der Annahme desselben zugleich der Verlust der alten Nationalverfassung verbunden war.

Da also die Bekehrer mit Vorsicht verfahren mussten und das Heidentum nicht auf einmal vertilgen konnten, so akkommodierten sie sich häufig auch den heidnischen Ansichten insofern, als die denselben eine christliche Wendung zu geben suchten. Wir haben mehrere Beispiele von solchen Umwandlungen in das Christliche. Namentlich wurden an den Stätten, welche den Heiden für heilig galten, christliche Kirche gebaut,[228] oder wenigstens Kreuze an denselben aufgepflanzt,[229] damit sie nicht mehr zu heidnischen Kulten benutzt würden und damit das Volk sich umso leichter, sie im christlichen Sinn für heilig zu halten. Das Holz der von Bonifacius gefällten Eiche wurde zu einer Kanzel verwandt und aus dem Gold des Langobardischen Schlangenbildes wurden Abendmahlsgefäße gefertigt. Christliche Festtage wurden geflissentlich auf Tage gelegt, welche die Heiden gefeiert hatten, oder es wurden auch heidnische Feste mit Beibehaltung einiger Bräuche in christliche umgewandelt. Wurde durch solche Akkommodationen auf der einen Seite dem Christentum Eingang verschafft, so verhinderten sie auf der anderen die schnelle und völlige Austilgung des heidnischen und verursachten Mischungen heidnischer Ideen und Bräuche mit christlichen.

Alle diese Umstände trugen dazu bei, dass das Heidentum nicht vollständig ausgerottet wurde, dass nicht allein in den ersten Jahrhunderten nach der Bekehrung eine seltsame Mischung des heidnischen und christlichen stattfand, sondern dass sich bis

---

für Weiber die Feuerprobe (Weggehen über glühende Pflugscharen, Durchgehen zwischen 2 brennenden Holzstößen, Eintauchen der Hand in siedendes Öl etc.), die Wasserprobe besonders bei vermeintlichen Hexen, die sinken mussten, wenn sie unschuldig waren etc. Zitiert nach: Herders Conversations-Lexikon 1. Auflage 1854–1857 (rs)

[227] Z. B., wenn Verbrecher mit Wölfen oder Hunden aufgehängt wurden, was später noch für besonders schimpflich galt. RA 685. Verbrecher wurden auf Kreuzwegen, den altheidnischen Opferstätten, begraben und der Galgen stand an den Wegscheiden. RA. 720, 683. Überhaupt mögen einzelne Bräuche bei Hinrichtungen, z. B. das Hinausschleifen auf einer Kuhhaut, darum für besonders schimpflich gelten, weil sie ursprünglich heidnisch waren.

[228] Vita s. Agili resbacensis in act. Bened. sec. 2, p. 317. Vit. S. Amandi ebendas. P. 715. Vit. Liudgeri bei Perrz II, 410. Gregor. M. ep. Ad Mellitum (Beda hist. eccles. I, 80).

[229] Mone, Geschichte des Heidenthums II, 52. Schreiber, Die Feen in Europa, S. 18.

auf den heutigen Tag noch manche Spuren heidnischer Ansichten und Bräuche in unserem Volk vorfinden. Bis zum 12. Jh. hatten die Geistlichen in Deutschland noch mit der Vertilgung der Überbleibsel des Heidentums zu tun, und es wird aus der Nachwirkung desselben zum Teil zu erklären sein, dass es bis zu dieser Zeit bei uns nur Volksdichtung und geistliche Poesie gab und dass die Deutschen an dem ersten Kreuzzug so geringen Anteil nahmen.

Wir betrachten die uns erhaltenen Überbleibsel des Heidentums nach dem doppelten Gesichtspunkt, je nachdem sie sich entweder an das Christentum angelehnt haben und durch dasselbe ungewandelt sind, oder sich von dem Christentum getrennt und für sich dem Untergang entzogen haben. Indessen müssen wir darauf verzichten, den ersten Punkt in jeder Hinsicht vollständig zu erörtern, teils, weil die Kenntnis unseres Heidentums selbst zu dürftig ist, teils weil uns hier kirchenhistorische Vorarbeiten, besonders solche, welche die Geschichte der Legende und ihres Zusammenhangs mit der Volkssage und Einzelheiten der früheren volksmäßigen und nicht immer kirchlichen Heiligenverehrung betreffen, zu sehr abgehen. Wir begnügen uns deshalb damit, einige besonders in die Augen fallende Erscheinungen hervorzuheben. Manches kann auch erst im zweiten Buch seine vollständige Erläuterung finden.

Die Bekehrer sahen in den heidnischen Götzen und in ihrem die reinere Gottesverehrung nachäffenden Dienst ein Blendwerk des Teufels, der in der Gestalt derselben die Menschen zu seiner Verehrung bewogen habe, und glaubten selbst, dass die Götterbilder oder die heiligen Bäume vom Teufel besessen wären. Sie hielten also die heidnischen Götter nicht geradezu für nichtige Wesen, sondern maßen ihnen eine reale Existenz bei und hatten insofern selbst Furcht vor diesen Dämonen. Darum wurde den Heiden ihre Religion geradezu als ein Teufelswerk dargestellt und der Neubekehrte musste zunächst dem Teufel und dem Teufelsdienst entsagen. Auf diese Weise prägte sich dem Volk natürlich selbst die Idee ein, das jene Götter eben nur Teufel wären, und wenn jemand, namentlich in den ersten Zeiten des Christentums, durch allerlei Not zum Zweifel an der Allmacht des christlichen Gottes gebracht wurde und wieder zum Heidentum abfiel, so sah dieses die Mehrzahl als eine Ergebung an den Teufel an. Daher die vielfachen Sagen von Bündnissen mit dem Teufel, bei welchen derjenige, welcher sich ihm ergab, den Glauben an Gott, Christus und Maria abschwören musste, ebenso wie der neubekehrte Christ dem Teufel entsagte. Dass der Teufel in solchen Sagen häufig die Stelle des heidnischen Gottes vertritt, sieht man auch daraus, dass demselben Opfer, namentlich Hühner, auf den Kreuzwegen, jenen alten Opferstätten, gebracht werden müssen,[230] damit man seine Hilfe erlange. –

Außerdem hegte das Heidentum den Glauben an gewisse Götter und menschenfeindliche Wesen, welche dabei aber im Besitz von großen eigentümlichen Kräften sind, weshalb ihre Hilfe häufig wünschenswert erscheint. Wir werden unten im Einzelnen sehen, wie der Teufel in Volkssagen häufig die Rolle spielt, welche echtere Überliefe-

[230] Daher die Ausdrücke diabolo sacrificare, diaboli in amorem vinum bibere. Dem Teufel wird ein schwarzes Huhn geopfert, Wolf, Niederländ. Sagen, n. 282, 454. Vgl. Deutsche Sagen n. 185. Harrys Sagen Niedersachsens I, n. 66. Temme, Sagen Pommerns, n. 233.

rungen den Riesen überweisen, und wie er auch bisweilen die Stelle hilfreicher dienender Geister vertritt.
Es darf nicht befremden, dass in der Volkssage und im Volksglauben häufig auch Christus und die Heiligen an die Stelle altheidnischer Wesen getreten sind. Manche Sage, die in einer Gegend von dem Riesen oder von dem Teufel geht, wird andernorts von Christus, von Maria oder von den Heiligen erzählt.[231] Wie man früher die Minne der Götter trank, so leerte man später einen Becher zu Christi und der Heiligen Angedenken; namentlich trank man St. Johannes und St. Gertruden Minne.[232] Und wie man früher bei Beschwörungen und Segensformeln die alten Götter angerufen hatte, so rief man später Christus und die Heiligen an.[233] Einzelne Kultusbräuche, welche sich forterhielten, knüpften sich im Volksglauben an den Festtag und die Person eines christlichen Heiligen, während sie ehemals einer heidnischen Gottheit gegolten hatten.[234] Ebenso gingen altheidnische Mythen auf christliche Heilige über, wie es denn z. B. heidnisch genug klingt, dass die Seele die erste Nacht zu St. Gertrud kommt. Dass in den Zeiten gleich nach der Bekehrung der heidnische Totenkult mit der christlichen Heiligenverehrung vermengt wurde, haben wir oben bereits gesehen, und die Art, wie Chlodwig den heiligen Martin verehrte, zeigt, dass er ihn mehr wie einen heidnischen Gott als wie einen christlichen Heiligen ansah. Es wird nicht auffallen, dass der kaum bekehrte König der Franken sich über den Ausgang seiner Kriege von ihm Orakel erteilen ließ,[235] da ähnliche Beispiele von Umwandlungen der heidnischen Wahrsagung und Losdeuterei in anscheinend christliche Zeremonien auch sonst vorkommen.[236]
Es genügt uns vorläufig, diese Erscheinungen in ihrer Allgemeinheit dargestellt zu haben; von Einzelheiten ließe sich noch manches anführen und durch genaues Erforschen der früheren volksmäßigen Heiligenverehrung auffinden. Wir fügen hier nur noch zwei Beispiele an, von denen das eine uns zeigt, wie eine Persönlicheit aus den geschichtlichen Büchern des neuen Testaments in die Volkssage so überging, dass sie ganz die Stelle einer heidnischen Göttin einnimmt, das andere aber anschaulich macht, wie heidnische Kulturbräuche durch verschiedene Modifikationen allmählich einen christlichen Charakter annehmen konnten.
Herodias wird bei Burchard von Worms[237] mit der Diana, der heidnischen Göttin gleichgestellt. Die Frauen glaubten, dass sie mit ihr in nächtlicher Weile auf Tieren weite Fahrten anstellten, ihr wie einer Herrin gehorchten und in gewissen Nächten zu ihrem Dienst herausgerufen würden, und Ratherius, Bischof zu Verona († 974) weiß,

---

231 Wie z. B., dass sich Glieder von den Riesen oder vom Teufel in großen Felsblöcken abgedrückt haben.
232 Belege Mythol. 53 f.
233 Capitul. A. 789, III, c. 10 verbietet Beschwörungen bei dem heiligen Stephan.
234 So z. B. die auf Johannistag angezündeten Feuer, die Bräuche am Martinstag, u. a.
235 Gregor Tur. II, 37.
236 Concil. autissiod. A. 578, c. 3. Nach der Lex Frisionum tit. 14 wurden zwei Losstäbchen, von denen eines mit dem Kreuz bezeichnet war, auf den Altar oder auf eine Reliquie gelegt. Ein Priester oder ein unschuldiger Knabe nahm das eine derselben mit Gebet auf.
237 10, 1 (aus dem concil. ancyranum a. 314).

dass der dritte Teil der Welt derselben Tochter des Herodes dient.[238] Der Dichter des Reinardus berichtet,[239] dass sie Johannes den Täufer liebte, dass aber ihr Vater, weil er mit ihrer Liebe nicht zufrieden war, diesen enthaupten ließ. Die traurige Jungfrau ließ sich sein Haupt bringen; aber als sie dasselbe mit Tränen und Küssen bedecken will, erhebt es sich in die Luft und bläst die Jungfrau zurück, so dass sie seit der Zeit in der Luft schwebt. Nur in den Stunden von Mitternacht bis dass der Hahn kräht, hat sie Ruhe und sitzt dann traurig auf Eichen und Haselstauden. Ihr einziger Trost ist, dass ihr unter dem Namen *Pharaildis* der dritte Teil der Welt dient. –

Mag nun auch diese seltsame und dunkle Sage von der als Göttin verehrten Herodias nicht ursprünglich deutsch sein, so ist sie doch in Deutschland eingebürgert, da auch jetzt noch in niederdeutschen Gegenden der Wirbelwind von der in den Lüften tanzenden Herodias hergeleitet wird.[240]

Wie heidnische Kultusbräuche allmählich in christliche übergingen, zeigt der folgende Fall. Es war im deutschen und im römischen Heidentum Sitte, eine Gottheit oder ihr Symbol um die Äcker zu führen, damit diese fruchtbar würden. Später wurde das Bild des Heiligen oder sein Symbol um dasselbe zu bewirken, herumgeführt.[241] So vertreibt das Umhertragen des St. Magnusstabes nach dem Volksglauben im Albtal die Feldmäuse. Im Freiburgischen wurde derselbe Stab zur Vertilgung der Raupen angewandt.[242] Zu Weingarten am Bodensee fand der Umritt mit dem heiligen Blut statt. Die halbe Bevölkerung zog bewaffnet und zu Ross um die Felder, die der Priester durch das vorangetragene heilige Blut weiht und vor Schaden sicherte.[243] Im Magdeburgischen mussten die Einwohner einiger Dorfschaften dem Pfarrer und der Schule Getreide liefern, welches den Namen Segenkorn führte, weil Pfarrer und Schüler früher um die Felder gehen und dabei singen und beten mussten.[244]

Wir wenden uns nun zu denjenigen Überbleibseln des Heidentums, welche sich abgesondert vom Christentum in einzelnen Spuren einigermaßen selbständig erhalten haben.

Das deutsche Heidentum hatte noch in den späteren Zeiten eine Hauptstütze in den jährlich wiederkehrenden Festen und Kulturbräuchen, welche die sich daran knüpfenden Glaubensmeinungen immer von neuem ins Bewusstsein riefen und ihnen durch Verbindung mit der Volkssitte Beständigkeit verliehen, so dass sie mehrere christliche

---

238 Opp. Ed. Ballerini p. 20, vgl. Myth. 261.

239 Reinard. I, 1139–1164.

240 J. Grimm in den altdeutschen Blättern von Haupt und Hoffmann I, 293. Vgl. Wolf; Niederländische Sagen n. 519: „Wenn ein Wirbelwind sich erhebt, so ist in dem Augenblick eine Frau im Kindbett gestorben, ohne sich vorher durch die Beichte von einer Todsünde gereinigt zu haben. In den Himmel kann sie nicht kommen, darum fährt sie nieder zu der Hölle: Da darf man sie aber nicht annehmen, weil sie durch die ausgestandenen Schmerzen schon reichlich Buße getan hat, und so fährt sie wieder auf und sucht nach einem bleibenden Plätzchen."

241 Eccard. Franc. or. I, 437.

242 Acta sanctorum septembris. T. II, p. 774.

243 Wolfg. Menzel im Litteraturblatt 1844, n. 1, S. 3.

244 Frisch, Deutsch-lateinisches Wörterbuch u. d. w. Segenkorn, II, 255, und Maitag I, 651.

Jahrhunderte überdauern konnten. Einen anderen Haltpunkt gewährten den heidnischen Ideen einzelne Örtlichkeiten, wie z. B. Berge und Seen, an welche sich früher ein heidnischer Glaube knüpfte, der auch später nicht leicht verloren ging. Diese beiden Umstände haben es besonders bewirkt, dass die deutschen Volkssagen und Volkssitten noch das Andenken an einzelne Gottheiten, namentlich in Verbindung mit Örtlichkeiten und Kultusbräuchen, erhalten haben, dass heidnische Bräuche zu den bestimmten gewohnten Zeiten fortgesetzt wurden, wenn auch die Götter, denen sie ursprünglich galten, längst aus dem Bewusstsein geschwunden waren, dass der Volksglaube noch lange die Natur mit untergeordneten Wesen belebte und von ihrem Treiben zu berichten wusste, und dass endlich heidnische Vorstellungen von dem zukünftigen Aufenthaltsort der Seelen und ihrem Zustand nach dem Tod nicht erloschen. Wir behandeln hier zunächst nur die beiden ersten Punkte, oder das, was sich von dem Götterglauben und von Kulturgebräuchen noch im Christentum erhalten hat, teils weil dieses vorzüglich eine Verknüpfung und Vergleich mit dem gestattet, was wir aus den früheren Zeiten wissen, teils weil die beiden anderen Punkte erst durch Zusammenstellung mit dem nordischen Glauben in ihrem wahren Zusammenhang erscheinen.

Von den Gottheiten, welche wir in dem vorigen Abschnitt kennen gelernt haben, hat sich Wodan in Niederdeutschland noch lange lebendig erhalten. Namentlich geht aus den folgenden Bräuchen hervor, dass er als ein Gott aufgefasst wurde, in dessen Hand das Gedeihen der Früchte des Feldes steht.

Im Mecklenburgischen ließ man früher bei der Roggenernte am Ende eines jeden Feldes einen kleinen Streif Getreide unabgemäht stehen, flocht dasselbe mit den Ähren zusammen und besprengte es. Die Arbeitsleute traten um den Getreidebusch, nahmen die Hüte ab, richteten die Sensen in die Höhe und riefen Wodan dreimal mit den folgenden Versen an:

> Wode, hale dynem rosse nu voder,
> nu distel unde dorn,
> thom andren jahr beter korn![245]

Das Getreide, welches man für das Pferd des Gottes stehen ließ, war ein einfaches Opfer für den Verleiher der Ernte.[246] Auf den Edelhöfen war es auch Sitte, den Meiern, wenn der Roggen abgeerntet war, das Wodelbier zu geben. Am Wodenstage hütete man sich am Flachs zu arbeiten oder Leinsamen zu säen, damit das Pferd des Gottes, welcher sich oft auf dem Feld mit seinen Jagdhunden hören ließ, denselben nicht zertrete.[247]

Mit diesen Bräuchen ist eine märkische Sitte zu vergleichen. In der Gegend des ehemaligen Klosters Diesdorf bleibt während der ganzen Roggenernte auf jedem Ackerstück ein Büschel Ähren stehen, welches der *Vergodendeels struuß* heißt; wenn

---

[245] Nicol. Gryse spegel des antichristischen pawestdoms. Rostock 1593. bog. E, IIII. Vgl. Dav. Franck alt und neues Mecklenburg I, 57. Noch zur Zeit dieses Schriftstellers erinnerte man sich an den Gebrauch.

[246] Vgl. Abergl. N. 432: In der ärndte soll man die letzte garbe gross binden.

[247] Dav. Franck a.a.O.

dann alles abgemäht ist, zieht man mit Musik und geschmückt aufs Feld und umbindet dieses Büschel mit einem bunten Band, dann springt man darüber fort und tanzt herum. Zuletzt durchschneidet es der Vormäher mit der Sense und wirft es zu den übrigen Garben. So geht es von einem Ackerstück zum andern, und zuletzt zieht man unter dem Gesang „Nun danket alle Gott“ wieder ins Dorf, und hier von Hof zu Hof, wo ein Erntespruch hergesagt wird. Der Name dieses Erntefestes ist Vergodendeel, der Vergütigung für die schwere Erntearbeit bedeuten soll und sich auch in einigen angrenzenden Dörfern findet. Aus dem in den verschiedenen Dörfern etwas abweichenden Erntespruch heben wir die folgenden Verse hervor:

Ich sage einen ärndtekranz,
es ist aber ein vergutentheilskranz.
Dieser kranz ist nicht von disteln und dornen,
sondern von reinem auserlesenem winterkorne,
es sind auch viele ähren darin;
so mannich ahr,
so mannich gut jahr,
so mannich körn
so mannich wispeln auf den wirth sein börn (boden).[248]

Da die Ähnlichkeit dieses Brauches mit der mecklenburgischen Sitte nicht zu verkennen ist, so wird der Vergodendeelsstruß hier unbedenklich durch *frô goden deels struuss* erklärt werden können. Es ist der Strauß, den frô (Herr) Wodan zu seinem Anteil bekommt.[249] Daher möchte ich einen ähnlichen Erntebrauch in Niedersachsen, bei welchem *Fru Gaue* angerufen wird, ebenfalls auf Wodan beziehen. Wenn die Hausleute den Roggen mähen, lassen sie etliche Halme stehen, binden Blumen dazwischen und nach vollendeter Arbeit sammeln sie sich um die stehen gebliebenen Büschel, fassen die Ähren an und heben dreimal an zu rufen:

Fru Gaue, haltet ju fauer,
düt jar up den wagen,
dat ander ja up der kare.[250]

Indessen darf es bei der Unzuverlässigkeit der späteren Volkssage nicht auffallen, wenn dieser Name anderwärts offenbar einer weiblichen Gottheit beigelegt wird. In der Prignitz herrscht der Glaube, dass Frau Gode in den Zwölf Nächten durchs Land ziehe, weshalb die Mägde bis zum Tage der Heiligen drei Könige ihren Rocken abgesponnen haben müssen, sonst zerkratzt oder besudelt sie denselben, oder teilt auch wohl solche Ohrfeigen aus, dass die Streifen ihrer Finger das ganze Leben

---

248 Kuhn, Märkische Sagen, S. VI und 339 ff.

249 Man muss sich dabei an die Nebenform Gwodan erinnern. An der Elbe wird Wodan noch *fru Wod* genannt. Lisch, Mecklenb. Jahrb. 2, 133.

250 Braunschw. Anz. 1751, p. 900. Hannov. Gel. Anz. 1751, p. 662. Vgl. Mythol. 231. In der Gegend von Hameln pflegte man einen Schnitter, welcher bei dem Binden eine Garbe überging, oder sonst auf dem Acker etwas stehen ließ, zuzurufen: „scholl düt dei gaue frue“ oder „de fru Gauen hebben?“

hindurch sichtbar bleiben.[251] Doch geht auch eine ähnliche Sage von Wodan. In Holstein hütet man sich in den Zwölf Nächten zu spinnen oder Flachs auf dem Rocken zu lassen, sonst jagt der Wode dadurch.[252]

Noch kommt ein von Münchhausen beschriebener[253] schaumburgischer Erntebrauch in Betracht. Bei der Roggenernte suchen die Arbeiter den letzten Acker so zu mähen, dass alle zugleich fertig sind, oder sie lassen einen Streif stehen, den sie am Ende alle zugleich mit einem Schlag abhauen können, oder sie fahren auch nur mit der Sense durch die Stoppeln, als ob sie noch zu mähen hätten. Nach dem letzten Sensenschlag heben sie die Werkzeuge empor und stellen sie aufrecht hin; ein jeder schlägt mit dem Streck (Streichholz) dreimal an seine Sensenklinge. Hierauf nehmen sie von ihrem Getränk, Bier, Branntwein oder Milch, was jeder gerade in den Händen hat, tröpfeln etwas davon auf den Acker, trinken, schwingen die Hüte, werfen sie auch wohl in die Höhe, schlagen wieder dreimal an die Sense und rufen laut: *Wôld, Wôld, Wôld!* Dieses wiederholen sie zu drei Malen hintereinander und tröpfeln alsdann das letzte Getränk in die Stoppel, und die Frauen klopfen die Brotkrumen aus den Körben. Unterbleibt diese Feierlichkeit, so gerät das folgende Jahr weder Obst noch Korn. Früher wurde bei diesem Brauch auch ein Lied gesunden, wovon sich noch die erste Strophe erhalten hat. Sie lautet:

Wôld, Wôld, Wôld!
hävenhüne weit wat schüt,
jümm hei dal van häven süt.
vulle kruken un sangen hätt hei,
upen holte wässt manigerlei:
hei is nig barn un wird nig old.
Wôld, Wôld, Wôld![254]

Hier wird also Wodan als der Gott gepriesen, welcher den Segen der Ernte verleiht. Freilich müssen wir annehmen, dass die Form Wôld aus Wodan oder Wôd verderbt sei. –

Am Steinhudersee wird nach gehaltener Ernte ein Feuer angezündet, und wenn die Flamme lodert, ruft man unter Hüteschwenken *Wauden, Wauden*![255]

Von Wodan hat sich außerdem noch eine Spur in der weit verbreiteten und bekannten Sage von dem wilden Jäger oder dem wütenden Heer erhalten. Schon der zweite Name ist unbedenklich durch *Wuotans* Heer zu erklären, und in Niederdeutschland, namentlich in Holstein, Mecklenburg, Pommern, sagt man, wenn in der Luft Getöse

---

251 Kuhn, Märk. Sagen, S. 376.

252 Alt und neues Mecklenburg I, 55.

253 Bragur VI, 1, S. 22 ff.

254 D. i.: Der Himmelsriese weiß, was geschieht, immer sieht er vom Himmel herunter. Er hat volle Krüge und Büchsen, auf dem Holz wächst mancherlei. Er ist nicht Kind und wird nicht alt.

255 Mythol. 143. Nach mündlicher Mitteilung.

erschallt: *de Wode tüt.*[256] Wir werden unten mehrfach Gelegenheit haben, auf diese vieldeutige Sage von der wilden Jagd zurückzukommen.

Die Namen der übrigen Götter sind ganz aus dem Andenken des Volkes verschwunden; nur von der Verehrung des Donar ist eine schwache Spur in der Sitte übrig geblieben, dass es früher die Landleute im Mecklenburgischen am Donnerstag für unrecht hielten, diese oder jene Arbeit, namentlich am Hopfen, vorzunehmen.[257]

Von den Göttinnen war Frigg, Wodans Gemahlin, noch vor kurzem unter dem Namen *fru Frecke* in der niedersächsischen Volkssage lebendig;[258] sie scheint aber jetzt ausgestorben zu sein. In der Gegend von Dent in Yorkshire halten zu gewissen Jahreszeiten, vorzüglich im Herbst, die Landleute einen Umgang und führen vermummt alte Tänze auf, was sie den Riesentanz heißen: Den vornehmsten Riesen nennen sie *Woden* und seine Frau *Frigga.* Die Haupthandlung des Schauspiels besteht darin, dass zwei Schwerter um den Hals eines Knaben geschwungen und geschlagen werden, ohne ihn zu verletzen.[259]

Außerdem lebt aber noch in der deutschen Volkssage die Erinnerung an mehrere weibliche Gottheiten, welche nicht in dem nordischen System erscheinen. Göttinnen konnten sich in dem Bewusstsein des Volkes länger erhalten, weil sie besonders für den engen Kreis des Hauses Bedeutung haben. Aber ihr Wesen ist durch die Länge der Zeit und durch das Christentum so herabgerückt, dass sie gewöhnlich mehr als schreckhafte, gespenstige und geisterhafte Wesen erscheinen. Ob die Namen derselben richtig sind, ob sie bisweilen nicht bloß aus Beinamen entstanden sind, ob nicht mehrere, welche unter verschiedenen Namen auftreten, ursprünglich identisch waren, was die mehrfach in die Augen springende Ähnlichkeit der Überlieferungen wahrscheinlich macht, das lässt sich jetzt nicht mehr entscheiden. Wir müssen hier einfach das wiedergeben, was die Volkssage von ihnen berichtet.

Frau Holda oder *Holle*[260] ist besonders noch in thüringischen und hessischen, aber auch in fränkischen und märkischen Überlieferungen lebendig. Der Name dieser Göttin bedeutet entweder die holde, freundliche, oder die dunkle.[261] Die Sagen stellen sie als ein Wesen dar, welches die Lufterscheinungen lenkt,[262] der Erde Fruchtbarkeit

---

256 Adelung u. d. w. wüthen. Dav. Franck alt u. n. Mecklenb. I, 55. Vgl. d. Mythol. 515, 516. In Schweden heißt es: *Oden far förbi.* In der Prignitz erscheint auf Frau Gode an der Spitze der wilden Jagd. Kuhn, Märk. Sagen, n. 217.

257 Dav. Franck, a.a.O. S. 59.

258 Eccard de orig. Germ. p. 398. Vgl. die Ortsnamen Freckeleve (Fricksleben) bei Magdeburg und Freckenhorst in Westfalen. Mythol. 281.

259 Mythol. 280, 281; nach der Mitteilung von Kemble.

260 Vgl. besonders D. S. n. 4–8. Märkische Sagen, S. 372. KM n. 24 Mythol. 244f. Barth, Altdeutsche Religion I, 125.

261 Das Wort gehört entweder zu *hold* propitius, altn. *Hollr* oder zu altn. *Hulda* obscuritas. Mytho. 249.

262 Wenn die Sonne scheint, so kämmt sie ihr Haar; wenn es schneit, so schüttelt sie ihr Bett, dass die Federn fliegen, oder sie rupft ihre Gänse. Zeigen sich kleine Wölkchen am Himmel, so treibt sie ihre Herde aus.

verleiht, ländlichen Arbeiten und dem Spinnen vorsteht.[263] Sie erscheint zugleich als eine Gottheit, welche mit dem Wasser zusammenhängt, da sie in Brunnen und Teichen, namentlich in dem von ihr benannten Hollenteich auf dem Meißner wohnt. Aus ihrem Brunnen kommen die Kinder, werden gesund und fruchtbar. Aber sie nimmt auch die Ertrunkenen bei sich auf, und wird insofern eine Unterweltsgottheit, worauf auch das deutet, dass sie in Bergen ihre Wohnung hat,[264] in welchen, wie wir unten sehen werden, auch die Seelen der Verstorbenen hausen. Wegen dieser mannigfachen und vieldeutigen Beziehungen war Holda in den Zeiten des Heidentums jedenfalls eine Gottheit von hoher Bedeutung. –

Andere Sagen von diesem Wesen sind dunkler und schwerer zu erklären. Burchard von Worms[265] (p. 194a) stellt es als einen Volksglauben hin, dass die Frauen mit ihr in gewissen Nächten auf allerlei Tieren mit ihr dahin zu reiten und zu ihrem Gefolge zu gehören glaubten, wonach sie also ganz die Stelle der Diana und Herodias einnimmt, so wie es noch jetzt ein thüringischer Volksglaube ist, dass die Hexen mit der Holle in den Hörselberg fahren, und dass sie, wie Wodan, das wilde Herr geleitet.[266] Auch wird erzählt, dass die Göttin struppiges und verwirrtes Haar trage, weshalb es von Menschen mit verwirrten Haaren heißt, sie seien mit der Holle gefahren.

Diese Gottheit hatte augenscheinlich zwei Hauptfeste: Das eine in den Zwölf Nächten, in welchen sie nach der Sage umzieht und den vollen Rocken vorfinden muss, das zweite Fastnacht, also im Februar, wo sie wiederkehrt und der Flachs abgesponnen sein muss.[267]

Nordische Volkssagen berichten von einer Waldfrau Hulla oder Huldra, die in einem blauen Kleid und weißen Schleier, vorn schön, aber hinten durch einen Schwanz entstellt,[268] zu den Hirten kommt und gern am Tanz der Menschen teilnimmt. Sie hat auch ihre eigene Herde, an deren Spitze man sie häufig mit dem Melkeimer in der Hand in den Wäldern einherziehen sieht. Ihr Gefolge bilden die Berggeister, *huldrefolk*, auf Island *hulduvôlk* oder *huldumenn* genannt.[269]

Frau Berchta ist besonders bei oberdeutschen Stämmen, in Österreich, Bayern, Schwaben, im Elsass, in der Schweiz, aber auch in einigen Gegenden von Thüringen und Franken zu Hause; ein Wesen, welches in der Volkssage noch mehr erniedrigt ist als Holda. Auch sie erscheint in den Zwölf Nächten als eine Frau mit zottigen Haaren, um die Spinnerinnen zu beaufsichtigen, namentlich am letzten Tag des Jahres, wo ihr

---

[263] Trifft die Göttin bei ihren Umzügen, welche sie in den Zwölf Nächten und Fastnacht auf ihrem Wagen hält, alles bei den Spinnerinnen, wie es sich gehört, so erteilt sie ihren Segen: „So manches Heer, so manches gute Jahr“, im entgegengesetzten Fall erteilt sie ihren Fluch: „So manches Haar, so manches böse Jahr.“ Nach anderen Sagen verwirrt sie den Flachs oder besudelt den Rocken. D. S., n. 4, 5.

[264] Namentlich in dem Horselberge bei Eisenach. D. S., n. 5.

[265] *Bischof Burchard von Worms (* ca. 965; † 20.08.1025) war Kirchenrechtler. (D. V.)*

[266] D. S., n. 7.

[267] Vgl. S. 122, Anm. 4.

[268] Auch dem Teufel legt der Volksglaube einen Schweif bei.

[269] Belege P. E. Müller, Sagabibl. I, 367. Mythol. 249.

zu Ehren Fische und Klöße gegessen werden und alles abgesponnen sein muss.[270] Sie ist auch die Königin der *Heimchen* elementarischer Geister, welche durch Wässerung der Fluren die Erde fruchtbar machen, während sie selbst in der Tiefe mit ihrem Pflug ackert,[271] und charakterisiert sich insofern als eine die Fruchtbarkeit der Äcker fördernde Erdgöttin. Im Salzburgischen wird ihr vielleicht zu Ehren in den zwölf Nächten das sogenannte Berchtenlaufen oder Berchtenspringen gefeiert, ein Umzug junger Leute, welche vermummt unter einem gewaltigen Lärm mit Kuhglocken und Peitschen umherziehen.[272]

Mit der Holle hat Berchta manche unverkennbare Ähnlichkeit, obgleich die Identität der beiden Wesen bezweifelt werden muss, weil sie augenscheinlich verschiedenen deutschen Stämmen angehören. Der Name Berchta (Perahta, Bertha) bedeutet die Leuchtende, Glänzende, womit das welsche Substantiv *berth*, Vollkommenheit, Schönheit und das Adjektiv *berth* schön, reich, verglichen werden kann. Ob die Göttin, da sie nur in Süddeutschland vorkommt, auch den Kelten bekannt war oder selbst von ihnen zu den deutschen Stämmen überging? Wir mögen es nicht geradezu behaupten, aber es ist doch auffallend, dass dieser Name auch in die französische Heldensage übergreift. Bertha mit dem großen Fuße oder mit dem Gänsefuß ist der Sage nach die Tochter von Flore und Blancheflor, die Gemahlin Pipins und Karls des Großen Mutter, und in Frankreich bezeichnet man mit der Zeit, in welcher Bertha spann, eine längst verschollene und schwört bei dem Rocken der *reine pedauque*.[273]

Derselbe Name Berchta heftet sich in deutschen Sagen an die sogenannte *Weiße Frau*, welche in mehreren Häusern erscheint, wenn ein Mitglied der Familie sterben soll und als die Ahnmutter des Geschlechts bezeichnet wird.[274] Bisweilen sieht man sie des

---

270 Findet sie die Arbeit der Spinnerinnen nicht in gehöriger Ordnung, so besudelt sie den Rocken. Abergl. N. 512. Dem, der andere Speisen als ihr Festgericht genossen hat, schneidet sie den Leib auf, füllt ihn mit Heckerling und näht ihn mit einer Pflugschar und einer Eisenkette wieder zu. D. S. n. 268. Abergl. n. 525. Vgl. Schmeller b. w. I, 194.

271 Börner Volkssagen aus dem Orlagau, besonders S. 113, 126.

272 Mythol. 256. In der Schweiz wird der 2. Januar unter dem Namen Bechtelistag gefeiert. In Zürich nötigte man früher am Neujahrstag zum Weingehen; das hieß, zum *Berchtold* führen. – Die Sitte des Berchtenspringens scheint übrigens mehr slawisch als deutsch zu sein. Bei den Kaschuben wird auf eine ähnliche Weise am Silvesterabend das alte Jahr ausgetrieben. Kaum ist dieser Tag da, so werden alle Glocken, Schellen, Klappern und andere lärmende Werkzeuge hervorgesucht. Mit dem ersten Dunkelwerden stürzen die Hirtenjungen, die Schulkinder und alles, was Lust hat, sich tüchtig auszulärmen, aus dem Hause und laufen mit Lärmen, Geschrei und Klappern durch das ganze Dorf. Denn je größer das Geschrei und der Lärm, der gemacht wird, desto größer ist die Hoffnung, ein *fruchtbares* Jahr zu erleben. W. Bernhardi in den Jahrbüchern für slawische Literatur 1841, S. 25, 26.

273 „Au temps que la reine Berthe filait"; in Italien „uel tempo ove Berta filava" oder „non è piu il tempo che Berta filava". Vgl. Altdeutsche Wälder 3, 47, 48; Roman de Berte ed. P. Paris, vorr. P. III, IV; Über die Sage, so wie sie im Roman de Berte erscheint, und ihren Zusammenhang mit deutschen Sagen, s. meinen Versuch einer mythologischen Erklärung der Nibelungensage, S. 127, 128.

274 D. S. n. 267. Märk. Sagen n. 219. Niederl. Sagen n. 224, wo sie den Namen Melusine führt, und sonst.

Nachts die Kinder warten und pflegen, in welcher Eigenschaft sie den keltischen Feen gleich kommt.[275] – In anderen, noch mehr verbreiteten Sagen, ist die Weiße Frau eine verzauberte oder verwünschte Jungfrau, welche sich in der Nähe eines Berges oder einer Burg gewöhnlich alle sieben Jahre zeigt, Schätze weist und auf Erlösung harrt.[276] Bisweilen erblickt man sie, indem sie ihr langes Haar kämmt[277] oder Flachsknoten trocknet.[278] Einzelne Sagen wissen, dass sie, wie die Huldra, durch einen Schweif entstellt ist.[279] Sie trägt ein weißes Gewand, oder ist halb weiß, halb schwarz gekleidet;[280] die Füße bedecken gelbe oder grüne Schuhe.[281] In der Hand führt sie gewöhnlich ein Schlüsselbund,[282] bisweilen Blumen[283] oder ein goldenes Spinnrad.[284] Diese Sagen deuten auf eine Göttin, welche auf Geburt und Tod einwirkt und der Ordnung des Hauswesens vorsteht, obgleich das Dämmerlicht, welches durch die Volkssage auf sie fällt, ihr Wesen nicht näher erkennen lässt.[285]

In den Sagen der Altmark lebt eine andere Göttin fort, *Frau Harke*, von welcher es heißt, dass sie in den Zwölf Nächten durchs Land ziehe, und die Mägde, wenn sie bis zum Tag der Heiligen Drei Könige nicht alles abgesponnen haben, zerkratze oder den Rocken besudele.[286] Die Erzählungen von ihr müssen früher noch zahlreicher gewesen sein. Gobelinus Persona[287] erwähnt nach sächsischen Überlieferungen, dass die Frau Hera in den Zwölf Nächten durch die Luft fliege und Überfluss verleihe. Da die letzte Nachricht auf eine tellurgische Göttin deutet, so unterliegt es wohl keinem Zweifel, dass die *Erce*, welche in einem angelsächsischen Segen zur Fruchtbarmachung der Äcker als Mutter der Erde angerufen wird, mit ihr identisch ist.[288] Auch die aus der deutschen Heldensage bekannte Herke oder Helke, Etzels Gemahlin, könnte ihres Namens wegen hier in Betracht kommen; aber es müsste zunächst erwiesen werden, dass diese, was uns nicht glaubhaft scheint, eine mythische Person ist.

Es kommen in der deutschen Volkssage noch einige andere Namen von weiblichen Wesen vor, welche in ähnlicher Weise auftreten, aber noch mehr verdunkelt sind. Die *Werre*, welche im Vogtlande zu Hause ist, beaufsichtigt, wie Frau Holle, am Heiligen

---

275 Schreiber, S. 35.

276 Auch sie führt den Namen Bertha. Harrys Sagen Niedersachsens I, n. 3.

277 Mone Anzeiger 8, 304, 305.

278 D. S. n. 10.

279 Mone Anzeiger 3, 89. Sie führt hier wieder den Namen Melusine.

280 Märk. Sagen n. 99. Mone Anz. 3, 258. 7, 368.

281 Mone Anz. 5, 321. Märk. Sagen n. 190.

282 D. S. n. 12, 221. Märk. Sagen n. 67, 169, 190. Mone Anz. 3, 90. 5, 321. 7, 370. 8, 304, 310. Harrys I, n. 30. 2, n. 19, 23.

283 Monc Anz. 5, 321. 8, 304.

284 Märk. Sagen n. 165.

285 Leo Malb. Gl. 38 vindiziert die Weiße Frau den Kelten, bei welchen sich ähnliche Sagen finden.

286 Märk. Sagen, S. 371, 372. Nach n. 138 ist sie eine Riesenfrau, welche einst einen großen Stein nach dem Havelberger Dom warf, um ihn zu zertrümmern. Ähnliche Sagen gelten, wie wir sehen werden, anderwärts von dem Teufel.

287 Cosmodrom. Act. VI. Meibom. Script. Rer. German. T. I, p. 235.

288 D. Mythol. CXXIX: Erce, Erce, Erce, eordhan môdor. u.s.w.

Abend des Hohen Neuen Jahres die Spinnerinnen, und verunreinigt, wenn nicht alle Rocken abgesponnen sind, den Flachs. Sie reißt auch denjenigen, welche an diesem Abend keinen Brei genossen haben, wie die Berchta, den Leib auf. Die *Stempe* tritt die Kinder, welche am Neujahrstag nicht essen wollen. Die *Sträggele*[289] spukt in Luzern in der Frohnfastnacht am Mittwoch vor Weihnachten und schert die Mädchen, wenn sie ihr Tagewerk nicht gesponnen haben.[290] *Wanne Thekla* ist in den Niederlanden die Königin der Hexen und Alpen, wie überhaupt der durch die Luft fahrenden Geister. Wenn das Wetter recht wüst und ungestüm ist, dann spielt sie ihre Rolle. Nachts steigt sie zur Erde nieder, gefolgt von einem langen Zug ihrer Begleiterinnen, und tanzt und springt und trinkt auf dem Pottelberg, wo früher ein Galgen stand. Auf der die Stadt durchfließenden Leije hält sie sich ein schönes Schiff, auf dem sie mit ihrem Zug nach beendigtem Nachtfest unter dem Befehl „Wind mit Vieren“ absegelt.[291]

Die letzte Sage beruht vielleicht auf keltischen Überlieferungen, wie es auch wohl mit den folgenden Wesen der Fall ist. Die *Domina Abundia* oder *Dame Habonde,* welche Guilielmus alvernus, Bischof zu Paris († 1248) erwähnt, und welche auch in dem Roman de la Rose vorkommt,[292] soll in bestimmten Nächten mit anderen Frauen, welche gleichfalls Dominae genannt werden und in weißen Gewändern erscheinen, in

---

289 *„Um den moorigen See auf dem Pilatus und im ganzen Berggehege tobt der Dürst, das ist der wilde Nachtjäger, wie in Thüringen, im Vogtland und am Harz, der hat zur Gesellschaft auch ein gespenstig Weib, wie der Hackelberg die Tut-Osel, der wilde Jäger Thüringens die Frau Holle und der des Vogtlandes die Frau Berchta, die heißen sie drunten im Entlibuch, hart an des Bergstocks Westwand, das Posterli, und in Luzern kennen sie die Sträggele, die, wie die Hollefrau und die wilde Berchta, den faulen Mägden die Rocken wirrt. Mit gar wildem Saus und Braus fährt der Dürst über die Almen daher, reißt und rüttelt an den Sennhütten, bricht mächtige Baumstämme, wirft Felsen in die Gründe und führt wohl auch Kühe mit sich hoch in die Luft, die nimmer wieder herunterkommen oder halbtot und ausgemolken etwa erst am dritten Tag. Wenn ein Hirte das gewahr wurde, konnt' er noch Einhalt tun durch den Alpsegen, wenn er den zeitig durch einen Milchtrichter rief, daß der Dürst ihn noch hören konnte, so sank die entführte Kuh ganz sanft wieder auf die Matte nieder.*
Auf der Bründler Alp über Eigenthal kann man wohl noch heute den Alpsegen im Abendruf der Sennhirten vernehmen, der lautet gar wunderbar durch die Feierstille der Natur, wie Orgeltöne und Glockenklang, und widerhallt aus allen Klüften die Flichbanden nieder, wie Geistermusik. Das ist der Ruf und der Segen: Ho – ho – ho – öh – ho! – Ho – hi – ho – ho! – Ho lobe! Ho lobe! – Nehmet alle Tritt in Gottes Namen, in unserer lieben Frauen Namen! Lobi Jesus, Jesus, Jesus Christ! Ave Maria! Ave Maria! Ave Maria! Ach, lieber Herr Jesus Christ, behüt Gott aller Leib, Seel, Ehr und Gut, was in die Alp gehören tut. Das walt Gott und unsre herzliebe Frau, das walt Gott und der heilige Sankt Wendel! Das walt Gott und der heilige Sankt Antoni! Das walt Gott und der heilige Sankt Loy! – (Aloysius.)“ Zitiert nach: Ludwig Bechstein: Deutsches Sagenbuch. Meersburg und Leipzig 1930, S. 25.

290 D. Mythol. 251, 255. D. S. 269.

291 Wolf, Niederl. Sagen, n. 520.

292 Guilielm. Alvern. Opera, Paris 1674, I, 1036, 1066, 1068; Roman de la rose 18622 ff. ed. Méon; vgl. Mythol. 263.

die Häuser kommen und die für sie hingesetzten Speisen genießen.[293] In den weißgekleideten Frauen erkennen wir deutlich die keltischen Feen, auf welche wir unten zurückkommen werden. Der Name Habundia hat daher mit dem römischen Wort *Abundantia*, womit ihn Guilielmus verbindet, wohl nichts zu schaffen. Er hängt entweder mit dem welschen *hab* mutatio, fortuna, bona fortuna, oder mit *hâv* copin, aestas zusammen. Die letzte Erklärung würde der Bedeutung nach mit der Ableitung aus dem Lateinischen stimmen; die erste stellt Habundia als eine Schicksalsgöttin hin, die darum passend in Begleitung der Feen erscheint.

Mit der Habundia stellt Guilielmus Alvernus die *Satia* zusammen, deren Namen er von Satietas ableitet. Die Göttin *Bensozia,* welche Augerius episcopus conseranus als ein Wesen erwähnt, mit welchem, wie mit der Diana, Herodias und Holda, die Frauen in nächtlicher Weile dahin zu reiten glaubten,[294] mag mit ihr identisch, und dieser Name nur eine vollere Form für Satia sein. Im Welschen ist *sawz*, plur. *sozion* Busen, Tiefe, Senkung;[295] *ben* ist ohne Zweifel das welsche *pen* Kopf, Gipfel, welches in Zusammensetzungen häufig die Bedeutung *Herr* annimmt. Satia oder Bensozia wäre demnach als die Herrin der Tiefe vielleicht eine keltische Unterweltsgottheit.[296]

Das sind ungefähr die wichtigsten Erinnerungen, welche sich in den Zeiten des Christentums von heidnischen *Gottheiten* erhalten haben. Daneben finden sich noch Spuren von jener lebendigen Auffasssung der Natur, welche wir schon in der frühesten Zeit bei den Deutschen wahrnahmen. Sonne und Mond wurden fortwährend als persönliche Wesen gedacht; sie wurden *Frau* und *Herr* angeredet und genossen eine Art von Verehrung mit Kniebeugen und Anbetung.[297] Einzelnen Tieren, z. B. den Katzen, wohnt nach dem Volksglauben etwas Geisterhaftes und Zauberkundiges bei, anderen, z. B. dem Kuckuck, schreibt man die Gabe der Weissagung zu, andere wieder (wie z. B. die Schlangen) haben Einfluss auf das Glück der Menschen oder gelten für heilig und unverletzlich.[298] Auch Bäume dachte man sich später noch häufig

---

293 Wenn Habundia mit ihrem Gefolge (Nymphae albae, dominae bonae, dominae nocturnae) in einem Haus erscheint, das ist ein Zeichen von Glück und Vorsput. Man bereitet ihnen vollständige Mahlzeiten zu, Essen aller Art und Wein, und setzt es ihnen hin. Niederl. Sagen, n. 231.

294 Ducange s. v. Diana.

295 Das welsche Vokalverhältnis erklärt das Schwanken von *a* und *o* in den Namen Satia und Bensozia.

296 Mythol. 261 wird Bensozia durch *bona socia* erklärt.

297 Vit. Eligii II, 16. Andere Belege Mythol. 668. Vgl. auch Abergl. N. 112: Grüßt ein Weib, beim Bettegehn, die Sterne am Himmel, nimmt ihr der Geier oder Habicht kein Küchlein. – In einer Beschwörungsformel (Hoffmann Fundgr. 343. D. Mythol. CXXXIV) heißt es: „daz mir allez daz holt sî, daz in dem himel sî, diu sunne und der mâne und der tagesterne scône."

298 Einzelheiten reichlich in Mythol. 620ff. Manches von diesen Sagen über gewisse Tiere würde, wenn wir vollständigere Nachrichten über das deutsche Heidentum hätten, in einem anderen Licht erscheinen; es würde sich namentlich der Grund dieser Meinungen häufig aus dem Götterglauben und der heidnischen Symbolik erklären.

als belebte Wesen, weshalb man sie mit dem Namen *Frau* anredete, oder glaubte, dass persönliche Wesen in ihnen wohnten, und ihnen eine gewisse Verehrung zollte.[299]
Wir wenden uns nun zu den Kultusbräuchen, welche sich von dem alten Glauben losgetrennt in ihren tätlichen Äußerungen durch die Volkssitte erhalten haben.
Die Spuren von Opfern, welche sich noch in den christlichen Zeiten zeigen, sind unbedeutend. Blutige Opfer wurden von der Geistlichkeit zu sehr verfolgt, als dass sie nicht bald hätten erlöschen müssen.[300] Daher beschränkt sich das, was von Opfern später noch geblieben ist, auf einige kleinere Gaben. Man lässt von dem Getreide einen Streif stehen, lässt bei der Obsternte einen Zweig mit Früchten beladen hängen, wirft Blumen in eine Quelle u. dgl.[301] Aber die zu bestimmten Zeiten wiederkehrenden besonderen Festbräuche hatten durch die Sitten so tiefe Wurzeln geschlagen, dass sie das Volk noch lange, wenn auch ohne Bewusstsein ihrer ursprünglichen Bedeutung, fortübte. Es wäre eine interessante Aufgabe, aus diesen Bräuchen einen heidnisch-deutschen Festkalender herzustellen, wie es Finn Magnusen, wenn auch mit zu kühnen Hypothesen, für den Norden versucht hat, allein ein solches Unternehmen muss an mehreren Umständen scheitern. Häufig lassen die beweglichen christlichen Feste, wenn sich an sie alte heidnische Riten geheftet haben, den Tag des zu vermutenden heidnischen Festes nicht erkennen; oder anscheinend ähnliche oder gleiche Bräuche fallen in verschiedenen Gegenden in verschiedene Zeiten. Andere haben sich nur fragmentarisch und in einzelnen Strecken erhalten, während sie anderwärts erloschen sind oder vielleicht niemals bestanden. Denn es ist anzunehmen, dass besonders in Beziehung auf die Feste bei den deutschen Stämmen sehr große Verschiedenheiten stattgefunden haben werden, je nachdem bei den einzelnen bestimmte Götterkulte in einem größeren oder geringeren Ansehen standen. Auch sind einige hierher gehörige Sitten mehr oder weniger nachweislich fremden Ursprungs. –
Wir geben von den vorzüglichsten dieser Feierlichkeiten, welche Anspruch auf heidnischen Ursprung haben, nur eine kurze, nach ihrer stofflichen Ähnlichkeit geordnete Übersicht, da es nicht unsere Absicht sein kann, auf alle Einzelheiten, welche sich dabei anführen ließen, einzugehen.
Wie schon nach Tacitus die Nerthus auf einem Wagen durch die Gauen in einem Festzug geführt wurde, so finden wir mehrfach noch in christlichen Zeiten besonders

---

299 Arnkiel cimbr. Heid. I, 179: Also haben unsere Vorfahren den Ellhorn auch heilig gehalten, wo sie aber denselben unterhauen mussten, haben sie vorher pflegen dies Gebet zu tun: „Frau Ellhorn, gib mir was von deinem Holz, dann will ich dir von meinem auch was geben, wann es wächst im Walde." Welches teils mit gebeugten Knien, entblößtem Haupt und gefalteten Händen zu tun gewohnt, so ich in meinen jungen Jahren zum öftern beides gehört und gesehen. Vgl. auch Mythol. 618. An manchen Orten wurden einzeln stehende Bäume, besonders Eichen und Linden, noch lange für heilig gehalten, und an bestimmten Tagen Züge zu denselben unternommen. Bekannt ist der Wunderbaum im Dithmarschen, von welchem die Sage ging, dass mit seinem Verdorren die Freiheit der Dithmarschen untergehen werde. Bolten, Dithmars. Geschichte I, 269f.

300 Doch gehört hierher, dass dem Teufel Hühner geopfert werden.

301 Über das Minnetrinken, siehe oben. Über Opfer, welche Zwergen und Hausgeistern gebracht werden, unten.

im Frühjahr Bräuche, deren Haupthandlung auf einem *Umzug* beruht. Der Festzug geschieht entweder durch ein Dorf oder eine Stadt, oder durch mehrere Ortschaften, oder um die Äcker einer Gemeinde, oder um die Mark. Bei solchen Zügen wird häufig ein Symbol umgeführt, entweder ein Tier, welches in Beziehung zu einem göttlichen Wesen stand,[302] oder irgendein Gerät. Hier ist besonders ein Brauch anzuführen, welcher im Jahre 1133 noch durchaus mit heidnischem Gepräge, ungeachtet die Geistlichen sich heftig widersetzten, vollzogen wurde. Es wurde im Wald bei Inda in Ripuarien ein Schiff gezimmert, unten mit Rädern versehen, durch vorgespannte Weber durch Aachen, Mastricht, Tungern, Looz und andere Ortschaften herumgeführt, allenthalten mit großer Freude empfangen und von einer unzähligen Volksmenge unter Jubelgesang und Tanz geleitet. Die Feierlichkeit dauerte über zwölf Tage. Wer außer den Webern, welche das Schiff zogen (was sie freilich schon als eine Schande ansahen), dasselbe berührte, musste ein Pfand geben oder sich sonst lösen.[303] Dieser Brauch hat sich noch später in Deutschland erhalten, da ein Ulmer Ratsprotokoll vom Nikolausabend 1330 das Herumfahren des Pflugs oder mit den Schiffen verbietet.[304] Eine Beziehung dieses Kultusbrauchs auf die Isis des Tacitus, deren Symbol ein Schiff war, steht nicht abzuweisen; wenigstens ging er sicher eine Göttin an, da nach der erwähnten Beschreibung die Frauen mit bacchischer Ausgelassenheit an demselben teilnahmen.

Das Umziehen eines Pfluges um die Zeit der Fastnacht geschieht auch in anderen Gegenden Deutschlands, namentlich am Rhein, in Obersachsen und Franken erwähnt, mit dem besonderen Zusatz, dass unverheiratete Mädchen entweder auf denselben gesetzt wurden oder ihn ziehen mussten.[305] Das angewandte Symbol lässt hier hinlänglich eine agrarische Bedeutung der Zeremonie erkennen, und dieser Festbrauch bezog sich wahrscheinlich auf eine Göttin, welche der Fruchtbarkeit der Erde und zugleich den Ehen vorstand.

Ein anderer Umzug, den man *Tod austreiben* oder *Tod austragen* nannte, fand früher um Mitfasten, gewöhnlich am Sonntag Lätare, bisweilen am Sonntag Oculi, in Franken und Thüringen, ebenso aber auch in Meißen, im Vogtland, in der Lausitz und in Schlesien statt.[306] Kinder trugen ein Bild von Stroh oder Holz oder eine Puppe in einer Schachtel oder auf eine Stange gesteckt unter Gesängen[307] durch den Ort, warfen das

---

302 So wird in einigen Gegenden Deutschlands im Frühling ein Hahn, eine Krähe, ein Fuchs in einem Korb umgetragen, D. Mythl. 439; oder es wird ein Iltis oder ein Marder auf ein Brett genagelt und umgeführt. Märk. Sagen, S. 310.

303 Rodulfi chronicon abbatiae s.Trudonis lib. XI. bei Dachery spicil. T. 7. (Paris 1666) p. 501–505. Vgl. Mythol. 237.

304 Carl Jäger, Schwäb. Städtewesen des Mittelalters I, 525.

305 Seb. Frank, Weltbuch S. 51a, Pfeiffer, Chron. Lips. lib 2, §53. Scheffers Haltaus 202. Mythol. 242.

306 Der Brauch war also, wenn wir ihn nicht den Slawen allein zuschreiben wollten, doch wenigstens, da er sich auch in Polen findet, Slawen und Deutschen gemeinsam.

307 In Nürnberg lautete der Anfang des Liedes, welches Ch. K. Schmid im Journal von und für Deutschland 1787, 1, 482, vollständig mitteilt, so:

„Heute ist mitfasten, wol ist das,

Bild darauf ins Wasser oder verbrannten es. Stattdessen wurde denn wohl ein Tannenbaum in den Ort zurückgeführt. Begegnete dem Zug auf dem Rückweg Vieh, so schlug man es mit Stäben, indem man glaubte, dass es dadurch fruchtbar werde.[308] – Dieser Brauch lässt eine mehrfache Deutung zu. Wir können uns unter der Puppe ein umgetragenes Götterbild denken, wie denn schon in der *indiculus simularcra de pannis facta* und *simulacra*, welche um die Felder getragen werden, erwähnt. Die Wassertauche des Bildes könnte dann eine Abwaschung der Gottheit andeuten, wie solche bei den Griechen und Römern vorkommen, und wie nach Tacitus die Nerthus, nachdem ihr Umzug beendet ist, in dem See verschwindet. Oder das Bild, welches der Tod genannt wird, bezeichnet einen finsteren Dämon, dessen Herrschaft nach dem Glauben im Frühling zu Ende ist, und der daher nun seinen Untergang findet. Es lässt sich aber auch noch eine andere Erklärung denken. Das umgetragene Bild könnte symbolisch ein Opfer darstellen, welches umgeführt und dann einem Gott dargebracht wurde, wie wir aus dem griechischen und römischen Heidentum wissen, dass statt

---

wir tragen den tod ins wasser, wol ist das;
wir tragen ihn rein und wieder raus,
wir tragen ihn vor des biedermanns haus." u.s.w.
In anderen Gegenden (ebend. S. 190):
„Nun tragen wir den tod hinaus,
den alten weibern in das haus,
den reichen in den kasten,
heute ist mitfasten!"

Oder:

„Nun treiben wir den tod aus,
dem alten juden in seinen bauch,
dem jungen in den rücken,
das ist sein ungelücke.
Wir treiben ihn über berg und tiefe thal,
dass er nicht wieder kommen soll;
wir treiben ihn über die heide;
das thun wir den schäfern zu leide.
Der Schluss des Liedes lautete (ebend. 481. Vgl. 191):
„Haben wir nun den tod ausgetrieben,
so bringen wir den lieben sommer wieder,
den sommer und den maien;
der blümlein sind mancherleie.
Wir giengen durch 'n grünen wald,
da sungen die vögel jung und alt;
sie sungen alle zugleiche
das ewige himmelreiche."

Schmid schildert den Brauch im Journal von und für Deutschland besonders 1787, 1, 186–199 und 480–485 am vollständigsten mit Angabe der Werke, aus welchen er schöpfte. Doch ist der bald zu beschreibende Kampf des Sommers und Winters nicht gehörig davon geschieden. Anderes ist Mythol. 439 angeführt.

308 Journ. von und für D. 1788, 1, 569. Ebenso schlugen die Luperci in gleicher Absicht die Frauen mit ihren Riemen. Hartung, Religion der Römer II, 179.

wirklicher Menschen menschliche Bilder oder Puppen als symbolische Opfer erhängt oder ertränkt wurden.

In bayrischen und österreichischen Gegenden herrscht am Pfingstfest folgende Sitte. Der Knecht, welcher Pfingstmontag zu spät ausgetrieben, oder ein besonders dazu gewählter Pfingstkönig, wird in den nächsten Wald geführt und mit Laub, Zweigen oder Schilf umbunden. Dann reitet man im Triumph durch das Dorf und zuletzt wird der *Wasservogel* in das Wasser geworfen.[309] Hierbei möchte die Idee eines symbolischen Menschenopfers, durch welches die Götter versöhnt werden sollten, noch eher zulässig sein als bei der Sitte des Todaustragens, und es mögen bei unseren heidnischen Voreltern zu Zeiten wirkliche Opfer der Art stattgefunden haben.

Häufig erhalten aber diese Frühlingsfeierlichkeiten durchaus einen dramatischen Anstrich, so dass die Personen, welche dabei auftreten, bestimmte Wesen des Glaubens anzudeuten scheinen, welche bei dem Wechsel der Jahreszeit tätig gedacht wurden, und deren Fest man daher feierte. Was der Mythos von den Göttern aussprach, führte man durch sinnbildlich zu deutende Handlungen vor Augen. –

So ist zunächst die besonders am Mittelrhein herrschende Sitte, der Kampf des Sommer und Winters zu fassen. Zwei Männer unter den Namen Sommer und Winter, von denen der eine in grünes Laub gehüllt, der andere in Stroh gekleidet ist, treten mit einem Gefolge, das sich mit Stäben bewaffnet hat, auf, und kämpfen miteinander, bis dass der Winter unterliegt.[310] Hier tritt offenbar der Gott, welcher den Frühling sendet, als Feind des wilden Dämons auf, der den Winter gebracht hat, oder der Anfang des Frühlings wird als der Sieg eines milden Naturgottes über die rauen Elemente aufgefasst. Denselben Sinn hatte es wohl, wenn zu Mous früher am Fest der Dreieinigkeit zum Dank für den Sieg, welchen Gilles de Chin über einen Drachen davongetragen hatte, ein papierner Drache von mehreren Männern, Chin-Chin genannt, auf dem Markt nach einem Scheinkampf erlegt wurde.[311]

Anderwärts wird der Anbruch der schönen Jahreszeit einfach als ein Einzug eines milden Gottes in das Land aufgefasst[312] und demgemäss dargestellt. Im Thüringischen

---

309 Schmeller 1, 320. Mythol. 562. Ein ähnlicher Brauch, durch welchen man Regen zu erlangen glaubte, bei Burchard von Worms 19, 5, p. 201b. Gleiche Bräuche bei Serben und Neugriechen nachgewiesen in Mythol. 560.

310 Auch dabei wurden Lieder gesungen:

„Violen und die blumen
bringen uns den sommer;
der sommer ist so keck
und wirft den winter in den dreck."

Oder:

„Stab aus! Stab aus!
stecht dem tod die augen aus!"

und ähnliche; s. Journ. von und für D., 1787. 2, 188, 189. Der Name Tod für den Winter ist bemerkenswert und zeigt die Verwandtschaft dieses Festes mit dem Todaustreiben.

311 Wolf, Niederl. Sagen, n. 84.

312 So kam im Februar nach dem römischen Glauben Faunus aus Arkadien zurück; Apollo aber kommt im Frühjahr von Tempe nach Delphi.

wird am dritten Pfingsttag ein junger Bauer, der grüne Mann oder der Lattichkönig genannt, im Walde in grüne Zweige gehüllt, auf ein Pferd gesetzt und jubelnd in das Dorf geführt, wo die ganze Gemeinde versammelt ist. Der Schulze muss dreimal raten, wer unter der grünen Hülle verborgen ist. Errät er es nicht, so muss er sich mit einer Quantität Bier lösen; errät er es, so muss er sie dennoch geben.[313] Dieselbe Bedeutung hatte der Zug des Maigrafen, welcher früher, gewöhnlich am ersten Mai, in Niederdeutschland, Dänemark, Schweden und England unter großen Feierlichkeiten stattfand. Von einer ansehnlichen Schar begleitet zog der Maigraf (auch Maikönig oder Blumenkönig genannt) mit Blumen und Kränzen geschmückt in die Ortschaften ein. Dort wurde er von Jungfrauen empfangen, welche ihn umtanzten, und von denen er sich eine zur Maikönigin erwählte.[314] Aus dieser letzten Feierlichkeit darf man schließen, dass die Vermählung eines Gottes als Grund des Frühlings aufgefasst wurde, wie es denn auch in anderen Gegenden, namentlich am Pfingstfest, Sitte war, dass ein Pfingstkönig sich eine Pfingstkönigin oder eine Maibraut erwählte.[315]

Es kommen außer den angeführten Bräuchen noch in mehreren Gegenden Deutschlands, besonders Fastnacht und Pfingsten, andere ähnliche Verkleidungen, Aufzüge und Feierlichkeiten vor,[316] deren Sinn freilich noch nicht einmal so klar ist wie der der angeführten. Mancher ist jetzt schon halb oder ganz erloschen; anderes wurde früher schon mehrfach verboten oder war in Verachtung gekommen.[317] Diese Festbräuche geben uns vortreffliche Zeugnisse über die Lebendigkeit des alten Glaubens und über die individuelle Ausprägung desselben, da sie offenbar meistens entweder Mythen ihren Ursprung verdanken, oder umgekehrt Mythen hervorgebracht haben.

Was im Glauben lebendig geworden ist, strebt auch danach, sich zu vergegenwärtigen und zu versinnlichen. Darum finden wir eine ähnliche Neigung zu dramatischen Darstellungen sowohl in dem griechischen Heidentum in dem Kult des Dionysos und des Apollo, als auch selbst in dem Christentum, wo die heilige Geschichte und danach die Legende den Anlass zu mimischen und dramatischen Aufführungen gab und somit die Grundlage zu einer Entwicklung des Dramas bildete, welche freilich bei uns durch die Einführung der klassischen Dramen gestört wurde.

Wir schließen an diese Übersicht der Festzüge die Betrachtung einiger anderer heidnischer Bräuche. – Es ist eine verbreitete deutsche Sitte, an bestimmten Tagen, namentlich auf Ostern oder Johannistag, seltener Weihnachten und Michaelis[318], Feuer

---

313 Reichsanzeiger 1796, S. 947. Deutsche Monatsschrift 1789. 2, 63.

314 Belege über den Mairitt, D. Mythol. 449.

315 Z. B. in der Mark; Märk. Sagen, S. 318.

316 Mehrere interessante Fastnachts- und Pfingstbräuche stellt Kuhn in den Märk. Sagen, S. 307f. zusammen.

317 In Jena wurde z. B. das Todaustragen im Jahre 1699 von dem Konsistorium verboten. Journ. von und für D. 1788, I, 569. In Leipzig galt derselbe Brauch für so schimpflich, dass die Huren den Tod ins Wasser tragen mussten. In späteren Zeiten wurde manches nur noch von Kindern fortgeübt. Andere Umzüge erhielten sich nur, weil man Gaben dabei einsammelte.

318 *Manche Leute können an diesem Tage sehen, was für Wetter im Jahre eintreten wird. Neumark. Einige Beiträge zur Zusammenstellung der an diesem Tage geltenden Gebräu-*

anzuzünden. In Niederdeutschland sind die Osterfeuer die gewöhnlichsten, welche am häufigsten auf Bergen stattfinden; im südlichen Deutschland herrschen dagegen die Johannisfeuer vor, welche früher auf dem Markt oder vor den Toren der Stadt angezündet wurden. Die Feierlichkeiten, welche sich damit verbanden, sind allmählich immer mehr erloschen; früher sah alt und jung, hoch und niedrig das Anzünden derselben als ein großes Fest an. Diese Bräuche hatten augenscheinlich zum Teil eine agrarische Bedeutung, da man noch glaubt, dass, soweit die Flamme des Osterfeuers leuchtet, die Gegend fruchtbar werde und das Jahr über das Korn gut gedeihe.[319] Daneben sind diese Feuer nach dem alten Glauben wohltätig für die Erhaltung des Lebens und der Gesundheit derjenigen, welche mit der Flamme in Berührung kommen. Darum umtanzte man namentlich das Johannisfeuer, oder pflegte darüber zu springen und auch wohl die Haustiere darüber zu treiben, und die Kohlen und die Asche von den Osterfeuern werden sorgfältig als Heilmittel bei Viehkrankheiten gesammelt. Aus demselben Grund pflegte man auch das Vieh, wenn es an Seuchen litt, über besondere Feuer zu treiben, welche *Notfeuer* genannt und unter eigentümlichen Zeremonien durch Reibung entzündet wurden,[320] weshalb das Johannisfeuer eigentlich für ein zu einer bestimmten Zeit angezündetes Notfeuer zu halten ist.[321] Das Feuer ist das heilige reinigende und sühnende Element, welches alle Gebrechen

---

che liefert Wolf, Beiträge, I, 37. „In Dänemark und Norwegen knüpfen sich viele Aberglauben an den Tag, die meistens auf das Wetter und die Fruchtbarkeit des kommenden Jahres Bezug haben." Dasselbe ist auch bei uns der Fall, wie Boebel's Haus-und Feldweisheit des Landwirths (S. 46 fg.) zeigt; ich hebe nur das aus Westfalen Beigesteuerte aus: „Nord und Ost bedeuten starken Frost. – Regnet's ohne Gewitter, so kommt ein gelinder Winter. – So viel Fröste vor Michaelis fallen, so viel kommen nach dem ersten Mai kommenden Jahres. – Wenn die Vögel vor Michaelis nicht ziehen, vermutet man vor Weihnachten keinen harten Winter. – Wintersaat um Michaelis ausgestreut, den Bauer mit reicher Ernte erfreut. – Wenn Michael viel Eicheln bringt, Weihnachten die Felder mit Schnee dann düngt. – Wenn Michael das Wetter ist gut, steckt der Schäfer 'ne goldne Feder an'n Hut. – Um Michael fallet de Eikeln, wenn se eher fallet, sau kämp de Winter froh (früh). – Wenn Michael de Wind stieg, sau wet de roggen düer." Zu dem, was Wolf a.a.O. aus Finn Magnussen über die Weissagungen aus den Eicheln beibringt (rustici glandem sylvestrem aperiunt, ex ejus qualitate vel contentis [aranea, musca, verme etc.] praesagientes non solummodo anni futuri tempestatem et annonam, sed etiam famem, pestem, bella etc.), stimmt, was Boebel, a.a.O., S. 48, aus Schlesien über den Michaelistag anführt: „Sind die Eicheln inwendig schön und frisch, so werden die Früchte im künftigen Sommer gut gerathen; sind sie naß und faul, kommt ein naßer, sind sie mager und dürr, ein heißer Sommer; findet man darin eine Mücke, so wird's ein mittelmäßiges Jahr; eine Fliege, Krieg; eine Made, Miswachs und theuere Zeit; eine garstige Spinne, Pest oder sonst ein böses Jahr." Zitiert nach: Adalbert Kuhn: Sagen, Gebräuche und Märchen aus Westfalen und einigen andern, besonders den angrenzenden Gegenden Norddeutschlands 1–2. Band 2, Leipzig 1859, S. 95-96.

319 Kuhn, Märk. Sagen, S. 313.

320 Schon Indicul. c. 15: de igne fricato de ligno, id est *nodfyr*.

321 Nicol. Gryse, spegel des antichristischen pawestdoms nennt das Johannisfeuer Bogen LI III S. Johannis lodt- und nodtsüre.

wegnimmt.[322] Eine ähnliche Gesundheit verleihende Kraft hat nach dem noch jetzt bestehenden Volksglauben das Wasser, besonders wenn es in gewissen Festnächten, Ostern, Johannis oder Weihnachten, aus bestimmten Quellen, welche früher wohl Gottheiten geweiht waren, stillschweigend geschöpft wird.[323] Wenn man sich mit solchem heiligen Wasser wäscht, so verleiht es Gesundheit und Schönheit auf das ganze Jahr. Ebenso badete man früher in einzelnen Gegenden Deutschlands, namentlich am Johannistag.[324] Doch scheinen Waschungen in dem deutschen Heidentum im Ganzen eine untergeordnete Bedeutung gehabt zu haben.

Aus dieser Übersicht über die wichtigsten und bedeutungsvollsten Kultusbräuche ergeben sich, so unvollständig und getrübt sie auch erhalten sein mögen, einige Folgerungen in Beziehung auf die Zeiten und den Charakter der heidnischen deutschen Feste. –

Im Ganzen ist es noch erkennbar, was auf der anderen Seite auch sehr natürlich ist, dass die heidnischen Feste sich eng an den Wechsel der Jahreszeiten anschlossen, wie denn schon in unseren mittelalterlichen Gedichten besondere Festlichkeiten häufig auf die Sonnenwenden fallen,[325] und wie der Norden bekanntlich Sommeranfang, Winteranfang und zur Zeit der Wintermitte das Julfest feierte.[326] Daher treten auch bei unserem Volk die sogenannten Zwölf Nächte oder Rauchnächte oder die Zeit zwischen Weihnachten und Epiphania noch als besonders festliche Tage des Heidentums hervor. Zu dieser Zeit halten, wie wir gesehen haben, die in der Sage noch lebenden Gottheiten ihre Umzüge und es heften sich an sie vielfache andere abergläubische Bräuche und Meinungen.[327] Diesem Winterfest stand ein Sommerfest gegenüber, dessen Feierlichkeiten sich in der christlichen Zeit besonders im südlichen Deutschland an den auch von Slawen und Kelten sehr heilig geachteten Johannistag anschlossen. Sehr zahlreich scheinen die Frühlingsfeste gewesen zu sein. Denn es zieht sich

---

322 Die Einzelheiten über diese Feuer: Mythol. 570ff. Besonders merkwürdig ist dabei die Anwendung eines Wagenrades, durch dessen Drehung das Notfeuer entzündet wird. In einigen Gegenden rollt man auch bei den Osterfeuern ein brennendes Rad den Berg hinunter. In der Mark wird ein Wagenrad bei Hochzeiten angezündet und um dasselbe getanzt, und es wird auch ein solches über den Türen der Häuser zum Gedeihen des Viehs aufgehängt. Märk. Sagen, S. 362. Vgl. Abergl. N. 307: Wer ein Rad über den Torweg macht, hat Glück im Hause. – Übrigens herrscht der Brauch, an bestimmten Tagen heilige Feuer anzuzünden, fast in ganz Europa und war auch schon im Altertum, namentlich in Italien. Die Kelten zündeten solche Feuer am ersten Mai dem Gott Beal (daher noch jetzt Bealtine genannt) und am ersten November dem Gott Sighe zu Ehren an. Leo malb. Gl. 1, 33. Ob aber das Notfeuer keltischen Ursprungs ist (ebend. 38), muss dahingestellt bleiben.

323 Auch aus der Quelle des Fosite durfte man nur schweigend schöpfen.

324 Über *heilawâc* und Waschungen vgl. Mythol. 551f.

325 Nib. 32, 4. 678, 3. 694, 3. 1424, 4. 1754, I.

326 Der Name des Julfestes hat sich in England noch in dem *yule clog* erhalten, d. i. ein Holzklotz, der am Christabend ins Feuer gelegt und wo möglich brennend erhalten wird. Abergl. N. 1109. Auch im Mecklenburgischen soll der Julbock noch bekannt sein.

327 Sie beziehen sich hauptsächlich auf die Fruchtbarkeit des kommenden Jahres, auf die Lebensdauer und auf bevorstehende Verheiratungen. Vgl. Aberg. N. 55, 97, 102, 105, 109, 110, 149 153 u. a.

vom Februar, in welchem Monat schon der Indiculus (c. 3) *spurcalia* verbietet, bis zum Ende des Mai eine Reihe von Bräuchen, welche sich seit der Bekehrung namentlich an den Anfang der Fastnacht, Mitfasten, Ostern und an das schon in den mittelhochdeutschen Gedichten vielfach gefeierte Pfingstfest knüpften. Der erste Mai, den auch die Kelten sehr hoch hielten, ist dazwischen besonders ausgezeichnet. Der Herbst hat nicht so viele charakteristische Festtage aufzuweisen, obgleich einzelne Sitten namentlich am Martinstag und in der Andreasnacht[328] zeigen, dass auch diese Jahreszeit nicht ohne ihre besonderen Feierlichkeiten war.[329]

Die meisten der angeführten Feierlichkeiten tragen ein heiteres Gepräge. Mit Jubel, Gesang und Tanz wird das umhergezogene Schiff geleitet, der Maigraf eingeholt, usw. Fröhlich wird nach einer solchen Feierlichkeit auch der übrige Teil des Tages hingebracht. Daher ist es umso erklärlicher, dass sich das Volk diese Bräuche oft ungern nehmen ließ. Freilich werden nicht alle Feste so durchaus heiter gewesen sein; Sühnfeste eines Gottes und solche Tage, an welchen man das Andenken der Gestorbenen feierte, müssen der Natur der Sache nach mehr einen ernsten und schwermütigen Charakter gehabt haben.

Da es ein einigermaßen ausgebildeter Polytheismus mit sich bringt, dass einzelne Götter ihren genau abgegrenzten Wirkungskreisen gemäß bei einzelnen Geschlechtern oder Ständen besondere Verehrung genießen, während ihr Kultus für andere minder wichtig ist, so werden wir bei den deutschen Festen anzunehmen haben, dass nicht an allen das ganze Volk oder die ganze Gemeinde teil nahm. Es werden sich zu denselben diejenigen versammelt haben, in deren Interesse es war, eine Gottheit besonders zu verehren, oder die ein Fest besonders angingen. Und so erkennen wir denn auch, dass einige der angeführten Feierlichkeiten, z. B. das Umziehen des Pfluges, sich auf die Ackerbauern bezogen; bei anderen sehen wir die Hirten vorzugsweise auftreten. Die Bräuche in den Fasten, wenn die ländlichen Arbeiten bevorstehen, haben mehr eine agrarische Bedeutung; im Mai, in welchem Monat die Herden wieder auf die Weide getrieben werden, treten besonders Hirtenfeste hervor. Die letzteren scheinen, dem Charakter der altdeutschen Landwirtschaft angemessen, die agrarischen Feste zu überwiegen.

Reichlicher Ertrag der Erdgewächse, namentlich des Getreides, Gedeihen und Fruchtbarkeit der Haustiere und die Erhaltung der menschlichen Gesundheit waren, soviel wir sehen, die Haupttendenzen der heidnischen Feste. Sie waren also innig mit dem äußeren Leben des Volkes verbunden, und die Teilnahme an ihnen übte einen wohltätigen Einfluss auf dasselbe aus. Eine höhere geistige und moralische Richtung ist darum aber dem deutschen Heidentum nicht abzusprechen.

---

[328] Am Martinstag ziehen die Kinder singend umher und sammeln Obst und andere Gaben ein. Das altherkömmliche Gericht an diesem Tag ist eine Gans; an der Farbe ihres Brustbeins kann man sehen, ob der Winter kalt werden wird oder nicht u. a. In der Andreasnacht stellen die Mädchen allerlei Bräuche an, durch welche sie Orakel über ihre künftige Verheiratung bekommen. Abergl. N. 579, 847, 964. Harrys Sagen Niedersachsens 2, n.17, und anderes; ein weit weit verbreiteter Aberglaube.

[329] Dass die Sachsen im Anfang des Oktobers ein dreitägiges Fest feierten, haben wir schon gesehen.

Zweites Buch: System der altdeutschen Religion

Kapitel I - Götter in ihrem Verhältnis zu Welt und Menschen

In dem Menschen wohnt ein doppeltes Streben, welches ihn nach verschiedenen Richtungen zieht. Während er sich auf der einen Seite vermöge seiner geistigen Natur zu dem Unendlichen hingezogen fühlt, wird er auf der anderen durch seine sinnlichen Bedürfnisse an die Endlichkeit gefesselt. Daher lassen sich in allen polytheistischen Religionen zwei Hauptrichtungen der Gottesideen unterscheiden.

Allgemeinere und edlere Begriffe von den Göttern als unendlichen geistigen Wesen sind zwar immer vorhanden, aber da das menschliche Bedürfnis den Gott dem Menschen näher führt, so fasst er ihn zugleich in Beziehung zu sich individueller und menschlicher, oder anthropomorphisiert ihn. Beide Vorstellungen liegen gewöhnlich durcheinander gemischt vor, doch so, dass sich jene unbestimmtere und geistigere Ansicht in der Regel an die Ideen über die Götter im allgemeinen knüpft, während die menschlicheren Begriffe sich besonders in den Vorstellungen von den einzelnen Göttern und ihren Mythen finden. Die mythologische Forschung tut unrecht, wenn sie die eine Reihe dieser Vorstellungen durch die andere in den Hintergrund drängen will. Beide sind, ganz abgesehen von ihrem häufig hervortretenden Widerspruch unter sich, nebeneinander zu betrachten. Doch gibt das Überwiegen der einen oder der anderen einen Maßstab für die verschiedenen Stufen des Polytheismus und der Religionen überhaupt ab.

Demnach bildet auch in der nordischen Religion die allgemeinere und höhere Auffassung der Götter den Hintergrund. Sie sind die allmächtigen[330] und allwissenden Wesen, welche durch ihre Macht die Welt geschaffen haben und erhalten und sie durch ihre Weisheit regieren. In Beziehung auf diese Eigenschaften gilt von den Göttern der Ausdruck *miötudr*, welcher Creator, wörtlich Mensor, Moderator, Finitor bedeutet,[331] und ein gewöhnlicher Name ist *regin*, die ratenden Mächte, *uppregin*, die in der Höhe ratenden, *ginregin* die weit ratenden.[332] Täglich versammeln sich die

---

330 *Allmâttki âs*, Landn. 4, 7.

331 Sæm. 226b, 241b. Ags. *Meotod* und *metod* Cædm. 223, 14. Beob. 1863, Alts. *Metod* Hel. 66, 19. Mitteldochdeutsche Dichter gebrauchen den Ausdruck mezzen noch gern von Gott im Sinn von Schaffen. Mythol. 20.
fīnītor, ōris, m. (finio), I) der „Abgrenzer" = a) der Feldmesser, Vermesser, beim Ausmessen u. Austeilen der Ländereien an Kolonisten, Cic. de leg. agr. 2, 34 u.a.: scherzh. übtr., Plaut. Poen. prol. 49. – b) übtr., der Horizont, Sen. nat. qu. 5, 17, 3 u.a. Zitiert nach: Karl Ernst Georges: Ausführliches lateinisch-deutsches Handwörterbuch. Hannover 1913 (Nachdruck Darmstadt 1998), Band 1, Sp. 2769.

332 Plur. Von *ragin* concilium. Schwieriger ist eine andere Benennung der Götter *höpt* und *bönd*, welche eigentlich vincula bedeutet. Grimm stellt sie in Mythol. 23 mit *dii consentes* und *complices* zusammen.

heiligen Götter[333] zur Beratung und zum Gericht,[334] um das Schicksal der Welt und der Menschen zu lenken. Dieses ruht in ihrer Hand,[335] obgleich die nordische Religion außerdem, wie die griechische, noch besondere Schicksalsgöttinnen kennt, und obgleich es ausgesprochen wird, dass auch die Götter nicht gegen das Verhängnis anstreben können.[336]

Auf der anderen Seite ist das Leben der Götter ein rein menschliches, welches bei ihnen nur in einer höheren Potenz erscheint. Leicht und froh fließt ihnen das Leben dahin.[337] Obgleich geboren, erstarken sie doch schnell[338] und genießen eine dauernde Jugend bis zu ihrem Tode.[339] Sie haben eine edle menschliche Gestalt, obgleich sie zu besonderen Zwecken dieselbe verändern, namentlich auch sich in Tiere verwandeln können; sie haben menschliche Sitten und Bedürfnisse. Sie wohnen, essen, trinken und schlafen wie die Menschen.[340] Um an einem Ort zu wirken, müssen sie sich dahin bewegen, gehend, reitend oder zu Wagen;[341] nur ist es ihrer höheren Macht angemessen, dass ihre Bewegung eine viel schnellere ist.[342] Sie unterliegen auch menschlichen Leiden, werden gefangen, verwundet, krank und verlieren einzelne Glieder;[343] ebenso sind sie auch von menschlichen Leidenschaften nicht frei: Sie lieben, hassen, zürnen[344] und äußern Heiterkeit und Trauer durch Lachen und Weinen.[345]

---

333 *Ginheilög godh*, Sæm. 1b, 2a.

334 Sæm. 1b, 2a, 44a, 93a, Sn. 18.

335 Daher die altsächsischen Ausdrücke für Schicksal *regangiscapu*, *reganogiscapu*, Hel. 79, 13. 103, 3. *metodogiscapu* Hel. 66, 19. 147, 11.

336 Die Unabwendbarkeit des Geschicks wird auch in mittelhochdeutschen Gedichten häufig hervorgehoben. D. Mythol. 503.

337 Die Götter heißen darum *blîdh regin* die frohen Möchte; vgl. δεοι ρεία ξώοντες II. 6, 138. Od. 4, 805.

338 Vali, eine Nacht alt, rächt seinen Bruder Baldr, Sæm. 6b, 95b; Magni, drei Nächte alt, wirft den Fuß des Riesen Hrùngnir, unter dem sein Vater Thôrr zu Boden lag, weg. Sn. 110.

339 Es ist charakteristisch für die nordische Mythologie, dass die Götter nicht unsterblich sind und dass mit dem Bestehen der jetzigen Welt auch ihr Leben endet. Es ist schon mehrfach von anderen bemerkt, dass auch den Griechen diese Idee eines Untergangs der Götter nicht fremd war. Prometheus weissagt dem Zeus das dereinstige Ende seiner Herrschaft. – Omnes pariter deos perdet mors aliqua et chaos. Senec. Herc. 1112. – Badr und Nanna sterben vor dem Weltuntergang.

340 Sæm. 40f. 70a, 73b, 80b. Sn. 50. Eine besondere Götterspeise wird nirgends erwähnt; Odhinn trinkt Wein. Sæm. 42b.

341 Zwölf Götterpferde zählt Sn. 18 auf. Balders Pferd erwähnt das Merseburger Gedicht. Thôrr und Freyja haben Wagen; Frigg und Freyja ein Falkengewand (valshamr), mit welchem sie durch die Luft fliegen.

342 Kaum nennen die Götter Thôrs Namen, so ist er da. Sn. 108.

343 Sn. 40. 110. Odhinn ist einäugig, Hödhr blind, Tŷr einhändig. Freilich hat alles dieses einen mythischen Grund.

344 Sæm. 70a, 71b, 85b, 228b u. a. Mittelhochdeutsche Dichter sprechen, wie noch jetzt unser Volk, häufig von Gottes Zorn und Hass. Mythol. 17.

345 Sn. 37, 82.

Da haben wir also im Norden ganz dieselbe Anthropomorphisierung der Götter, wie wir sie bei Homer von den griechischen Göttern finden,[346] wobei es aber dahin gestellt bleiben muss, inwieweit einzelne Vorstellungen der Ausschmückung der Dichter angehören oder auch im Volksglauben bestanden. Zur individuelleren Gestaltung der Götterbegriffe wirkt immer die Poesie bedeutend mit.
Vergleichen wir den griechischen und nordischen Anthropomorphismus im allgemeinen miteinander, so zeigt sich dieser in mehrfacher Hinsicht etwas mehr sinnlich und folglich, wenn man will, gröber als jener, was namentlich einleuchtet, wenn wir die Mittel betrachten, durch welche die Götter ihre Tätigkeit äußern. Beide Religionen kommen darin überein, dass sie den Göttern gewisse Werkzeuge beilegen, durch welche sie eben übermächtige und ungewöhnliche Wirkungen hervorbringen. Aber der Grieche lässt die Person des Gottes im Vordergrund, so dass sein Werkzeug mehr mit seinem Wesen verschmilzt, während der Skandinavier oder der Deutsche lieber dem Werkzeug eine ihm innewohnende zauberähnliche Kraft beilegt. Von Poseidon sagt der griechische Mythos, er erschüttere mit seinem Dreizack die Erde. Nach der nordischen Anschauung würde das etwa ausgedrückt werden: Poseidons Dreizack hat die Eigenschaft, dass er, in die Erde gestoßen, dieselbe erschüttert. Freyrs Schiff hat die Eigenschaft, dass man darin stets mit gutem Wind fährt.[347] Der Grieche würde sich ausdrücken: Freyr fährt in seinem Schiff stets mit gutem Wind. Eben weil die Kraft des Gottes nach der nordischen Vorstellung hauptsächlich in sein Werkzeug gesetzt wird, und dieses dadurch eine gewisse Selbständigkeit erhält, kommen in der nordischen Mythologie mehrfach Erzählungen vor, dass das einem Gott angehörige Werkzeuge von einem andern benutzt, oder dass es ihm, wie dem Thôrr der Hammer, entwendet wird, oder dass die Feinde eines Gottes ihn ohne sein mächtiges Werkzeug zu finden wünschen: Bei dem verhältnismäßig viel größeren griechischen Mythenreichtum finden wir dagegen nur selten Beispiele, dass eine Gottheit das Kleinod der anderen, wie z. B. Here den Gürtel der Aphrodite, borgt. Die griechische Symbolik schließt sich in dieser Beziehung auch mehrfach enger an die Natur an als die nordische. In Zeus Hand ruht der Blitz selbst: Thôrr bewirkt denselben durch den Wurf seines Hammers. Die griechischen Götter hüllen sich, wenn sie sich den Blicken der Sterblichen entziehen wollen, in einen Nebel: Die deutschen Zwerge machen sich durch eine überzogene Nebelkappe unsichtbar. Bisweilen bedienen sich die griechischen Götter auch keines Werkzeuges, wo es bei den nordischen nötig ist. Zeus sieht vom Himmel, vom Olymp oder vom Ida herab alles, was auf Erden geschieht: Odhinn muss sich, um dasselbe zu erreichen, auf seinen Stuhl im Himmel setzen, oder seine Raben verkünden ihm, was auf Erden vorgeht. Die nordischen Götter erhalten ihre Jugend durch den Genuss von Äpfeln, welche Idhunn bewahrt, die griechischen ohne ein besonderes Mittel. Die nordische Symbolik spricht sich demnach einfach verständiger, die griechische lebendiger und geistiger aus. Das haben beide Religionen miteinander gemein, dass die Götter ihre Werkzeuge in der Regel sich nicht selbst

[346] Eine interessante Parallele der nordischen und homerischen Darstellung der Götterverhältnisse gibt Grimm, Mythol. 294f.

[347] Die Belege zu diesem und den folgenden Beispielen s. unten.

geschaffen haben, sondern dass sie von titanischen oder elementarischen Wesen herrühren. So schmiedeten die Zyklopen dem Zeus den Blitz; kunstreiche Zwerge verfertigten Thôrrs Hammer.

Halten wir nun die beiden Hauptauffassungsweisen der Götter, welche wir auch im Norden wahrnehmen, jene allgemeineren, geistigeren Begriffe, welche man von ihnen hegte, und diese individuellere und menschliche Gestaltung, welche sich von ihnen ausgebildet hatte, zusammen und suchen danach das Verhältnis zu bestimmen, in welchem sie zu den Menschen gedacht werden, so ist die erste Vorstellung besonders durch das menschliche Abhängigkeitsgefühl erregt und bringt umgekehrt dasselbe immer wieder von neuem hervor. Die zweite aber bewirkt die am meisten charakteristischen Äußerungen des heidnischen Kultus. –

Die individuelle Vorstellung, welche der Mensch von den Göttern hegt, macht ihn besonders geneigt, Symbole zu formen, welche die Macht derselben andeuten und verkünden, oder Nachbildungen ihrer Gestalt zu versuchen, welche die in ihm lebenden Gottesbegriffe gleichsam verkörpern. Unbewusst und durch eine Art von Selbsttäuschung identifiziert er dann diese Zeichen einer Gottheit mit derselben soweit, dass er ihnen ein selbständiges Leben zuschreibt, dass er bei der Nähe derselben in unmittelbare Berührung mit ihr zu kommen glaubt und die Handlungen, welche er mit ihnen vornimmt, so ansieht, als würden sie mit der Gottheit selbst vorgenommen. Daher wurden bei den Deutschen, wie wir gesehen haben, Symbole oder Bilder der Götter um die Saatfelder oder durch die Ortschaften geführt, sie wurden gebadet oder es wurden sonst Zeremonien mit ihnen vorgenommen, von denen man glaubte, dass sie den Göttern besonders angenehm wären, oder welche die ihnen innewohnende Natur und die von ihnen geltenden Mythen notwendig machten.

Die anthropomorphen Ideen von den Göttern sind zugleich die Hauptursache des heidnischen Opfers. Indem man dem Gott menschliche Leidenschaften unterschiebt, sucht man ihn, wenn er zu zürnen scheint, auf eine menschliche Weise durch Gabe wieder zu beschwichtigen, oder man lässt denjenigen, der das Gute gegeben hat, auch einen Teil desselben mit genießen. Aus der letzten Vorstellung lassen sich namentlich Opfer von Früchten oder Tieren erklären; das Menschenopfer, wo man dem Gott das Kostbarste darbringt, das zu finden ist, war bei den Deutschen, wie bei andern beiden, hauptsächlich ein Sühnopfer.

Um hiernach das Verhältnis, in welchem die Götter zur Welt überhaupt stehen, kennen zu lernen, müssen wir zunächst die Vorstellungen erörtern, welche man sich im Norden zur Zeit des Heidentums von dem Weltgebäude machte. Diese sind uns freilich nirgend so überliefert, dass sie an irgendeiner Stelle in ihrer Gesamtheit klar vorlägen, sondern es wird nur an mehreren Orten einzelnes angegeben, das sich darum schwer zu einem ganzen vereinigen lässt, weil die Begriffe von der Welt mehrfach unbestimmt und schwankend gewesen zu sein scheinen, und weil einzelne augenscheinlich durch die Zeit und durch das Christentum getrübt wird, andere dagegen, vielleicht in verschiedenen Gegenden erwachsen, den herrschenden Vorstellungen zuwider laufen und sie geradezu aufheben.

So nimmt denn die Völuspà freilich neun Welten und neun Firmamente (ividhir) an,[348] aber bezeichnet sie weder mit ihrem Namen, noch gibt sie über ihre Lage Auskunft. So viel ist indessen klar, dass die von den Menschen bewohnte Erde, weil sie den Namen *midkgardhr* führt, in der Mitte der Welt gedacht wurde. Da im Gotischen *midjungards,* im Althochdeutschen *mittingart, mittigart mittiligart mittilgart,* im Altsächsischen *middilgard,* im Angelsächsischen *middangeard* dasselbe bezeichnet,[349] so dürfen wir annehmen, dass eine gleiche Vorstellung bei allen deutschen Stämmen herrschte. Die Erde dachte man sich als eine runde und flache Scheibe, welche ringsum vom Meer umgeben ist,[350] gleich wie nach der Homerischen Vorstellung der Okeanos die Erde umfließt. Die Erdschlange (Midhgardhsormr) welche nach der nordischen Mythologie um dieselbe in einem ungeheuren Ring liegt, ist darum offenbar Symbol des Weltmeers. Das Sòlarliodh gebraucht noch *Œgisheimr*[351] gleichbedeutend mit Erde,[352] wozu wieder das althochdeutsche *merigarto,* mittelhochdeutsche *mergarte* in derselben Bedeutung stimmt.

---

348 Sæm. 1a, vgl. 36b, 49a.

349 Belegen d. Mythol. 458. Schmellers Wörterbuch zu Hel. Vgl. noch Mittilagart im Bruchstück vom Jüngsten Gericht 72, 4 Wackernagel.

350 Sn. 9.

351 *Der Œgishjalmr (altnordisch; auch Œgishiálmr, Œgishalmr) ist ein Gegenstand aus der nordischen Mythologie, der in der Edda Erwähnung findet. Die Bezeichnung setzt sich zusammen aus dem altnordischen Wort œgr (althochdeutsch egis) was soviel wie schrecklich heißt und hjalmr, dem altnordischen Wort für Helm. Wörtlich übersetzt bedeutet Oegishjálmr also Schreckenshelm bzw. unter Bezug auf die Mythologie des Nibelungenliedes Eckeshelm. Bei dem Helm handelt es sich um eine Art Maskerade (Mimikry). Hierdurch wird der Träger befähigt, seine wahre Gestalt zu verschleiern und beispielsweise ein grauenerregendes Äußeres anzunehmen. Daher auch die Bezeichnung als Schreckenshelm. Zitiert nach Wikipedia.org*

352 Sæm. 124b, 125a. Œgir ist der Name des Riesen, welcher über das Meer gebietet.
„Umstritten war, ob das Wort Œgis vom Meeresriesen Œgir (Ägir) ableitbar ist, der einigen Quellen zufolge den Schreckenshelm (Œgishalmr) ursprünglich besessen und dem Hreidmar zum Geschenk gemacht haben soll. Heutzutage ist man sich sicher, dass Ägir bedeutet im Altnordischen sowohl den Meerriesen, wie häufig (aber sekundär) das Meer selbst. Der Name Ägir hängt mit dem germanischen ‚ahwo', lat. ‚aqua' Wasser zusammen, bedeutet also Wassermann (Aquarius). Es ist aber möglich, dass es sich bei Ägir Meerriesen und ägir/ägi Meer um zwei verschiedene Wörter handelt.
Ägir ist ein Meeresriese (Riese der See und des Bieres), der den Asen nahesteht, aber dem älteren Geschlecht der Riesen angehört. Seine Gattin ist die Meeresgöttin Ran. Er wohnt auf der Insel, die Hlésey genannt wird und ist sehr weise. Ägir wurde von Thor aufgetragen, für die Götter Bier zu brauen, aber er gab vor keinen Kessel zu haben, der dafür groß genug sei. In Wirklichkeit wollte er sich aber nur keinen Befehl von Thor geben lassen. Thor allerdings besorgte sich einen riesigen Kessel vom Reifriesen Hymir. So musste der gedemütigte Ägir doch noch das Bier für Asgard, den Wohnsitz der Götter, brauen. Um sich für diese Niederlage zu rächen, vergällte er das Bier mit Hopfen, so dass es wohl noch trinkbar, aber nicht mehr genießbar war. Bei einem Gelage der Asen lässt er Gold in die Halle tragen, so dass diese hell erleuchtet wird wie von einem Feuer. Dieses Gold ist das Leuchten des windstillen Meeres. Da die Menschen glaubten, dass Ägir sein Unter-

Der Erde müssen nun, wenn sie sich in der Mitte befindet, nach jeder Richtung hin, d. i. nach Norden und Süden, nach Osten und Westen, nach oben und unten Welten entgegenstehen, und diese finden wir mit den folgenden Namen angedeutet. Über der Erde befindet sich der Himmel, die Wohnung der Götter, unter derselben die Unterwelt, im Norden derselben die kalte und dunkle Welt *Niflheimr* (Nebelheim), im Süden eine Feuerwelt, welche *Muspellheimr* oder *Muspell* genannt wird. Von diesen Namen war der letzte in Deutschland gewiss vielfach verbreitet, da im Heliand *mudspelli* oder *mutspelli,* im Bruchstück vom jüngsten Gericht *muspilli* gleichbedeutend mit Feuer gebraucht wird.[353] Im Osten der bewohnten Erde lag die Riesenwelt *Iötunkeimr*, da der Gott Thôrr zum Kampf gegen die Riesen ostwärts führt. Ihr gegenüber, im Westen, wird *Svarâlfaheimr* gelegen haben, die Wohnung der Schwarzelbe oder Zwerge, welche als Feinde der Riesen am weitesten von ihnen entfernt sind. Nehmen wir zu diesen sieben Welten noch *Vanaheimr*, die Wohnung der Vanen, und *Liôsâlfaheimr*, den Aufenthaltsort der Lichtelbe, deren Lage ich nicht zu bestimmen wage, so ist die Neunzahl vollständig.[354]

In diesem Weltgebäude sind die am weitesten voneinander entfernten Punkte: der Himmel, Lötunheimr oder die Riesenwelt und die Unterwelt. Dieses geht aus einer anderen Darstellung hervor, nach welcher das Weltgebäude unter dem Bild eines in den Himmel ragenden Baumes, der Esche *Yggdrasil*[355], gedacht wird, deren eine

---

wasserreich nur verließ, um Schiffe und ihre Besatzung zu vernichten, wurden ihm vor Antritt einer Seereise Gefangene geopfert, um eine sichere Überfahrt zu gewährleisten." Zitiert nach Wikipedia.org

353 Hel. 79, 24. 133, 4. Bruchstück vom Jüngsten Gericht 73, 10 Wackernagel oder z. 62 Schmeller.

354 Bergmann, Poëmes Islandais p. 222 bestimmt die Lage der neun nordischen Welten folgendermaßen: Drei über der Erde, Liòsàlfaheimr, Muspellheimr, Asaheimr, Wohnsitz der Götter; drei auf der Werde, Vanaheimr. Midhgardhr, Iôtunheimr; drei unter der Erde Svartâlfaheimr, Unterwelt, Niflheimr.

355 *Nachdem die Asen den Ur-Riesen Ymir getötet haben, schaffen sie, dem Mythos nach, aus seinem Leichnam alle existierenden Dinge. Die Weltesche Yggdrasil ist der erste Baum, den sie pflanzen. Er ist der größte und prächtigste Baum der Erdengeschichte. Seine Zweige überschatten die neun Welten und wachsen über den Himmel. Auf der Spitze befindet sich der Jötun-Riese Hräswelgr in der Gestalt eines Adlers, der mit den Flügeln schlagend den Wind produziert. In dem Auge des Adlers befindet sich ein Habicht, der Vedrfölnir genannt wird. Yggdrasil hat drei große Wurzeln, von denen eine nach Jötunheim, dem Land der Riesen, wächst, wo sich auch Mimirs Brunnen befindet. Die andere Wurzel führt in das nebelige Niflheim nahe der Quelle Hvergelmir, wo der Neid-Drache Nidhogg (Nidhöggr) an ihr nagt. Die dritte Wurzel findet sich in der Nähe von Asgard. Das Eichhörnchen Ratatöskr klettert immer an der dritten Wurzel hin und her und verbreitet dabei üble Nachrede vom Adler bis zum Neiddrachen. Vier Hirsche namens Dain, Dwalin, Dunneir und Durathor fressen die Knospen der Weltenesche ab. Die zwei Schlangen Goin und Moin, die von Grafwitnir (Grabeswolf) abstammen, nagen an den Wurzeln von Yggdrasil. Unter den Zweigen Yggdrasils halten die Götter Gericht. Am Fuße Yggdrasils findet sich die Quelle der Urd, an der die drei Nornen ihren Sitz haben, die drei Schicksalsgöttinnen Urd, Werdandi und Skuld, die das Schicksal der Menschen und Götter weben, wobei Urd für die Vergangenheit, Werdandi für die Gegenwart und Skuld für die*

Wurzel zu der Unterwelt, die andere zu den Riesen, die dritte zu den Göttern geht. Dass unter diesem Baum die Welt verstanden wird, ist wohl hinlänglich klar, obgleich die weitere Ausführung dieses Symbols, welches die organische Ordnung der Welt andeutet, im Einzelnen nicht ganz deutlich ist. An jeder Wurzel des Baumes befindet sich ein Brunnen. Bei den Göttern ist der *Urdharbrunnr*, aus welchem die Schicksalsgöttinnen oder die Nornen die Esche besprengen, damit sie nicht welke. Bei demselben halten die Götter Gericht, wie auch das Gericht der Menschen unter den Bäumen, namentlich Eschen, Linden, Eichen gehalten wird. Der Brunnen bei der Wurzel, welche sich zu den Riesen erstreckt, heißt *Mîmis brunnr* und wird von dem weisen *Hvergelmir* (d. i. der rauschende Kessel); dort nagt der Drache *Nîdhköggr* mit anderen an der Wurzel des Baums. In den Zweigen der Esche sitzt ein Adler, und zwischen seinen Augen ein Habicht. Das Eichhörnchen *Ratatöskr* läuft an dem Baum auf und ab und sucht zwischen dem Adler und dem Drachen Zwistigkeiten zu erregen. Vier Hirsche laufen in den Zweigen der Esche und benagen ihre Knospen.[356]

Den Himmel dachte man sich ohne Zweifel als ein festes Gewölbe, da vier Zwerge um ihn zu tragen und an seinen vier Seiten aufgestellt sind. Ihre Namen Ost, West, Süd, Nord deuten uns an, dass in ihnen die vier Weltgegenden personifiziert sind.[357] In demselben haben sich die Götter eine befestigte Stadt gebaut, welche *Asgardhr* heißt.[358] Auf der schimmernden Brücke *Bifröst*, dem Regenbogen, in welchem das Rote brennendes Feuer ist, steigen sie vom Himmel auf die Erde nieder.[359] Über dem Himmel nimmt die jüngere Edda (Sn. 22) noch zwei andere *Andlângr* und *Vidhblâinn* an, worin die Lichtelbe wohnen. Das mag ebenso eine spätere Vorstellung sein, als wenn die Völuspâ noch einen Himmel *Gimlir* oder *Vingôlf* nennt, welchen nach dem Weltuntergang die guten und gerechten Männer bewohnen werden.[360] An einer anderen Stellen der jüngeren Edda (Sn. 222) werden selbst neun Himmel aufgezählt.

Sonne und Mond wurden persönlich aufgefasst. Sie sind die Kinder des Mundilföri, welche von den Göttern an den Himmel versetzt wurden und auf ihrem mit zwei Rossen bespannten Wagen an demselben hin fahren. Die Rosse, welche den Sonnenwagen ziehen, heißen *Arvakr* (der Frühwache) und *Alsvidhr* (der Allkluge); an ihren Bugen sind Blasebälge angebracht, um sie zu kühlen. Auf dem Sonnenwagen steht ein Schild, welcher nicht verrückt werden darf. Sonne und Mond verfolgen auf ihren

---

Zukunft steht. Wenn Yggdrasil zu beben (oder zu welken) beginnt, naht das Weltenende Ragnarök. Zitiert nach: wikipedia.de

356 Sn. 17f. Sæm. 3b, 8a, 44 u. a. Solche kosmogonische Bäume finden sich auch in den Mythologien anderer Völker, namentlich bei Griechen, Indern und Tibetern. Vgl. Geijer, Schwedens Urgeschichte 285.

357 Austri, Vestri, Nordhri, Sudhri. Sn. 9.

358 Sæm. 53a, 70b, 71a, 72b. Sn., welche den Namen noch häufiger hat, versetzt Asgardhr S. 10 in die Mitte der Welt. Sn. 11 wird eine alte Stadt Asgard von der neuen unterschieden: Was sich auf die Sage von der Einwanderung der Asen bezieht.

359 Sæm. 44a, 46a, 89b, 188a, Sn. 14 u. s. In der griechisch-römischen Mythologie ist die Milchstraße der Götterweg. Ovid. Metam. 1, 168–170.

360 Sæm. 10b. Sn. 4, 21, 75.

Wegen zwei Wölfe: *Sköll* läuft hinter der Sonne her; *Hatu* strebt nach dem Mond.[361] In Deutschland finden wir noch in späteren Zeiten Spuren desselben Glaubens. Fischart sagt in aller Praktik Großmutter: „derhalben dörft ihr nicht mehr für ihn (den mond) betten, dass ihn gott vor den wölfen wölle behüten, denn sie werden ihn diss jahr nicht erhaschen",[362] und noch im 16. Jh. glaubte man, wenn eine Nebensonne am Himmel stand, den Wolf zu erblicken, welcher die Sonne verschlingen wollte.[363] Ebenso meinte man bei Finsternissen, dass Sonne und Mond in Gefahr wären, von den Wölfen ereilt zu werden, weshalb man absichtlich Geschrei und Lärmen machten, um die Untiere zu verjagen.[364] Im ersten Buch haben wir gesehen, wie schon zu Cäsars Zeiten Sonne und Mond göttlich verehrt wurden, wie das Merseburger Gedicht die Sunna als eine Göttin aufführt,[365] und wie noch im Volksglauben Sonne und Mond personifiziert werden.[366]

Sehr verbreitet ist in Deutschland eine auch bei anderen Völkern in ähnlicher Fassung vorkommende Sage, dass in dem Mond ein Mann wohne, der dahin versetzt sei, weil er am Sonntag unter der Kirche Holz oder Kohlstauden gestohlen, Reiser gebunden oder Mist gebreitet haben soll. Man erblickt ihn daher in dem Mond mit der Axt auf dem Rücken oder ein Reisbündel, eine Mistgabel oder die der Sage nach gestohlenen Gegenstände in der Hand.[367] Grimm hat diese Erzählung mit der eddischen Fabel in Verbindung gesetzt, nach welcher Mâni (der Mond) zwei Kinder Bil und Hiuki von der Erde wegnahm, als sie eben aus dem Brunnen Byrgir Wasser schöpften und den Eimer Sægr an der Stange Simul auf ihren Achseln trugen. Diese Kinder gehen hinter dem Mond her, wie man von der Erde aus sehen kann.[368] Die Ähnlichkeit der beiden Überlieferungen leuchtet ein, wenn auch die spätere deutsche wohl nicht geradezu aus der ursprünglicheren nordischen erwachsen ist.

---

361 Sæm. 34a, 45a, 195b, 196a. Sn. 12, 13. An der letzten Stelle wird ein Wolf, welcher einst den Mond verschlingen soll, *Mânagarmr* genannt; vielleicht nur ein anderer Namen für Hati.

362 Vgl. Mythol. 224, 225.

363 Melanchthon opp. Ed. Bretschneider VIII, sp. 277. Im Schwedischen heißt eine Nebensonne *solvarg* oder *solulf* (Sonnenwolf); Ihre dial. lex. 165.

364 Indicul. c. 21; vita s. Eligii 2, 16; Burchard 19, 5. – Besonders ausführlich berichtet über diesen Brauch die bisher wenig beachtete Homilie des Hrabanus Maurus. Opp. Ed. Cowener t. V, p. 695. – Ähnliche Sitten finden sich bei anderen Völkern, z. B. bei den Römern. Hartung, Religion der Römer II, 83.

365 Wie auch Sôl Sn. 39 zu den Asynien gezählt wird.

366 Hier möge noch ein niedersächsischer Reim angeführt werden. Wenn es regnet, singen die Kinder:
„regen ga weg mit diner langen näse!
sunne kum weder mit diner guldenen feder!"
Nach Sn. 362 ist Svanhildr mit dem Zunamen *Gullfiödhr* (Goldfeder) die Tochter des Dagr (Tag) und der Sôl (Sonne).

367 Vgl. besonders Märk. Sagen, n. 27, 104, 130. Nach belgischem Volksglauben befindet sich im Mond ein Vogel, der auf einer Krücke sitzen muss. Mone Anzeiger 6, 360.

368 Sn. 12. Vgl. Mythol. 679f.

Die Gestirne sind nach dem nordischen Glauben im Allgemeinen Feuerfunken aus Muspellheimr, welche die Götter an den Himmel versetzt und ihnen ihren Gang angewiesen haben;[369] doch gehen von einzelnen besondere Sagen, welche wir, wo sie in Betracht kommen, mitteilen.
Auch Tag und Nacht dachte man sich als persönliche Wesen. Wie nach der Zählung der Deutschen die Nacht dem Tag voranging,[370] so ist nach dem eddischen Mythos *Nôtt* (Nacht) die Mutter des *Dagr*, den sie mit Dellingr erzeugte. Beide sind von den Göttern an den Himmel versetzt und fahren, jeder mit einem Ross, an demselben hin, wodurch Tag und Nacht hervorgebracht wird. Das Ross des Tages heißt Skimfaxi (das glanzmähnige), das der Nacht Hrimfaxi (das reifmähnige).[371] Bei unseren mittelhochdeutschen Dichtern finden sich viele Stellen, in welchen Tag und Nacht als persönliche Wesen dargestellt werden:[372] Indessen da diese überhaupt gern personifizieren, so darf man zweifeln, ob hier noch die alte mythische Vorstellung zu Grunde liegt, oder ob diese Personifikationen nur aus einer lebendig poetischen Anschauungsweise hervorgegangen sind. Aber das grammatische Geschlecht der Appellative Tag und Nacht deutet noch auf Zusammenhang mit dem alten Mythos.
Die bisher erläuterten kosmischen Vorstellungen wiesen uns schon bei Einzelheiten auf die Entstehung von Naturerscheinungen und Weltkörpern und die Mitwirkung der Götter bei derselben hin. Hierbei ist es besonders charakteristisch, dass die Götter mehr als Ordner und Bildner auftreten, nicht aber eigentliche Schöpfer sind.[373] Sonne und Mond, Tag und Nacht bestanden schon vorher für sich; die Götter wiesen ihnen nur den Platz an, den sie in der Schöpfung einnehmen sollten. Dieselbe Idee, dass die Götter nur Ordner der für sich bestehenden, zwecklosen Kräfte und Massen sind, geht durch die ganze nordische *Kosmogonie*. Wir schließen uns bei der Darstellung derselben zunächst an die ältere Edda an. In der dritten Strophe des Völuspâ heißt es:

„Im Anfang der Zeiten war es, als Ymir baute.
Da war weder Sand noch See, noch die kalten Wogen;
die Erde fand sich nirgend, noch der Aufhimmel:
ein gähnender Schlund war, aber nirgend Gras.“

Hiernach wird in dem großen öden Raum *(gap ginnûnga)*[374] ein Riese *Ymir* als das ursprüngliche Allgemeinere angenommen, aus dem sich später das Besondere entwickelt. Die jüngere Edda (Sn. 4f.) stellt dagegen auch den Riesenleib nicht als anfänglich hin. Sie nimmt im Norden des *Gap ginnûnga* die kalte und dunkle Nebelwelt *Niflheimr* an, in deren Mitte der Brunnen *Hvergelmir* lag. Im Süden aber war die

---

369 Sn. 9. Vgl. Sæm. 1.

370 Germ. 11. Auch die Gallier rechneten nach Nächten. Caes. b. G. 6, 18.

371 Sæm. 32b, 34a, 91b. Sn. 11.

372 Zusammentgestellt d. Mythol. 430f. Bemerkenswert heißt es in einem Segen in Mones Anzeiger 6, 459: „grüss dich gott, du heiliger *Sonntag*, ich sich dich dort her kommen *reiten*.“

373 Dasselbe gilt von mehreren heidnischen Kosmoginien. Nur die hebräische Sage lässt Gott Himmel und Erde aus Nichts erschaffen.

374 Vgl. ahd. *gînan*, altn. *gîna* biare; *χάυς* gehört zu *χαίνω*.

Feuerwelt *Muspellheimr*, über welche Surtr regierte.[375] Aus der kalten Nebelwelt gingen zwölf Ströme, *Elivâgar* genannt, hervor. Sobald diese sich von ihrem Ursprung so weit entfernten, dass der in ihnen befindliche Feuertropf[376] erhärtete, wie der aus der Flamme hervorsprühende Sinter, wurden sie zu Eis. Dieses schmolz durch die milde Luft, welche von Muspellheimr ausging;[377] die Tropfen belebten sich, und es entstand Ymir. Der Riese fiel im Schlaf in Schweiß; da wuchs unter seiner linken Hand Mann und Frau, und sein Fuß zeugte mit dem anderen einen Sohn. Daher stammen die Geschlechter der Riesen.

Unter dem Bild des Riesen Ymir ist offenbar die unentfaltete Gesamtheit der Elemente und der Naturkräfte dargestellt, welche sich zunächst in den sich durch sich selbst fortzeugenden Geschlechtern der Riesen voneinander sondern. Sie stehen im Beginn der kosmogonischen Sage, weil die rohen, ohne Maß und Ziel sich durcheinander bewegenden Naturkräfte, wenn sie gebändigt und gemäßigt werden, die Hauptelemente der Schöpfung abgeben. Auf die Entstehung der Riesen folgt erst die Entstehung der Götter, welche die jüngere Edda folgendermaßen beschreibt:

Das Eis troff weiter fort, und es entstand die Kuh *Audhumbla*, welche durch die ihrem Euter entströmende Milch den Riesen Ymir nährte. Die Kuh – das Symbol der belebenden und ernährenden organischen Kraft – erhielt sich dadurch, dass sie die salzigen Eissteine leckte, aus welchem am Abend des ersten Tages das Haar eines Mannes, am zweiten das Haupt und am dritten der ganze Mann hervorging. Er hieß *Buri*, sein Sohn *Börr,* der mit *Bestla,* der Tochter des Riesen *Bölthorn* drei Söhne, *Odhinn, Vili und Ve* erzeugte. Durch diese Götterdreiheit wird dann die Schöpfung weiter vollendet.[378]

Die Hand der Götter gibt zunächst der chaotischen Masse der Elemente eine geordnete Gestalt. Der Mythos drückt das so aus: Börs Söhne töteten den Riesen Ymir, aus dessen Wunden eine solche Menge von Blut hervorlief, dass alle Riesen darin ertranken, bis auf Bergelmir, welcher sich mit seiner Frau in einem Boot rettete und das Riesengeschlecht fortpflanzte.[379] Darauf bildeten die Götter aus Ymirs Blut die See, aus seinem Fleisch die Erde, aus den Knochen die Berge, aus den Zähnen die Felsen, aus den Haaren die Bäume, aus dem Schädel den Himmel, aus dem Gehirn die Wolken. Die Brauen verwandte sie, um daraus eine Burg zum Schutz gegen die Riesen zu bauen, welche an den äußersten Rand der Erde gewiesen wurden.[380]

---

375 Dieser Zusatz, nach welchem ein göttliches Wesen als uranfänglich angenommen wird, widerspricht dem Übrigen und scheint erst durch den Einfluss christlicher Ideen in die Sage gekommen zu sein. Vgl . unten über Surtr.

376 Oder Gifttropfe; eitrqvikja Sn. 5. Vgl. eitrdropi Sæm. 35a; qvikudropi Sn. 6.

377 Hier abermals ein späterer Zusatz: „durch die Kraft dessen, der die Hitze sandte."

378 So führt auch nach der griechischen Sage erst die dritte Generation der Götter, Zeus mit seinen Brüdern, eine dauernde Herrschaft über die Welt. Darin zeigt sich aber ein Unterschied, dass die griechische Theogonie die Götter aus dem Titanengeschlecht hervorgehen lässt, während die nordische ihnen teilweise eine von den Riesen abgesonderte Entstehung gibt.

379 Sn. 8. Sæm. 35b.

380 Sn. 8, 9. Vgl. Sæm. 33b, 45b.

Diese Vorstellung, nach welcher der menschliche Leib auf eine sinnreiche Weise mit dem Ganzen der Welt verglichen wird und ebenso als eine Welt für sich erscheint, oder als Mikrokosmos dem Makrokosmos gegenübergestellt wird, findet sich bei mehreren Völkern.[381] Sie ist auch in Deutschland nachweisbar, wo sie sich christlich umgestaltete und an Adams Erschaffung heftete, dessen Leib der Sage nach aus mehreren kosmischen Teilen zusammengesetzt wurde, während in der ursprünglichen Erzählung umgekehrt aus dem Riesenleib die einzelnen Teile der Welt gebildet wurden. In einer Handschrift des Emsigerrechts[382] heißt es: Adam wurde aus acht Sachen geschaffen: Das Gebein aus Stein, das Fleisch aus Erde, das Blut aus Wasser, das Herz aus Wind, der Gedanke aus den Wolken, der Schweiß aus Tau, das Haar aus Gras, die Augen aus der Sonne. Diese Darstellung ergänzt, wenn wir sie umkehren, selbst die nordische. Denn während das übrige stimmt, so wird hier noch der Tau dem menschlichen Schweiß und das Auge der Sonne verglichen, was sehr wohl zu dem nordischen Glauben passt, da, wie wir sehen werden, die Sonne als Odhinns Auge gefasst wurde.[383] Eine andere bis auf einen Punkt ganz übereinstimmende Stelle findet sich in einem Gedicht des 12. Jh. über die vier Evangelien:[384]

Got mit siner gewalt
Der wrchet zeichen vil manecvalt,
der worhte den mennischen einen
ûzzen von aht teilen,
von dem leime gab er ime daz fleisch,
der tow becèchenit den sweihe,
von dem steine gab er ime daz pein,
des nist zwivil nehein,
von den wrcen gab er ime die ádren,
von dem grase gab er ime daz plût,
von den wolchen daz mût,
dû habet er ime begunnen
der ougen von der sunnen.
Er verlèh ime sinen átem,
daz wir ime den behilten
unte sinen gesin,
daz wir ime imer wuocherente sin.

---

381 So berichtet eine indische Sage, dass Brahma von den übrigen Göttern erschlagen und aus seinem Schädel der Himmel gebildet wurde. Cochinchinesische Überlieferungen melden, dass die Welt aus dem Leib des Riesen Banio geschaffen sei, aus dem Schädel der Himmel, aus den Augen Sonne und Mond, aus dem Fleisch die Erde, aus den Knochen Felsen und Berge, aus dem Haar die Gewächse. Aus seinen Füßen wurden ihm Söhne geboren. Finn Magnusen lex. Mythol. 877, 878. Geijer, Schwedens Urgeschichte 284.

382 S. Richthofen, Altfriesische Rechtsquellen 211. Vgl. J. Grimm in Haupts Zeitschrift I, 1.

383 Man muss nicht nach Mond und Sternen mit den Fingern deuten, sonst greift man den Engeln in die Augen. Abergl. 334. Sterne sind Augen der Menschen. Abergl. 614.

384 Blatt 128b der Vorauer Handschrift (über welche Haupts Zeitschrift 2, 223, nachzusehen ist), mitgeteilt in Mythol. 532.

Abweichender sind zwei andere Stellen, welchen aber doch dieselbe Idee zu Grunde liegt;[385] und der Dichter der Genesis hält sich schon genauer an die biblische Quelle, wenn er berichtet, dass Gott den Adam aus Leim, Letten, Erde und Schlamm erschaffen habe.[386]

Da sich hiernach ganz offenbar heidnische kosmogonische Sagen in Deutschland dadurch erhalten haben, dass sie sich an die biblische Erzählung anschlossen, so ist es auch nicht unwahrscheinlich, dass der bekannte Anfang des Wessobrunner Gebetes, welcher das anfängliche Nichts ganz so wie die angeführte Strophe der Völuspâ beschreibt, noch eine unbewusste Erinnerung an heidnische Vorstellungen ist:

> Da gafregin ih mit firahim firiwizzo meista,
> dat ero ni was noh ûfhimil,
> noh paum nohheinig noh pereg ni was,
> noh sunnà ni scein,
> noh mâno ni liuhta, noh der mareosêo.
> Dò dâr niwiht ni was enteo ni wenteo,
> enti dô was der eino almahtico cot.

Wenigstens ist die Ähnlichkeit auffallend genug, namentlich, wenn man noch die folgenden Worte der fünften Strophe der Völuspâ dazu hält:

> Sonne wusste das nicht, wo sie einen Saal hätte,
> Sterne wussten das nicht, wo sie Stätte hätten,
> Mond wusste das nicht, welche Macht er hätte.

Dagegen hat die biblische Sage von der Sintflut die vielleicht früher in Deutschland einheimischen Sagen von einer großen Flut ganz verdrängt. Nur das Wort *sinfluot*, welches später in Sündflut entstellt ist,[387] lässt auf frühere Erzählungen dieser Art schließen. Die vielfach bei unserem Volk vorkommenden Sagen von im Wasser untergegangenen Burgen oder Städten mag ich um so weniger hierher ziehen, da die nordische Erzählung, welche sich an die Riesen heftet,[388] entweder nicht vollständig erhalten, oder doch nicht individuell ausgebildet ist.

Verfolgen wir jetzt die nordische Kosmogonie weiter. An die Bildung der Welt aus dem Riesenleib schließt die Völuspâ zunächst die Erschaffung der Zwerge, welche aus Brîmirs Fleisch hervorgingen, während die jüngere Edda dieselbe erst nach den Menschen entstehen lässt. Die Götter gedachten daran, dass die Zwerge im Staub und in der Erde lebendig geworden seien, gleich Maden im Fleisch. Die Zwerge wurden erschaffen und empfingen zuerst Leben in Ymirs Fleisch. Nach dem Beschluss der Götter erhielten sie Verstand und Gestalt der Menschen, blieben aber in der Erde und in den Steinen wohnen.[389] Solange die Welt ohne die Zwerge war, war sie starr und

---

385 Rituale ecclesiae dunelnensis, London 1839. p. 192. Gotfried von Viterbo pantheon (Pistorii scriptor. 2, 53). Vgl. Mythol. 531, 532.

386 Hofmann, Fundgruben 2, 15.

387 Grimms d. Grammatik II, 554.

388 Auch nach der hebräischen Sage gehen die Riesen durch die Flut unter. Deukalion ist titanischer Abkunft.

389 Sæm. 2, Sn. 15.

bewegungslos; erst nachdem diese, die in der Stille wirkenden elementarischen Kräfte, ihre Tätigkeit begonnen haben, wird die Erde für die Menschen bewohnbar.
Die Erschaffung der Menschen beschreibt die Völuspâ (Sæm. 3b) so: Odhinn, Hœnir und Lodhr (oder Loki) kamen zum Strand und fanden dort Askr (Esche) und Embla (Erle) ohnmächtig und tatenlos. Odhinn gab ihnen den Geist, Hœnir Vernunft, Lodhr Blut und Farbe. Das Geschick bestimmten ihnen die Nornen. Die jüngere Edda (Sn. 10) weicht hier abermals ab; sie berichtet: Börs Söhne gingen zum Meeresstrand und fanden zwei Bäume, aus welchen sie Askr und Embla, die ersten Menschen, erschufen. Odhinn gab ihnen Seele und Leben, Vili Witz und Gefühl, Ve Antlitz, Sprache, Gehör und Gesicht. Von ihnen stammt das Menschengeschlecht, welches in Midhgardhr wohnt. – Diese beiden Erzählungen von der Erschaffung der Menschen aus *Bäumen*, deren Vergleich uns zugleich lehrt, dass die beiden Götter Vili und Ve mit Hœnir und Loki identisch sind,[390] haben ebenfalls in der Annahme eines Stufengangs in der Schöpfung ihren Grund. Denn wie wir häufig den Zusammenhang desjenigen, was der Mythos auseinander hervorgehen lässt, als eine Folge in der Zeit aufzufassen haben, so deutet die Sage hier an, dass auf die Erschaffung der minder vollkommenen organischen Natur das vollkommenste aller organischen Geschöpfe, der Mensch, gefolgt sei. Diese Idee ist übrigens so natürlich, dass sie sich in den Kosmogonien vieler Völker wiederfindet. Einige Sagen lassen auch auf eine ganz gleiche Weise die Menschen aus Bäumen hervorgehen.[391]
In Deutschland finden sich kaum dunkle Erinnerungen an diesen Mythos von der Erschaffung der Menschen aus Bäumen;[392] aber das Andenken an die ganze Reihenfolge der Riesen, Zwerge und Menschen hat die Vorrede zum Heldenbuch bewahrt, nach welcher Gott zuerst die Riesen schuf, hierauf die Zwerge, um das wüste Land zu bauen, zuletzt die Helden (d. i. in diesem Zusammenhang die Menschen), um den Zwergen gegen die Riesen beizustehen.[393]
Danach scheinen denn auch die bisher abgehandelten kosmogonischen Sagen des Nordens zu einem Ganzen zu gehören, obgleich Einzelheiten in demselben, namentlich die Erschaffung des Buri durch die Kuh Audhumbla, früher für sich bestanden haben mögen. In der ganzen Erzählung herrschte die Idee vor, dass die Materie zunächst durch Feuer und Wasser in Verbindung geriet und sich zu einer Masse

---

390 Vgl. A. Schrader, Germanische Mythologie, 111f.

391 Auch persische Überlieferungen lassen die ersten Menschen von einem Baum gekommen sein (Görres, As. Mytheng. I, 233), und nach Hes. Opp. Et D. 143 ging das eberne Geschlecht der Menschen aus den Eschen hervor. Vgl. Hesych. II, 565.

392 Grimm vergleicht Mythol. 537 die Stammsage der Sachsen, nach welcher sie mit Aschanes, ihrem ersten König, aus den Harzfelsen mitten im grünen Wald bei einem süßen Springbrunnen herausgewachsen sein sollen. Vgl. D. S. 408.

393 Vgl. Saxo I, p. 9, welcher drei Geschlechter von Zauberern (triplex mathematicorum genus) annimmt. Das erste war das der Riesen; das zweite war klein und winzig von Gestalt, aber durch seine Klugheit den Riesen überlegen; das dritte, welches aus der Verbindung der Riesen und Zwerge hervorging, hatte die gewöhnliche menschliche Gestalt. Diese wurden für Götter gehalten. – Auch hier leuchtet bei aller Verdorbenheit der Sage eine ähnliche Stufenfolge durch.

gestaltete, aus welcher nachher durch die Hand der Götter das Einzelne und Besondere hervorgebildet wurde. Nur auf die Riesen hat die Macht der Götter nicht eingewirkt; sie sind selbständig aus der Materie hervorgegangen und haben sich auf dem Weg der Zeugung oder Emanation[394] fortgepflanzt.

Indessen war diese Kosmogonie nicht die einzige, welche im Norden bekannt war. Wir erkennen durch sie wohl die Entstehung des Himmels und der Erde, der Götter, Riesen, Zwerge und Menschen; aber manche Einzelheiten, welche zum Teil das Übrige ergänzen, zum Teil gar nicht damit stimmen, bringt die jüngere Edda in abgesonderten Erzählungen nach, die wir auch nur für sich betrachten können.

Vor allem merkwürdig ist die Sage von Nörvi oder Narfi und seinem Geschlecht, welche uns mit einer Reihe von kosmogonischen Vorstellungen bekannt macht, die das Eigentümliche haben, dass sie die Entwicklung des Besonderen aus dem Allgemeinen als eine Reihe von Zeugungen titanischer Wesen darstellen. Die jüngere Edda berichtet S. 11: Nörvi, ein Riese in Iötenheim, hatte eine Tochter Nôtt (Nacht), welche schwarz und dunkel war wie ihr Geschlecht. Sie war zuerst mit einem Mann Naglfari vermählt, und zeugte mit ihm den Audhr; von Anarr gebar sie darauf die Iördh (Erde). Ihr dritter Gemahl war Delingr vom Geschlecht der Götter, mit welchem sie Dagr erzeugte, den wir oben kennen gelernt haben. – Mehrere Namen in dieser Genealogie sind schon aus dem bekannten nordischen Mythenkreis herausgewichen. Der Riese Nörvi[395] wird im Allgemeinen die Idee der Finsternis ausdrücken, da seine Tochter Nôtt vermöge ihrer Abstammung von Natur dunkel ist, und ist demnach wohl irgendein chthonisches Wesen. Der Name Naglfari, den der erste Gemahl der Nôtt führt, wird auch dem aus den Nägeln toter Menschen verfertigten Schiffe gegeben, auf welchem am Ende der Welt die Mächte heranschiffen, welche die jetzige Schöpfung zerstören werden. Sein Sohn Audhr bezeichnet wahrscheinlich die ursprüngliche Öde. Besonders bemerkenswert ist es, dass die Erde, welche nach der anderen Vorstellung durch die Hand der Götter gebildet ward, hier als ein selbständiges persönliches Wesen und als Tochter der Nôtt aufgefasst wird.[396]

---

394 *Emanation (lat. Ausfluss) ist ein Begriff aus der Philosophie und meint insbesondere die stufenweise Ausströmung oder Entwicklung aller Dinge aus dem höchsten Wesen im Sinne des Panentheismus. Die Ansicht, dass das Universum ein notwendiger Ausfluss aus der göttlichen Fülle ist, stammt aus dem Orient, ist in die neuplatonische Philosophie übergegangen und wurde innerhalb des Christentums von den gnostischen Sekten ausgebildet. Auch die kabbalistische Philosophie hat sich das Emanationssystem angeeignet. Der Ursprung des Bösen wird im Emanationssystem durch die Annahme erklärt, dass die Dinge notwendigerweise umso schlechter geworden seien, je mehr sie sich bei dem Ausströmen aus ihrem Urquell von diesem entfernt hätten (diese Ansicht gilt jedoch nicht im Panentheismus, demzufolge es das Böse – ebenso wie das Gute – als solches gar nicht gibt, da Dualität grundsätzlich eine Illusion sei).*
Zitiert nach: de.wikipedia.org/wiki/Emanation_(Philosophie). (rs)

395 Narfi heißt auch ein Sohn des bösen Gottes Loki; ob dieser hier zu verstehen ist?

396 *„10. Norwi oder Narfi hieß ein Riese, der in Jötunheim wohnte; er hatte eine Tochter, die hieß Nacht und war schwarz und dunkel wie ihr Geschlecht. Sie ward einem Manne vermählt, der Naglfari hieß: der beiden Sohn war Aud. Danach ward sie einem namens Onar (Annar) vermählt; beider Tochter hieß Jörd. Ihr letzter Gemahl war Delling, der*

Diese Überlieferung zeigt in manchen Punkten eine überraschende Ähnlichkeit mit Hesiods Theogonie. Hesiod setzt (v. 115f.) als das Erste das Chaos, darauf die Erde, Tartaros und Eros. Aus dem Chaos ging Erebos und die schwarze Nacht hervor. Mit Erebos erzeugte die Nacht den Äther und den Tag; aus sich selbst gebar sie den Tod, den Schlaf und die Träume. Erebos (Nörvi), Nacht (Nôtt), Tod (Naglfari?), Erde (Iördh), Tag (Dagr) erscheinen auch in unserer Genealogie.
Wie aber bei Hesiod neben dem Erebos noch Tartaros und Pontos auftreten, so sind diese Wesen gleichfalls wieder in einer anderen nordischen Genealogie verbunden, an deren Spitze Loki steht. Er erzeugte mit der Riesin Angrbodha den Wolf Fenrir, die Finsternis, welchen die Götter nachher durch eine Kette, welche Skirnir (Serenator) von den Zwergen heraufholte, banden; ferner die Midhgardhsschlange, welche die Götter in das Meer warfen, wo sie in einem großen Ring um den Erdkreis liegt, und die Hel, die zur Herrscherin der Unterwelt gemacht wurde.[397]
Wir werden schwerlich diese Erzählungen mit den übrigen in Verbindung bringen können. Sie sind Bruchstücke von Sagen, welche sich aus ihrem ursprünglichen Zusammenhang abgelöst haben, und zum Teil den übrigen widersprechen, oder neben ähnlichen bestehen. So ist das Meer hier eine Schlange, während es sich sonst aus dem Blut des Riesen Ymir bildete. Loki ist hier riesischer Abkunft, während er sonst Odhinns Bruder ist. Außer dem Wolf Fenrir kannte man noch andere, welche Sonne und Mond verschlingen werden.
So haben denn die Götter die Schöpfung hauptsächlich dadurch vollendet, dass sie die ursprünglichen titanischen Gewalten, welchen eine eigentümliche Kraft beiwohnt, die sie selbst entbehren, entweder in ihrer maßlosen Kraft hemmten, oder ihnen, insofern sie an und für sich wohltätig und für das ganze notwendig waren, einen bestimmten und begrenzten Wirkungskreis anwiesen. Aber sie haben nicht vermocht, ihrem Werk Dauer für immer zu geben. Die Riesen drohen von ihrem Aufenthaltsort aus den Göttern beständig Gefahr und trachten die alte chaotische Verwirrung wieder hervorzubringen, und es wird auch nach dem nordischen Glauben dereinst der Tag kommen, an dem alle maßlosen und schädlichen Kräfte zweifellos zum Verderben der Schöpfung und der Götter selbst wirken.
Dieser Götteruntergang (Götterdämmerung, *ragnaröhr*) ist ein äußerst charakteristischer Zug der skandinavischen Religion. Während der gewöhnliche griechische Glaube den Kampf der Götter mit den titanischen Gewalten in den Anbeginn der Zeiten setzt und für siegreich vollendet hält, steht er den nordischen Göttern noch als ein unvermeidliches Geschick bevor, dem sie, ungeachtet sie alle Kräfte dagegen in Bewegung setzen, unterliegen müssen. Der Hauptsache nach wird dieser letzte

---

vom Asengeschlecht war. Ihr Sohn Tag war schön und licht nach seiner väterlichen Herkunft. Da nahm Allvater die Nacht und ihren Sohn Tag und gab ihnen zwei Rosse und zwei Wagen und setzte sie an den Himmel, daß sie damit alle zweimal zwölf Stunden um die Erde fahren sollten. Die Nacht fährt voran mit dem Rosse, das Hrimfaxi (reifmähnig) heißt, und jeden Morgen betaut es die Erde mit dem Schaum seines Gebisses. Das Roß, womit Tag fährt, heißt Skinfaxi (lichtmähnig) und Luft und Erde erleuchtet seine Mähne.“ Zitiert nach: Die Edda (Karl Simrock 1851).

[397] Sn. 32f.

Kampf, mit dem sich zugleich das Ende der Welt verbindet, so beschrieben.[398] Große Zeichen gehen vorher: Ein schrecklicher und anhaltender Winter (fimbulvetr) wird eintreten, und blutige Kriege werden unter den Menschen sein, in denen die Eltern ihre Kinder und die Brüder einander nicht schonen werden. Darauf kommen alle die bisher beschränkten und gefesselten schädlichen Mächte los und rüsten sich zum Angriff gegen die Götter. Hrimr erscheint auf dem Schiff Naglfar, mit ihm die Riesen und die Erdschlange. Loki kommt mit dem Wolf Fenrir und den Genossen der Hel. Von Süden naht Surtr, der Beherrscher der Feuerwelt, mit seinen glänzenden Scharen. Unter ihnen bricht die Brücke Bifröst zusammen. Die Götter stehen gerüstet, und ein jeder begegnet seinem bestimmten Feind; aber alle unterliegen. Dann verfinstert sich die Sonne, die Sterne verschwinden, die Erde sinkt ins Meer und alles verbrennt in dem Feuer, welches Surtr über die Welt schleudert. Aber eine neue Sonne wird leuchten, neue Geschlechter der Menschen werden sein und eine neue Erde wird entstehen, über welche die Nachkommen der jetzt regierenden Götter herrschen werden.[399]

In Deutschland haben sich von diesem Mythos, abgesehen von dem schon erwähnten Ausdruck *muspilli,* welcher gerade bei einer christlichen Beschreibung des jüngsten Gerichts angewandt wird, keine so deutlichen Spuren erhalten, dass wir sie mit Sicherheit für Überbleibsel der eddischen Sagen ausgeben könnten. Denn die biblische Lehre vom jüngsten Gericht, dem Antichrist und dem Untergang der Welt, welcher gleichfalls durch Feuer erfolgt, musste bald die heidnischen Vorstellungen überwiegen. Volkssagen vom Untergang der Welt, wie sie sich noch hier und da finden, sind daher aus dieser biblischen Darstellung herzuleiten.

Wie die Götter die physische Weltordnung bestimmt haben, so rührt von ihnen auch die Begründung des politischen und geselligen Lebens der Menschen her. Diese Idee ist aber bei den Skandinaviern in der allgemeinen Vorstellung von den Göttern nicht so ausgebildet, wie der Glaube an ihre physische Einwirkung auf die Welt, weshalb wir hier nur Folgendes anführen können. –

Der ganze menschliche Staat ist nur ein Abbild des Götterstaates, welchem Odhinn, der Vater der Götter und Menschen, vorsteht. In Asgard haben die Götter auf dem Platz *Idhavöllr* Tempel und Werkstätten errichtet und Richter oder Verwalter eingesetzt, welche über das Geschick der Menschen entscheiden.[400] Unter der Esche Yggdrasil versammeln sich die Götter täglich zum Gericht. Auch spätere Sagen kennen noch die Götter als Erbauer von Tempeln, Einrichter des Gottesdienstes, Opferpriester und Gesetzgeber.[401] – Deutlicher wird der Zusammenhang des göttlichen Wirkens mit dem geselligen und sittlichen Leben der Menschen bei der Betrachtung der einzelnen Gottheiten hervortreten.

---

398 Sæm. 8f., 36f., 65, 119, 188a, Sn. 70f. vgl. 5, 14, 30, 36, 41.

399 Die Idee von dem Weltbrand und der Erneuerung des Himmels und der Erde kommt auch bei anderen Völkern vor, namentlich bei Indern; Ägyptern, Persern und Griechen. Creuzer, Symbolik I, 369, 603, 707. III, 317. Ausgabe 2. Geijer, Schwedens Urgeschichte 199.

400 Sæm. 2a. Sn. 14.

401 Ynglînga-Saga, c. 5ff.

Kapitel II - Die einzelnen Gottheiten

Das herrschende Geschlecht der skandinavischen Götter führt den Namen Asen (*æsir*), welcher, wie wir schon gesehen haben, mit der Gestalt der ältesten Idole in Zusammenhang steht.[402] Sie bilden eine geschlossene große Familie oder ein System, in welchem Odhinn die erste Stelle einnimmt, und welches, da es der Hauptsache nach schon in den ältesten Quellen durchgebildet und vollendet ist, so lange in dem nordischen Heidentum gegolten haben muss, dass wir nicht absehen können, wann es zuerst geschaffen wurde. Dass es sich aber erst allmählich bildete, darf mit Sicherheit angenommen werden. Denn ein geschlossenes Göttersystem entwickelt sich immer aus den von einzelnen Stämmen ursprünglich abgesondert verehrten Göttern, und mehrere nordische Gottheiten berühren sich in ihrem Wesen so vielfach, dass wir sicher daraus schließen dürfen, dass sie früher im Glauben mehr vereinzelt dastanden. Zudem genossen in verschiedenen Gegenden des Nordens einige Götter ein höheres Ansehen als Odhinn selbst, und es sind uns in anderen Quellen Götternamen aufbewahrt, welche die Edden kaum einmal erwähnen.[403]

Die Edden unterscheiden unter den Asen diejenigen, welchen dieser Name ursprünglich zukommt, wie Odhinn mit seinen nächsten Verwandten, und solche, welche eigentlich anderen Geschlechtern angehören, aber später unter die Asen aufgenommen wurden. So sind die Asynien Gerdhr und Skâdhi Töchter von Riesen; auch Œgir, der Iötunn des Meeres, und seine Gemahlin Rân, leben in einem friedlichen Verkehr mit den Asen und werden Göttern gleich geachtet: Niördhr dagegen und seine Kinder sind vom Geschlecht der Vanen. Die Vanen werden häufig mit den Asen zusammengestellt und als ein Geschlecht bezeichnet, welches mit ihnen Krieg führte, Verträge schloss, Geiseln zu ihnen sandte und von ihnen empfing.[404] Als ein drittes Geschlecht erscheinen die *âlfar*, welche noch häufiger mit den Asen[405] und auch mit den Vanen[406] zusammen genannt werden, und denen die Göttin Idhunn zugezählt wird.[407]

Wollen wir den Unterschied dieser Geschlechter, namentlich der Vanen und Alfen von den Asen auf dem mythologischen Weg verfolgen, so ergibt sich nur, dass *âlfar* eine allgemeinere Bedeutung hat als *æsir*, dieser Name auch Geistern untergeordneten Ranges, wie z. B. den Zwergen, zukommt. Der Unterschied, welcher in Sæm. 88a angegeben wird, dass die Alfen verstehen, die Vanen wissen, verschafft uns keine Aufklärung, und alle Versuche, die letzteren als mythische Wesen irgendwie nach

---

402 *As* bedeutet altn. auch einen Bergrücken; doch weiß ich diese Bedeutung mit dem Namen der Götter nicht in Verbindung zu setzen. Bemerkenswert ist es, dass auch die etruskischen Götter auf gleiche Weise benannt wurden; vgl. Suet. Octavian. c. 97: quod *aesar* – etrusca lingua deus vocaretur. Hesych s. v. αἴσοι.

403 Z. B. Skiöldr, welcher fornmanna-sögur 5, 239 *Skânûngagodh* genannt wird.

404 Sæm. 5a, 36a, 49–51, 72a, Sn. 27, 83. Yngl. Sag. c. 4, 5.

405 Sæm. 8b, 40b, 49–51, 59, 60a, 61b, 64a, 71a, 82a.

406 Sæm. 83b, 196a.

407 Sæm. 89a. Auch Loki, welcher sonst zu den Asen gezählt wird, anderwärts ein Riesenabkömmling ist, wird Sæm. 110b *âlfr* genannt.

dem Ganzen des nordischen Göttersystems zu deuten, sind unseres Erachtens bis jetzt gescheitert.[408]

Die bekannte euhemerische Ansicht, welche sich hauptsächlich auf die späteren Sagen von der Einwanderung der Asen[409] stützt, und danach Asen und Vanen für zwei verschiedene Völker erklärt, wird jetzt niemand mehr festhalten wollen. Dessen ungeachtet scheint in den erwähnten Mythen die historische Erinnerung zu liegen, dass sich das nordische Göttersystem allmählich aus den einzelnen Kulten mehrerer Stämme hervorbildete, und die Untersuchung über die einzelnen Gottheiten, bei welchen wir übrigens weder diese Sagen von den verschiedenen Göttergeschlechtern, noch auch die Reihenfolge, welche die jüngere Edda hat, ängstlich befolgen, wird diese Ansicht bestätigen.

Von den zwölf oder dreizehn Asen, welche die Edda aufzählt,[410] scheinen für Deutschland besonders die folgenden in Betracht zu kommen.

1. Odhinn (Wuotan, Wodan)[411]

Wenn auch anzunehmen steht, dass der Kult Odhinns im Norden allgemein verbreitet war, so scheinen doch Dänemark und das südliche Schweden die Hauptsitze desselben gewesen zu sein. Wenigstens tritt in den mythischen Erzählungen bei Saxo Odhinn bedeutender hervor, als irgend ein anderer Gott,[412] und die Sage gibt das südliche Schweden als das Ziel seiner Wanderungen an.[413] Die Verehrung des mit Odhinn identischen Wodan haben wir im ersten Buch bei Sachsen, Thüringern, Langobarden, Wandalern und einem Suevenstamm nachgewiesen, bei den Franken und Goten vermutet. Die letzte Völkerschaft können wir jetzt noch mit größerer Sicherheit den Wodanverehrern hinzufügen. Die Reihe der sagenhaften gotischen Könige oder der *Anses* beginnt nach Jornandes (c. 13) mit *Gapt*, welchen man mit Fug in *Gaut* verbessert hat. Gaut oder Gauts würde demnach der Name des Heros

---

408 Man hat die Vanen als Dämonen der Luft aufgefasst, was nur auf Sn. 38 zu beruhen scheint, welche Stelle diese Ansicht nicht hinlänglich begründet. Stuhr hat in den Abhandlungen über nordische Altertümer, S. 74, die Ansicht ausgesprochen, dass Vanaheimr, wo die weisen Vanen wohnen, die Welt des Wahns oder der Phantasie andeute.

409 Vgl. besonders Yngl. Sag. c. 2f. Sn. Form. 13f.

410 Sn. 23f. Es gibt dreizehn Asen, wenn Loki mitgezählt wird. – Man hat in den Wohnungen der zwölf Asen eine Andeutung auf die Zeichen des Tierkreises erkennen wollen; aber Stuhr bemerkt dagegen in der Geschichte der Religionsformen der heidnischen Völker I, XXVII mit Recht, dass es noch nicht einmal erwiesen ist, ob die alten Skandinavier überhaupt eine Kenntnis des Tierkreises hatten.

411 Vgl. oben. Über Odhinn vgl. im Allgemeinen Finn Magnusen, Lex. Mythol. 533–649. Ferd. Wachter in der allgemeinen Encyclopädie 3, 288–332.
Wodan (so altsächs., althochd. Wuotan , angelsächs. Wôden , altnord. Ódhinn), (D. V.)

412 „Danis, quos (Othinus) paterna semper pietate coluerat." Saxo III, p. 117. Doch wird forum. Sög. 5, 239, Godhormr Dana godh gena nnt.

413 Yngl. Sag. c. 5. geht die Wanderung vom Don über Fünen, Seeland nach Schweden; nach Sn. Form. 13f. berührt sie auch Sachsen und Dänemark. Vgl. Saxo p. 13.

Eponymus der Goten sein. Da nun aber Gauts ein Beiname Odhinns ist,[414] so ist es wahrscheinlich, dass die Benennung der Goten eben mit diesem Beinamen, der später in den Namen eines besonderen Heros umgewandelt wurde, in Verbindung steht. Dieser Umstand zeugt ebenso sehr dafür, dass die Goten Wodan verehrten, wie die Erzählung des Paulus dafür spricht, dass die Langobarden den Kult dieses Gottes hatten.[415]

Der Name Odhinn (Wuotan, Wôdan, Guôdan) ist wohl sicher mit dem altnordischen Zeitwort *vadha, ôdh*, dem abd. *watan, wuot,* welches *meare, cum impetu ferri* bedeutet, in Verbindung zu bringen: Auf welche Weise aber der Begriff des Gottes daraus abstrahiert ist, steht nicht mit Gewissheit zu ermitteln, da die von diesem Verb abgeleiteten Worte verschiedenartige Bedeutung zeigen. Im altnordischen ist *ôdhr* mens, ingenium, animus: Das entsprechende deutsche *wuot* hat dagegen die Bedeutung *furor* angenommen, welche beiden Bedeutungen sich aus dem Begriff des Bewegens natürlich entwickeln.[416] Die Zusammenstellung mit dem nordischen Substantiv würde Odhinn als den Geist, das geistige Wesen, erkennen lassen, was jedenfalls passender ist, als wenn man mit Beziehung auf das deutsche *wuot* und das altnordische Adjektiv *ôdkr* furibundus diesen Gott für den Herrn der durch ihn erregten Kriegswut erklärt.[417] Grimm erklärt Odhinn mit näherer Berücksichtigung des altnordischen Zeitwortes „das allmächtige, alldurchdringende Wesen, *qui omnia permeat*",[418] aber diese Deutung möchte unserer Ansicht nach fast zu theosophisch sein. Indessen erlangen wir durch die Versuche den Namen Odhinn nach der Bedeutung des Wortes *vadha, watan* mehr physisch zu deuten und den Gott etwa als den im Sturm dahineilenden, oder als die wandelnde Sonne[419] oder für den sich regenden, lebenden Gott[420] zu nehmen ebenso wenig einen Grundbegriff, aus welchem sich seine übrigen Eigenschaften natürlich und vollständig entwickeln ließen; wenn es gleich sicher ist, dass Odhinn als Sonnengott und Herr des Windes gefasst wurde. Wir wenden uns daher von diesen etymologischen Deutungen zur Erörterung der Bedeutung des Gottes, wie sie aus seinem Mythos erhellt.

414 Sæm. 47b. Sn. 24, 195. Vgl. Fornm. Sög. 9, 455.

415 Vielleicht stellte auch die langobardische Sage einen Langabard als Heros Eponymus des Volkes auf, und dieser Name war auch nur, wie Gauts, ein Beiname Wodans oder Odhins, welcher wirklich Sæm. 233b Làngbardhr heißt. Danach hatten allerdings die Langobarden wie die Goten ihren Namen von dem Gott, wenn nicht umgekehrt die Völkernamen erst die Beinamen des Gottes hervorriefen.

416 Leo in Haupts Zeitschrift 3, 224, vergleicht das welsche *gwŷd* Charakter, Gemüt, Leidenschaft, Wut, Sünde, und *Gwydion*, den Namen eines göttlichen Geistes, der in den Lüften über Äther und Sternenhimmel waltet.

417 Fern. Wachter, a.a.O., S. 288. Doch sagt Adam von Bremen, c. 233: Wodan, id est furor.

418 Mythol. 120. Vgl. auch Finn Magnusen, Lex. Mythol. 621, 636.

419 Wie Helois *Υπερίων* heißt.

420 Vgl. *wueteln* vegetare, pullulare, Schmeller 4, 203. *wued* geil, üppig. Stalder schweiz. Idiot. 2, 457; Grimm über Wuotilgoz in Haupts Zeitschrift I, 576.

Odhinn, der Vater der Götter und Menschen,[421] der Gemahl der Frigg und der Iördh, ist ursprünglich *Himmelsgott*. Obgleich die physische Seite seines Wesens in den nordischen Quellen schon sehr hinter seiner überwiegenden ethischen Natur zurückgedrängt ist, so bricht sie doch noch an manchen Stellen als die ursprüngliche hervor. Schon dass man ihn sich einäugig vorstellte,[422] weist auf den Himmelsgott hin, als dessen Auge die Sonne gedacht wurde, welche die Erde erleuchtet, so wie auch die Römer die Sonne das Auge des Jupiter nannten.[423] Der Mythos berichtet über Odhins Einäugigkeit Folgendes: Der Gott kam zu Mîmir und verlangte einen Trunk aus dessen Brunnen, dem Urquell der Weisheit, erhielt ihn aber nicht eher, als bis er sein Auge zum Pfand setzte.[424] Mîmir ist ein mythisches Naturwesen, welches mit Odhinn in der engsten Verbindung steht, weshalb er selbst diesen Beinamen führt. Der Name bezeichnet in der älteren Edda beides, Himmel und Meer.[425] Danach wird die mythische Anschauungsweise entweder die am Himmel stehende Sonne für das von Odhinn zum Pfand gesetzte Auge gehalten haben, oder es wird angenommen sein, dass sich die in dem Wasser spiegelnde Sonne das dem Gott geraubte Auge sei. Die letzte Erklärung hat am meisten Verbreitung gefunden und ist auch die wahrscheinlichste. – Wie die Sonne als Odhinns Auge aufgefasst wird, so erscheinen auch nach einer höchst lebendigen Auffassung, die Wolken als der breite Hut, unter welchem er sein Gesicht verbirgt;[426] das reine Himmelsgewölbe ist aber der große dunkle Mantel, welcher ihn umgibt,[427] weshalb noch jetzt in Niederdeutschland der wilde Jäger, in dem wir schon oben Wodan erkannten, *Hackelberend* oder der Mantelträger heißt.[428]
Als Himmelsgott lenkt nun Odhinn vorzugsweise alle Luft- und Wettererscheinungen: Nicht nur Licht- und Sonnenschein, auch Regen und Wind, Blitz und Donner gehen von ihm aus. Hier zeigt er sich mehrfach seinem Sohn Thôrr verwandt, dessen überwiegend physische Bedeutung dazu beigetragen hat, dass wir diese Eigenschaften

---

421 Daher heißt er häufig *Alfadhir*; doch berücksichtigen wir, was Sn. 4 über Odhinn in dieser Beziehung berichtet, als schon christlich umgewandelte Ideen hier nicht weiter.

422 Fornm. Sög. 2, 138. fornald. Sög. 1, 120, 145. Saxo p. 12, 37, 138.

423 Macrob. Saturn. 1, 21.

424 Sæm. 4a, Sn. 17.

425 Lex. Mythol. 511. Yngl. Sag. c. 4 berichtet von Mîmir, dass ihn die Asen zu den Vanen sandten. Diese töteten ihn und sandten sein Haupt zu den Asen. Odhinn sprach einen Zauber darüber, so dass es nicht verweste, und der Gott hielt Unterredungen mit ihm, wenn er Rat suchte. Vgl. Sæm. 8a, 195b. Yngl. Sag. c. 7.

426 Sæm. 46b heißt Odhinn Sîdhhöttr. Besonders tritt aber der Hut des Gottes in den Sagen hervor, Vgl. fornm. Sög. 2, 138. fornald. Sög. 1, 145. 5, 250. Saxo p. 12: Othinus os pileo, ne cultu proderetur, obnubens.

427 Über Odhins Mantel vgl. Sæm. 40. fornald. Sög. 1, 120, 145, 324, 325. Saxo p. 12, 17, 138.

428 Das ehd. *hahhul*, altn. *hökull* (masc.) und *hekla* (fem.) ags. *hacele* (fem.) bedeutet Gewand, Mantel, Rüstung. D. Mythol. 519. Der Name Hackelberend ist übrigens in der Volkssage mehrfach entstellt. In Norddeutschland hört man auch Hackelberg, Hackelblock, Hackmester, Rakebrand. In einer süddeutschen Sage habe ich Habsberg als den Namen des wilden Jägers gelesen; in der Mark ist der alte Gott zu einem Förster Bärens geworden. Kuhn, Märk. Sagen, n. 205.

meistens nur aus seinen Beinamen schließen. Als der Herr über die Wetter heißt er *Vidhrir*,[429] als der in der Luft herrschende *Biflîdhi*,[430] der leise Bebende. Wenn der Sturm weht, so wird Odhinn auf seinem wunderbaren achtfüßigen Ross *Sleipnir* über Berge und Meere in weiten Sprüngen getragen.[431] Durch die Herrschaft über den Wind hat er zugleich Gewalt über das Meer, weshalb er *Hlêfreyr*, Herr des Meeres, heißt[432] und den Kaufleuten günstigen Wind verleihen kann.[433] Unter dem Namen *Hnikarr* in Sigurdhs Schiff aufgenommen, besänftigte er die empörten Wogen und bewirkte, dass sich der Sturm legte.[434] Omi hieß Odhinn als der donnernde Gott;[435] und wie er über Luft und Wasser herrscht, so ist ihm auch das Element des Feuers untertan.[436]

Von dieser physischen Bedeutung des Gottes hat noch Snorri eine dunkle Kunde, wenn er uns in der Ynglinga-Saga[437] (c. 7) auf seine historische Weise versichert, dass Odhinn es verstand, durch bloße Worte Feuer zu löschen, das Meer zu beruhigen, die Winde zu lenken und andere ähnliche Zaubereien zu bewerkstelligen. –

In Deutschland haben wir in der Sage von dem an der Spitze des wilden Heers einherreitenden Hackelberend und in den mecklenburgischen Sagen und Erntebräuchen, in welchen Wodans Pferd noch hervortritt,[438] eine Erinnerung an die physische Bedeu-

---

429 Sæm. 89a, 151b,Sn. 3 fornm. Sög. 10, 171, 373. Egilss. S. 427, Vgl. altn. *vidhra* Wetter machen.

430 Sn. 3 Vgl. bif motus, aer, aqua, und ahd. *lindi*, altn. *linr* Mythol. 135.

431 Sæm. 46a 93b, 118b. Sn. 18, 45, 65, 107 fornm. Sög. 9, 55. Vgl. Saxo I, p. 12. Sleipnir von Sleipr lubricus.

432 Odhinn kann das Meer beschwichtigen. Sæm. 29b. Yngl. Saga c. 7.

433 Sæm. 113b, fornm. Sög. II, 16.

434 Sæm. 181a, vgl. Saxo I, p. 17.

435 Omi Sæm. 46b, 91b. Sn. 3, 24. von *ômr* sonus, fragor; vgl. ags. Vôma von vôm clamor, sonitus. Grimm zu Andr. Und El. XXX. XXXI. Mythol. 131.

436 Sæm. 29a, 40.

437 *Heimskringla (anord. „Weltkreis") ist der Titel von Snorri Sturlusons mittelalterlichem Werk über die Geschichte der norwegischen Könige, dass um 1230 verfasst wurde. Snorris Heimskringla reicht von der mythischen Urgeschichte, die er im ersten Teil der Ynglinga saga schildert, bis in das Jahr 1177. Für sein Geschichtswerk griff Snorri auf ältere Vorlagen zurück, auf das Fagrskinna (das schöne Pergament; um 1230) und auf Ágrip af Nóregs konunga sögum (Abriss der Geschichte der norwegischen Könige; Ende 12. Jahrhundert). Für das letzte Kapitel der Heimskringla, das die Jahre 1035 bis 1177 schildert, schöpfte Snorri aus dem Morkinskinna (das verrottete Pergament; 13. Jahrhundert). Gegenüber seinen Vorgängern ist Snorris dynastische Geschichte Norwegens im Mittelalter geprägt durch eine, für seine Zeit fortschrittliche, kritische historische Methode, die ein übersichtlich geordnetes Bild der norwegischen Könige gibt. Trotzdem fehlt es der Heimskringla an einer kohärenten Darstellung, da sie sich aus einer Kompilation eigenständiger Sagas zusammensetzt, die jede für sich genommen als ein literarisches Werk über einzelne norwegische Könige gelten kann. Wie in dem Skáldskaparmál verwendet Snorri auch in der Heimskringla Skaldengedichte als Kommentar und Illustration seiner Schilderungen. Zitiert nach: Wikipedia.de*

438 S. oben. In der Mark sagt man den Kindern vor Weihnachten, der heilige Christ komme auf einem Esel geritten, und wirft deshalb Heu als Futter für das Tier vor die Tür. Märk. Sagen, S. 346.

tung des Gottes gefunden. Vielleicht hat auch, wie Grimm vermutet, der Ausdruck *Wunschwind*, mit welchem hochdeutsche Dichter einen günstigen Wind bezeichnen,[439] auf Wodan Bezug. Ein günstiger Segelwind heißt wenigstens mit einem altnordischen Ausdruck ôskabyrr und Oski, d. h., der die Menschen des Wunsches, der höchsten Gaben teilhaftig Machende, ist ein Beiname Odhins.[440]

Der Gott, von welchem das Wetter und jede Lufterscheinung abhängt, sorgt natürlich zugleich für das Gedeihen der Erdgewächse, namentlich der Früchte des Feldes. Hier würden altnordische Kultusgebräuche, wären diese vollständiger erhalten, uns wahrscheinlich tiefer in das Wesen des Gottes sehen lassen.[441] Die Edden geben hierüber weniger Nachricht. Nur lässt vielleicht der Sn. 85 erzählte Mythos Odhinn als Erntegott erkennen, dass er unter dem Namen *Bölverkr* dem Riesen *Baugi* einen Sommer hindurch Feldarbeiten verrichtete. Umso willkommener müssen uns die noch bis auf die neueste Zeit in Deutschland erhaltenen Bräuche sein, nach welchen sicher zu schließen steht, dass Wodan als Gott der Ernte aufgefasst wurde. Ebenso willkommen ist die Übereinstimmung nordischer Bräuche; denn auch in Schonen und Blekingen blieb es lange Sitte, dass die Schnitter auf dem Acker eine Gabe für Odens Pferd zurückließen.[442]

Es ist sehr wahrscheinlich, dass Odhinn, weil er den Segen der Ernte verleiht, auch noch in weiterer Beziehung als ein Segensgott aufgefasst wurde. Aus den Edden wissen wir wenigstens, dass von Odhinn der Reichtum kommt und dass er der Beschützer der Kaufleute ist;[443] auch war es später noch ein Sprichwort in Schweden, dass derjenige dem Odhinn wohl dient, welcher viele Schätze sammelt,[444] und wir haben eben gesehen, dass der Gott den Beinamen Oski führt. Diese Eigenschaft Odhinns lässt erkennen, dass unter dem Mercurius, welcher bei Tacitus als der erste der deutschen Götter und auch später noch erwähnt wird, eben Wodan gemeint ist und dass dieser früher schon mit Recht durch Mercurius übertragen wurde, da auch andere unten zu erwähnende Seiten desselben zu dem Wesen des griechischen und römischen Gottes passen. Möglich ist es auch, dass, wie Grimm vermutet, die Sitte mehrerer mittelhochdeutscher Dichter, namentlich Hartmanns, Rudolfs und Conrads von Würzburg, den *Wunsch* als ein göttliches Wesen zu personifizieren, welcher mit schaffender Kraft den Menschen Schönheit und andere Vorzüge verleiht, eine unbewusste Erinnerung an Odhinn Oski oder Wodan Wunscjo, den Segen verleihenden Gott ist,[445] obgleich es auffällt, dass das älteste Zeugnis, in welchem der Wunsch

---

439 Gregor. 615: Do sande in der süeze Krist - den vil rehten wunschwint.

440 Sæm. 165b. – Sæm. 46b. Sn. 3, 24. Vgl. Mythol. 125, 135.

441 Trat Misswachs ein, so wurden Odhinn Menschenopfer gebracht. Yngl. S. c. 47. Hervarars. c. 11, 12.

442 Geijer, Schw. Gesch. 1, 110.

443 Sæm. 113a, b. Vgl. Fornald. Sög. 3, 23. Yngl. Sag. c. 7. Sn. 21,329 heißt Odhinn *Farmagudh* und *Farmatýr*, Herr der Frachten.

444 Lex. Mythol. 595.

445 Mythol. 126–131. Der Wunsch schafft Gregor. 1100. Troj. 19625, 19728, 19732; meistert *Gregor*. 1093, 1097. Er. 2740. zeigt seine Kraft und die Meisterschaft seiner Kunst, Troj. 7570; bildet Troj. 19727, 19731; misst Troj. 19626; gebietet Er. 8213; flucht Iw. 7066. –

ähnlich vorkommt, erst aus dem 12. Jh. ist.[446] Ob dagegen der Name *Gibicho*, welcher *dator, largitor* bedeutet und in der deutschen Heldensage,[447] namentlich aber auch in *Gibichenstein*[448], der Benennung von mehreren Bergen Deutschlands, vorkommt, gleichfalls als ein alter Beiname Wodans gefasst werden darf, lassen wir dahingestellt sein.[449] Merkwürdig ist es allerdings, dass in dem Gübichenstein oder Hübichenstein bei Grund am Harz nach der Sage ein Zwergenkönig Gübich wohnen soll, der sich als ein höheres göttliches Wesen gegen die Menschen wohltätig zeigt.[450]

Die letzten Bemerkungen haben uns schon näher auf solche Eigenschaften Odhinns geführt, welche seine physische Seite in den Hintergrund treten lassen und ihn dagegen mehr als ein geistiges und ethisches Wesen zeigen. Der Himmelsgott hat nicht nur die Welt und die Menschen geschaffen, sondern er sieht und weiß auch alles, was auf Erden geschieht. Die einfache nordische Symbolik stellt diese Eigenschaft des Gottes auf eine sehr sinnliche Weise dar: Sie legt dem Gott einen im Himmel befindlichen Stuhl *Hlidhskialf* bei, von welchem herab er alle Begebenheiten auf der Erde sehen und hören kann.[451] Die Bedeutung des Wortes Hlidhskialf ist Thürbank.[452] Danach wird man sich im Norden gedacht haben, dass von Odhinns Stube im Himmelsgewölbe eine Öffnung sei, durch welche der Gott auf die Erde herabsieht. Das ist nun vollkommen übereinstimmend mit dem Himmelsfenster, durch welches Wodan nach der öfter angeführten Stelle des Paulus auf die Erde herabblickte. Es wird auch in unserem Volk ein seit dem 16. Jh. nachweisbares Märchen erzählt, wie ein vorwitziger Mensch im Himmel auf den *Stuhl des Herrn* stieg, von welchem herab man alles sehen kann, was auf dem ganzen Erdreich geschieht,[453] und in dem schaumburgischen Lied heißt es von Wodan, dass er immer vom Himmel heruntersieht. –

Daneben erzählt der nordische Mythos von zwei Raben, welche auf Odhinns Schultern sitzen und ihm alles ins Ohr sagen, was sie auf ihrem Flug um die Welt sehen und hören.[454] Ihre Namen *Huginn* (von *hugr* animus, cogitatio) und *Muninn* (von *munr*

Wünschen heißt in der alten Sprache Zaubern. Ist auch die Wünschelrute auf Wodan zu beziehen; oder ist sie nur die Zauberrute, der Zauberstab? Doch vgl. den Stab des Mercur.

446 Entekrist, Hoffm. Fundgr. 2, 107: mit Wnischis gewalte / sagniti sie der alte.

447 Gibiche, in der nordischen Sage Giuki, ist der Vater der Nibelungen.

448 *Die ‚Burg Gebichenstein', 961 erstmals urkundlich erwähnt, gehört zu den ältesten Siedlungsgebieten in der Nähe von Halle und liegt direkt an der Saale. (D. V.)*

449 S. die Bemerkungen über *Gibichenstein* von J. Grimm in Haupts Zeitschrift I, 572f. Vgl. Mythol. 125.

450 Harrys Sagen Niedersachsens 2, n. 1, 18, 21. Gübich erscheint als alter Mann mit grauem Bart (wie auch Odhinn bärtig gedacht wurde), häufig mit einem Tannenzweig in der Hand. Bei seinem Mahl (Harrys S. 45) lässt er sich von Jungfrauen bedienen, gleich wie die Valkyrien den Göttern Meth einschenken.

451 Sæm. 39, 81, 89b. Sn. 10, 21, 39, 69.

452 Von *hlidh* ostium, porta und *skialf* scamnum. Vgl. Mythol. 121.

453 KM. n. 35. Vgl. III, S. 67. Grimm führt Mythol. 124 noch Helo. 176, 4–7 an, wo es von Christus heißt: „sôhta imo thena hêlagon stôl, sitit imo thar an thea suîdron half godes, endi thanan all gisihit waldandeo Crist, sô thius werold behabêt." – Die Mythol. 125 aus Amgb. 3a angeführte Stelle bezieht sich wohl auf das Gleichnis MS. 2, 6b.

454 Sæm. 42b, 88a. Sn. 42, 56, 181, 182, 322. Vgl. Yngl. Sag. c. 7.

mens) zeigen an, dass sie Symbole für die Gedanken des Gottes sind. Aus dieser Vorstellung von dem alles sehenden und wissenden Gott entwickelt sich besonders, dass Odhinn als Inbegriff und Begründer jeder Weisheit und Wissenschaft, und als der Lenker aller menschlichen Angelegenheiten aufgefasst wurde.

Odhinn ist der weiseste der Götter,[455] der Erfinder der Runen[456] und damit jeder Wissenschaft. Seine Tochter ist Saga (Sæm. 41a), unter welcher wir uns doch wohl eine Art Muse der Geschichte zu denken haben. Er verleiht auch den Menschen Weisheit, Seherkunst, Beredsamkeit und Dichtkunst,[457] und ein eddischer Mythos erzählt ausführlich, wie der Gott in Schlangengestalt zu der Gunnlödh kam und aus der Höhle ihres Vaters, des Riesen Suttûngr, den aus dem Blut des weisen Kvâsir bereiteten Meth, welcher die Gabe der Dichtkunst verleiht, heraufholte.[458] Besonders versteht er es auch, Krankheiten zu heilen,[459] in welcher Eigenschaft wir auch Wodan aus dem Merseburger Gedicht kennen gelernt haben. Außerdem haben sich aber von diesen Eigenschaften des Gottes, durch welche er wieder dem Mercurius, aber auch dem Zeus und dessen Propheten Apollo gleicht, in Deutschland keine sicheren Spuren erhalten,[460] weshalb wir sie hier nur in der Kürze anzudeuten hatten.

Indem nun in der Hand des weisen Himmelsgottes die Lenkung und Ordnung der Angelegenheiten der Menschen und ihr Wohl und Wehe steht (Sæm. 62b) wird Odhinn insbesondere der Staatsgott des Nordens, und sein Kult bekam dadurch eine hohe politische Bedeutung, welche der Verehrung anderer Götter entging. Alle Haupteinrichtungen des Staates, alle öffentlichen Handlungen, welche auf das Geschick desselben Einfluss haben, scheinen unter seinen besonderen Schutz gestellt zu sein, ebenso wie Zeus, der gemeinsame Gott der Hellenen, für dieses Volk eine ähnliche Bedeutung hatte.

Die Eigenschaften Odhinns, vermittels welcher er in Beziehung zu den inneren staatlichen Einrichtungen tritt, sind freilich mehr verdunkelt als die, welche die

---

455 „Thu erst ae vîsastr vera." Sæm. 38b.

456 Sæm. 28a, 195b. Vgl. Yngl. Sag. c. 7.

457 Sæm. 113a, b. Yngl. Sag. c. 6. Odhinn verlieh der Vala Weisheit und Seherkunst. Sæm. 4b; dem Starkadhr die Gabe der Poesie, Fornald. Sög. 3, 33. Saxo VI, p. 103.

458 Sn. 83–87. Vgl. 98, 101. Sæm. 12, 23. Doch scheint der Mythos von dem getöteten Kvâsir ursprünglich eine natursymbolische Bedeutung zu haben und wird ähnlich aufzufassen sein, wie die Sage von dem Tod des Dionysos. Vgl. meinen Versuch einer mythol. Erklär. D. Nibelungensage, 112f. Finn Magnusen vergleicht auch Lex. Mythol. 739 den Mythos von Zeus, der in Gestalt einer Schlange zur Persephone kam und mit ihr den Iacchus zeugte. Ebenso nahe sich Faunus in Schlangengestalt der Bona dea. Hartung, Religion der Römer 2, 198.

459 Sæm. 28b. Vgl. Saxio p. 12, 45, 170. Nach Yngl. Sag. c. 7 konnte Odhinn Krankheiten erregen.

460 Wenn der angelsächsische Dialog zwischen Saturn und Salomo (Thorpe anal. P. 100) dem Mercurius die Erfindung der Buchstaben beilegt, so erkennen wir darin leicht die Einwirkung der Gelehrsamkeit. Auch scheint es mir bedenklich, in der oft persönlich eingeführten Frau Aventüre der mittelhochdeutschen Dichter mit Grimm (Frau Aventüre klopft an Beneckens Tür) eine Erinnerung an die göttliche Saga des Nordens zu finden.

Verhältnisse eines Staates zu einem andern angehen; indessen ergibt sich doch aus den zerstreuten Andeutungen in deutschen und nordischen Quellen Folgendes. –
Wenn die deutschen Fürsten und Könige, was namentlich bei den Goten und Angelsachsen nachweisbar ist, ebenso wie die nordischen, ihr Geschlecht von Wodan ableiteten, so berechtigt das zu dem Schluss, dass nach dem allgemeinen Glauben ihre Macht von diesem Gott stammte. Auf ähnliche Weise waren die griechischen Könige der Heroenzeit die Διός βασιλῆες, welche ihre Macht und das Symbol derselben, den Zepter von Zeus, hatten. Snorri stellt in der Ynglinga-Saga (c. 8) Odhinn überhaupt als Gesetzgeber hin, und es scheint allerdings, dass nicht nur die Regierung des Staates, sondern auch alle rechtlichen Handlungen unter seinem Schutz standen.[461] Insbesondere wachte der Gott, wie Zeus (altgriechisch Ζεύς (klassische Aussprache ungefähr: dzeu̯s); neugriechisch Δίας, Dias; römisch Jupiter), über die Heilighaltung des Eides.[462] Daher wurde die nordische Sitte, Blutsbrüderschaft zu trinken, auf ihn zurückgeführt. Odhinn soll selbst in alten Zeiten mit Loki Blutsbrüderschaft getrunken haben und dem dänischen König Hading führte er in dem Liserus einen Blutsbruder zu.[463] Wir dürfen auch mit Recht vermuten, dass namentlich solche rechtliche Handlungen unter dem Schutz des Gottes standen, bei welchen ehemals Symbole angewandt wurden, die wir bei ihm wiederfinden. So war der Speer, Gûnguir genannt, Odhinns Hauptwaffe.[464] Der Wurf des Speers oder die Berührung eines Gegenstandes mit demselben diente aber zur Grenzbestimmung für eine Berechtigung oder einen Besitz; bei den Franken bezeichnete derselbe auch symbolisch die höchste Gewalt. Der Hut, welchen wir, wie auch den Mantel, bei dem Gott kennen gelernt haben, war ein Symbol der Übertragung von Gut und Lehen und als solches besonders in Niedersachsen gewöhnlich: Durch einen aufgerichteten Hut wurde auch das Volk zur Heeres- und Gerichtsfolge aufgefordert. Der Mantel war ein Zeichen des Schutzes und wurde symbolisch bei Adoptionen und Legitimationen angewandt.[465] Wenn solche Symbole nicht für sinnlos oder nur zufällig gelten sollen, so müssen sie in der heidnischen Zeit in Zusammenhang mit der Religion und dem Kult einzelner Götter gestanden haben.
Auch das Strafrecht stand wahrscheinlich unter Odhinns Schutz oder war dem Mythos nach von ihm eingeführt. Wir haben im ersten Buch gesehen, dass die Todesstrafen bei den Deutschen in einem engen Zusammenhang mit der Religion standen, und

---

461 So sind die Griechen Dike und Themis Töchter des Zeus.

462 Der *allmächtige As*, welcher in der isländischen Eidesformel Lasndn. 4, 7 neben Niördhr und Freyr angerufen wird, möchte Odhinn sein. Odhinns Versprechen heißt auf den Orkneyinseln ein feierliches gegenseitiges Versprechen, wobei die Parteien sich durch eine Öffnung in dem schwarzen Odhinnsstein (black stone of Odin) die Hände geben. Jamieson, Scott. Dict. S. v. Odin.

463 Sæm. 61a. Saxo I, p. 12.

464 Sæm. 196a, Sn. 72, 130, 131. Dieser Speer, welcher von Zwergen geschmiedet war, ist wohl ursprünglich, wie Thôrrs Hammer, Symbol des Blitzes.

465 Über die Anwendung dieser Symbole s. RA. 59, 148, 163. Eine dänische Sage berichtet, wie Odhinn seinen Schützling Hading unter den Mantel nahm und über das Meer trug. Saxo I, 12.

dürfen besonders vermuten, dass die Strafe des Hängens einen näheren Bezug zu dem Gott hatte. Denn Odhinn heißt Hângatŷr, der Herr der Erhängten, und der Mythos berichtet von ihm, dass er selbst einmal mit der Speerspitze gezeichnet und sich selbst geweiht, neun Nächte an einem Baum hing.[466] In Deutschland aber war es Sitte, Verbrecher zwischen zwei Wölfen, den heiligen Tieren des Gottes, aufzuhängen.[467] Wenn es daher Germ. c. 7 heißt, dass die deutschen Priester im Krieg *velut deo imperante* strafen durften, so könnte der Gott, welcher ihnen dieses Recht verlieh, Wodan sein. –

Nicht minder wurde das göttliche Recht von Odhinn abgeleitet. Wenigstens schreibt ihm die Ynglinga-Saga[468] die Einrichtung von Festen, die Bestellung der Priester und die Einsetzung der heiligen Bräuche bei Opfern, bei Weissagungen, bei Begräbnissen usw. zu.

Die politische Bedeutung Odhinns musste besonders hervortreten, wenn ein Stamm mit anderen in Berührung kam, mochten nun zwischen ihnen friedliche oder feindliche Verhältnisse obwalten. Dass Odhinn auch den friedlichen Angelegenheiten vorstand, dass er namentlich bei Friedensschlüssen und Bündnissen angerufen wurde, folgere ich nur aus Sæm. 29b, wonach er den Hass beilegt, und aus der Natur der Sache, da der Gott, welcher den Krieg lenkt, auch den Frieden in seiner Gewalt haben muss. Bei der kriegerischen Natur der germanischen Völkerschaften trat natürlich diese Seite des Gottes mehr in den Hintergrund: Dagegen erscheint Odhinn als Vorsteher des Krieges in nordischen Quellen so vielfach und mannigfaltig, dass wir uns in dieser Beziehung eine klare und anschauliche Vorstellung von ihm machen können.

Dass Odhinn vorzugsweise als ein kriegerischer Gott gefasst wurde, geht schon daraus hervor, dass sein Bild zu Uppsala nach Adam von Bremen[469] bewaffnet dargestellt war, wie das des Mars, weshalb wir allerdings unter dem bei deutschen Stämmen erwähnten Mars bisweilen Wodan verstehen können.[470] Auch die Edden legen Odhinn Helm und Schwert oder Helm, Panzer und Speer bei,[471] und von ihm gehen die Kriegswissenschaft und die Kunst, Krieg zu führen, aus. So schrieb man ihm namentlich die Erfindung der keilförmigen Schlachtordnung zu, welche er nach den Sagen einzelnen Fürsten, die seine Günstlinge sind, lehrt,[472] und welche Tacitus auch bei den

466 Sæm. 90b. Sn. 94, 95. – Sæm. 27b.

467 RA. 685. Nach der Sage von Iônakr und seinen Söhnen lehrte Odhinn die Brüder Hamdhir und Sörli mit Steinen zu töten. Völuspà-sag. c. 42. Saxo VIII, p. 157. Sæm. 272a.

468 Ynglînga-sag. c. 5, 7, 8, 10. Vgl. Sæm. 28b, Sn. 354.

469 Adam Brem. c. 233: „Wodanem sculpunt armatum, sicut nostri Martem sculpere solent.“

470 Mars ist Kriegsgott, wie Odhinn; ist Seher und Zauberer, wie Odhinn, der die Runen erfand. Beiden ist der Wolf heilig; beiden kommt der Speer zu. Dem Mars folgen die Molae, wie dem Odhinn die Valkyrien dienen. Vgl. Hartung, Religion der Römer 2, 155, 159, 171–173.

471 Sæm. 195b. Sn. 72. Vg. S. 193, Anm. 3. – Saxo II, p. 37: „Quantumcunque (Othinus) *albo clypeo* sit *tectus*.“ Ebenda wird Odhinn mit dem Namen Mars bezeichnet.

472 Sæm. 185a, Fornald. Sög. 1, 380. Saxo p. 17, 138, 139, 146.

Deutschen erwähnt, Agathias bei den Franken beschreibt.[473] Odhinn verleiht ferner die kriegerische Tapferkeit[474] und schützt seine Günstlinge in der Schlacht, so lange es ihm gefällt.[475] Er versteht es, einen Menschen unverwundbar zu machen, die Feinde dagegen mit Blindheit zu schlagen, oder zu bewirken, dass ihre Waffen stumpf und unbrauchbar werden.[476] Daher kommt auch von dem Gott der Sieg,[477] weshalb er Siegesgott, Siegvater, genannt,[478] und von den Menschen, wie außer vielen nordischen Berichten auch die häufig erwähnte Stelle des Paul Warnefried erkennen lässt, um Sieg angerufen wird. Den Besiegten zürnt dagegen Odhinn und ist ihnen feindlich gesinnt.[479] Eine unglückliche Schlacht heißt daher „Odhinns Zorn".[480]
Jede Feindschaft, jeder Krieg, wird durch Odhinn eregt, und nach der Edda entstand der erste Krieg in der Welt, als der Gott seinen Speer unter das Volk schoss.[481] Dieser Mythos, nach welchem der Gott selbst durch den Wurf seines Speeres den Krieg hervorgebracht und den Anfang desselben geheiligt hat, findet seine Erläuterung durch einen altnordischen Kultusbrauch. Es war Sitte, vor dem Beginn der Schlacht einen Speer mit einer Verwünschungsformel, durch welche die Feinde dem Odhinn und damit dem Untergang geweiht wurden, über das feindliche Heer zu schleudern, weil man dadurch einen glücklichen Erfolg des Kampfes herbeizuführen glaubte. So weihte nach der Hervararsaga Gissr vermittels eines Speerwurfes die feindliche Schlachtreihe mit der folgenden Formel dem Untergang: „Erschreckt ist euer König, zum Tod bestimmt euer Führer, hinfällig ist eure Kriegsfahne, erzürnt ist euch Odhinn. Abermals fordere ich euch zur Schlacht – und lasse Odhinn so mein Geschoss fliegen, wie ich vorsage."[482] Denselben Brauch erwähnt die Eyrbyggia-Saga, und es ist wahrscheinlich, dass die skandinavische Sitte, bei drohender Kriegsgefahr einen angebrannten Stock umherzusenden, um das Volk schnell aufzubieten, gleichfalls einen Bezug auf Odhinn hatte.[483] Möglich ist es auch, dass bei der Vollziehung des Speerwurfes ein bestimmter geweihter Speer aus dem Heiligtum des Gottes genommen und dass deshalb dieser symbolischen Handlung eine besondere Kraft und Bedeutung beigelegt wurde. Die Sagen berichten wenigstens, dass Odhinn seinen Schützlingen seinen eigenen Speer zum Vollzug dieses Brauchs lieh. So gab der Gott dem König von Schweden, Erich dem Siegreichen, als er mit Stýrbiörn kämpfen

473 „Acies per cuneos componitur." Germ. c. 6. Agathias, p. 81 ed. Bonn.
474 Sæm. 13b. Adam Brem. c. 233.
475 Sæm. 29b. Fornald. Sög. 1, 145. Saxo VIII, p. 146.
476 Sæm. 29a, b. Saxo I, p. 17. VII, p. 138 u. a.
477 Sæm. 113a, 62b, 194a.
478 *Sigtýr*, Sæm. 248a. Sn. 24, 94. *Sigfadhir*, Sæm. 9a, 46b, 68a.
479 Fornald. Sög. 1, 501. Vgl. Egilssaga, S. 365.
480 *Gremi Odhins*. Sæm. 151a. Möglich ist es, dass, wie Grimm, Mythol. 125 vermutet, der sich Ausruf des Herulers, als sein Volk unterlag (Paul D. 1, 20): „vae tibi, misera Herulia, quae *cælestis domini flecteris ira*" auf Wodan bezieht. – Eine Schlacht überhaupt wird von den Skalden häufig Odhins Wetter und ähnlich genannt.
481 Sæm. 77b, 165b. Saxo VII, p. 142. – Sæm. 5a.
482 Fornald. Sög. I, 503 (Hervar. Sag. c. 18).
483 Eyrbygg. Sag. c. 44. RA 165.

wollte, einen Rohrspross und hieß ihn mit den Worten „Odhinn hat euch alle“ über das feindliche Heer schleudern.[484] Als er geschossen hatte, erschien ein Wurfspeer in der Luft, flog über Stŷrbiörns Schlachtreihe und schlug sein Kriegsvolk und ihn selbst mit Blindheit. Nach der Sage von Helgi lieh Odhinn seinen Speer dem Dagr, welcher ihm für Vaterrache geopfert hatte.[485] Eine Analogie zu dem Kultusbrauch, aus welchem diese Sagen hervorgegangen und zu erklären sind, gewährt die römische Sitte, nach welcher der Fetial eine mit Eisen beschlagene und in Blut getauchte Lanze in das feindliche Land schleuderte.[486]

Derselbe Brauch durch den Wurf einer Lanze die Feinde herauszufordern und dem Verderben zu weihen, mag auch mehrfach in Deutschland stattgefunden haben, obgleich mir nur ein späteres Beispiel, das hierher gezogen werden könnte, zur Hand ist. Wenn Kaiser Otto vor seinem Rückzug aus Dänemark seinen Speer in die See warf und dabei schwor, dass er bei seiner Rückkunft das Land bekehren oder sein Leben verlieren wolle,[487] so hatte diese symbolische Handlung doch wohl die gleiche Bedeutung und den gleichen Ursprung, wie die beschriebene nordische Sitte. Dagegen ist uns die auch außerdem aus nordischen Quellen nachweisbare Gewohnheit, die Feinde dem Odhinn zu geloben,[488] schon aus Tacitus bekannt. In dem Krieg zwischen den Chatten und Hermunduren hatten die letzteren, wie bereits erwähnt wurde, ihre Feinde dem Mars und Mercurius geweiht.

Diese Sitte hat aber insofern noch einen tieferen Grund, als nach dem altnordischen Glauben alle in der Schlacht gefallenen von den Valkyrien geleitet zu Odhinn in seine Wohnung *Valköll* kommen, wo sie alle Tag sich Wunden schlagen und nach beendeten Gefecht friedlich nebeneinander vom Speck des Ebers *Sæhrîmnir* essen und Meth trinken:[489] Odhinn heißt daher Valfadhir und *Herfadhir*,[490] und die im Kampf gefallenen Helden, welche bei ihm wohnen, führen den Namen *Einherjar*. Obgleich nun nach Sæm. 77b nur die im Kampf gefallenen *Edlen* zu ihm kommen, und nach Sæm. 42a auch Freyja die Hälfte der Gefallenen in Empfang nimmt, so scheint Odhinn doch ursprünglich ein Totengott in allgemeinerer Beziehung zu sein, als die eben angeführten Stellen aussagen; denn auch die an einer Krankheit gestorbenen Fürsten kommen zu ihm, und zu Odhinn fahren, bei Odhinn zu Gast sein hieß überhaupt so viel wie sterben.[491] Diese Vermutung begründet sich noch weiter, wenn wir die historische

---

484 „Odhinn à ydhr alla.“ Fornm. Sög. 5, 250.

485 Sæm. 165. So wurde auch der Rohrspross, welchen Odhinn dem Starkadhr gegeben hatte, zu einer Lanze und durchbohrte Vikar. Fornald. Sög. 3, 34.

486 Liv. I, 32. Dion. II, 72. Vgl. Hartung, Relig. D. R. 2, 269.

487 Saxo X, p. 182. Fornm. Sög. 1, 121. Müller, Sagabibl. 3, 98. Vgl. RA. 59 938.

488 Von Harald Hildetand in Saxo VII, p. 138 und VIII, p. 146. Vgl auch Hervararsaga c. 12.

489 Sæm. 36a, 41a, 166b. Sn. 4f. u. sonst häufig.

490 *Valfadhir*, Sæm. 1a, 4b, 5b, 93b. Sn. 17, 24. Das altn. *valr*, ags. *vâl*, ahd. *wal* (vgl. Wahlplatz) ist Niederlage, Inbegriff der Erschlagenen. *Herfadhir*, Sæm. 4b, Sn. 42.

491 Fornald. Sög. 1, 118, 422, 423. 2, 366. Odhinns Hand berührt einen Menschen, bedeutet auch: er stirbt. Egilssaga p. 624. Diejenigen, welche zu Odhinn kommen wollten, zeichneten sich vor ihrem Tod mit der Speerspitze. Yngl. Sag. c. 10. Vgl. Sæm. 27b. Über Odhinn als Unterweltsgott im Allgemeinen vgl. auch meinen Versuch e. m. Erkl. D. Nibelungen-

Stellung seines Kultes und das Verhältnis des Gottes zu Loki bedenken, wovon unten die Rede sein wird. Hier sei nur bemerkt, dass Odhinn als Totengott die Beinamen Draugadrôttinn und Helblindi führte.[492]

Die erläuterte finstere Seite des Gottes leiten wir aber nicht sowohl von seinem Einfluss auf Krieg und Sieg ab, obgleich sie auch damit zusammenhängen mag; sie scheint vielmehr mit seiner physischen Bedeutung in Verbindung zu setzen, worüber uns, wie oben bemerkt, die Edden nicht mehr den gehörigen Aufschluss geben. Denn es ist eine sehr natürliche Idee, dass derjenige Gott, welcher die Natur beherrscht, welcher sie belebt und wieder erstarren lässt und den Menschen erschaffen hat, auch nach dem Tod seinen Geist in Empfang nimmt. Man könnte auch die Erzählung des Saxo, dass sich Odhinn eine Zeitlang aus dem Himmel entfernte oder verbannt wurde,[493] dahin deuten, dass man den Gott zu einer Zeit des Jahres in der Unterwelt wohnend dachte, wie Apollo aus dem Olymp verbannt bei dem Admetos, d. i. in der Unterwelt wohnt. Aber die Quelle, aus welcher diese Sage uns bekannt ist, ist so getrübt, und unsere Kenntnis der nordischen Religion überhaupt so unvollkommen, dass wir kaum eine solche Vermutung wagen dürfen.[494]

Direkte Zeugnisse, dass Wodan bei den Deutschen gleichfalls als ein Unterweltsgott gefasst wurde, finden sich allerdings nicht. Wenn aber der Friese Radbod glaubte, dass er nach seinem Tod in der Gesellschaft seiner fürstlichen Vorfahren sich besser befinden würde, als in dem christlichen Himmel, in welchen so viele Arme aufge-

---

sage, 117f. Noch in christlicher Zeit pflegte man in Dänemark und Island die Verwünschung zu gebrauchen *Oden eige dig* (Odhin möge ich haben) oder *far du till Odens* (fahr zu Odhinn). Worm monum dan. 11. Bartholin. Antiq. Dan. 337. Geijer, Schwedens Urgeschichte 223.

492 *Drauge drôttinn*, Herr der Gespenster. Yngl. Sag. c. 7; vgl. altn. draugr Spectrum. *Helblindi*, Sæm. 46a. Sn. 24. Bruno nannte sich Odhinn, als er in der Bravallaschlacht Haralds Wagen lenkte und ihn mit seiner eigenen Keule erschlug. Saxo VIII, p. 146. Auch die Beinamen *Tveggi* (duplex) und Thridi (tertius) Sæm. 46a. Sn. 7. Yngl. Sag. c. 52. forum sög. 10, 171, 373 können, obwohl der letztere in Bezug auf die Namen Hâr und Iafnbâr (der hohe und gleichhohe Sn. 3) oder auf Hœnir und Loki gebraucht ist, die Beziehung Odhinns zur Unterwelt andeuten, vgl. Ζεύς τρίτος und Ζεύς ἄλλος Aeschyl. Supplic. 228.

493 Diese Sage kommt bei Saxo in mehreren Formen vor. Nach p. 13 verließ Odhinn freilich aus Verdruss über die Untreue seiner Gemahlin Frigg den Göttersitz Byzanz, und während dieser Zeit regierte Mitothin. – Auch nach Sæm. 63b bühlte Frigg mit Odhinns Brüdern Vili und Ve. – An einer anderen Stelle p. 45 erzählt der Schriftsteller, dass die Götter Odhinn wegen seines trügerischen Benehmens gegen Rinda zehn Jahre aus Byzanz verbannten und Ollerus zu ihrem Beherrscher erwählten, den sie gleichfalls Odhinn nannten. Zum dritten Mal findet sich vielleicht dieselbe Erzählung in der Geschichte von Humblus, dem Sohn des Dan, welcher von seinem bösen Bruder Lotherus von der Regierung vertrieben wurde. Lotherus ist wenigstens offenbar Lodhr oder Loki, und Humblus möchte daher ein Beiname Odhinns sein. Dass wir uns bei dem Anfang von Saxos dänischer Geschichte ganz auf einem mythischen Boden befinden, bedarf keines Beweises, und auf die beiden Götter Humblus und Lotherus folgt ja Skiöldr, wieder ein Gott.

494 Spätere dänische und schwedische Überlieferungen wissen von Odhinns Grab. Finn Magnusen, Lex. Mythol. 589.

nommen werden,[495] so darf man wohl annehmen, dass ihm der Gedanke an die Versammlung der Edeln in Wodans Walhalla vorschwebte. –

Andere Anklänge an diesen Glauben finden sich wieder in der Sage von dem wilden Heer. Wir haben gesehen, dass in niederdeutschen Gegenden Wodan an der Spitze desselben dahin fährt. Das Heer, welches ihn begleitet, scheinen die Seelen der Gefallenen zu sein. Als ein Geisterzug erscheint wenigstens das Ganze: Man erblickt in demselben Gespenster, die den Kopf unter dem Arm tragen; man erkennt in einzelnen unlängst gestorbene Menschen. Besonders ist hier zu erwähnen, dass die ungetauft gestorbenen Kinder und die Menschen, welche auf eine gewaltsame Art ums Leben gekommen sind, in das Heer versetzt werden,[496] wie nach jenem im Vergleich zu dem früher eingeschränkten nordischen Glauben die im Kampf Gefallenen zu Odhinn kommen.

So haben wir denn aus den nordischen Quellen gesehen, wie aus dem ursprünglich in enger Beziehung zu den Naturerscheinungen gefassten Himmelsgott sich ein auf verschiedenartige Zustände des menschlichen Lebens mannigfach einwirkendes ethisches Wesen entwickelte. Die direkten Zeugnisse für die Verehrung des Wodan in Deutschland lehrten ihn allerdings nur als Herrn des Himmels, als Erntegott, als Siegverleiher und als heilkundig kennen. Aber da diese Eigenschaften sowohl auf sein physisches Wesen hindeuten, als auch seine ethischen und politische Bedeutung zeigen, und sich bei dem nordischen Odhinn wiederfinden, so wird er nicht sehr verschieden von diesem aufgefasst sein. Zudem haben wir mehrfach in alten deutschen Rechtsbräuchen und in Sagen, namentlich in den Erzählungen von dem wütenden Heer, Spuren gefunden, welche diese Annahme noch mehr bestätigen. –

Wir müssen jetzt noch in der Kürze die dem Odhinn heiligen Tiere erwähnen, welche das Wesen des Gottes von einzelnen Seiten noch weiter erläutern.

Zunächst war der Wolf dem Odhinn heilig. Wir schließen das sicher aus dem eddischen Mythos, nach welchem der Gott täglich zwei Wölfe, Geri und Frecki, wie seine Hunde füttert.[497] Merkwürdig ist dabei, dass dasselbe Tier dem Gott feindlich ist; denn wenn die Götterdämmerung herannaht, so wird der Wolf Fenrir mit Odhinn kämpfen und ihn verschlingen.[498] Aber die griechische Mythologie lehrt uns hier, dass es häufig der Fall ist, dass ein der Natur eines Gottes widerstrebendes Tier zugleich ihm heilig ist.[499] Nun ist der Wolf in der nordischen Mythologie das Symbol der Finsternis was sich sowohl aus dem Mythos von der Fesselung des Fenrir als auch daraus ergibt, dass zwei Wölfe Sonne und Mond verfolgen. Auch wurde der Wolf in den Zwölf Nächten,

---

495 D. S. n. 446.

496 D. S. n. 313. Abergl. N. 660. Keisersperg Omeiss 36. Nach einer niederländischen Sage bei Wolf n. 258 ladet der wilde Jäger die Sterbenden auf sein Pferd und jagt mit ihnen davon. Dasselbe wird sonst, wie wir unten sehen werden, von dem Tod erzählt.

497 Sæm. 42b, vgl. 151a, Sn. 42. Ein Wolf hängt am Eingang zu Vallhöll. Sæm. 41b.

498 Sæm. 9a, 37b, 119. Sn. 72, 73.

499 So war das Schwein, welches die Saatfelder aufwühlt, der Demeter heilig; der Bock dem Dionysos.

wo die Nacht den Tag verdrängen zu wollen scheint, insbesondere gefürchtet,[500] und zu derselben Zeit tritt der Wehrwolf auf.[501] Wir glauben demnach, dass der Wolf dem Odhinn deshalb geheiligt war, weil er als Symbol der Finsternis diesem Lichtgott, dessen Auge die Welt erleuchtet, durch seine Natur widerstrebt; nicht aber möchten wir den Grund dieses Glaubens daher leiten, weil die Wölfe den Heeren nachziehen, sich auf Schlachtfeldern einfinden und darum Odhinn als dem Kriegsgott geweiht sind.[502] – Zu bemerken ist noch, dass Hans Sachs die Wölfe, Jagdhunde des Herrn nennt,[503] welche Sage eben sowohl noch in dem heidnischen Glauben wurzeln kann, als es augenscheinlich damit zusammenhängt, dass im Norden, wie in Deutschland, das Begegnen eines Wolfes für ein glückliches Zeichen gilt.[504]

Unter den Vögeln war der Rabe Odhinn heilig, was wir aus dem Mythos von Huginn und Muninn und daraus schließen, dass die Normannen in ihrem Feldzeichen einen Raben führten.[505] Das Geschrei eines Raben war daher von glücklicher Vorbedeutung.[506] Hier kann schon eher die Frage aufgeworfen werden, ob dieses Tier deshalb Odhinn geheiligt war, weil es sich gern auf Schlachtfeldern niederlässt, oder weil seine dunkle Farbe gegen die Natur des Lichtgottes absticht.[507] – Ferner kommen Habicht und Adler als heilige Tiere des Gottes in Betracht. Odhinns Habichte werden in der älteren Edda erwähnt: Über der westlichen Tür in seinem Saal hängt ein Wolf und darüber ein Adler, und der Gott verwandelte sich selbst einmal in diesen Vogel, als er von Suttûngr floh.[508] Das letzte Symbol scheint mit Odhinns Herrschaft über den Wind zusammenzuhängen. Denn der Wind wurde in Gestalt eines Adlers gedacht, was wir unten weiter erläutern werden.

Endlich halten wir die Schlange für ein dem Odhinn geheiligtes Tier, obgleich wir dieses abermals nur aus Mythen entnehmen. Odhinn verwandelte sich in eine Schlange, als er sich der Gunnlödh nahte: Ofnir und Svâfnir sind die Namen zweier Drachen, welche in der Unterwelt hausen, und zugleich Odhinns Beinamen.[509] Die Schlange wurde, wie wir sehen werden, bei den Germanen als Symbol der Seele, des Lebens und der Gesundheit aufgefasst, weshalb sie in einen näheren Bezug zu Od-

---

500 Dav. Franck, Alt und neues Mecklenburg 1, 55: „Und haftet daher wohl auf keiner Zeit mehr Aberglaube, als auf die 12 Tage zwischen Weihnachten und hl. 3 Könige, die man insgemein den *twölften* heißt; da nennet ein Schäfer lieber den Teufel als den Wolf, aus Sorge, er komme ihm sonst unter seine Schafe."

501 Kuhn, Märkische Sagen, S. 375. Über den Wehrwolf überhaupt s. D. Mythol. 621f.

502 Doch vgl. Grimm zu Andreas XXVI.

503 Ed. 1558, S. 499d: „di wölf er im erwelen gund / und het sie bei ihm für jagdhund."

504 Sæm. 184b; über den deutschen Glauben s. D. Mythol. 650f.

505 S. Bartholin. Antiqq. Dan. 477, 478. D. Mythol. 644. Dieser Fahne entnahm man Vorzeichen für den Sieg. Zeigte sich der Rabe mit offenem Schnabel und flatternden Flügeln, so bedeutet das Sieg; schien er still zu sitzen und die Flügel hängen zu lassen, so galt es für eine unglückliche Vorbedeutung.

506 Sæm. 184b. vgl. Nialss. c. 80. Auch die geweihten Raben, welche die Schiffer als Wegweiser gebrauchten (Landn. I, 2), waren wohl Odhinns heilige Vögel.

507 Auch dem Apollo war der Rabe heilig.

508 Sæm. 167b, 41b. Sn. 86.

509 Sn. 86. vgl. Yngl. S. c. 7. – Sæm. 44b, 47b.

hinn, welcher dem Menschen Leben und Gesundheit gibt und vor allen übrigen Göttern des Nordens ein geistiger Gott ist, gesetzt werden konnte. Daher wird denn die Schlange, welche die Langobarden verehrten, Wodans Symbol gewesen sein.
Die Nachrichten von dem Kult dieses so bedeutenden Gottes sind nicht ganz befriedigend. Dass Odhinn im Norden vorzugsweise der Gott des herrschenden Stammes war, scheint sicher, da die Sagen von seiner Einwanderung auf eine spätere Einführung seiner Verehrung deuten, da er ferner seine politische Bedeutung nur dann erlangen konnte, wenn seine Verehrer dem herrschenden Stamm angehörten, und da wir wissen, dass die Fürsten vorzugsweise in seinem Schutz standen,[510] nach ihrem Tod zu dem Gott nach Valhöll kommen[511] und, wie es scheint, ausschließlich Kenner der Runen waren.[512] Ist aber auch Odhinn nicht der älteste Gott in dem nordischen System, wenn er gleich später an der Spitze desselben stand, so entgeht uns dessen ungeachtet die Kunde von einer vorodhinnischen Zeit gänzlich: Denn wer wird die Zeit bestimmen wollen, wann seine Verehrung im Norden eingeführt wurde?
Die Ynglinga-Saga schreibt Odhinn die Einführung von drei Hauptfesten zu, welche im Anfang des Sommers, des Winters und in der Wintermitte gefeiert wurden.[513] Wir haben keinen Grund, diese Feste dem Gott abzusprechen, obgleich sie zugleich auch anderen Göttern gegolten haben mögen. Wenigstens wissen wir, dass an dem Julfest im Winter auch Freyr einen bedeutenden Anteil hatte. Außerdem opferte man Odhinn vorzüglich vor jedem Krieg.[514] Von dem mit Wodan identischen Mercurius wissen wir nur aus Tacitus (Germ. 9), dass ihm an bestimmten Tagen geopfert wurde; und die auf diesen Gott bezüglichen mehrfach erwähnten Erntebräuche lassen vermuten, dass man ihm in Deutschland ein Herbstfest feierte.[515]
Das scheint indessen gewiss, dass Odhinns Kult eine finstere Seite hatte, welche wir vorzugsweise aus seiner Beziehung zur Unterwelt herleiten. Darum fielen ihm, wie dem Mercurius der Deutschen, Menschenopfer.[516] Wenn der Gott der Toten das eigene Leben erhalten sollte, so musste ihm zum Ersatz ein anderes gegeben werden. So opferte ihm Ön zum langen Leben für sich seinen eigenen Sohn und erhielt von dem Gott das Orakel, dass er immer leben solle, so lange er ihm jedes zehnte Jahr einen Sohn gäbe.[517] Umgekehrt weihte sich Erich dem Gott und bestimmte die Frist seines

510 S. weiter oben. Fornald. Sög. 3, 33 verspricht Odhinn dem Starkadhr die Gunst der Fürsten.

511 Der Thræl kann nur im Gefolge des Herrn nach Valhöll kommen. Fornald. Sög. 3, 8.

512 Sæm. 105a, Vgl. W. Grimm, Über deutsche Runen, 49. Auch nach Yngl. S. c. 7 teilte Odhinn seine Wissenschaft nur Einzelnen mit. Zu gewagt hat man hierauf die Annahme von Mysterien der Odhinsreligion und von Religionskriegen gebaut.

513 Yngl. Sag. c. 8. vgl. über die nordischen drei Hauptfeste Fornm. Sög. 1, 36. 4, 237.

514 Adam Brem. c. 233: „si bellum imminet, Wodani immolant.“

515 Das Herbstfest der Sachsen war danach vielleicht ein Wodansfest.

516 Unter dem Ares, dem höchsten Gott der Thuliten, welchem nach Procop. b. g. 2, 15 Menschenopfer gebracht wurden, kann Odhinn gemeint sein.

517 Yngl. Sag. s. 29. Dem Starkadhr versprach Odhinn eine Lebensdauer von drei Menschenaltern. Fornald. Sög. 3, 32.

Todes auf zehn Jahre, um den Sieg über seine Feinde zu erlangen.[518] Daher ist die Sitte, vor der Schlacht die Feinde dem Odhinn zu weihen, gleichfalls als ein Versöhnungsopfer für den Totengott anzusehen. –
Auch wenn Misswuchs entstand, musste der grollende Gott durch Menschenopfer befriedigt werden, wie denn der schwedische König Olaf bei einer Teuerung dem Odhinn geopfert wurde.[519]
Welche Tieropfer dem Gott besonders gebracht wurden, wissen wir nicht. Doch dürfen wir das von Dietmar von Merseburg beschriebene große Sühnopfer zu Lethra, wobei alle neun Jahre 99 Menschen, ebenso viele Pferde, Hunde und Habichte, oder in Ermangelung derselben Hähne geschlachtet wurden, wohl auf Odhinn beziehen.[520] Dass die Minne des Gottes getrunken wurde, wird mehrfach erwähnt.[521]

2. Hœnir und Loki

Diese beiden Götter müssen wir zunächst nach Odhinn betrachten, da sie in eddischen Mythen, wie wir bereits gesehen haben, unter den Namen Vili und Ve als seine Brüder auftreten und also eng mit ihm verbunden sind. Zugleich geben sie aber einen auffallenden Beweis ab, wie verdunkelt das nordische Göttersystem schon in den Zeiten war, aus welchen die ältesten uns bekannten Quellen der skandinavischen Mythologie stammen.
Nach ihr war Surtr schon vor dem Anfang der Schöpfung, noch ehe der Riese Ymîr geboren wurde, vorhanden.[522] Aber das ist ein Zusatz des Verfassers, welcher gewiss dem Volksglauben fremd war, und seine Identität mit Loki geht aus der folgenden Zusammenstellung hervor. Surir ist, wie schon sein Name, der Schwarze (von *svatr* Neger) aussagt, ein Dämon des Feuers, welchem die Kraft alles zu schwärzen beiwohnt. Er herrscht über Muspellheimr oder die Feuerwelt, und wird am Ende der Welt kommen, um die Schöpfung der Asen zu zerstören[523]. Ebenso ist aber Loki, wie

---

518 Forum. Sög. 5, 250. Nach dem deutschen Volksglauben kann derjenige, welcher sich dem Teufel verschrieben hat, wenn der Termin abgelaufen ist, das eigene Leben verlängern, wenn der demselben eine andere Seele verschafft.

519 Yngl. Sag. c. 47. vgl. Hervararsag. c. 11, 12.

520 Dietmar Merseb. 1, 9. – Die Habichte sind Odhinns heilige Tiere und wurden bei Begräbnissen geopfert. Sæm. 225b.

521 Fornm. Sög. 1, 35, 280. 3, 191. 10, 178. Saga Hâkonar gôda, c. 16, 18. Herraudhssag. c. 11. vgl. oben.

522 Sn. 5. vgl. oben S. 163. Dagegen ist Sn. 209 Surtr ein Riesenname.

523 *Elias ist als Donnergott, als Träger des himmlischen Feuers, gekennzeichnet. Er hat den grossen Kampf zu bestehen für die Ordnung der Dinge gegen Surir und Locki, die Feinde der Götter, und ihre Verbündeten. Zu diesen gehört auch der größte Teil der Menschheit: denn statt ihrer Pflicht zu genügen und den Göttern am Tage der Entscheidung [Endzeit] zur Seite zu stehen, haben sie sich abgewendet und in Gottlosigkeit und Treubruch die Partei des Gegners ergriffen. In Elias und seinen Getreuen sind die alten Götter verborgen, welche seither schliefen, bis der grosse Tag anbricht. An diesem Tag sammeln sie sich unter dem Weltbaum neben dem Schlachtfelde Wigrid, auf dem die Götterschlacht geschlagen wird gegen Locki und Surir, welcher die Welt in Brand zündet, wie die Leiche*

wir sehen werden, Dämon des Feuers und er lenkt nach Sæm. 8b das Schiff, auf welchem Muspells Söhne zum Verderben der Welt heranfahren werden. Auf der Insel Island nennt man noch heute einen gewissen vulkanischen Stoff (Bitumen lignum fossile) *Surtarbrandr*, Brand des Surtr; ebenso nennt man aber auch feurige Schwefeldünste *Loka daun*, Lokis Geruch.[524] Bedenken wir nun noch das Hell-Dunkel, in welchem Surtr in dem nordischen Göttersystem erscheint, und dass es nicht die Weise mythischer Vorstellungen ist, ein Wesen abgesondert von den übrigen hinzustellen, ohne es in verwandtschaftliche oder andere Beziehungen zu den übrigen zu bringen, so wird man annehmen, dass Surtr ursprünglich nur ein Beiname Lokis ist, aus welchem sich später erst ein besonderes Wesen entwickelte, oder dass sie beide wenigstens in ihrer Grundauffassung als böse Wesen identisch sind.

Der Name Loki gehört zu der Wurzel *lukan* claudere; das altnodische Substantiv *lok* ist finis, consummatio, repagulum.[525] Dieser Ableitung gemäß steht Loki in der nordischen Mythologie als ein feindliches und verderbliches Wesen da, in dessen Gewalt die Beendigung und Zerstörung aller Dinge liegt, dem aber zugleich, mehr als anderen Göttern, eine eigentümliche schaffende Kraft beiwohnt. Die Macht des Gottes entfaltet sich aber hauptsächlich in drei Richtungen.

Einmal ist Loki der Schöpfer aller feindseligen und zerstörenden Elemente in der Natur. Er ist vorzüglich der Dämon, welcher verderblich in dem Element des Feuers wirkt, weshalb er auch *Lodkr* (Sæm. 3b) heißt. Es werden ihm die Wirkungen des unterirdischen Feuers zugeschrieben, da nach dem Mythos das Erdbeben durch die Zuckungen des Gottes, der wegen seiner Schandtaten von den Asen gebunden wurde, von ihm abgeleitet wird;[526] zugleich rührt aber von ihm die verzehrende und versengende atmosphärische Hitze her. Noch jetzt bestehen im Norden Redensarten, welche diese seine Natur andeuten. *Loki fer yfir akra* (Loki fährt über die Äcker) sagt man, wenn Feuer die Saaten verwüstet, und „Loki gibt seinen Kindern Schläge", wenn das Feuer knistert. *Lokabrenna* (Lokis Brand) ist eine Benennung des Sirius, und *locke dricker vand* (Loki trinkt Wasser) sagt man in Dänemark, wenn die Sonne Wasser zieht. *Lokke driver idag med sine geder* (Loki treibt heute seine Geißen aus) ist ein jütländischer Spruch, der die in der Sonnenhitze auf der Erde schwebenden Dünste bezeichnet.[527] – Aber man fasst den Gott zu einseitig auf, wenn man ihn nur für einen Dämon des Feuers hält; auch andere schädlich wirkende Elemente werden von ihm hergeleitet. Da Loki der Vater des Wolfes Fenrir und der Midhgardhsschlange ist, so rühren von ihm auch die Finsternis und der wilde um die Erde sich ergießende Ozean her. Die Götter banden den Wolf und warfen die Schlange in das Meer um der verderblichen Kraft dieser Wesen Einheit zu tun. Auch der Wind, insofern er zerstörend

---

des Antichrists sie in Flammen setzt. Deutlich weist das Zersplittern des gestürzten Antichrists auf dessen Riesennatur: um so mehr ist sein Gegner Elias der riesenbezwingende Thor. Zitiert nach: Franz Schönwerth: Aus der Oberpfalz. Sitten und Sagen 1–3, Band 3, Augsburg 1857/58/59, S. 334-339.

[524] Lex. Isl. 361a. Thorlacius antiq. Bor. Spec. 7, 44 Finn Magnusen, Lex. Mythol. 504, 730.

[525] Vgl. Mythol. 222.

[526] Sæm. 69. Sn. 70.

[527] Thorlacius antiq. bor. spec. 7, 43, 44. Molbech dial. lex. 330. Mythol. 221, 222.

wirkt, ist durch Lokis Kraft hervorgebracht: Wenigstens berichtet der Mythus, wie er mit dem Riesenpferd Svadhilfari das Ross Sleipnir zeugte, welches Odhinn nachher bändigte.[528]

Das Ende oder die Zerstörung ist aber auch in jedem Jahr in der Natur sichtbar. Daher ist Loki bei jedem notwendigen Wechsel der Jahreszeiten, welcher nur durch Zerstörung ins Leben treten kann, tätig, und vielfache Mythen, welche die Naturbegebenheiten als Handlungen und Leiden der Götter darzustellen pflegen, erzählen, wie er durch seine bösen Streiche die Asen häufig in Verlegenheit setzte, ihnen aber durch seine List wieder heraushelfen musste, oder wie er das Ende des Alten bewirkte, aber auch den Anfang des Neuen begründete. Wir können diese Mythen hier nicht im Einzelnen anführen, teils, weil sie die deutsche Mythologie weniger berühren, teils, weil mehrere bei anderen Göttern erwähnt werden müssen, und bemerken daher nur im Allgemeinen, dass er in diesen Erzählungen hauptsächlich als der Vermittler zwischen den Göttern und den Riesen auftritt. Er lässt diese, wenn die Zeit herangekommen ist, ihre Macht entfalten, weist sie aber auch nachher wieder in ihre Grenzen zurück und bildet so das vereinigende Prinzip zwischen denjenigen Wesen, denen die uranfänglichen kosmogonischen Kräfte vermöge ihrer Natur angeboren sind, und denjenigen, welche dieselben zur Erhaltung der Weltordnung anwenden. Denn die nordischen Götter sind, wie wir schon bemerkt haben, mehr Ordner der Welt. Loki ist der einzige, welchem zugleich auch eine Fülle von kosmogonischer schaffender Kraft beiwohnt, und der insofern die Götter- und Riesennatur in sich vereinigt.[529] So ist er auch der Vermittler zwischen den Göttern und den Zwergen und bringt die Werkzeuge, welche sie durch ihre Kraft hervorgebracht haben, aber nicht anwenden können, in die Hände der Götter. Odhinns Speer, Thôrrs Hammer, Freyrs Schiff sind von Zwergen verfertigt; aber Loki brachte sie von ihnen nach Asgard zu den Göttern.[530]

Wir haben bisher gesehen, wie Loki das negative und positive Lebensprinzip in der Schöpfung in sich vereinigt; wir müssen jetzt noch seine bloß zerstörende Kraft betrachten. Als denjenigen, welcher im Bunde mit den Riesen und seinen Kindern, dem Wolf Fenrir und der Midhgardsschlange zum Verderben der Götter und der ganzen Schöpfung herannahen und unter dem Namen Surtr die Welt mit Feuer verbrennen wird, haben wir ihn schon kennen gelernt; durch seine Macht wird aber auch zugleich der Tod des Menschen herbeigeführt. Wenigstens steht Loki insofern in einer unverkennbaren Beziehung zur Unterwelt, als die Hel, welche die Seelen der Gestorbenen bei sich in ihrer Wohnung festhält, seine Tochter ist, und wahrscheinlich war er unter dem Namen *Utgardhaloki* selbst der Beherrscher der Unterwelt. Saxo erwähnt einen Ugarthilocus, als ein göttliches Wesen, welches der dänische König Gormo mit Gebet und Opfern verehrte,[531] und zu dem auf sein Geheiß der kühne Thorkill eine gefährliche, mit manchen Abenteuern erfüllte Fahrt unternahm. Ugarthi-

---

528 Sæm. 118b. Sn. 47. Ein häufiger Beiname Lokis ist *Lopir aëreus*.

529 Es ist daher nicht ohne Bedeutung, dass die jüngere Edda Loki vom Riesengeschlecht abstammen lässt.

530 Sn. 131, 132.

531 Saxo IX, p. 163.

locus wird hier als ein finsteres, grausiges Wesen dargestellt, welches an Händen und Füßen gefesselt in der Unterwelt haust.[532] Die ältere Edda kennt diesen Namen gar nicht. Die jüngere Edda[533] erzählt dagegen von einem Riesen Utgardhaloki, der den Gott Thôrr, als er in Begleitung Lokis und seines Dieners Thiâlfi in seine Burg kam, auf eine seltsame Art blendete und äffte. Es werden Wettkämpfe angestellt. Logi, der Diener des Riesen, überwindet Loki in Schnelligkeit des Essens; denn als jener das in einem Trog vorgelegte Fleisch bis zur Hälfte verzehrt hatte, hatte dieser die andere Hälfte des Fleisches zugleich mit den Knochen und dem Trog vertilgt. Hugi, ein zweiter Diener Utgardhalokis, siegt im Wettlauf über Thiâlfi. Thôrr selbst kann das Trinkhorn des Riesen nicht leeren, kann seine Katze nicht vom Boden aufheben und wird von seiner alten Amme Elli im Ringkampf fast zu Boden geworfen. Dieser Erzählung wird folgende Erklärung angefügt: Logi war das Wildfeuer oder der Blitz, welcher Speise und Trog verbrannte; der schnelle Läufer Hugi war Utgardhalokis Gedanke; das Ende des Trinkhorns reichte ins Meer und war deshalb unerschöpflich; die Katze war die Midhgardhsschlange und Elli das Alter, welches jeden zu Fall bringt. –

Man hat nun seit P. E. Müller[534] vielfach angenommen, dass auf der einen Seite Saxo den Ugarthilocus mit dem Asaloki, welcher gleichfalls nach dem Mythos gebunden wurde, verwechselt habe, und dass die Erzählung von Thorkills Fahrt zu demselben nur eine Entstellung bon Thôrrs abenteuerlicher Reise zu dem Riesen Utgardhaloki sei. Aber wenn wir bedenken, dass die eddische Erzählung von dem Riesen Utgardhaloki, da ihr ganz gegen den Charakter echter Mythen auch zugleich die Erklärung beigefügt ist, und da sie voll von abenteuerlichen Allegorien ist, das Gepräge einer späten Entstehung oder einer argen Verderbnis trägt,[535] so sind wir kaum berechtigt, einen besonderen von Loki verschiedenen Utgardhaloki anzunehmen, sondern halten nur dafür, dass Saxos Erzählung von Ugarthilocus eine, wenn auch verdunkelte, doch nicht zu verwerfende Erinnerung an den bösen Gott Loki ist,[536] die wir selbst als Beweis für den Satz anführen dürfen, dass dieser Gott auch als Beherrscher der Unterwelt aufgefasst wurde.[537]

In mehrfacher Hinsicht ist Loki gerade die Kehrseite von Odhinn. Wie Odhinn das Licht sendet, so rührt von Loki die Finsternis her; wie jener die erfreuliche Sonnen-

---

532 Saxo IX, p. 165. Dass der Zug in die Unterwelt geht, ist aus der Fassung des Ganzen klar, und es wird auch auf p. 164 bestimmt ausgesprochen, dass der König Gormo wissen wollte: „quasnam sedes esset exuto membris spiritu petiturus aut quid preamii propensa numinum veneration mereretur.“

533 Sn. 53–61.

534 Critisk undersögelse af Danmarks og Norges sagn-historie 143f.

535 Auch Uhland (der Mythos von Thôrr 70) und Stuhr (Abhandl. über nordische Altertümer 112) halten die Sage für eine später entstandene.

536 Derselben Meinung ist Stuhr a.a.O.

537 Vielleicht war die eddische Erzählung von Utgardhiloki ursprünglich ein Mythos von einer Fahrt, welche Thôrr in die Unterwelt zu Loki unternahm. Dann begreift man wenigstens, wie die Weltschlange, die Schwester der Hel, dort sein kann. Unten werden wir noch einiges zur Bestätigung dieser Vermutung anführen können.

wärme schickt, so geht von diesem die zerstörende und versengende Hitze aus; wie jener dem Feuer wehrt, so kommen von diesem die verderblichen Wirkungen des Feuers. Odhinn bändigt und lenkt den Sturm, aber das ungebändigte Ross Sleipnir ist von Loki erzeugt; jener gibt Leben, dieser den Tod. Fassen wir aber diese Gegensätze tiefer auf, so ist Loki nur die finstere Seite Odhinns, des höchsten Gottes, den wir gleichfalls als einen finsteren Unterweltsgott kennen gelernt haben, und beide sind im Grunde nur ein Wesen. Ihre enge Verbindung tritt schon äußerlich in mehreren Mythen hervor. Sie sind Brüder und Blutsfreunde, und Loki ist unter dem Namen Ve auch Gemahl der Frigg.[538] Der Wolf ist Odhinns heiliges Tier, Fenrir wurde aber von Loki erzeugt. Danach ist denn die Götterdreiheit Odhinn, Hœnir und Loki oder Odhinn, Vili und Ve so aufzufassen, dass, wie der hellenische Gott in der Brüderdreiheit Zeus, Poseidon und Pluto als ein den Himmel, das Meer und die Unterwelt umfassendes Wesen dargestellt wird, ebenso der höchste Gott des Nordens, der Himmel, Meer und Unterwelt umfasst, sich in drei besondere Gestalten zerteilt hat. Vielleicht gehen wir aber mit dieser Annahme schon über die Grenzen des nordischen Glaubensbewusstseins hinaus; denn bereits in den ältesten Quellen der skandinavischen Mythologie tritt mehr die Verschiedenheit als die Identität der drei Götter Odhinn, Hœnir und Loki hervor.

Der Kultus dieses Gottes wird für den Norden durch die oben angeführte Stelle des Saxo nachgewiesen. Noch willkommener ist ein anderes Zeugnis, nach welchem der Isländer Thorwald zur Höhle des Surtr ging und in derselben ein Gedicht vortrug, welches er auf den Iötunn der Höhle verfertigt hatte.[539] Die Verehrung des Loki-Surtr scheint, wie es der Natur seines Wesens angemessen war, etwas Unheimliches gehabt zu haben und war wahrscheinlich nicht sehr verbreitet. –

Welche Tiere dem Gott geheiligt waren und welche ihm zum Opfer gebracht wurden, wissen wir nicht. Doch lässt sich schließen, dass ihm Hühner, insbesondere solche von schwarzer Farbe, geopfert wurden. Der Hahn ist wenigstens Symbol der Flamme[540] und steht zugleich in Beziehung zur Unterwelt, da nach Sæm. 6a ein dunkelfarbiger Hahn in derselben kräht. Auch wurden bei dem großen Totenopfer zu Lethra Hähne oder Habichte dargebracht, und das Zauberweib, welches den König Hading in die Unterwelt führte, opferte einen Hahn.[541] In Deutschland opferte man der Sage nach dem Teufel ein schwarzes Huhn, und in Bayern wird bei dem Offertorium bei Totenämtern von den Laien öfter ein solches dargebracht.[542]

Die letzten Bemerkungen führen uns darauf, die Spuren, welche sich von Loki in Deutschland erhalten haben, aufzusuchen. Von vornherein steht anzunehmen, dass denjenigen Stämmen, welche Wodan verehrten, auch Loki bekannt war, obgleich wir seinen Namen, der sich im Norden in Sagen und Redensarten noch sehr lebendig erhalten hat, nirgends erwähnt finden. Dagegen zeigt sich in den Namen des Teufels

---

538 Sæm. 63b. Vgl. die Sagen von Odhinns Verbannung, S. 201.

539 Landn. 2, 10. p. 220.

540 Vgl. die sehr verbreitete Redensart: „einem einen roten Hahn aufs Dach setzen".

541 Saxo I, p. 17.

542 Vgl. oben S. 109. Münch. Gel. Anz. 1837, sp. 640.

und in den Sagen, welche von ihm unter unserem Volk verbreitet sind, einiges, was ursprünglich von dem bösen Gott Loki gegolten haben mag. Der Teufel heißt der Schwarze oder der Höllenmohr,[543] wie Loki nach unserer Annahme den Beinamen Surtr führte. Noch merkwürdiger ist, dass der Teufel in niedersächsischen Gegenden noch häufig *Dremel* genannt wird, welches Wort, wie der Name Loki, ursprünglich Riegel bedeutet.[544] Grimm vergleicht auch den Namen eines teuflischen Ungeheuers *Grendel*, welches nach dem angelsächsischen Gedicht Beowulf[545] auf dem Grunde des Meeres wohnt und von dem Helden dieses Namens erlegt wird.[546] Die Benennung Grendel ist augenscheinlich mit dem ags. *grindel*, ahd. *krintil*, mhd. *grintel* repagulum, pessulus verwandt, obgleich die Sage im Übrigen keine anderweitigen Beziehungen auf Loki zulässt.

Sehr merkwürdig ist es, dass gewisse auffällige Naturerscheinungen nach der Volkssage durch den Teufel herbeigeführt werden. Wenn Regen und Sonnenschein schnell wechseln, so heißt es im Volk: Der Teufel bleicht seine Großmutter, und wenn es bei Sonnenschein donnert: Der Teufel schlägt seine Großmutter.[547] Solche Redensarten sind denjenigen ganz analog, welche im Norden noch jetzt von Loki gelten. Endlich kommt noch ein Märchen in Betracht, welches berichtet, wie jemand aus der Hölle drei goldene Haare von des Teufels Haupt holte, ebenso wie von Thorkill erzählt wird, dass er drei von den Haaren des Ugarthilocus ausraufte, welche so groß und so starr wie Lanzen waren.[548]

3. Tŷr (Zio) und Heimdallr

Tŷr möchte wohl, wenn wir die hohen Bedeutung, welche dieser Gott aller Wahrscheinlichkeit nach bei den deutschen Stämmen in früheren Zeiten hatte, und nicht sowohl das nordische System berücksichtigten, die Stelle vor Odhinn verdient haben,

---

543 Belege d. Mythol. 556.

544 *Drômil* in Ostfriedland nach mündlicher Mitteilung. Schon ahd. *tremil* Riegel; Graff ahd. Sprachsch., 5, 531. Im Altnordischen ist *trami*, *tremill* cacodaemon. Höllenriegel ist noch jetzt eine Schelte. Vgl. Mythol. 223.

545 *Beowulf, angelsächsisches Epos, das einzige altgermanische, das uns vollständig erhalten ist, schildert die Taten des Geatenhelden Beowulf, namentlich seinen Kampf mit dem Seeungeheuer Grendel und dessen Mutter und geraume Zeit nachher mit einem Drachen, wobei er selbst den Tod findet. Die Sage, deren Kern ein historisches Ereignis von 512–520 ist, wurde von den Angeln mit nach Britannien gebracht, hier mit allerlei Zutaten bereichert und wohl im 7. Jahrhundert, in der vorliegenden Fassung bearbeitet; die einzige Handschrift stammt erst aus dem 10. Jahrhundert. Der Beowulf wurde in Stabreimen abgefaßt, ist kulturgeschichtlich und ästhetisch von höchster Wichtigkeit. Zitiert nach: Meyers Großes Konversations-Lexikon. Leipzig 1905-1909, Band 2, S. 647.*

546 Beowulf 203f., 1413f. und sonst Mythol. 222.

547 Belege d. Mythol. 565, 566.

548 KM n. 29. Saxo IX, p. 165. Auch die freilich weit verbreiteten Märchen von einem mit Siebenmeilenstiefeln versehenen Menschen fressenden Riesen lassen einen Bezug auf Loki zu, welcher nach n. 132, 133 Schuhe hat, mit denen er durch die Luft und über das Meer mit großer Schnelligkeit gehen kann.

obgleich die beiden Edden ihm bedeutend hinter diesen zurücktreten lassen.[549] Nach der jüngeren Edda ist er Odhinns Sohn, wovon freilich die alten Gesänge nichts wissen, welche ihn im Gegenteil von Riesen abstammen lassen.[550] Dem Tŷr schreibt die jüngere Edda Tapferkeit, Verleihung des Sieges und hohe Weisheit zu; außerdem weiß sie nur, dass er es allein wagte, den Wolf Fenrir zu füttern, und dass er demselben, damit er sich von den Göttern binden ließ, zum Pfand seine Hand in den Rachen steckte, die der Wolf, als er seine Bande nicht zerreißen konnte, abbiss. Wenn der Götteruntergang eintritt, wird er mit Garmr, dem Hund, welcher am Eingang der Unterwelt Wache hält, kämpfen.[551] Die ältere Edda berichtet noch von ihm, dass Loki einst mit seiner Gemahlin buhlte, deren Namen indes verschwiegen wird, und dass er Thôrr auf seiner Fahrt begleitete, als er von dem Riesen Hymir den Methkessel zum Gastmahl des Œgir holte.[552]

Die frühere höhere Stellung des Gottes sichert uns teils ein nordischer Sprachbrauch, nach welchem das Wort *tŷr* in Zusammensetzungen überhaupt einen Gott bedeutet;[553] vorzüglich aber geht sie aus der Etymologie seines Namens hervor. Denn das altn. *Tŷr*, ags. *Tiv*, ahd. *Zio*, ist unlängst mit dem sanskr. *djaus* coelum und *div* leuchten, glänzen, zusammengestellt und insofern auf dieselbe Wurzel zurückgeführt, welche in den griechischen und römischen Namen Zeus und Jupiter erscheint. In dem ags. *Tîr* Gloria, ahd. *Ziori, Ziari, Zieri* splendidus ist die Grundbedeutung leuchten noch erkennbar.[554] Danach sehen wir, dass Tŷr ursprünglich der leuchtende Himmelsgott ist, wie es Odhinn, Zeus und Jupiter sind, und dieser Umstand bürgt hinlänglich dafür, dass er früher als ein bei weitem bedeutenderer Gott dagestanden haben muss.

Von der ursprünglichen Bedeutung des Gottes zeigt der Mythos von Fenrir noch eine Spur. Ich möchte nämlich Tŷrs Einhändigkeit nicht mit Wackernagel[555] daraus erklären, dass der Gott des Krieges immer nur einem Teil der Kämpfenden den Sieg verleihen kann. Denn ist die ethische Erklärung eines echten und alten Mythos immer schon bedenklich, so scheint die angeführte Deutung mir hier umso weniger anwendbar, weil durch dieselbe nicht erhellt, weshalb denn eben der Wolf Fenrir dem Gott die Hand abbiss. Da dieses Wesen, wie wir oben ausgeführt haben, in der nordischen Mythologie das Symbol der Finsternis ist, so wurde ohne Zweifel Tŷr deshalb einhändig gedacht, weil das Tageslicht, welches der leuchtende Himmelsgott herbeiführt, durch die Nacht unterbrochen wird. Wahrscheinlich glaubte man, dass der Tag anbreche, wenn der Gott seine Hand über den Himmel hinstrecke, wie Eos, welche den Tag

549 Schon Suhm om Odin 188, 189 erkannte, dass der Kult dieses Gottes im Norden älter sei als der des Odhinn.

550 Sn. 105. Sæm. 52b, 53a.

551 Sn. 29, 38f., 73, 105. Vgl. Sæm. 65a.

552 Sæm. 65b, 52, 53.

553 So heißt Odhinn Sigtŷr, Gautatŷr; Thôrr Reidhartŷr u.a. Der Plural tîvar bedeutet Götter und Helden, Vgl. Mythol. 176, 178.

554 Adalb. Kuhn in Haupts Zeitschrift 2, 231. Vgl. O. Müller in den Götting. Gel. Anz. 1834, 794, 795. Mythol. 175, 176. Leo (Haupts Zeitschr. 3, 225) vergleicht den Namen Tŷr mit dem welschen *duw* oder *dew* Gott.

555 Schweitz. Mus. I, 107.

herbeiführt, die Rosenfingrige heißt.[556] Weil aber die Finsternis nach der allgemeinen Weltordnung und nach dem Willen des Himmelsgottes den Tag regelmäßig verdrängt, so ist Tŷr auch der Ernährer des Wolfes.[557] Der Mythos ist also der Erzählung von Odhinns Einäugigkeit analog. Wenn der ursprüngliche Himmelsgott[558] nachher vorzugsweise als Gott des Krieges verehrt wurde, so beruht das auf einer ähnlichen Abstraktion, als wenn Odhinn Himmelsgott und Schlachtenlenker war: Es wird aber zugleich dadurch wieder bestätigt, dass Tŷr früher oder für andere Stämme eine hohe politische Bedeutung gehabt haben muss.

Nach den Spuren, welche wir von diesem Gott in Deutschland finden, genoss Zio schon zur Zeit des Tacitus eine vorzügliche Verehrung. Diese Ansicht wird, wenn wir auch davon absehen, dass Mars von Tacitus genannt wird, ganz besonders durch die älteste deutsche Stammsage unterstützt. Als Stammvater der Nation wurde der Gott Tuisco, der Erdgeborene, hingestellt.[559] Ganz recht bemerkt Zeuss, dass der Name Tuisco, richtiger Tiusco oder Tivisco, sich zu dem Namen Tiu oder Zio verhalte, wie sie *mannisco*, Mensch zu dem älteren *man* verhält,[560] bezieht aber fälschlich den Namen Tiusco auf Wodan, wozu kein Grund ist. Die Silbe *-isk* bezeichnet Abstammung oder Verwandtschaft.[561] Weil daher Tiusco der von Tiu Abstammende ist, so wurde offenbar ein Sohn des Gottes Tiu als Heros Eponymus an die Spitze des Volkes gestellt. Die Mutter desselben war die Erde, weil wahrscheinlich dem Zio, wie dem Odhinn und anderen Himmelsgöttern, eine Erdgöttin als Gemahlin zugesellt war, welche denn eben die in den nordischen Quellen erwähnte Loki (wie mit der Frigg) buhlte. Vielleicht hat sich der Name dieser Göttin in der noch jetzt in märkischen Sagen lebenden Herke oder Erce erhalten. Denn Zio hat bei den deutschen Stämmen auch den Namen Er oder Ir geführt. Dieses lässt sich teils daraus erkennen, dass der sonst nach dem Gott *Ziestag* benannte dritte Wochentag in Bayern ehemals *Eritac* oder *Erctac* hieß[562] und jetzt noch *Ierte*, in Österreich *Iärta, Irita* genannt wird; teils geht es aus den Runenalphabeten hervor. Bekanntlich versehen diese die einzelnen Zeichen mit solchen Namen, in denen der bezeichnete Buchstabe anlautet. Die altnordischen Runenalphabete geben dem Zeichen für T den Namen Tŷr; die angelsächsischen nennen dasselbe Zeichen Tiv oder Tir; die hochdeutschen, welche das Zeichen für T *Tac* benennen, verwenden für den Buchstaben Z den Namen Ziu, je nachdem der Name des Gottes nach dem Lautsystem der hochdeutschen oder niederdeutschen Stämme mit T oder Z anlautete. Nun wird der althochdeutschen Rune ᛉ, dem Zeichen

556 So vergleicht Wolfram in einem Lied (4, 8) die Morgenröte am Himmel mit einem Tier, dessen Klauen durch die Wolken geschlagen sind: „Sîne clàwen durch die wolken sint geslagen, er stîget ùf mit grôzer kraft, ich sih in grâwen den tac.“ Vgl. d. Mythol. 429.

557 Nach Sæm. 91b scheint er dieses Geschäft mit der Nacht zu teilen.

558 Grimm führt Mythol. 184 aus dem sangallischen Codex 913, p. 193, die Glosse turbines ziu an. Dürfen wir darin den Namen unseres Gottes sehen, so herrschte auch dieser, wie Wodan, über den Wind.

559 Germ. 3.

560 Zeuss, Die Deutschen und die Nachbarstämme, 72. Vg. Grimms Grammatik 2, 319.

561 Grimms Grammatik 2, 373.

562 Schmeller I, 96, 97.

für Z, auch der Name Eo, Eor und Aer gegeben, und auch angelsächsische Alphabete setzen zu demselben Zeichen die Namen Tir und Ear.[563] Demnach waren also die Namen Tŷr oder Zio offenbar identisch mit Eor oder Ear, und die Göttin Herke oder Erce wird diesen ihren Namen als Gemahlin des Er oder Ir geführt haben.[564]

Den Gott Zio erkennt Zeuss auch in dem in der Abrenuntiatio neben Thunar und Wôden erwähnten Saxnôt wieder, weil der Name *Schwertgenosse* oder *Kampfgenosse* eine Nebenbenennung dieses Gottes gewesen sein könnte.[565] Grimm hat diese Vermutung noch dadurch unterstützt, dass er den Namen Er oder Eor mit dem ahd. *Heru* (Schwert) in Verbindung setzt und an das Schwert erinnert, welches die Alanen als Symbol des Mars verehrten.[566] Aber da wir nicht einmal wissen, dass der nordische Tŷr ein Schwert führte, so lassen wir die Richtigkeit dieser Vermutung dahingestellt sein.[567]

Heimdallr gesellen wir deshalb zu Tŷr, weil er, wenn anders Grimms Annahme Grund hat, dass sein zweiter Name Rigr mit dem deutschen Iring zusammenzustellen ist, offenbar für einen Sohn der Tŷr oder Ir gehalten werden muss,[568] obgleich er in der Edda, ebenso wie dieser, ein Sohn Odhins genannt wird.[569] Um in das Wesen dieses rätselhaft scheinenden Gottes zu dringen, ist es nötig, zunächst die Gesamtmasse der auf ihn Bezug habenden Mythen zusammenzustellen, welche uns hier glücklicherweise in einer größeren Fülle vorliegen, als bei anderen Göttern.

Heimdallr ist im Anfang der Zeiten am Ende der Erde von neun Müttern geboren.[570] Er wohnt in Himinbiörg (Himmelsberg) und wacht an der Asenbrücke Bifröst, um sie gegen die Riesen zu hüten. Wenn die Götterdämmerung herannaht, so stößt er in ein laut gellendes Horn (Giallarhorn), welches unter einem heiligen Baum bewahrt wird.[571] Als Wächter der Götter bedarf er weniger Schlaf als ein Vogel, sieht bei Nacht, wie bei Tage, hundert Meilen weit und hört das Gras auf der Erde und die Wolle auf den Schafen wachsen.[572] Er heißt der weiße, leuchtende Gott, der Goldzahnige; und sein Pferd führt den Namen Gulltopr (Goldzopf).[573] Als die Göttin Idhunn nach einem unten weiter auszuführenden Mythos von der Esche Yggdrasil heruntergesunken ist und in der Unterwelt weilt, wird er mit Bragi und Loki abgesandt, um sie über das Geschick der Welt zu befragen, und als Loki der Freyja ihr Halsband geraubt

---

563 S. die weitere Ausführung, Mythol. 181, 182.

564 Auch Kuhn, Märk. Sagen, S. VII, stellt diese Göttin zu Er oder Zio.

565 Zeuss, Die Deutschen 25. Vgl. über Saxnôt oben.

566 Mythol. 184, 185 Ammian. Marcell. 31, 2.

567 Andere halten Sanôt für Freyr, weil er nach den Edden ein Schwert führte und zu Uppsala mit Odhinn und Thôrr zusammen verehrt wurde.

568 S. Mythol. 214. – Die Silbe *-ing* bedeutet Abstammung.

569 Sn. 105, 211.

570 Sæm. 118a, b. Vgl. Sn. 30, 104.

571 Sæm. 5b, 8a, 41, 66b, 90a, 92b, Sn. 30, 72. 73, 104.

572 Sn. 30. Ähnliche Züge von Weitsichtigen kommen in Märchen vor. KM. n. 71, 134. Vgl. III, S. 123ff.

573 Sæm. 72a, 90a. Sn. 30, 104. Das Schwert des Gottes heißt Hösudh (Haupt). Vgl. Landn. 3, 19, p. 266.

und unter Meeresklippen versteckt hat, kämpft er mit demselben und bringt es wieder. Demselben Gott wird er entgegentreten, wenn die Götterdämmerung einbricht, und beide werden einander töten.[574] Außerdem erzählt ein Gedicht der älteren Edda,[575] wie der Gott unter dem Namen Rigr auf der Erde wandelte und mit drei Frauen drei Söhne zeugte, von welchen die Knechte, die Bauern und die Edlen stammen, weshalb auch im Anfang der Völuspâ alle erschaffenen Wesen die Söhne Heimdalls (megir Heimdallar) genannt werden.

Diese Mythen lassen auf eine sehr bedeutende Gottheit schließen. So seltsam nun auch dieselben zum Teil klingen, so ist doch so viel klar, dass Heimdallr ein himmlischer leuchtender Gott ist, wie schon seine Benennungen und der Name seiner Wohnung zeigen, und wir werden sicher nicht fehlgehen, wenn wir ihn für den Mondgott erklären, welcher den Deutschen männlich sein musste, weil der Mond noch jetzt männlichen Geschlechts ist. Als der Gott des leuchtenden Mondes heißt Heimdallr daher der weiße, der glänzende, der goldzahnige, und ist der nie schlafende Wächter am Himmel, wenn alles ruht.[576] Er hört alles, auch das leiseste Geräusch, weil die Stille der Nacht das Hören begünstigt. Die neun Schwestern, von welchen Heimdallr am Ende der Erde geboren wurde, sind die Wellen, in ihrer Gesamtheit die Personifikation des Meeres, aus welchem der Mond sich erhebt und in welches er wieder hinabsinkt. Diese Erklärung wird dadurch bestätigt, dass dem Meeresriesen Œgir und seiner Gemahlin Rân neun Töchter zugeschrieben werden, und dass die Namen von Heimdalls neun Müttern, welche Sæm. 118b erhalten hat, zum großen Teil Wasserwesen erkennen lassen.[577] Der Name des Gottes, welcher *distributor mundi* bedeutet,[578] hat seinen Grund darin, dass nach dem Wechsel des Mondes das Jahr und die Zeit überhaupt eingeteilt wird. Heimdallr steht darum, weil er durch den Umlauf des Mondes die neue Zeit herbeiführt, als Prinzip des Anfanges in den oben erwähnten Mythen dem Loki gegenüber, welcher vorzüglich das Ende der Dinge herbeiführt. Insofern ist es auch natürlich, dass er bei der Erschaffung der Menschen tätig wirkend gedacht wurde, wodurch er den hehrsten Göttern des Nordens gleich gestellt wird.

---

574 Sæm. 89b. S. 73, 104, 106.

575 S. Rîgsmâl, Sæm. 100f.

576 Sein Schwert *hösudh* hat offenbar von der runden Gestalt des Mondes den Namen.

577 So ist *Giâlp* das Anschlagen des Meeres an das Ufer, vgl. Lex. Isl. 281: *giâlp* allisio maris ad litora, *giâlfra* obstrepere; *Greip* die ergreifende, räuberische, *Greipâ* ein Flussname, Fornald. Sög. 1, 489; *Elgia* die Meeresbrandung, vgl. elgia eastuari; Angeyia hängt wohl mit *ângr* sinus maris zusammen. – Giâlp und Greip heißen auch die Töchter des Riesen Geirrödhr, welchen Uhland (der Mythos von Thôrr 139) für den Gewitterriesen erklärt, der die lärmende Brandung und die reisende Strömung hervorbringt.

578 Lex. Isl. 137a. Uhland (a.a.O. 124) und Grimm (Mythol. 213) bringen das zweite Wort mit *Thöllr*, gen. *Thallar* pinus in Verbindung. Aber die daraus für den Namen Heimdallr hervorgehende Bedeutung Weltstamm gibt keinen persönlichen und auch keinen mythischen Begriff.

Der Kult Heimdalls[579] muss auch in Deutschland früher von großer Bedeutung sein, weil, wie das erste Buch nachgewiesen hat, geglaubt wurde, dass die verschiedenen Mondphasen einen bedeutenden Einfluss auf den glücklichen oder unglücklichen Erfolg wichtiger Unternehmungen ausübten, und weil die göttliche Verehrung des Mondes schon in den ältesten Zeiten in der Religion der Deutschen hervortrat und bis auf die Gegenwart sich noch in einzelnen Spuren erhalten hat.[580] Wir haben auch Ursache, die Götter Sol und Luna, welche Cäsar erwähnt, für den Himmels- und Lichtgott Zio und seinen Sohn Heimdallr zu halten, denen in dem Vulkan eine dritte Gottheit beigesellt war, welche wahrscheinlich in demselben Verhältnis zu ihnen stand, wie Loki, der Gott des Feuers, zu Odhinn und Hœnir oder Vili. Es lässt sich danach selbst die Vermutung rechtfertigen, dass dieser böse Gott, als das nordische System sich noch nicht vollständig durchgebildet hatte, gewissermaßen doppelt vorhanden war, dass er unter dem Namen Ve zu Odhinn und Vili gehörte, und unter dem Namen Loki in näherer Verbindung zu Heimdallr und Týr stand.[581] Wir würden auf diese Weise zwei Götterdreiheiten anzunehmen haben: Auf der einen Seite die ältere Týr, Heimdallr und Loki oder Cäsars Sol, Luna, Vulkan, auf der anderen Odhinn, Vili und Ve. Diese Annahme hebt die oben behauptete wesentliche Identität des Ve und Loki, welche in dem nordischen System verschmolzen und doch wieder getrennt werden, nicht auf, da beide Dreiheiten im Grunde nur individuelle durch verschiedene Stämme hervorgebrachte Ausbildungen derselben Götterbegriffe sein möchten. Zio und seine Verwandten dürften bei hochdeutschen Stämmen vorgeherrscht haben, Odhinn und seine Brüder dagegen die Hauptgötter der niederdeutschen Stämme gewesen sein.

---

579 *Heimdall (der über der Welt Glänzende), in der war einer der Asen und ursprünglich wahrscheinlich der Gott des ersten Frühlichts. Er ist ein Sohn Odins und von neun Schwestern (den Wellen, aus denen sich das Morgenrot erhebt) geboren. Daher ist er von allen Wesen zuerst wach und eignet sich, da er weniger Schlaf bedarf als ein Vogel, besonders zum Wächter des Himmels. Sein Palast Himinbjorg ist unmittelbar an der Brücke Bifrost erbaut; von hier aus schaut er über alle Welten. Wenn einst am Ende der Tage die den Asen feindlichen Dämonen heranziehen, wird er in das Gjallarhorn blasen und dadurch die Götter zum letzten Kampf erwecken. In diesem töten Heimdall und Loki sich gegenseitig. Heimdall heißt auch Gullintanni (goldene Zähne habend) und sein Roß Gulltopp (goldglänzendes Stirnhaar habend). In dem eddischen Gedicht ‚Rigsthula' wird von Heimdall erzählt, dass er unter dem Namen Rig die Stammväter der drei menschlichen Stände (Sklaven, Freie und Edle) erzeugte. Zitiert nach: Meyers Großes Konversations-Lexikon. Leipzig 1905-1909, Band 9, S. 85.*

580 Vgl. oben. Merkwürdig ist folgende RA. 542 aus einer Urkunde vom Jahr 1185 bei Neug. N. 866 angeführte Stelle: „inde ad Rhenum, ubi in vertice rupis *similitudo lunae*, *jussu* Dagoberti regis ipso praesente sculpta cernitur, ad discernendos terminos Burgundiae et curiensis Rhetiae." Das auf den Grenzstein eingehauene Bild des Mondes (vgl. auch Mythol. 671) könnte ehemals in Bezug zu Heimdallr gestanden haben, welcher, da von ihm die Einteilung der Zeit und der Unterschied der Stände herrühren, vielleicht auch als Gott der örtlichen, wie der geistlichen Grenzen aufgefasst wurde.

581 Hiernach scheint es nicht ohne Bedeutung, dass in den angeführten Mythen Heimdallr mehrfach mit Loki zusammen oder als sein Feind auftritt.

Eine andere Spur von Heimdallr findet sich in dem Gott Tuisco, welche an der Spitze der altdeutschen Stammsage steht. Wir haben schon oben gezeigt, dass unter demselben ein Sohn des Zio oder Tiu, nicht dieser selbst, zu verstehen ist. Wer könnte nun dieser Sohn des Zio anders sein, als Heimdallr, zumal da Tuisco in der Sage als Stammvater der Menschen, welche in dem Namen Mannus zusammengefasst sind, ebenso dargestellt sind, wie dieselben nach der Edda Heimdalls Söhne sind, und da außerdem noch berichtet wird, wie er unter dem Namen Rigr die Ahnherrn der verschiedenen menschlichen Stände erzeugte?
Der offenbare Zusammenhang der Sagen von Tuisco und Heimdallr kann selbst noch eine weitere Bestätigung dafür geben, dass Rîgr, der eddische Beiname Heimdalls ursprünglich (wogegen sprachlich nichts zu erinnern ist) Iring lautete und den Sohn des Gottes Ir oder Zio bedeutete. Es hat sich nämlich noch in einer späteren deutschen Sage an denNamen Iring ein Mythos geheftet, der sich wieder auf Heimdallr zurückführen lässt. Nachdem Widukind auf eine eigene, von anderen Überlieferungen abweichende Weise erzählt hat, wie Irmenfried, der König der Thüringer, von seinem eigenen Dienstmann Iring, der von den Franken gewonnen war, erschlagen wurde; wie dieser darauf, um seinen Herrn zu rächen, auch den fränkischen König Dieterich erstach, und sich nach der Tat durch die ihn umgebende Menge mit dem Schwert einen Weg bahnte, fährt er also fort: „mirari tamen non possumus in tantum famam praevaluisse, ut *Iringi* nomine, quem ita vocitant, *lacteus coeli circulus* usque in praesens sit notatus“.[582] Wir dürfen die Person des Thüringer Iring und die sagenhafte Erzählung von seiner Tat, welche mit dem Namen der Milchstraße in Verbindung gesetzt wird, hier um so eher unberücksichtigt lassen, da sie augenscheinlich nicht dazu gehört und für uns auch keine Bedeutung hat. Wir legen ebenso wenig Gewicht darauf, dass ein Held Iring in der Nibelungensage wieder erscheint;[583] die Hauptsache ist, dass die Milchstraße den Namen Irings Weg oder Irings Straße führte, was angelsächsische Glossen bestätigen.[584] Dieser Name darf aber auf Heimdallr bezogen werden, weil es eine natürliche Idee ist, die Milchstraße für den Pfad zu halten, welchen der leuchtende Gott des Mondes wandelt.

4. Thôrr (Donar)

Thôrr, nach dem nordischen System der Sohn Odhinns und der Iördh, ist abermals ein älterer Gott als sein Vater, was sich schon daraus erhellt, dass er vorzugsweise von

582 Widukind I, 13. Vgl. die Auersberger Chronik ed. Argent. P. 148:.

583 Doch ist zu bemerken, dass auch die Vilkina-Saga c. 360 berichtet, dass die Steinmauer, an welcher Iring nach seinem letzten Kampf mit Högni niedersank, *Irungs veggr* heiße. Dass hier *vegr* (via) mit *veggr* (murus) verwechselt ist, zeigt Grimm, Mythol. 333.

584 „via secta: Iringes uuec.“ Vgl. Mythol. 332. Der *Vœtlingastrœt*, der Straße von Dover nach Cardigan, welche zugleich an den Himmel versetzt wird, und der *Eriksgata* in Schweden, oder der Straße, auf welcher ein neuer König durch das Land ziehen und dem Volk seine Freiheiten bestätigen musste (vgl. Mythol. 330ff. RA. 237.), weiß ich keine mythologischen Beziehungen abzugewinnen. Grimm hält die letztere gleichfalls für die Straße des Rîgr oder Heimdallr, der nach der Edda die grünen Wege der Erde wandelt.

den niederen Ständen, also den frühesten Bewohnern Skandinaviens, verehrt wurde. Denn in der Edda heißt es, dass Thôrr die Knechte nach dem Tod zu sich nimmt, während die im Kampf gefallenen Fürsten zu Odhinn kommen,[585] und nach der Gautrekssaga verhängt jener über den Starkadhr den Hass des Volkes, dieser aber verspricht demselben die Gunst der Fürsten.[586] Wenn nun auch später im Allgemeinen Thôrr dem Odhinn untergeordnet wurde,[587] so blieb doch sein Kult besonders in Norwegen und Island der vorherrschende,[588] während Odhinns Verehrung besonders in Dänemark und dem südlichen Schweden überwog. Das höhere Alter des nordischen Thôrrkultes bestätigt auch der Umstand, dass der Donnergott unter ähnlichen Namen und Attributen bei den ältesten europäischen Völkerschaften, namentlich bei Finnen und Kelten, nachweisbar ist.[589] Gleichwohl lässt sich an dem echt germanischen Ursprung des Thôrr oder Donar nach der klar vorliegenden Etymologie seines Namens nicht zweifeln, wenn sich von ihm in Deutschland auch auffallend wenige Spuren erhalten haben: Aber es wird sich durch die historische Stellung seines Kultus als natürlich erweisen, wenn der Gott in manchen Beziehungen seines Wesens mit Odhinn zusammentrifft.

---

585 Sæm. 77b. So waren Herakles bei den Griechen und Saturn bei den Römern vorzugsweise die Götter der Sklaven. Creuzer, Symbolik II, 217–219 Macrob. Saturn. 1, 10.

586 Fornald. Sög. 3, 33.

587 Doch wird Thôrr vor Odhinn genannt, Fornm. Sög. 2, 34, 168. Laxdaela-sag. p. 174. In dem Tempel zu Upsala, wo Odhinn, Thôrr und Freyr zusammen verehrt wurden, saß Thôrr als der mächtigste von ihnen (ut potentissimus eorum) in der Mitte. Ad. Brem. c. 233. Nordische Stammtafeln (D. Mythol. XXI) stellen Thôrr vor Odhinn.

588 In Norwegen hatte Thôrr die meisten Tempel und er ist insbesondere der Schutzgott (landàs) dieses Landes. Geijer, Schwedens Urgeschichte, 232. Egilssaga, S. 365, 366. Die norwegischen Könige leiteten ihr Geschlecht von Hâlfdan ab, an welchen Namen sich viele Sagen knüpfen, welche in genauer Beziehung zu dem Mythos von Thôrr stehen. S. Uhland, Der Mythos von Thôrr 192ff. Namentlich weiß Saxo, S. 122ff. von Haldan, den er in die dänische Königsreihe verflicht, dass er für Thôrrs Sohn gehalten wurde und göttliche Ehre genoss. Er legt ihm als Waffe eine große Keule bei; ein anderes Mal kämpft er, wie Thôrr selbst, mit einem großen Hammer (mirae granditatis malleo). – Das Überwiegen des Thôrrkultes in Island bezeugt vornehmlich das Landnàmabôk.

589 Die Finnen verehrten einen Donnergott Ukko oder Ukko Taran, dem, wie dem Thôrr, Hammer und Eisenhandschuhe beigelegt werden; die norwegischen Lappen einen Thora Galles oder Toraturos, dem hölzerne Hämmer in Bergspalten oder Felshöhlen zum Opfer hingelegt wurden; bei den schwedischen Lappen findet sich gleichfalls ein Gott Tjermes oder Auke mit einem Hammer; der estnische Donnergott hieß Turris. Ganander, Finnische Mythol. 11f. Finn Magnusen, Lex. Mythol. 943ff. Die Gallier verehrten den Taranis (Lucan. Phars. 1,, 446: et Taranis Scythicae non mitior ara Dianae) oder nach Inschriften Tanaris, Taranucnus. Mone, Heidenth. 2, 350, 415. Im Welschen bedeutet *Taran* Donnerschlag, *taranu* wettern, im gälischen *torann* oder *torunn* Donner. Leo in Haupts Zeitschrift 3, 224. Auch der einen Hammer führende etruskische Totengott Mantus oder Charun kommt in Betracht.

Der tosende Donner gab die erste Veranlassung zur Abstraktion des Gottes. Man glaubte, dass diese Naturerscheinung durch seinen Atem[590] oder durch das Rasseln seines mit zwei Böcken bespannten Wagens[591] hervorgebracht werde. Den durch die Luft fliegenden Blitz dachte man sich als die Waffe des Gottes, den Hammer *Miöl-nir*,[592] der bei jedem Wurf trifft und immer wieder in seine Hand zurückkehrt; die schwarzen Gewitterwolken aber sind die Stärkegürtel[593] Thôrrs, durch deren Umspannung seine Kraft um die Hälfte wächst.
Allgemeiner aufgefasst ist Thôrr der Gott, welcher sowohl durch die segensreiche Naturerscheinung des Gewitters, als auch durch Verleihung des Regens und des warmen Sonnenscheins und als Lenker des Wetters überhaupt die Erde fruchtbar macht. Darum sagt Adam von Bremen (c. 233) von ihm: „Thor praesidet in aëre, qui tonitrua et fulmina, ventos imbresque, serena et fruges gubernat.“ Ihm wurde nach demselben Schriftsteller besonders geopfert, wenn Hungersnot drohte, und der Mythos charakterisiert ihn als Beschützer des Ackerbaus, als den milden, menschenfreundlichen Gott, der die der Bestellung des Feldes und dem Gedeihen der Früchte schädlichen Naturkräfte mit Götterstärke beseitigt und aus dem Weg räumt. Diese schädlichen Kräfte und massenhaften Elemente stellt die mythische Anschauungsweise als unbändige, Göttern und Menschen feindliche Riesen hin, mit denen Thôrr daher stets im Kampf lebt, und die er mit seinem Hammer zerschmettert, damit sie das Menschengeschlecht nicht bedrängen.[594] Die nordischen Quellen haben uns eine Reihe

---

590 Wenn ein Gott zürnt, so bläst er in seinen roten Bart; alsbald kommt ein Unwetter, und Donner schallt durch die Wolken. Fornm. Sög. 1, 303. Vgl. 2, 182, 204. 5, 219. Noch jetzt ist ein nordfriesischer Fluch: Des walte der rothaarige Donner! Vgl. Mythol. 161, 162. Aus Thôrrs Augen scheint Feuer zu flammen. Sæm. 74a. Sn. 50.

591 Es lag nahe den schallenden Donner mit dem Geräusch zu vergleichen, welches ein fahrender Wagen verursacht. Daher heißt noch jetzt im schwedischen *åska* tonitru, fulmen: welches Wort wahrscheinlich aus *âs* und *aka* vehere entstanden ist und also ursprünglich das Fahren des Gottes bezeichnet. Thôrr heißt *Ökuthôrr* (Sn. 25), d. i. *Wagenthôrr* und *Reidhartŷr* oder Herr des Wagens. Noch jetzt glaubt das schwedische Volk, wenn es donnert, das Geräusch eines Wagens zu vernehmen. Vgl. Mythol. 151. Über Thôrrs Böcke *Tanngniostr* und *Tanngrîsnir* s. besonders Sn. 26.

592 D. i. der Zermalmer; Hauptstellen Sæm. 57b, 67b, 68. Nach Sn. 26 schwingt er ihn mit Eisenhandschuhen und ebenda 131 wird erzählt, wie ihn kunstreiche Zwerge verfertigten. Saxo III, p. 41, gibt dem Gott eine Keule, wie dem Hàlsdan. Die sogenannten Donnersteine, welche nach der Meinung des Volkes mit dem Blitz auf die Erde herunterfahren, scheinen den Mythos von Thôrrs Hammer hervorgebracht zu haben; denn hamar bedeutet ursprünglich einen harten Stein. Daher trug auch der römische Jupiter einen Kiesel, das Symbol des Blitzes, in der Hand. Arnob. 6, 25. Vgl. Hartung, Relig. D. Römer 2, 9. Die noch in Deutschland gewöhnlichen Flüche: „dass dich der Hammer“ und ähnliche, ferner der dem Teufel beigelegte Name Hemmerlein, Meister Hemmerlein, mögen eine Erinnerung an den Donnergott sein.

593 *megingiàrdhar*, Sn. 26.

594 Häufig heißt es von Thôrr: Er war auf einer Fahrt nach Osten (wo die Riesen wohnen) begriffen: Sæm. 59, 68a, 75, 78a, b. Sn. 46. Groß, sagt er selbst, Sæm. 77b, würde das Geschlecht der Riesen sein, wenn alle lebten; nichts würde übrig bleiben von den Menschen.

von solchen Kämpfen aufbewahrt, welche Uhland in dem Mythos von Thôrr geistreich und der Hauptsache nach glücklich dem angedeuteten Wesen des Gottes gemäß erklärt hat. In dem Riesen Hrûngnir, dessen Herz und Haupt von hartem Stein ist, und welcher mit einem breiten steinernen Schild und einer Steinkeule bewaffnet dem Gott entgegentritt, bekämpft Thôrr mit der Felsen spaltenden Gewalt des Wetterstrahls die dem Ackerbau widerstrebenden Fels- und Steinmassen.[595] Eine ähnliche Bedeutung haben seine Abenteuer mit dem gewaltigen Riesen Skrŷmir, welcher die kräftigen Schläge, welche ihm der Gott mit dem Hammer versetzte, kaum fühlte, und dessen Handschuh so geräumig war, dass Thôrr mit seinen Begleitern darin Platz hatte.[596] Dieser Riese ist die Personifikation des rauen, jedem Anbau widerstrebenden Felsgebirges. Dagegen wird in dem Riesen Thiassi, dem Räuber der Göttin Idhunn, welchen der Gott nach einer Stelle der älteren Edda tötete,[597] die Gewalt des übermächtigen winterlichen Sturmes vernichtet, und in den Kämpfen gegen Geirrödhr und seine Töchter Giâlp und Greip, von denen die eine einen Fluss, durch welchen der Gott watet, anschwellen macht, zeigt Thôrr seine Kraft gegen die schädlichen verheerenden Wasserschwälle und die wilden Bergströme.[598] In den Abenteuern mit dem Eisriesen Hŷmir, welcher demselben, als er von ihm den Methkessel zum Gastmahl des Œgir holen wollte, feindselig entgegen ist, sind Thôrrs Anstrengungen gegen das wilde winterliche Meer und dessen gewaltige Eismassen angedeutet.[599] Eine ähnliche Idee enthält der Mythos, nach welchem Thôrr, wenn die Götterdämmerung anbricht,

---

Überhaupt steht Thôrr in einem viel freundlicheren Verhältnis zu den Menschen als Odhinn; er heißt darum der Schützer und der Freund des Menschengeschlechts. Sæm. 53b, 55a.

595 So. 106–110. Der Mythos ist schon im neunten Jahrhundert von Thiodôlf besungen. Sn. 111, 112. Vgl. Thorlacius antiq. Bor. Spec. 6. Dieselbe Erzählung scheint sich, wenn auch unvollständig und in verdorbener Gestalt, bei Saxo p. 124, 125 an Haldan geheftet zu haben. Ebbo, ein Mann von gemeiner Herkunft, hatte es gewagt, um die Sygrutha, die Tochter des gotischen Königs Unguinus, zu werben und hatte die Hälfte des Reiches als Mitgift verlangt. Haldan, bei dem man sich über die Unverschämtheit desselben beklagt hatte, rät scheinbar einzuwilligen, verspricht aber die Hochzeit zu hintertreiben. Er erscheint bei dem Festmahl und fragt den Ebbo, warum ein so gemeiner Mensch wie er sich unter die Reihen der Edlen dränge, und wer ihm das Recht gegeben habe, neben dem König zu sitzen. Darauf folgt ein Zweikampf, in welchem Ebbo fällt. Ebenso drängte sich *Hrûngnir* zu den Gelagen der Asen. Er trinkt aus Thôrrs Bechern und droht in seiner Trunkenheit Asgard zu verwüsten, die Götter zu töten und die Göttinnen Freyja und Sif mit sich zu nehmen. Thôrr erscheint, als die Götter seinen Namen nennen, und fragt, wer schuld sei, dass der Riese ihr Gast sei, wer ihm Erlaubnis gegeben habe, nach Vallhöll zu kommen und warum Freyja ihm einschenke. Darauf folgt auch hier der Zweikampf. Die Übereinstimmung dieser Züge ist entscheidend. Haldan ist, wie wir gesehen haben, dem Thôrr verwandt. Sygrutha aber und Unguinus deuten, wie sich unten ergeben wird, auf Freyja und Freyr.

596 Sn. 50–53. Vgl. Sæm. 68, 78a. Uhland, a.a.O. 61f.

597 Sæm. 77a; anders ist die Darstellung des Mythos Sn. 80–82.

598 Sn. 112–115. Vgl. Saxo VIII, p. 163. Über Giâlp und Greip s. oben.

599 Sæm. 52–58. Sn. 61–63.

mit der frei gewordenen Midhgardhsschlange kämpfen wird. Er wird sie erlegen, so sagt der Mythos; aber kaum ist er neun Schritte von ihr gegangen, so wird er von dem Gift, welches sie auf ihn geblasen, tot zur Erde fallen.[600] Besonders bekannt und berühmt ist endlich die eddische Erzählung von dem Riesen Thrymr, welcher dem schlafenden Thôrr seinen Hammer stahl und ihn acht Meilen unter die Erde versteckte.[601] Er will ihn nicht eher wieder herausgeben, bis er die Göttin Freyja zum Weib erhält. Da lässt sich Thôrr als Freyja verkleiden, nimmt Loki als Dienerin mit und bringt durch diese Täuschung den Riesen dahin, dass er den Hammer ausliefert, welcher ihm alsbald das Leben nimmt. Der Mythos erklärt auf eine einfache symbolische Weise, weshalb sich in den acht Wintermonaten kein Gewitter zeigt.

Die ausführlichere Betrachtung dieser Erzählungen, in welchen Thôrr stets der wohltätige, gütige Vorkämpfer für die Menschen ist,[602] gehört in die nordische Mythologie, zumal da sich in Deutschland keine sicheren Spuren davon erhalten haben. Grimm vergleicht mit der Erzählung von Thôrrs Kampf mit der Weltschlange den Kampf des Elias gegen den Antichrist und Satanas, so wie ihn das althochdeutsche Bruchstück vom jüngsten Gericht beschreibt.[603] Elias besiegt seine Feinde, aber nach der Meinung vieler Männer Gottes wird auch er verwundet. Sobald sein Blut in die Erde trieft, entbrennen die Berge, Himmel und Erde vergehen in Feuer, wie auch nach der Erlegung der Weltschlange die Schöpfung vergeht. –

So möchte auch nach der Vermutung desselben Gelehrten mit dem Mythos von dem Hammerdiebstahl die sehr verbreitete deutsche Volkssage zusammenhängen, nach welcher der Donnerkeil tief in die Erde fährt und sieben Jahre gebraucht, um wieder an die Oberfläche zu rücken.[604]

Solche Erzählungen von den Riesenkämpfen des Donnergottes mögen dem Tacitus Veranlassung gegeben haben, denselben durch Herkules zu übertragen. Halten wir auch diese Identifikation nicht für so sicher wie Zeuss,[605] so ist doch zuzugestehen, dass auch die Keile des Herkules von dem Römer mit Thôrrs Hammer verglichen werden konnte, wie ja Saxo diesem ebenfalls eine Keule beilegt. Daher sind wir

---

600 Sæm. 9a, Sn. 73.

601 Sæm. 70–74. Bekanntlich hat sich der Mythos vom Hammerraub in dänischen, schwedischen und norwegischen Volksliedern erhalten.

602 Deshalb begleitet den Gott auf mehreren seiner Fahrten sein Diener Thiâlfi, die Personifikation der menschlichen Tätigkeit, welche erst dann wirken kann, wenn Thôrr seine Kraft gezeigt hat. Über Thiâlfi s. Uhland 52f.

603 Muspilli 48–54. Mythol. 158.

604 Mythol. 165. Das Haus, in welchem ein Meteorstein aufbewahrt ist, wird dadurch vor Gewitterschaden gesichert. Die Meteorsteine wurden in Norwegen noch in christlicher Zeit heilig gehalten. In Thielemark wurden zwei solche Steine jeden Donnerstag (wie sonst auch Götterbilder) gewaschen und mit Fett gesalbt. Lex Mythol. 961. Auch zu Delphi wurde ein Stein, welchen Kronos statt des Zeus verschlungen und wieder von sich gegeben haben sollte, jeden Tag mit Öl gesalbt und an Festtagen in Wolle eingewickelt. Paus. 10, 24.

605 Die Deutschen und die Nachbarstämme, 25. Vgl. meinen Versuch einer mythol. Erklär. D. Nibelungensage, 143.

entweder genötigt, die Identität der beiden Götter anzuerkennen, oder wir müssen den Versuch, den Herkules des Tacitus mit irgendeiner nordischen Gottheit zu vereinbaren, ganz aufgeben; denn unter den übrigen nordischen Göttern lässt sich diesem keiner so vergleichen, wie Thôrr. Freilich hätte man eher einen Vergleich desselben mit dem donnernden Jupiter erwarten sollen, durch welchen spätere römisch interpretierende Schriftsteller Donar wiederzugeben scheinen,[606] aber davon hielt den Römer wohl die Unterordnung des Gottes unter Merkurius (Wodan) ab.[607]
Wir haben bis jetzt Thôrr vermittelst seines Mythos als den Gott kennen gelernt, welcher durch das Gewitter die Erde befruchtet und den Ackerbau befördert. Da der heilsame feurige Wetterstrahl aus seiner Hand fährt, so war auch das Feuer, besonders insofern es wohltätig wirkt, sein heiliges Symbol. Dies erkennen wir schon daran, dass Iördh, die Mutter des Gottes, auch *Hlôdkyn* heißt, welcher Name von dem altnordischen *klôd* heerd, Altar abzuleiten ist.[608] Zudem wissen wir, dass in Thôrrs Tempeln ein heiliges Feuer brannte, welches niemals ausgelöscht werden durfte.[609] In Deutschland deutet auf diesen Zusammenhang des Feuers mit dem Donnergott noch der Glaube, dass kein Gewitter da einschlägt, wo Herdfeuer brennt;[610] und im Hildesheimischen werden an bestimmten Tagen Holzspäne geweiht, welche bei eintretenden Gewittern zum Schutz gegen dieselben angezündet werden. Weil ferner Thôrr der natürliche Feind der Riesen und Trolle, überhaupt aller unreinen Geister ist, so glaubte man, dass das frisch entzündete Feuer dazu diene, die Einwirkungen der bösen Dämonen abzuhalten,[611] wovon sich auch in Deutschland Spuren erhalten haben.[612] Namentlich ist der Glaube zu erwähnen, dass der Schmied, welcher stets mit dem Feuer umgeht und zugleich den Hammer, die Waffe des Gottes, führt, über die Geister eine besondere zauberhafte Gewalt ausübe,[613] weshalb ein in Deutschland sehr

[606] Siehe weiter oben. Vgl. Ad. Brem. c. 233. Saxo hat dagegen VI, p. 103, seine Bedenken über die Identität Thôrrs und Jupiters.

[607] Ist Herkules mit Thôrr identisch, so geht daraus hervor, dass in Deutschland schon zur Zeit des Tacitus der Wodanskult die Verehrung des Donar überwog, und dass also auch der Odhinnskult wahrscheinlich sehr früh in den Norden eingedrungen war.

[608] Sæm. 9a, Vgl. Mythol. 235.

[609] S. Lex. Mythol. 930. So brannte auch in dem Heiligtum des slawischen Donnergottes Perun, des littauisch-preußischen Perkunas ein ewiges Feuer. Hanusch, Slaw. Myth. 215. Bekannt ist das ewige Feuer der Vesta und die Sitte den Penaten zu Ehren auf dem Herd Feuer zu unterhalten.

[610] Abergl. N. 126. In niedersächsischen und westfälischen Gegenden gehört es auf dem Land noch heute zur Ehre des Hauses, das Feuer auf dem Herd zu erhalten, selbst wenn es nicht benutzt wird.

[611] Saxo VIII, 165. So lange das Kind ungetauft ist, darf das Feuer nicht ausgelöscht werden. Schwed. Abergl. n. 22.

[612] Um einen Spuk zu vertreiben, muss man mit Stahl und Stein Funken schlagen. Märk. Sagen, S. 385. Schon alle eisernen Werkzeuge, wie Beil, Schlüssel, Stahl, Messer, Nadel u.a. sind wirksam gegen Zauberei und gegen Geister. Abergl. n. 464, 481, 516, 554, 752, 886, u. a.

[613] Mehreres hier Gehörige ist in Lex. Mythol. 961–963 zusammengestellt. Vgl. auch Landn. 3, 14.

verbreitetes Märchen erzählt, wie ein Schmied den Tod und den Teufel zu bannen verstand.[614] Diese symbolischen Beziehungen des Feuers auf den Donnergott mussten wir hier hervorheben, weil sie noch in anderer Hinsicht das Wesen desselben erläutern.

Der Gott, welcher den Ackerbau befördert, verschafft auch seinem Verehrer den Grundbesitz und erhält ihn mit seiner Familie bei demselben. Darum versagt Thôrr dem ihm verhassten Starkadhr den Erwerb jedes Grundbesitzes,[615] und es war im Norden Sitte, an den Hochsitzpfeilern, zwischen welchen der Hausherr den Ehrenplatz einnahm, das Bild des Gottes als des Beschützers des Hauses auszuschnitzen. Dieselben heiligen Pfeiler oder Säulen pflegten von Auswanderern, wenn sie dem Ziel ihrer Reise nahten, ins Meer geworfen zu werden und der Ort, wo sie landeten, zeigte die Stelle an, wo ihr Besitzer seinen neuen Wohnplatz zu nehmen habe.[616] Auch der gewiss alte, besonders auf der Insel Island, wo der Thôrrskult vorherrschend war, häufig vorkommende Rechtsbrauch, eine Landstrecke dadurch in Besitz zu nehmen, dass man an den Grenzpunkten derselben Feuer anzündete oder sie, wie es heißt, mit Feuer umzog,[617] scheint Bezug auf den Gott zu haben, dessen heiliges Symbol das Feuer und insbesondere das Herdfeuer war. In Deutschland, wo sich vielfache andere Bräuche zur Andeutung der Besitznahme erhalten haben, lässt sich diese Sitte nur in einer zweifelhaften Spur nachweisen. Noch bis auf die neuere Zeit pflegte man in einigen Gegenden Deutschlands bei Güterübergaben das alte Feuer zu löschen und ein neues anzuzünden.[618]

Wir dürfen indessen diesen Brauch, ein Grundstück mit Feuer zu umziehen, mit um so größerer Gewissheit auf den Thôrrskult zurückführen, da ein anderes Symbol, welches noch unzweifelhafter eine religiöse Beziehung zu dem Gott hat, in ähnlicher Bedeutung stattfand. Wie man zur Bestimmung der Grenze einer Berechtigung oder eines Besitzes in Deutschland einen Speer zu werfen pflegte, so fand in denselben Fällen auch der Wurf des Hammers statt.[619] Dort wurde die heilige Waffe des Wodan angewandt, hier die des Donar. Der Hammer scheint aber als Symbol des Besitzes eine weitere Ausdehnung gehabt zu haben als der Speer, da noch heute bei gerichtlichen Verkäufen der Zuschlag mit dem Hammer erteilt wird. In einigen Gegenden Deutschlands, namentlich in Obersachsen, wurde durch einen umhergetragenen Hammer auch Gericht angesagt; aber es ist nicht mehr hinlänglich erkennbar, inwieweit und in welchen Beziehungen Thôrr als Vorsteher der Gerichte gefasst wurde.[620] In Island war er es augenscheinlich, da der Bezirk seiner Tempel zugleich die geweih-

614 KM. III, 138f. Märk. Sagen, n. 88, S. 277. Vgl. auch Haupts Zeitschr. 2, 358–360.

615 Fornald. Sög. 3, 32.

616 Landn. 1, 6, 7, 8, 10. 2, 12. 3, 7. 4, 5, 7, 9. 5, 9. Eyrbyggia-Saga c. 4. Kormakssag. c. 2. Laxdoela-Sag. c. 3, 5.

617 Land. 3, 6, 12. 5, 1, 3. Eyrb. S. c. 4. Vigagl. S. c. 26. Vgl. Leo in Raumers histor. Taschenb. 1835, S. 413f. Gutalag S. 106, ed. Schildener, Uhland, 56f.

618 RA. 195.

619 RA. 55f., 64.

620 Thôrr geht zum Gericht. Sn. 18; sitzt mit Odhinn und Freyr zu Gericht. Sn. 131.

te Gerichtsstätte war, und die Priester zugleich die richterliche Gewalt ausübten.[621] Aber auf dieser Insel war Thôrr auch der Hauptgott.

Als Schützer des Grundbesitzes und des Erwerbs überhaupt steht Thôrr auch in näherer Beziehung zu dem Familienleben. Er scheint der Ehe vorgestanden zu haben, welche Eigenschaft er mit Freyr teilt. Wenigstens wissen wir, dass mit dem Hammer Bräute geweiht wurden,[622] und der Donnerstag gilt noch jetzt in mehreren Gegenden Deutschlands, namentlich in Niedersachsen, für besonders günstig zu Hochzeiten. Da ferner die Erhaltung des ererbten Ackers häufig das Fortblühen des Geschlechtes bedingt, so scheint auch dieses in der Hand des Gottes gelegen zu haben. Über Starkadhr verhing er daher in seinem Zorn, dass er der letzte seines Geschlechtes sein sollte.[623] Überhaupt glaubte man, dass Thôrr Leben und Gesundheit verleihe.[624] Daher opferte man ihm nach Adam von Bremen bei ansteckenden Krankheiten, und noch jetzt bezeugt der nordische Aberglaube, dass man früher dem Thôrr die Erhaltung und Wiederverleihung der Gesundheit zuschrieb. Die Donnerkeile, welche das Haus vor Gewitterschaden sichern, verschaffen zugleich dem Kranken Erleichterung, und der Donnerstag ist besonders günstig, um Heilquellen zu besuchen und überhaupt Heilungen von Krankheiten vorzunehmen.[625] Auch der Schutz, den Thôrr und sein heiliges Symbol, das Feuer, gegen unreine böse Geister gewährt, ist zur Erhaltung der menschlichen Gesundheit förderlich.[626]

Endlich nimmt der milde, väterliche[627] Gott nach dem Tod die Seele zu sich. Wie der Glaube, dass zu Odhinn die Fürsten kommen, anfänglich nicht in dieser Einschränkung bestand, so dürfen wir auch annehmen, dass es ursprünglich eine allgemeinere Bedeutung gehabt habe, wenn es heißt, dass zu Thôrr die Knechte nach dem Tod kommen. In Norwegen haben sich auch Grabinschriften gefunden, in welchen Thôrr gebeten wird, die Seele aufzunehmen, und das heilige Hammerzeichen findet sich häufig an Grabsteinen, wie auch der Gott nach der jüngeren Edda mit seinem Hammer Balders Scheiterhaufen einweihte.[628] Es ist daher möglich, dass die in Deutschland in Gräbern häufig gefundenen Hämmer oder Streitkeile, welche unser Volk Donnerhämmer, Donnersteine, Donneräxte nennt und welche auch Saxo (p. 236) schon mit dem Namen *mallei joviales* belegt, eine religiöse Beziehung zu dem Gott

---

621 Landn. 2, 12. 4, 6. Eyrb. Sag. c 1. Vgl. Dahlmann, Geschichte von Dänemark 1, 117f.

622 Sæm. 74a. Bei der Heimführung der Braut in die neue Wohnung wird Feuer in derselben angezündet. RA. 196.

623 Fornald. Sög. 3, 32.

624 Sein Hammer hat belebende Kraft; mit demselben brachte er seine geschlachteten Böcke wieder ins Leben. Sn. 49. Wenn man trank, pflegte man über dem Becher das Hammerzeichen zu machen. Sag. Hâkon. Gôd. c. 18.

625 Lex. Mythol. 951, 961.

626 Das Feuer nimmt Krankheiten weg. Sæm. 27b.

627 Thôrr heißt daher auch Atli, d. i. Großvater.

628 Lex. Mythol. 927. Sn. 66.

hatten, obgleich wir nicht einmal gewiss wissen, ob dieselben deutschen Ursprungs sind.[629]

Danach nahm Thôrr, ursprünglich der im Gewitter wirkende Gott, als Beschützer des Ackerbaus und des Grundbesitzes, als Erhalter der Familien, als Verleiher des Lebens und der Gesundheit und als Unterweltsgott neben Odhinn besonders in Gentilkulten eine hohe Stelle ein, wenn er auch als ein älterer und zurückgedrängter Gott in Beziehung auf politische Bedeutung hinter diesem zurücktrat.

Von dem Kult dieses Gottes in Deutschland ist in der noch nicht lange erloschenen Sitte, am Donnerstag zu feiern,[630] eine Spur geblieben. In den Mai fiel aller Wahrscheinlichkeit nach eines seiner Hauptfeste. Denn es wird schon im Leben des heiligen Eligius (II, c. 16) verboten, einen Donnerstag im Mai heilig zu halten, und noch heute knüpfen sich in unserem Volk an das Himmelfahrtsfest Meinungen und Bräuche, welche in einen besonderen Zusammenhang mit den Gewittern gesetzt werden. So windet man in einigen Gegenden an diesem Tag Kränze aus den kleinen Immortellen, den sogenannten Himmelfahrtsblümchen. Sie sollen das Haus vor Gewitterschaden behüten, weshalb man sie bis zum nächsten Himmelfahrtstag hängen lässt.[631] Ferner glaubt man, in das Haus, in welchem auf Himmelfahrt genäht werde, schlage das Gewitter ein, und es trachte überhaupt nach allen den Dingen, an welchen an diesem Tag gearbeitet werde.[632]

Auf der Insel Island fielen dem Thôrr Menschenopfer. Dass von Tieren ihm besonders Ziegen geopfert wurden, lässt sich aus dem Mythos von seinen Böcken schließen. Es ist daher möglich, dass das Ziegenopfer der Langobarden dem Donnergott galt. Thôrrs Minne wurde im Norden häufig getrunken.[633]

Von den nicht opfergerechten Tieren war der Bär dem Gott heilig, da er selbst den Beinamen Biörn führt.[634] Damit steht der deutsche Glaube in Zusammenhang, dass dieses Tier die Kraft hat, Zaubereien unwirksam zu machen[635] und, wie Thôrr selbst, siegreich gegen böse Geister kämpft.[636] Die Zahl der dem Gott geweihten Tiere lässt

---

629 Thorlacius om Thor og hans hammer. Skand. Mus. 1802, Heft 3 und 4. Grimm, Über deutsche Runen, 262. H. Schreiber (Die ehernen Streitkeile zumal in Deutschland, Freiburg 1842) vindiziert sie den Kelten.

630 Siehe weiter oben. Vgl. noch Märk. Sagen, S. 379: Am Donnerstagabend darf man nicht spinnen, weil der Böse sonst eine leere Spule in die Stube wirft mit dem Zuruf: „Spinnt auch diese voll.“

631 Litteraturblatt 1844, .1. Ein ähnlicher Brauch wird in Bragur 6, I, 126 und danach in Mythol. 51 erwähnt.

632 Abergl. n. 43, 703, 772.

633 Fornm. Sög. 1, 280. 3, 191.

634 Sn. 211. Dieses Tier scheint als Symbol der Stärke dem Gott geweiht zu sein. Nach Saxo p. 31 macht der Genuss des Bärenblutes den Menschen stark.

635 Soll die Hexe über das Vieh keine Macht haben, so sperre man eine Nacht lang einen Bären in den Stall: Dieser kratzt das Versteckte, worin der Zauber liegt, heraus und sobald es aus dem Stall geschafft wird, hat das Vieh keine Anfechtung weiter. Abergl. n. 1099.

636 S. die Erzählung „von einem schretel unt von einem wazzerbern“ in Mones Untersuchungen zur Geschichte der deutschen Heldensage, 281–287. Vgl irische Elfenmärchen CXIV–

sich aber noch vermehren, wenn wir diejenigen hinzufügen wollen, welche nach dem Volksglauben in Bezug zu den Gewittern stehen. Danach war auch das Eichhörnchen dem Donar heilig, und unter den Vögeln das Rotkehlchen und das Rotschwänzchen.[637] Alle diese Tiere zeichnen sich durch ihre rote Farbe aus, wie der Gott selbst einen roten Bart trägt. Das Eichhörnchen war ihm vielleicht auch aus dem Grund geweiht, weil es sich auf Eichen aufhält. Denn dieser Baum war dem Thôrr heilig, wie sich aus der *quercus Jovis* bei Geismar, welche der heil. Bonifacius umhieb, schließen lässt.

5. Baldr und Forseti[638]

Baldr ist nach dem nordischen Göttersystem, von welchem wir hier wieder zunächst ausgehen, der Sohn Odhinns und der Frigg. Von ihm, sagt die jüngere Edda, ist nur Gutes zu berichten; denn er ist der Beste, und ihn loben alle. Er ist so schön und licht von Ansehen, dass Glanz von ihm ausgeht; er ist der weiseste, beredteste und mildeste der Asen und hat die besondere Eigenschaft, dass niemand sein Urteil ändern darf. In seiner Wohnung *Breidhablick* (Weitglanz) darf nichts Unreines sein.[639]

Man sollte erwarten, dass ein Gott, welcher hiernach ein hohes Ansehen genoss, vielfach in nordischen Mythen aufträte; aber wir kennen von ihm nur einen einzigen, freilich bedeutungsvollen Mythos, auf den die ältere Edda mehrfach hindeutet, den die jüngere, hier einmal vollständiger, der Hauptsache nach so berichtet.[640] Baldr hatte böse Träume über seinen bevorstehenden Tod. Er entdeckte sie den Asen, welche beschlossen, alle Wesen bitten zu lassen, dem Gott hold zu sein. Frigg nahm daher allen Tieren, Pflanzen, Steinen, Giften und Krankheiten einen Eid ab, dass sie ihm nicht schaden wollten. Als dieses geschehen war, ergötzten sich die Asen daran, mit

---

XIX. In der entsprechenden norwegischen Sage (bei Asbjörnsen und Moe, n. 26) nimmt ein Troll die Stelle des im Kampf mit dem Bären unterliegenden Schretel ein.

637 Die Asche eines verbrannten Eichhörnchens wird zum Wetterzauber benutzt. Ins Wasser geworfen soll sie Donner und Blitz erzeugen. Albertus Magnus (Nürnberg 1755) S. 182. Vgl. Literaturblatt a.a.O. Die Bewohner von Bräunrode und Greifenhagen am Harz ziehen in der Abenddämmerung des ersten Ostertages, ehe die Feuer angezündet werden, in die zunächst gelegenen Waldungen, um die Eichhörnchen aufzusuchen. Diese werden so lange verfolgt, bis die Tiere endlich ermattet, lebendig oder tot, in ihre Hände fallen. Rosenkranz, Neue Zeitschrift f. Gesch. der germ. Völk. 1, 2, 7. Vgl. Mythol. 582. – Man soll kein Rotkehlchennest ausheben, sonst schlägt das Wetter in das Haus. Abergl. n. 629. Wo ein Rotschwänzchen nistet, schlägt das Wetter ein. Abergl. n. 704. Nistet der Wannenwäher (eine Sperberart) an einem Haus, so schlägt der Blitz in dasselbe nicht ein. Mone, Anzeiger 7, 429. Auch von dem Hirschschröter, welche auch Donnerpuppe in einigen Gegenden genannt wird, heißt es, dass man ihn nicht in das Haus bringen dürfe, weil sonst das Wetter einschlägt. Abergl. n. 705. Und der Flug der Schnepfenart, welche man Himmelsziege oder Donnerziege nennt, soll Gewitter verkünden. Mythol. 167, 168.

638 Über Balder (Paltar) und Fosite (Forasitzo) vgl. 1. Buch.

639 Sn. 21, 26, 27. Vgl. Sæm. 41b.

640 Sn. 64f. – Auch von dem Kult des Gottes im Norden haben wir, abgesehen von der Fridhthiofssaga (Vornald. Sög. 2, 86), welche uns namentlich berichtet, wie sein Bild am Feuer gewärmt, gesalbt und mit Tüchern getrocknet wurde, keine näheren Nachrichten.

Steinen, Geschossen und Waffen aller Art auf Baldr zu werfen: Nichts schadete ihm. Er weiß, als Frau verkleidet, der Frigg die Nachricht abzulocken, dass sie einem Mistelspross, der eben aus der Erde hervorkeimte, weil er ihn noch zu jung schien, keinen Eid abgenommen habe. Loki holt die Pflanze und beredet den blinden Gott Hödhr nach seiner Anweisung, damit auf Baldr zu schießen. Der Schuss durchbohrte Baldr, und er sank tot zur Erde. Die bestürzten und betrübten Asen schicken Hermôdhr, den Bruder des Gottes, in die Unterwelt, um zu bewirken, dass Hel ihn wieder heraufsende. Diese verspricht ihnen zu willfahren, wenn alle Wesen um Baldr weinen wollten. Alle taten es, alle Menschen, Tiere, Pflanzen, selbst die Steine und Metalle; nur eine Riesenjungfrau weigerte sich, den Gott zu betrauern, der deshalb in der Unterwelt bleiben musste. Bei seiner feierlichen Bestattung, zu welcher alle Götter kamen, brach seiner Gemahlin Nanna, Neps Tochter, das Herz.

Saxo, welcher Balder und Hother in die Reihe der dänischen Könige aufnimmt, erzählt wie sie beide um den Besitz der schönen Nanna miteinander stritten; wie in dem Krieg der darüber entstand, die Götter auf Balders Seite standen, aber die Flucht ergriffen; dass dieser endlich von Hother verwundet starb, und dass das Grab desselben noch später bekannt gewesen sei.[641] Sein Bericht stimmt also in manchen Punkten mit der eddischen Erzählung, ist aber so sehr mit fremdartigen Bestandteilen untermischt, dass wir denselben vorläufig beiseite setzen können.

Aus diesen Mythen ergibt sich nun für das Wesen des Gottes Folgendes. Baldr, der leuchtende Gott, ist, wie auch die meisten Erklärer angenommen haben, ein Lichtwesen. Er ist die persönliche Auffassung des hellen reinen Sommerlichtes; welches sich in der Mitte der schönen Jahreszeit in voller Kraft zeigt, von da an aber allmählich schwindet. Die Abnahme des Lichtes stellt die mythische Anschauungsweise als den Tod des Gottes dar, der von dem blinden Hödhr, dem Gegensatz zu dem leuchtenden Baldr, auf Lokis Anstiften überwältigt wird. Die Waffe, welche ihn tötet, ist ein Mistelspross, weil diese Pflanze den Winter überdauert.

Diese Erklärung ist so einleuchtend, dass niemand, der alte mythische Anschauungsweisen aufzufassen weiß, etwas Erhebliches dagegen einwenden kann. Nun ist es aber merkwürdig, dass die Etymologie des Namens Baldr, wenn wir ihn aus dem Deutschen herleiten, durchaus nicht zu dieser Deutung passt. Denn mag man Baldr mit dem angelsächsischen *bealdor, baldor* Herr, Fürst, König, oder mit dem gotischen *balths* audax zusammenstellen, beide Ableitungen führen auf keinen Begriff, welcher die Natur des Gottes erläuterte, und ebenso wenig passt es zu dem Wesen der Nanna, mit Grimm ihren Namen zu dem althochdeutschen *ginendan,* andere, zu halten und danach durch *audax* zu erklären.[642] Leo hat dagegen den Versuch gemacht, den Namen Baldr aus dem Welschen herzuleiten. Im Welschen bedeutet *beili* die Öffnung, der Ausgang, der Vorhof, Hof; alles was herausstrebt; auch die Spitze eines Turmes oder Tumulus; dasselbe bedeutet *bal*; und *bala* der Ausbruch, das Hervorschießen; *ball* hat beide Bedeutungen, sowohl von *bal* als von *bala.* Damit hängt zusammen, dass *bel* bedeutet, der Ausbruch, der Kampf, der Auszug, der Krieg, und *bela* auszie-

---

641 Saxo III, p. 39–43.
642 Mythol. 201, 202.

hen, kämpfen, so wie das *baldardd* heißt das Ausbrechen der Knospen der Blätter und Blumen. Im Gälischen heißt *beal* der Krieg, aber auch die Öffnung (auch die sommerliche Sonne). Die Kelten hatten einen Gott *Belus,* der noch in den Resten des Aberglaubens als *Beal* bezeichnet wird.[643] Lieber möchte ich noch den Namen Baldr zusammenhalten mit dem welchen *pâl* Strahl, *palad* hervorbrechen, strahlen, *paladyr* Strahl, auch Stamm, Pfahl. Diese Ableitung stimmt wenigstens am besten mit der angedeuteten Lichtnatur des Gottes.

Ist nun danach anzunehmen, dass Baldr ursprünglich eine keltische Gottheit war? Diese Annahme ist nicht geradezu abzuweisen, wenn wir auch dabei festhalten müssen, dass der Gott schon seit alten Zeiten so in das deutsche System verflochten war, dass er ganz germanisiert erscheint. Wir wollen noch einiges anführen, was diese Vermutung weiter begründen kann. Zunächst ist zu erwägen, dass der milde und sanfte Charakter Balders bedeutend gegen das Wesen anderer echtgermanischer Götter absticht, welche, wie namentlich Odhinn und Thôrr, sich mehr kriegerisch und tatkräftig zeigen, weshalb auch Zeuss mit Recht bemerkt, dass der kriegerische Geist der Germanen seine mythischen Hauptgestalten in Kriegsgötter umwandelte.[644] Auch ist zu bedenken, dass die Mistel, durch welche Baldr getötet wurde, in der Religion der Gallier bekanntlich eine hohe Bedeutung hatte. Was mich aber vorzüglich zu der Annahme bewegt, dass der Name Baldr aus dem Keltischen stammt, ist der Umstand, dass der Name Phol, welcher in dem Merseburger Gedicht als eine andere Benennung des Gottes erscheint, sich nun auf eine einfache Weise erläutert. Er hat dieselbe Bedeutung und verhält sich offenbar zu Baldr, wie *pâl* zu *paladyr.*[645] Die Identität mit dem keltischen Bel oder Belen bestätigt sich dadurch, dass in rheinischen Gegenden der zweite Mai mit dem Namen Pfultag, oder Pulletag belegt wird, dass aber am Abend des ersten Mai dem Gott Bel oder Beal zu Ehren ein Feuer, das sogenannte *Beiltine* oder Feuer des Beal angezündet wurde.[646] – Möglich ist es, dass auch die süddeutschen Johannisfeuer ehemals einen Bezug auf Balder hatten und dass sie mit dem Mythos von seinem in der Sommermitte erfolgenden Tod und seiner feierlichen Bestattung in Verbindung standen. Es lässt sich indessen weiter nichts für diese Vermutung anführen, als dass die heilende und reinigende Kraft, die diesen Feuern zugeschrieben wurde, sehr wohl in Beziehung zu dem Gott gesetzt werden konnte,

---

643 Leo in Haupts Zeitschrift 3, 225.

644 Zeuss, Die Deutschen und die Nachbarstämme, 25.

645 In der Handschrift steht Pol mit überschriebenem h. Die mit ph anlautenden Wörter unserer Sprache sind gewöhnlich fremden Ursprungs.

646 Vgl. Mythol. 581. Leo Malb. Gl. 1, 33. Vielleicht lässt auch *Nanna,* die Tochter des *Nepr,* sich aus dem Keltischen herleiten. Im Welschen ist *nawn* Höhepunkt, Mittag; *nawnu* sich erheben, zum Höhepunkt, zum Mittag kommen. Wäre danach die Göttin des hellen Mitagslichtes als Baldrs Gemahlin gedacht, die ihrer Natur nach bei seinem Tod mit ihm dasselbe Schicksal teilen muss? Der Name Nepr lässt sich zusammenstellen mit dem welschen *nêv* Himmel, *nevawl* himmlisch. Damit würden wir in der Nanna, der Tochter des Himmels, jene friesische Göttin Nehalennia wiedererkennen und einen neuen Beweis für die Übereinstimmung der nordischen und deutschen Mythologie gewinnen.

wie auch der Lichtgott Apollo zugleich Gesundheit und Heilung von Krankheiten gewährt. –

Wir nehmen jetzt Saxos Erzählung von Balder wieder auf, welche in zwei Punkten Anknüpfungen an deutsche Namen und Sagen gewährt. Die Namen Pholsbrunne und Baldersbrunne, welche in Deutschland an mehreren Orten vorkommen,[647] erinnern an die dänische Sage, dass Balder einst nach einer gewonnenen Schlacht seinem dürstenden Heer zur Labung einen Brunnen aus der Erde hervorquellen ließ;[648] und wie man in Dänemark noch später Balders Grab zeigte, so zeigt man bei uns das Grab des wilden Jägers. Wir haben in dieser mythischen Person freilich schon Wodan erkannt, aber da diese Volkssage offenbar mehrere Bestandteile in sich aufgenommen hat, so lässt die folgende Erzählung auch eine Beziehung auf Balders Tod zu. Es wird berichtet, derselbe habe bei seinen Lebzeiten einst geträumt, dass er mit einem furchtbaren Eber kämpfe und ihm zuletzt unterliege. Wirklich traf er bald darauf auf der Jagd das Tier und erlegte es nach einem harten Kampf. In der Siegesfreude stieß er mit dem Fuße nach demselben und rief: „bau nun, wenn du kannst." Er hatte aber so heftig gestoßen, dass des Ebers scharfer Zahn durch den Stiefel dran und seinen Fuß verletzte. Die Wunde führte seinen schnellen Tod herbei.[649] Wir finden in dieser späten, aber doch sehr merkwürdigen Sage, die beängstigenden Träume, wie sie der Gott Baldr gleichfalls hatte, und der Tod erfolgt hier ebenso durch einen für unschädlich gehaltenen Gegenstand, wie dort. Nur die Art des Todes ist abweichend: Baldr stirbt durch den Mistelspross, der Jäger durch den Zahn des Ebers.[650]

Forseti, der Sohn Balders und der Nanna, zeigt durch seinen deutschen Namen (der Vorsitzer), dass sein Vater so eng in das nordische Göttersystem verflochten ist, dass der fremde Ursprung desselben schon lange verdunkelt war, als dieses System die

---

647 „Baldebrunno auf der Eifel", Graff 3, 311; „in villa Baldeburne", Schöpflin, Alsat. Dipl. n. 748; *Baldebrun*, *Baldeburn* unweit Hagenau wird Chmels regest. Ruperti n 1069, 1074, 1836 erwähnt; „in *Pholesbrunnen* in provincia Thuringiae" Schannat trad. Tuld. S. 291, n. 85; Vgl. Phulsborn unfern der Saale bei Apolda und Falsbrunn auf dem fränkischen Steigerwald. Haupts Zeitschrift 2, 256. Mythol. 207.

648 Saxo III, p. 42. Eine ähnliche Sage geht von Karl dem Großen. D. Mythol. 526.

649 D.S. n. 310. In der Mark findet sich eine ähnliche Sage von dem Förster Bärens (n. 205 bei Kuhn), welcher freilich in seinem Namen an Wodan erinnert, mit der Abweichung, dass der Jäger, durch eine nächtliche Vision gewarnt, sich von der Jagd fern hielt, aber dessen ungeachtet durch den Zahn des toten Tiers starb. Sein Grab, welches in der Grimnitzer Forst gezeigt wird, ist an der Stelle errichtet, wo er starb. Man hat an jedem Punkt, wo er im letzten Todeskampf niedergesunken, einen Stein gesetzt, welche nun einen förmlichen Kreis bilden. Diese Stelle heißt bis auf den heutigen Tag Bärens Kirchhof. Hier wird nicht hinzugefügt, dass er nach seinem Tod fortjage, und diese Erzählung muss auch wohl von den übrigen Sagen vom wilden Jäger abgesondert werden. – Das wilde Heer heißt auch Wuotunges Heer (D. Mythol. 516); Wuotunc ist ein Patronymicum von Wuotan und könnte daher auf Baldr, Odhinns Sohn, deuten.

650 Auch diese Todesart ist mythisch; sie erinnert an den von einem Eber getöteten Adonis. – Bezieht sich der altherkömmliche Schwur der Genter „*by den witten god*" (bei dem weißen Gott); Wolf, Niederl. Sag. n. 55) auf Baldr, den weißen, leuchtenden Gott, oder auf Heimdallr, welcher Sæm. 72a. Sn. 101 gleichfalls der weiße As genannt wird?

Ausbildung erhielt, welche uns in den Edden vorliegt. Die nordischen Quellen machen Forseti zum Vorsteher der Gerichte; Er schlichtet in seiner Wohnung *Glitnir* (der glänzenden) alle Streitigkeiten. Alle, die in schwierigen Sachen zu ihm ihre Zuflucht nehmen, gehen ausgesöhnt von ihm; Götter und Menschen kennen keinen besseren Richterstuhl.[651] Wir haben hier also ein rein ethisches Wesen vor uns, gewissermaßen nur eine Seite Balders, von dem es gleichfalls heißt, dass sein Ausspruch unumstößlich ist. Das sehr eingeschränkte Wesen des Gottes zeigt uns, dass entweder die Nachrichten von ihm sehr unvollständig sind, da auch von seinem Kult sich im Norden nicht die geringste Spur findet, oder dass er nur einseitig den nordischen Stämmen bekannt war, oder endlich dass Forseti ursprünglich nur ein Beiname Balders als eines Vorstehers der Gerichte war, der später als ein besonderer Gott aufgefasst wurde. Wenigstens hatte der friesische Fosite, welcher dem Namen nach mit Forseti unbedenklich zusammengestellt werden kann, nach den Nachrichten über seinen Tempel zu schließen, augenscheinlich eine viel höhere Bedeutung.

6. Niördhr und Freyr

Wenn wir schon bei einzelnen der bisher behandelten Götter erkannten, dass sie vor der Vollendung des nordischen Systems eine andere Stellung einnahmen, was zum Teil daher rührte, dass sie früher als Götter einzelner Stämme abgesondert dastanden, so muss die Annahme einer ursprünglichen Abgesondertheit für Niördhr und seine beiden Kinder Freyr und Freyja um so eher gelten, da es von ihnen ausdrücklich heißt, dass sie keine Asen, sondern Vanen waren, welche nach einem Krieg unter diesen beiden Geschlechtern, den Asen als Geiseln gegeben und in ihre Gesellschaft aufgenommen wurden.[652] Es sagt uns also hier ein Mythos, was wir bei anderen Göttern auf dem Wege der Forschung erkannten, dass der Kult dieser Götter den Stämmen nicht ursprünglich war, welche die Asenreligion hatten, oder wenigstens nicht denjenigen, welche Odhinn als höchsten Gott hinstellten, wenn wir darum auch nicht die Vanen mit der Ynglinga-Saga als ein Volk auffassen, welches an dem Don, dem Vanenfluss, wohnte. Dass aber die Sage historisch gedeutet werden muss, und als eine geschichtliche, wenn auch mythisch eingekleidete, Tradition nicht ohne Grund ist, habe ich bereits an einem anderen Ort gezeigt,[653] indem ich nachwies, dass der Kult des Freyr und seiner Verwandten insbesondere in Schweden zu Hause war, und dass dieselben Götter in Deutschland nach Tacitus nicht von allen Stämmen, sondern nur von den Sueven verehrt wurden. Wir müssen auf diesen Punkt auch hier wieder eingehen.

In dem für die Kenntnis der nordischen Mythologie so wichtigen Gedichte, *Lokaglepsa* oder *Lokasenna* betitelt, wirft Loki dem Gott Niördhr vor, dass er seinen Sohn Freyr mit seiner Schwester gezeugt habe. Dieselbe Nachricht enthält merkwürdigerweise die Ynglinga-Saga, welche Freyr und Freyja gleichfalls von einer Schwester Niördhs geboren sein lässt, und hinzufügt, dass dieselbe bei den Vanen zurückblieb,

---

[651] Sæm 42a. Sn. 31, 103.

[652] Sæm. 36a. Sn. 27. Yngl. S. c. 4.

[653] Nibelungensage 136f.

weil die Ehe zwischen Bruder und Schwester bei den Asen verboten war.[654] Dagegen wird Sn. 28 berichtet, dass Freyr und Freyja erst unter den Asen, also von der Skadhi, welche später dem Niördhr zur Gemahlin gegeben war, geboren wurden. Wollten wir nun auch auf jene genauere Nachricht der Ynglingasage an und für sich nicht viel Gewicht legen, so ist doch kein Grund vorhanden, die Richtigkeit der Überlieferung der älteren Edda anzufechten und das Vorhandensein einer Schwester Niördhs zu bezweifeln, zumal da der Verfasser der jüngeren Edda die Lokasenna nicht kannte und folglich auch nicht benutzen konnte. Wir würden auch ohne die Nachricht der Ynglingasaga diese Schwester Niördhs als die Mutter von Freyr und Freyja anerkennen, und ebenso als eine in dem späteren System zurückgetretene Gottheit hinstellen müssen, wie die Gemahlin Tŷrs, welche wir gleichfalls nur aus einer Stelle desselben Gedichtes kennen. Wie sich aber diese in der Terra, der Mutter Muiscos, bei Tacitus wiedererkennen ließ, so finden wir glücklicherweise auch die Gemahlin und Schwester Niördhs in der nach demselben Schriftsteller von sieben suevischen Völkerschaften verehrten Northus wieder. Diese Annahme ist umso begründeter, da auch Niördhr nach dem deutschen Lautsystem von Tacitus Nerthus genannt sein würde, und da dem Freyr eine Schwester Freyja zur Seite steht.

Wir haben nun schon oben die Nerthus aus sprachlichen und anderen Gründen als eine keltische Göttin hingestellt; wir müssen deshalb auch bei ihren Verwandten annehmen, dass sie ursprünglich den Kelten angehörten und später erst in das deutsche System verflochten wurden. Eine Bestätigung für diese Ansicht ist, dass nach Tacitus (Germ. 45) auch die *mater deum*, in welcher wir vermittels der ihr geheiligten Eberbilder die Göttin Freyja erkennen werden, von den Aestyern verehrt wurde, deren Sprache der britischen ähnlich, also keltisch, war. Der Name Freyr lässt sich freilich mit dem gotischen *frauja*, den althochdeutschen *frô* Herr, zusammenstellen, wie Freyja bei den Deutschen Frouwa genannt sein wird; doch lässt derselbe daneben eine Anknüpfung an das Keltische zu. Im Welschen heißt *gwr* ein mit Willen begabtes, selbständiges Wesen, ein freier Mann, ein Herr; später ein Mann, ein Hausherr, ein Mann überhaupt. Die Frau heißt *gwraig*. Nach ganz richtigem Lautwechsel lautet *gwr* im gälischen *fear*, der Mann; und *gwraig* zieht sich gälisch zusammen in *frag*, die Frau.[655] Noch fügen wir hinzu, dass der Name des Julfestes, altn. *jol*, welches sich ganz besonders an den Kult des Freyr knüpft, sich schwerlich aus der deutschen oder altnordischen Sprache, in welchen das Wort ganz verwaist steht, erklären lässt. Im Welschen bedeutet *iawl*, plur. *iolau* glorificatio, adoratio; *ioli* anbeten, verehren: abgeleitete Worte wie *iolad, iolaeth* sind zahlreich. Endlich ist der Charakter der Vanengötter zu erwägen, welche, wie Baldr, etwas mildes und sanftes in ihrem Wesen haben und sich dadurch von den übrigen germanischen Göttern unterscheiden. Doch ist es eine besonders schwierige Aufgabe, das Wesen derselben genau zu ermitteln, wovon die Ursache zum Teil in ihrem fremden Ursprung liegen mag.

---

654 Sæm. 65b. Angl. S. c. 4.

655 Leo in Haupts Zeitschrift 2, 225. Der Name der Vanen lässt sich mit dem ir. Ban, albus, spendens in Verbindung bringen.

Niördhr ist uns vollends hauptsächlich nur durch einige fragmentarische Angaben der jüngeren Edda bekannt.[656] Er herrscht über den Gang des Windes und stillt Meer und Feuer, weshalb er bei Seefahrten und bei Fischereien angerufen werden muss. Außerdem ist er so reich und begütert, dass er denjenigen, welche zu ihm beten, liegende Gründe und fahrende Habe geben kann.[657] Die Ynglinga-Saga stellt ihn als Verleiher des Friedens, einer gesegneten Ernte und glücklicher Zeiten hin,[658] aber in so allgemeiner Weise, dass sich das Wesen des Gottes danach nicht näher bestimmen lässt. Wir erkennen durch diese Angaben wohl, dass Niördhr ein milder, Segen verleihender Gott ist, welcher insbesondere die Herrschaft über das Meer[659] und den Ackerbau hat, aber seine ursprüngliche Bedeutung, welche zeigen würde, wie diese verschiedenen Seiten des Gottes sich entwickelten, entgeht uns.

Als Seegott charakterisiert ihn noch sein Verhältnis zu seiner Gemahlin Skadhi, mit welcher er neun Nächte im Gebirge und drei am Gestade der See wohnt. Die jüngere Edda hat uns einen Wechselgesang der beiden Gottheiten aufbewahrt, in welchem Niördhr seine Abneigung gegen den Aufenthalt in den Bergen, Skadhi aber ihren Widerwillen gegen das Wohnen am Seestrand ausdrückt.[660] Ein gleiches Lied legt nun Saxo dem dänischen König Hading und seiner Gemahlin Regnilda in den Mund.[661] Ich habe an einem anderen Ort gezeigt, dass auch der bekannte Mythos von Skadhis Vermählung mit Niördhr bei Saxo auf Hading übertragen ist.[662] Da dieser auch zuerst den Gott Freyr mit schwarzen Opfertieren versöhnt haben soll,[663] so leidet es keinen Zweifel, dass unter dem dänischen König Niördhr verborgen ist. Das ist ein äußerst merkwürdiges Beispiel vom Übergreifen der Göttersage in die Heldensage, obgleich sich nicht erkennen lässt, ob der altkeltische Gott, den Saxo sonst niemals nennt, in Dänemark schon in den Zeiten des Heidentums zum Heros herabgesunken war, oder ob hier die Göttersage nur in einer verdorbenen Gestalt vorliegt. Außerdem berichtet

656 Sn. 27, 28, 103.

657 Vgl. Egilssag. S. 677. „Reich wie Niördhr" war ein Sprichwort. Vatnsdæla-Sag. S. 202.

658 Yngl. S. c. 11. Nach Sn. Form. 10 nannte sich Niördhr in Italien Saturn und unterwies die Menschen in der Bestellung der Äcker und im Weinbau.

659 Daher werden ihm Sæm. 130a, wie dem Œgir neun Töchter zugeschrieben.

660 Sn. 28. Die drei und neun Nächte deuten wohl ebenso viele Monate an. Nur drei Sommermonate lässt sich das Meer beschiffen.

661 Saxo I, p. 17, 18.

662 S. Haupts Zeitschrift 3, 48. Skadhi erhielt zur Sühne für den Tod ihres Vaters, des Riesen Thiassi, die Erlaubnis, sich unter den Asen einen Gemahl auszusuchen, doch unter der Bedingung, dass sie von ihrem künftigen Gatten nur die Füße sehen sollte. Sie wählte Niördhr, den sie wegen seiner glänzenden Füße für Baldr hielt. Nach Saxo p.16 tötete Hading den Riesen, welcher mit Regnilda gegen ihren Willen verlobt war. Die Jungfrau pflegte nach dem Kampf den Helden, und legte ihm, um ihn später wieder zu erkennen, einen Ring in seinen verwundeten Schenkel. Als sie nachher von ihrem Vater die Erlaubnis erhielt, sich nach Belieben einen Gemahl auszusuchen, „contractam convivio juventutem curiosiore corporum attrectatione lustrabat" und erkannte ihren Befreier an dem Ring, den er im Schenkel trug.

663 Saxo I, p. 16. Dieses Opfer hieß Fröblot.

Saxo von seinem Hading freilich noch manches Mythische, was uns aber ebenso wenig Aufschluss über das Wesen des Gottes gibt.
Gleichwohl muss Niördhr in dem nordischen Kult bedeutend hervorgetreten sein. Die ältere Edda versichert uns, dass er vielen Tempeln und Heiligtümern vorstehe,[664] und ihm und seinem Sohn Freyr zu Ehren wurde bei Feierlichkeiten Opferschmäusen der zweite Becher getrunken, um Frieden und fruchtbare Zeiten zu erlangen.[665] In Island wurde er bei feierlichen Eiden in der Formel angerufen: „So helfe mir Freyr, Niördhr und der allmächtige As."[666] Das heilige Tier des Gottes war wahrscheinlich der Schwan, da er nach Sn. 27 diesen Vogel besonders liebt. In England kommen Gelübde bei Schwänen noch unter Eduard dem Ersten vor,[667] wie sonst bei dem Eber, Freyrs heiligen Tier Gelübde abgelegt wurden. Dürfen wir diese Sitte mit dem Kult des Niördhr in Verbindung setzen, so hätten wir von dem Gott außerhalb des Nordens wenigstens *eine* Spur.
Freyr ist vorzugsweise ein milder, die Fruchtbarkeit der Erde hervorbringender Jahresgott und steht als solcher in einem innigeren Zusammenhang mit der Natur, als irgendeine andere nordische Gottheit. Man kann ihn in mancher Hinsicht mit dem griechischen Dionysos und mit dem ägyptischen Osiris vergleichen. Nach der jüngeren Edda waltet er durch die Verleihung des milden Regens und des warmen Sonnenscheins über das Gedeihen der Erdgewächse, und ihn muss man um fruchtbare Zeiten anrufen.[668] Sein Diener ist Skirnir (screnator), die Personifikation des hellen Sonnenstrahls, der namentlich im Frühjahr die dunklen Tage des Winters verscheucht.[669] Der Mythos legt dem Gott auch ein Schiff *Skîdhbaldhnir* bei, in welchem man stets mit gutem Wind fährt, und welches, wenn es gebraucht ist, wie ein Tuch wieder zusammengelegt werden kann.[670] Dies sind augenscheinlich die Wolken, in denen Freyr dahin fährt, wenn er der Erde fruchtbaren Segen sendet.
Übrigens scheint sein Mythos in mehrfacher Hinsicht verdunkelt und mangelhaft erhalten zu sein; doch steht zu vermuten, dass die Hauptepochen der wechselnden Jahreszeiten als Taten und Leiden des Gottes dargestellt wurden. Die Edden kennen nur zwei Mythen von Freyr: Seinen Sieg über den Riesen Beli, der aber nur mehrere Male angedeutet,[671] nicht ausführlich erzählt wird, und wie er einst von Odhinns Stuhl herab die schöne Gerdhr, die Tochter des Riesen Gŷmir, erblickte und von Liebe zu ihr ergriffen wurde; wie er sie durch seinen Diener Skirnir aus ihrer von einer wabernden Lohe umgebenen Behausung befreien ließ und sich darauf mit ihr vermähl-

---

[664] Sæm. 36a, 42a. Nach Yngl. S. c. 11 war er von Odhinn mit Freyr zum Vorsteher der Opfer eingesetzt. Vgl. Sn. 354.

[665] Sag. Hakon, gôd,c. 16.

[666] Landn. 4, 6. Vgl. Egilssag. S. 365.

[667] Matthaeus wesmonast. P. 454. Vgl. RA. 904.

[668] Sn. 28. Vgl. 104.

[669] Vgl. Lex. Isl. Skirnia clarescere. Nach dieser Erklärung ist es angemessen, dass Skirnir von den Zwergen das Band holt, mit welchem der Wolf Fenrir gebunden wird. Sn. 31. Vgl. oben S. 173.

[670] Sæm. 45b. Sn. 45, 48, 101, 130, 132. Yngl. S. c. 7 wird es Odhinn beigelegt.

[671] Sæm. 9a, Sn. 41, 104, 112.

te.[672] Beide Mythen scheinen ursprünglich miteinander in Verbindung gestanden zu haben. Der Riese Beli (der Brüllende) ist wohl die Personifikation der im Beginn des Frühjahrs wehenden Stürme, welche der Jahresgott Freyr beschwichtigt, der darauf in der milderen Jahreszeit, wenn die sonnenhellen Tage wiederkommen, seine Braut, welche ein tellurisches Wesen zu sein scheint, aus der Unterwelt befreien lässt, um mit ihr seine Vermählung zu feiern.[673] Durch diese Vermäühlung des den milden Regen und warmen Sonnenschein sendenden Gottes wird die Erde fruchtbar und lässt aus ihrem Schoß Pflanzen und Kräuter hervorsprießen.[674] – Die Beziehung dieses Mythos auf die Umwandlung der Natur im Frühling wird dadurch noch wahrscheinlicher, dass in Schweden bei dem Beginn der schönen Jahreszeit Freyrs Bildsäule zugleich mit der Priesterin des Gottes, welche man seine Gemahlin hieß, auf einem Wagen umgeführt wurde. Das Volk kam dem Wagen entgegen und opferte für Fruchtbarkeit des Jahres.[675] Dieser Umzug Freyrs, welcher an die Festfahrt seiner Mutter Nerthus und an das bei den Goten auf einem Wagen ungeführte Schnitzbild erinnert, ist offenbar als der Brautzug des Gottes aufzufassen und steht daher dem Zug des Maigrafen, der sich eine Maigräfin unter den Jungfrauen erwählt, zu vergleichen.

Ist diese unsere Erklärung und die ganze Auffassung des Gottes richtig, so müsste sich an diesen Mythos ein anderer schließen, nach welchem jene Verbindung im Herbst aufgelöst und der milde Naturgott gestorben gedacht wurde. Ein solcher findet sich nun in den lauteren Quellen der nordischen Mythologie nicht; aber da die Ynglinga-Saga erzählt, dass Freyr nach seinem Tod in einem Grabhügel beigesetzt wurde, und dass man ihm als Toten Steuern bezahlte, indem man glaubte, er lebe noch; und da dieselbe Erzählung in der Sage von Olaf sich mit dem Zusatz findet, dass man zu seinem Trost lebendige Menschen in das Grab brachte:[676] So mag in diesen historisierten Erzählungen noch eine Spur von dem Glauben enthalten sein, dass der Gott im Winter, wenn die Fruchtbarkeit der Erde aufhört, in der Unterwelt weilte, obgleich jene beiden Berichte nur den Zweck haben, die Ursache zu erklären, weshalb Freyr für einen Gott gehalten wurde. Es ist wenigstens ohne diese Annahme unerklärlich, weshalb der sonst durchaus milde Gott, wie hier und auch sonst berichtet wird,[677] durch Menschenopfer versöhnt wurde. Auch die schwarze Farbe der Sühnopfer, welche ihm bei dem Fröblot dargebracht werden, lässt auf ein Unterweltswesen schließen[678] und der ihm geheiligte Sühneber, auf welchem am Julabend feierliche, unverbrüchliche Gelübde abgelegt wurden, und welcher ihm als Sühnopfer für ein

---

672 Sæm. 81f. Sn. 39f.

673 Dass die mit der Waberlohe umgebene Behausung der Gerdhr die Unterwelt ist, werden wir unten noch weiter sehen. Vgl. Nibelungensage 82f. und 89f., wo der ganze Mythos ausführlicher erklärt ist.

674 Der Hain, in welchem Gerdhr ihre Vermählung mit Freyr feiert, heißt Barri. Sæm. 86b, 87a. Vgl. barr arbor Sæm. 109a; barr, Name der Saaat unter den Göttern, Sæm. 51b.

675 Fornm. Sög. 2, 73–78. Wenn die Priesterin des Gottes schwanger wurde, so galt das für ein gutes Zeichen und man hoffte ein fruchtbares Jahr.

676 Yngl. Sag. c 12. Sag. Ol. Fryggv. II, 191. ed. Skalb.

677 Saxo schreibt in II, 42, dem Freyr die Einführung der Menschenopfer zu.

678 So werden der Persephone schwarze Schafe und dem Teufel schwarze Hühner geopfert.

fruchtbares Jahr dargebracht wurde,[679] deutet durch seinen Namen wie durch die Art und Zeit seiner Darbringung an, dass der Gott im Winter als ein grollender aufgefasst wurde.

Dessen ungeachtet war die Vorstellung vorherrschend, dass Freyr ein mildes und wohltätiges Wesen sei,[680] weshalb er auch im Gegensatz zu dem Krieg erregenden und Sieg verleihenden Odhinn insbesondere als Gott des Friedens aufgefasst wurde.[681] In seinem Tempel durfte man keine Waffen tragen; kein Mörder, kein Geächteter, also niemand, der keinen Frieden halte, durfte darin weilen.[682] In Zusammenhang mit dieser Sitte steht der Mythos, dass Freyr sein Schwert an Skirnir verschenkte und deshalb bei der Götterdämmerung, wenn er mit Surtr kämpft, waffenlos sein wird.[683]

Indem der Jahresgott der Erde Fruchtbarkeit verleiht, vermehrt er zugleich die Güter der Menschen, weshalb Freyr auch, wie sein Vater Niördhr, über den Reichtum waltet.[684] Seine phallische Natur macht ihn daneben zum Vorsteher der Geschlechtslust und der Ehe.[685] Inwieweit aber Freyr als Ehegott und außerdem mit den ethischen Seiten des Lebens in Verbindung stand, muss wegen der Mangelhaftigkeit unserer Quellen unerörtert bleiben.[686]

Dass der Kultus des Freyr in einem bedeutenden Ansehen stand, geht schon aus manchen Äußerungen der Edden hervor. In Schweden wurde der Gott ganz vorzüglich verehrt;[687] auch in Norwegen und Island tritt er neben Thôrr bedeutend hervor. In Dänemark scheint er dagegen nicht in diesem Ansehen gestanden zu haben, da er nach Saxo in Schweden einheimisch ist.[688] Als Opfer wurden ihm Menschen, Stiere[689] und Eber dargebracht. Der Mythos legt dem Gott selbst einen goldborstigen Eber *(Gullinbursli)* bei, dessen leuchtende Borsten die Nacht erhellen und welcher seinen Wagen zieht und schneller als ein Pferd durch Luft und Wasser rennt.[690] Auch wurden

---

679 Sæm. 146a. Hervarars. c. 14. Vgl. RA. 900, 901.

680 Freyr lässt weder Jungfrau noch Weib weinen und löst jeden aus seinen Fesseln; kein Mensch hasst ihn. Sæm. 64b, 65a.

681 Sn. 28. Ad. Brem. c. 233. Yngl. S. c. 12.

682 Vîgagl. S. c. 19. Landn. 3, 2. Vgl. Lex. Mythol. 379.

683 Sæm. 65b, 82. Sn. 39, 73.

684 Sn. 28, 104. Egilssag. S. 677. Nach Fornm. Sög. 2, 74, sieht Freyr die Armen nicht mit günstigem Auge an.

685 Ad. Brem. c. 233.

686 Dass Freyr bei Eiden angerufen wurde, haben wir oben gesehen. Nach Sn. 131 sitzt er mit Odhinn und Thôrr zu Gericht.

687 Fornm. Sög. 5, 239, wird Freyr Gott der Schweden genannt; ebenda 2, 216, geloben ihm Schiffer Geld und drei Tonnen Bier, wenn sie nach Schweden kommen sollten. Die alten schwedischen Könige leiteten ihr Geschlecht von Freyr ab. Vgl. auch Nibelungensage 139, 140.

688 Saxo III, p. 42. VI, 104. VIII. 144.

689 Vîgagl. S. c. 9.

690 Sn. 66, 104, 132. Doch wird in Sæm. 114a der Eber auch der Freyja beigelegt. – Der Eber wohl als Symbol der Fruchtbarkeit dem Gott heilig. Über die schwedische Sitte, auf Julabend Kuchen in Ebergestalt zu backen, vgl. oben.

dem Gott heilige Pferde gehalten, welche niemand besteigen durfte.[691] Vielleicht wurden diese Tiere, wie bei den Deutschen, zum Weissagen angewandt, da Freyr auch Orakel erteilte.[692]

Für den Kult des Fro in Deutschland haben wir kein direktes Zeugnis. Doch möchte sich der Name des Gottes in den Stammtafeln der angelsächsischen Könige wiederfinden. Diese lassen auf Finn einen Frealâf und auf diesen Vôden folgen. Statt des einfachen Frealâf erscheinen in anderen auch wohl drei Namen: Fridhuwulf, Frealàf (oder Freawine), Fridhuwald, welche dieselbe Person und zwar Freyr anzudeuten scheinen, wie in einer nordischen Stammtafel auf Odhinn Freyr, Niördhr und abermals Freyr folgt.[693] Dem angelsächsischen Frealâf lässt sich der dänische Fridhleifr gleichstellen, der bei Saxo (p. 66f.) zweimal in der Reihe Frotho, Dan, Fridlev, Frotho, Fridlev, Frotho vorkommt. Fridlev kann ursprünglich ein Beiname Freyrs sein, der diesen Namen führen mochte, weil er der den Frieden liebende Gott ist, zumal da in dem dänischen Lied vom Hammerraub seine Schwester Freyja Fridlevsborg genannt wird. Wie aber in der angelsächsischen Reihe neben Frealâf die gleichbedeutenden Namen Fridhuwolf und Fidhhuwald vorkommen, so macht Frotho, der Vater und Sohn Fridlevs, der auch in der deutschen Sage mehrfach unter dem Namen Fruote erscheint,[694] Anspruch darauf, mit Freyr identisch zu sein. Denn an diesen Namen heftet sich die bekannte und verbreitete nordische Sage von einer dauernden friedlichen Zeit, welche offenbar wieder auf Freyr gedeutet werden kann, da die Ynglinga-Saga (c. 12) den Frieden des Frôdhi in die Zeit setzt, als dieser Gott über Schweden regierte, und da derselbe in der Edda *frôdhi*, d. i. der Weise genannt wird.[695] Zudem ist Frotho I. bei Saxo Sohn des Hading, der, wie wir oben gesehen haben, mit Niördhr identisch ist.[696]

Frotho, der Sohn Hadings, oder wie sich jetzt ergeben hat, Freyr, der Sohn Niördhs und Fridlev, Frothos Sohn, ein gleichfalls mit Freyr identischer oder doch in einem nahen Bezug zu ihm stehender Held, sind nun nach der Sage bei Saxo beide Überwinder eines Drachen, welcher große Schätze bewachte. Dadurch wird im voraus die Vermutung begründet, dass die Sage von dem Drachentöter, welche sich in Deutschland noch später in mehreren Gestalten erhalten hat, besonders charakteristisch, aber in den deutschen und nordischen Dichtungen von Siegfried und den Nibelungen ausgebildet ist, ursprünglich nur ein Mythos von dem Gott Freyr sein möchte, der sich jedoch aller Wahrscheinlichkeit nach schon in den Zeiten des Heidentums zur Heldensage gestaltet hatte. Diese Vermutung wird umso wahrscheinlicher, da die dänischen Erzählungen manche auffallende Ähnlichkeit mit der Nibelungensage haben.[697]

---

691 Vatnsd. Sag. S. 140.

692 Vîgagl. S. c. 26. Vatnsd. Sag. S. 44, 50. Landn. 3, 2.

693 Fornand. Sög. 2, 12. Vgl. Mythol. 199.

694 S. Haupt, Vorrede zu Engelhard von Conrad von Würzburg.

695 Sæm. 81a. Diesen Namen führte Freyr wahrscheinlich, weil er Orakel erteilte.

696 Vgl. über diese Identifikation Frothos mit Freyr meine Abhandlung über Siegfried und Freyr in Haupts Zeitschrift 3, 49f.

697 Vgl. die eben angeführte Abhandlung, 44–47.

Außerdem scheinen sich in Deutschland noch Spuren von Freyrs Eber erhalten zu haben. Nach einem geldrischen Aberglauben muss man am Christabend alles Ackergerät unters Dach schaffen, sonst kommt *Derk met den beer* (Dietrich mit dem Eber), der in dieser Nacht seinen Umzug hält, und lässt sein Tier darauf herumtrappeln, so dass es unbrauchbar wird. Die Sage zeigt noch einen unverkennbaren Zusammenhang mit dem Fest und der agrarischen Natur des Gottes. Auch der wetterauische Aberglaube, dass der Eber durch das Korn gehe, wenn die Saat vom Wind bewegt hin und her wogt, lässt sich auf Freyrs Eber beziehen.[698] Ob indessen die besonders in England aus Beowulf nachweisbare Sitte, Eber auf Helmen zu tragen[699] aus dem Kultus des Freyr abzuleiten ist, oder ob sie, da Tacitus denselben Brauch bei den Aestyern erwähnt, auf die Mater Deum, also die Freyja, zu beziehen ist, das steht nicht zu entscheiden. Ebenso zweifelhaft ist es, ob das Umziehen des Schiffes an einem Fest des Freyr, des Besitzers von *Skîdhbladhnir*, stattfand, oder ob dieser Brauch, da Tacitus das Schiff der Isis zuschreibt, auf eine Göttin, etwa wieder Freyja, Bezug hatte. Aber diese Bräuche legen indirekt doch immer ein Zeugnis für Freyr ab, da er allenthalben verehrt sein wird, wo man seine göttliche Schwester kannte. Noch ist hier wieder in Erinnerung zu bringen, dass sich in unserem Volk gerade in den zwölf Nächten und besonders auf Weihnachten und Neujahr viele abergläubische Meinungen und Bräuche erhalten haben, welche sich auf die Fruchtbarkeit des Jahres und künftige Verheiratung beziehen und deshalb mit der Verehrung des Freyr in Zusammenhang stehen könnten, weil er Fruchtbarkeit verleiht und Ehegott ist, und weil in diese Zeit sein Fest fiel.

Da die übrigen nordischen Götter, wie Hermôdhr, Bragi, Ullr und andere, von denen wir noch weniger Kunde haben, wegen der Unvollständigkeit unserer Quellen keine ausführlichere Behandlung gestatten, und da sich auch nicht erweisen lässt, dass sie in Deutschland bekannt waren, so wenden wir uns jetzt zu den *Göttinnen.*

Wenn die nordischen Götter, obgleich sie zum Teil auf gleichen oder wenigstens ähnlichen Abstraktionen beruhen, dennoch sich in ihrer individuellen Auffassung merklich voneinander unterscheiden, so ist dagegen bei den Göttinnen eine größere Gleichförmigkeit sichtbar, und ihr Wesen hat sich nicht so vielgestaltig entfaltet, wie das der Götter. Im Ganzen zählt die jüngere Edda dreizehn Asynien auf, mit welcher Zahl sie aber noch nicht einmal alle Bekannten umfasst:[700] Indessen weiß sie von mehreren nur sehr einzelne Eigenschaften und Hilfsleistungen bei den menschlichen Angelegenheiten zu berichten, so dass manche nur als Ausflüsse einer höheren

---

[698] Mythol. 191. Nach einem thüringischen Aberglauben bekommt derjenige, welcher sich am Christabend bis zum Nachtessen der Speise enthält, ein goldenes junges Ferkel zu Gesicht. Ein Lauterbacher Weistum von 1589 verordnete, dass zu einem auf Dreikönigstag gehaltenen Gericht die Hübner ein reines noch säugend verschnittenes *Goldferch* liefern sollten: Es wurde rund durch die Bänke geführt und wahrscheinlich nachher geschlachtet. Vgl. Mythol. 45. Auch in der keltischen Mythologie spielt der Eber eine große Rolle. Vgl. das Mabinogi von Kilwlch und Olwen, the Mabinogion by Charlotte Guest. Teil 4.. Eber mit silbernen Borsten, ebenda p. 310.

[699] S. Grimm zu Andreas XXVIII. XXIX. Leo über Beowulf 18.

[700] Sn. 36f. Dagegen werden in Sn. 211 noch einmal so viele genannt.

Gottheit, namentlich der Frigg, erscheinen, und dass es, da sie zum Teil außerhalb des Verzeichnisses gar nicht genannt werden, bei einzelnen zweifelhaft sein kann, ob sie nicht später erst als abgesonderte Wesen aufgefasst wurden.[701] Für die bedeutenderen Gottheiten, welche wir hier allein betrachten, steht im Allgemeinen fest, dass sie bis auf wenige Ausnahmen tellurische Wesen sind. Die Erde wird als die empfangende und gebärende aufgefasst und deshalb als Weib dem zeugenden und tätigen Gott zugesellt. Von dieser physischen Bedeutung abgesehen, wirken die deutschen und nordischen Göttinnen besonders auf das häusliche und eheliche Leben ein, da dieses vorzugsweise in den Bereich der Frau fällt. Geht, wie es bisweilen vorkommt, der Wirkungskreis einer Göttin darüber hinaus, so tritt sie mehr wohltätig schützend und abwehrend auf, während der Gott besonders tätig helfend wirkt. Doch haben einige Göttinnen als Unterweltwesen auch eine finstere Seite. Eine höhere politische Bedeutung hat, etwa wie Freyja, Nerthus und Tanfana ausgenommen, selten eine deutsche oder nordische Göttin gehabt.
Wir ordnen die Göttinnen nach ihrer Verwandtschaft und nach der Ähnlichkeit ihres Wesens, wie die Götter, in mehrere kleinere Gruppen.

7. Frigg und Fulla

Frigg ist als Odhinns Gemahlin[702] die erste der Asynien. Sie darf mit ihm auf dem Stuhl Hlidhskialf sitzen,[703] weshalb sie auch Mitwisserin seiner geheimen Ratschläge ist und das Geschick der Welt kennt.[704] Schon in der jüngeren Edda wird sie als die Erde aufgefasst[705] und als solche charakterisiert sie zunächst der Name ihres Vaters *Fiörgyn*,[706] ein Beiname der Iördh oder der Erde, mit dem gotischen *fairguni* (Berg) zusammenzuhalten ist. Darum legt ihr der Mythos auch eine Kiste *(eski)* bei,[707] aus welcher sie ihre Gaben spendet; das Gewand aber, welches ihr Nanna aus der Unterwelt herauf sendet, ist ein Bild der Pflanzendecke, mit welcher sich die Erde alljährlich bekleidet.[708]

---

701 So z. B. hat die Göttin *Lofn* von Frigg die Gewalt, Männer und Frauen miteinander zu verbinden und ist daher nur ein Ausfluss derselben in ihrer Eigenschaft als Ehegöttin. *Hlîn*, welche nach Sn. 38 für diejenigen Menschen sorgt, die *Frigg* vor Gefahren bewahren will, ist nur ein Beiname dieser Göttin. Vgl. Sæm. 9a.

702 Wenn der Mythos erzählt, dass Frigg mit Vili und Ve buhlte (Sæm. 63b, vgl. Saxo 1, 13), so wird der Grund davor klar, wenn man die nahe Verbindung dieser Götter mit Odhinn bedenkt.

703 Sæm. 39. Auch nach der langobardischen Sage ist Frigg bei Wodan, als er durch das Himmelsfenster schaut.

704 Sæm. 63b. Sn. 23, 36.

705 Sn. Form. 5.

706 Sæm. 63a, Sn. 10, 118.

707 Sæm. 39. Sn. 36.

708 Sn. 68. Märchen wissen von einem Gewand, welches eine Jungfrau in sieben Jahren, ohne zu sprechen oder zu lachen, fertig machen muss, um dadurch Verzauberungen zu lösen. KM. n. 49 3, S. 84.

Doch ist diese physische Bedeutung bei der Göttin ebenso zurückgetreten, wie bei ihrem Gemahl Odhinn, da sie besonders als Vorsteherin der häuslichen Geschäfte und als Ehegöttin aufgefasst wurde. Das Gestirn Orions Gürtel nennt das Volk in Schweden noch jetzt *Friggerock*[709], d. i. colus Friggae, wonach sie also als eine spinnende und webende Göttin erscheint und wahrscheinlich ebenso die Aufsicht über den Fleiß der spinnenden Frauen führte, wie Holda und Berchta. Dass sie als Vorsteherin der Ehe angesehen wurde, wird freilich nicht ausdrücklich gesagt; aber da sie von Kinderlosen und Kindbetterinnen angefleht wurde,[710] so wird sie ganz die Stelle der römischen Juno Lucina eingenommen haben. Wenn Lofn und Hlîn, wie wir vermutet haben, Beinamen der Frigg sind, so vereinigt sie auch als Dea prenuba die Liebenden und ist zugleich als eine rettende Schutzgöttin wieder der Juno ähnlich.
Die jüngere Edda (36) hebt noch die Schuhe der Frigg hervor, welche, wie ihr Kästchen, von ihrer Dienerin Fulla bewahrt werden. Da sie wahrscheinlich eine Beziehung zu dem Wesen der Göttin hatten, so dürfen wir wohl die Anwendung des Schuhes als eines Rechtsymboles auf Frigg deuten und danach wieder auf ihre Eigenschaften schließen. Nun wurde der Schuh im Norden bei Adoptionen und Legitimationen angewandt. Der Vater, welcher ein Kind adoptieren oder legitimieren will, soll ein Mahl (in heidnischer Zeit wahrscheinlich ein Opfer) anstellen, einen dreijährigen Ochsen schlachten, dessen rechtem Fuß die Haut ablösen und daraus einen Schuh machen. Diesen Schuh zieht er dann zuerst an, nach ihm der adoptierte oder legitimierte Sohn, hierauf die Erben und Freunde. Nach deutscher Sitte brachte der Bräutigam der Braut einen Schuh, oder zog ihr denselben an; sobald sie ihn angelegt hatte, war sie seiner Gewalt untertan.[711] Dieses Symbol bestätigt also die hohe Bedeutung, welche Frigg als Vorsteherin der Ehen hatte.
Fulla, welche in dem Merseburger Gedicht[712] unter dem Namen *Volla* als die Schwester der Frigg erscheint, wird dieselbe Stelle ursprünglich auch in dem nordischen System eingenommen haben, obgleich beide Edden sie nur als ihre jungfräuliche Dienerin kennen.[713] Als die Schwester von Odhinns Gemahlin wird sie ihr auch in ihrem Wesen verwandt gewesen sein. Wenn ich nun auch ihr goldenes Kopfband und ihr wallendes Haupthaar nicht bestimmt deuten will, so charakterisiert sie doch ihr Name (Fülle) so wie der Umstand, dass sie die Kleinodien der Frigg aufbewahrt, als eine tellurische Göttin, welche besonders in den Früchten des Sommers waltet und den Menschen den Segen der Erde spendet. Ob sie daneben noch eine ethische Seite hatte, ist uns unbekannt.

---

709 Ihre Gloss. Sviog. S v.

710 Fornald. Sög. 1, 117. Sæm. 240b.

711 S. RA. 155, 156.

712 *Hierzu siehe ‚Zeitschrift für deutsches Alterthum, Zu den Merseburger Gedichten‘ von Jakob Grimm, Seite 188 - 190.*

713 Sæm. 39. Sn. 36.

8. Iördh, Rindr und Sif

Diese drei Göttinnen sind ältere tellurische[714] Wesen, welche in dem nordischen System zurückgedrängt und darum in das Hauptverzeichnis der Asynien nicht aufgenommen sind. –

Iördh, deren Name zugleich das Apellativum für die Erde ist, ist Odhinns zweite Gemahlin und Thôrrs Mutter. Ihr anderer Namen Hlôdhyn, welcher uns in der deutschen Hludana begegnet, deutet auf ein Wesen, welches, wie die Vesta, zugleich dem heiligen Herdfeuer vorstand, wie dasselbe auch das Symbol ihres Sohnes Thôrr war.[715] Damit steht in Zusammenhang, dass sie die Tochter der Nôtt und die Schwester des Dagr ist,[716] obgleich auch diese Verwandtschaft sonst keinen näheren Aufschluss über ihr Wesen gibt.

Rindr, welche von Odhinn den Vali, Balders Rächer, gebar,[717] ist eine winterliche Erdgöttin. Denn der Name Rindr bedeutet *cortex*, und die Göttin wurde wohl deshalb so genannt, weil sich in der rauen Jahreszeit eine starre Frostdecke um die Erde legt.[718] Von ihr hat uns Saxo einen Mythos aufbewahrt, nach welchem die Göttin sich gegen Odhinns Umarmung, der mehrere Male unter verschiedenen Namen und Gestalten ihre Gunst zu erhalten sucht, sträubt, bis sie endlich seiner List unterliegt.[719] Die Erzählung erinnert an die gegen Poseidons Umarmung sich sträubende Demeter-Erinnys.

Sif, die Gemahlin Thôrrs[720], wird in Bezug auf ihren Namen von Grimm mit dem gotischen *Sibja*, althochdeutschen *Sippia, Sippa*, angelsächsischen *Sib,* welche Friede, Freundschaft, Verwandtschaft bedeutet, zusammengestellt.[721] Näheren Aufschluss gewährt, dass das Wort *sif* nach Sn. 220 ein Synonym von *Iördh* ist. Von ihr kennen wir nur den Mythos, wie Loki ihr schönes Haar abschnitt, und wie Zwerge ihr dafür

---

714 *Gemeint ist: irdisch, das was auf die Erde Bezug hat, ihr angehört, von ihrer Kraft oder ihrem Einfluß ausgeht: Daher Tellurische Einflüsse. Quelle: Pierer's Universal-Lexikon.*

715 Sæm. 9a. Sn. 178, 220.

716 Sn. 11, 123.

717 Sæm. 91b, 95a, Sn. 31, 96, 105, 176, 212.

718 In Island wird eine sandige und unfruchtbare Landschaft *rindr* genannt. Lex. Mythol. 673.

719 Saxo, p. 44. Vgl. Nibelungensage 109–112. Einmal kommt Odhinn zu Rindr unter dem Namen Rostiophus, d. i. unter der Gestalt und dem Namen eines Riesen; denn *Hrossthiofr* ist Sn. 211b ein Riesenname.

720 *Sif (Nord. M.), Thors schöne zweite Gattin, berühmt durch ihr wundervolles, blondes Haar, welches der böse Loke ihr einst abschnitt, da sie schlief. Thor zwang ihn, ihr goldenes Haar zu schaffen, welches er, um sein Leben zu retten, bei den Zwergen bestellte. Sif war früher schon vermählt und hatte einen Sohn Ullar, von Thor aber hatte sie zwei Kinder: Thrudr und Lorride. Sie scheint von den Asinnen die reinste gewesen zu sein, denn bei Aegers Gastmahl, als Loke allen Frauen und Mädchen ihre vielen Liebschaften vorwarf, und Sif dem Loke einen Becher reichte, ihm dankend, dass er ihrer allein unter allen geschont, sagte er, dass er ihr den Vorzug vor den Übrigen lassen müsse, da sie nur einen Geliebten gehabt, und diess sei er gewesen. Zitiert nach: Vollmer, Wilhelm: Wörterbuch der Mythologie. Stuttgart 1874, S. 413.*

72 Mythol. 286.

ein schöneres goldenes schmiedeten.[722] Hiernach hat man Sif für eine Erntegöttin erklärt, indem man unter den Haaren der tellurischen Göttin das goldene Getreide versteht, welches im Herbst abgemäht wird und im nächsten Jahr wieder hervorwächst. Wir müssen dieser Erklärung wohl beipflichten, dürfen sie aber etwas allgemeiner fassen und überhaupt auf die Pflanzen und Blätter beziehen, welche im Herbst absterben oder abfallen. Denn der Vergleich der Pflanzen und Blätter mit den Haaren einer Erdgöttin beruht auf einer einfachen und natürlichen Symbolik und findet sich darum mehrfach in der nordischen und deutschen Mythologie wieder.[723] Von Sif haben sich ebenso wenig wie von Rindhr Spuren in Deutschland erhalten, wenn wir sie nicht in Märchen finden wollen. Diese erzählen von einer Jungfrau, welcher ein Zauberweib ihr schönes langes Haar abschnitt,[724] und auch sonst wird das schöne Haar märchenhafter Jungfrauen mehrfach hervorgehoben.[725]

9. Gefjon und Idhunn

Von Gefjon berichtet die jüngere Edda (36), dass ihr diejenigen dienen, welche als Jungfrauen sterben. Danach ist sie also eine Unterweltsgottheit. Bedenken wir aber ihren Namen, welcher offenbar mit dem altsächsischen *geban* und dem angelsächsischen *geofon* Meer zusammen hängt, so ist sie ursprünglich eine Göttin des Meeres, und als solche ist sie, da die Wasserwesen mehrfach in Beziehung zur Unterwelt stehen, zugleich eine Totengottheit geworden. Als Meeresgöttin charakterisiert sie auch der einzige Mythos, welcher von ihr berichtet wird.[726] Sie bekam von Gylfi, König von Schweden[727], so viel Land geschenkt, wie vier Stiere in einem Tag umpflügen würden. Da rief sie aus Iötunheim ihre vier Söhne, die sie mit einem Riesen gezeugt hatte, und spannte sie in Gestalt von Stieren vor den Pflug. Diese zogen so gewaltig, dass sie das ganze umpflügte Stück von Schweden losrissen: das ist das jetzige Seeland. Da unter den mit einem Riesen gezeugten Stieren nach einer gewöhnlichen Auffassung der nordischen Mythologie Stürme zu verstehen sind,[728] so sagt der

---

722 Sn. 119, 130.

723 Fulla hat wallendes Haar, Holda aber trägt verwirrtes und struppiges Haar.

724 KM. n. 12.

725 KM. n. 65, 89. Haupts Zeitschrift 2, 485.

726 Sn. 1. Yngl. Sag. c. 5.

727 *Gefion, in der nordischen Mythologie eine Asenjungfrau, Beschützerin der Jungfrauen, der alle gehören, die unvermählt sterben.*
Wohl eine andre Gefion ist es, von der erzählt wird, König Gylfi von Schweden habe ihr als einer fahrenden Frau, die ihn durch Gesang ergötzt habe, zum Lohn so viel Land gegeben, als vier Ochsen in Tag und Nacht pflügen könnten. Sie aber, aus Asengeschlecht stammend, nahm aus Jötunheim vier Ochsen, die sie einem Riesen geboren hatte, und spannte sie vor den Pflug. Dieser ging so tief, daß er das Land (worunter Seeland zu verstehen ist) von Schweden losriß, worauf die Ochsen es fort durchs Meer zogen. Gefion soll dann mit Skiold, dem Sohn Odins, vermählt worden sein und mit ihm Lethra, den dänischen Königssitz auf Seeland, bewohnt haben. – Zitiert nach: Meyers Großes Konversations-Lexikon. Leipzig 1905-1909, Band 7, S. 446

728 S. Uhland, Der Mythos von Thôrr, 101.

Mythos aus, dass die Meeresgöttin Seeland mit Hilfe der Stürme von Schweden losgerissen und zu ihrem Eigentum gemacht habe.[729] Nach derselben Sage vermählte sich Gefjon darauf mit Skiöldr. Sie nahm also, da dieser Gott besonders in Dänemark und Schonen verehrt wurde,[730] in diesen Ländern wahrscheinlich eine bedeutendere Stellung ein. In Deutschland finden wir nichts, was auf das Dasein der Göttin schließen ließe, als jenes erwähnte altsächsische *geban*, eine Bezeichnung des Meeres.[731]
Idhunn, die Gemahlin Bragis, des Gottes der Poesie, ist vom Geschlecht der Alfen[732] und steht nach dieser Abstammung schon in einem innigen Zusammenhang mit der Natur. Sie ist die Göttin, welche in dem frischen, jungen Sommergrün waltet und kann insofern mit Persephone, dem blühenden Kind der Demeter, verglichen werden. Sie wohnt auf quellenreichen Gebieten[733] und bewahrt in einer Schachtel die Äpfel, welche den Göttern immerwährende Jugend erhalten.[734] Im Herbst, wenn die grüne Pflanzenwelt von der Erde verschwindet, kommt sie nach der mythischen Anschauung durch Loki in die Gewalt des Riesen Thiassi, dem sie aber im Frühjahr durch denselben Gott wieder entrissen wird,[735] oder sie sinkt nach einem anderen nicht vollständig erhaltenen Mythos von der Esche Yggdraseil herab und weilt stumm und Tränen vergießend in der Unterwelt.[736]
Von dieser charakteristisch und schön ausgeprägten Göttin finden wir in Deutschland abermals keine Spur, wenn wir nicht wieder zu einem Märchen unsere Zuflucht nehmen wollen, nach welchem eine Jungfrau aus dem Himmel gestoßen wurde, und lange Zeit mit verschlossenem Mund unter einem Baum weilt, bis ein Königssohn sich mit ihr vermählt.[737]

10. Freyja

Freyja ist die Tochter des Niördhr und der Nerthus, die Schwester des Freyr. Ihr Name, welcher bei den Deutschen wahrscheinlich *Frouwa* lautete, bedeutet *Herrin*, wie Freyr der Frô der Herr ist. Daher wurden nach der jüngeren Edda vornehme Frauen nach ihr *freyjur* genannt.[738] Diese Göttin gehört zu den schwierigsten und vieldeutigsten Wesen der nordischen Mythologie, obgleich es im Allgemeinen feststeht, dass sie vorzugsweise eine Naturgottheit ist. Das deutet schon der Mythos an, dass sie mit einem Mann mit Namen Odhr vermählt war, welcher sie aber verließ.

---

729 Vgl. Haupts Zeitschrift 1, 95, 96.

730 Daher heißt er nach Fornm. Sög 5, 239, Skânûnga-god und von ihm leitete sich das dänische Königsgeschlecht der *Skiöldûngar* ab.

731 Grimm schließt in Mythol. 219 aus dem männlichen Geschlecht dieses Wortes auf einen deutschen Meeresgott Geban.

732 Sæm. 89a.

733 Ihre Wohnung heißt Brunnakr, Sn. 121.

734 Sn. 30, 121.

735 Sn. 80–82, 119–121-

736 Sæm. 89f. Vgl. Uhland, a.a.O., 120f. Nibelungensage 86.

737 KM. n. 3, 65. Vgl. Nibelungensage 85f. Die Märchen wissen auch von goldenen Äpfeln, die auf dem Baum des Lebens wachsen. KM. n. 17, 121.

738 Sn. 29. Vgl. Yngl. S. c. 13. Sæm. 212b.

Freyja irrt, ihn suchend, weinend umher, und die Tränen, welche sie über ihn vergießt, sind goldrot.[739] Die Bruchstücke dieses Mythos ergänzt eine Erzählung bei Saxo, obgleich in solcher Art, dass wir nicht wissen können, inwieweit wir ihr trauen dürfen. Nach derselben sucht Syritha[740] ihren geliebten Ottar, welcher dadurch von ihr vertrieben war, dass sie ihm ihren Anblick versagte, bis sie, nachdem die Jungfrau auf ihren Fahrten mancherlei Gefahren ausgestanden hat, endlich vereinigt werden.[741] Über Odhr ist uns, diesen Mythos ausgenommen, weiter nichts bekannt, obgleich er als Gemahl der Freyja ohne Zweifel ein bedeutendes Wesen war. Vielleicht ist unter diesem Namen irgendein bekannter Gott, wahrscheinlich Freyr, verborgen, der ursprünglich Gemahl und Bruder der Freyja gewesen sein möchte, wie Niördhr Gemahl und Bruder der Nerthus war.[742] Wir erkennen in diesem Mythos dasselbe unwillige Sträuben gegen den Geliebten, welches wir bei Rindr wahrnahmen, welche Odhinn verschmäht. Das Umherirren und das Suchen des Gatten erinnert an Isis, welche Osiris, an Aphrodite, welche den Adonis sucht, und an die Irren der Io: Wir möchten daraus entnehmen dürfen, dass Freyja, wie Isis und Io, eine Mondgöttin war. Diese Annahme, welche, da die Deutschen in Heimdallr einen männlichen Mondgott verehrten, abermals für den fremden Ursprung der Göttin sprechen würde, scheint ein anderer Mythos zu bestätigen. Freyja besitzt ein leuchtendes großes Halsband, *brîsînga-men* genannt.[743] Sie erwarb dasselbe von vier Zwergen, denen sie dafür ihre Gunst zu Teil werden ließ. Loki bekam es einmal in seine Gewalt, indem er in ihr festes unterirdisches Gemach drang; aber Heimdallr stritt mit ihm um dasselbe und brachte es wieder.[744] Wir möchten diesen Schmuck der Freyja mit Finn Magnusen für den Mond halten, welcher, wenn die Zeit des Neumondes eintritt, ihr geraubt zu sein scheint.[745] Denn Freyr und Freyja lassen sich auch sonst mit den Geschwistergottheiten Apollo und Artemis vergleichen, und die Beinamen der Freyja *Gefn*, welcher mit dem Namen der Meeresgöttin Gefjon zu vergleichen ist, und *Mardöll,* d. i. die im Meer Wohnende, lassen ihren Zusammenhang mit dem Meer erkennen, ebenso wie der Mondgott Heimdallr aus den Wellen hervorgeht. –

Wie dem aber auch sei, dass Freyja in naher Beziehung zur Natur steht, zeigt sich auch dadurch, dass das Falkengewand *(valshamr)*, mit welchem sie die Luft durch-

---

739 Sn. 37. Vgl. Sæm. 5b. Freyja heißt daher grâtfagra god, die tränenschöne Göttin. Sn 119, und das Gold Freyjas Tränen, Sn. 133.

740 Syr ist Sn. 37 ein Beiname der Freyja.

741 Saxo VII, p. 125. Vgl. meine Abhandlung in Haupts Zeitschrift 3, 51–53.

742 S. die weitere Begründung dieser Vermutung in Nibelungensage 146, 147. So wird auch Artemis die Gemahlin des Apollo genannt. Eustath. zu Hom. P. 1197, 37.

743 Sæm. 71b, 72. Sn. 37, 119. Vgl. das mittelhochdeutsche *brîsen* nodare, *nodis* constringere. Der Name *brosingamen* wird auch bei Beow. 2399, doch ohne Bezug auf die Göttin, erwähnt.

744 Sn. 354–357. 105. Vgl. Thorlac. Antiq. Bor. Spec. 6, 41, 63.

745 Lex. Mythol. 310–312. Zeuss, Die Deutschen, S. 29, hält das Halsgeschmeide der Freyja für die Milchstraße; Uhland S. 100, für den Morgenstern.

fliegt, oft nötig ist, um den Sommerwechsel herbeizuführen,[746] und dass die Riesen nach dem Besitz der Göttin lüstern sind.[747]

Wie aber häufig milde Naturgottheiten als Unterweltswesen zugleich eine finstere Seite haben, so ist dieses auch bei Freyja der Fall. In den Edden wird diese Beziehung der Göttin zur Unterwelt dadurch angedeutet, dass Freyja zum Kampf zieht und die Hälfte der Gefallenen zu sich in ihren Saal *Fôlkvângr* nimmt,[748] während die andere Hälfte zu Odhinn kommt. Man hat diese Teilung der Gefallenen zwischen den beiden Gottheiten auf mancherlei Art zu deuten gesucht: Aber da es gewiss ist, dass Odhinn ursprünglich in einem allgemeineren Sinn Totengott war, und da Freyja auch Jungfrauen nach ihrem Tod bei sich beherbergt,[749] so dürfen wir unbedenklich annehmen, dass jener Bericht der Edden hier wieder allgemeiner gefasst werden muss. Als Unterweltsgottheit steht Freyja, wie die Hekate, auch der Zauberei vor.[750]

In ethischer Beziehung wurde Freyja als Göttin der Liebe gefasst,[751] wodurch ihr Wesen also eine solche Bestimmung erhält, dass es im Ganzen zwischen dem der Artemis, Persephone und Aphrodite die Mitte hält. Ihre heiligen Tiere waren der Eber und die Katze.[752]

Diese Göttin erscheint unter ihrem Namen in Deutschland nicht. Indessen haben wir schon oben angedeutet, dass die *mater deum* der Aestyer, deren heilige Zeichen Eberbilder waren, keine andere Göttin sein könne, als Freyja. Es ist auch möglich, dass sie sich unter einem anderen Namen in der deutschen Volkssage erhalten hat. Jene Holda, welche, wie Freyja, eine himmlische Göttin ist, und, wie diese, im Wasser wohnt, welche die Seelen der Ertrunkenen bei sich aufnimmt, wie auch Freyja eine Unterweltsgottheit ist, hat eine unverkennbare Ähnlichkeit mit unserer Göttin.[753] Dafür spricht noch, dass Frau Holda in den Bergen wohnt, in welchen sich, wie wir sehen werden, nach dem deutschen Glauben die Unterwelt befindet. Darum ist vielleicht auch die weiße Frau, welche aus Bergen hervorsteigt und ein Schlüsselbund trägt,[754] mit Freyja identisch. Auch die freilich späte Sage von Frau Venus, welche in

---

746 Loki legt dieses Gewand an, um zu erfahren, wo Thôrrs Hammer verborgen ist, ebenso, um Idhunn wieder zu holen. Sæm. 70. Sn. 81. Doch wird in Sn. 113, 119, der Frigg das Falkengewand beigelegt. Auch die deutsche Here oder Erce fliegt durch die Luft.

747 Sæm. 5b. Sn. 45, 107. Uhland fasst auf S. 99 wohl etwas zu eng Freyja als die Göttin, in welcher Glanz und Wärme des reinen wolkenlosen Himmels der schönen Jahreszeit zur persönlichen Erscheinung kommt.

748 Sæm. 42a. Sn. 28, 119.

749 Egilss. S. 603.

750 Sæm. 64a. Yngl. Sag. c. 4.

751 Nach Sn. 29 gefallen ihr Liebeslieder, und es ist gut, sie in Liebesangelegenheiten anzurufen.

752 Der Eber kommt der Göttin ebenso zu, wie ihrem Bruder Freyr, Sæm. 114a. Katzen ziehen ihren Wagen. Sn. 28, 66, 119.

753 Vgl. oben und Nibelungensage 125, 136f.

754 Auch Freyja führt nach Sæm. 72b ein Schlüsselbund. Der Schlüssel wird zu Weissagungen und Zaubereien angewandt. Nach einem Aberglauben im Alptal muss man, um das Ende eines schwer leidenden Kranken herbeizuführen, einen Schlüssel auf seine Brust legen. Schreibers Taschenbuch 1839, S. 326.

dem Venusberg haust und die Menschen in ihre Wohnung lockt, wo sie dann auf immer verloren sind, möchte eine verdunkelte Erinnerung an dieselbe Göttin sein.[755] Sicherer lassen sich die Spuren eines Mythos, welcher ursprünglich Freyja betraf, in der deutschen Heldensage nachweisen. In der erwähnten Erzählung, wie Loki in das verschlossene Gemach der Freyja drang und ihr Halsband raubte,[756] heißt es, dass Odhinn der Göttin dasselbe nur unter der Bedingung wiedergeben wollte, dass sie zwei Könige dahin brächte, beständig miteinander zu kämpfen. Damit wird die folgende Sage angeknüpft, nach welcher Hilde, die Tochter des Königs Högni, von Hedhin geraubt wurde. Der Vater setzt dem Räuber nach und erreicht ihn bei den Orkneyinseln. Hilde sucht scheinbar ihren Vater durch ein von Hedhins Seite ihm angebotenes *Halsband* zu versöhnen, reizt ihn aber dabei noch mehr zum Kampf auf. In der Nacht weckt Hilde durch ihre Zauberei die Erschlagenen wieder auf, die am Morgen den Streit erneuern und auf diese Weise fortkämpfen werden, bis die Götterdämmerung eintritt.[757] Auch diese Sage muss, da sie sich an den Raub des Halsbandes knüpft, welches hier noch sehr bedeutend hervortritt, ursprünglich von Freyja gegolten haben, deren Stelle Hilde einnimmt.[758] Wir finden aber dieselben Namen und dieselben Begebenheiten in dem ersten Teil der Gudrun, wenn auch mit Auslassung des Wunderbaren, wieder. Hetel lässt Hagens Tochter Hilde rauben. Der Vater setzt den Räubern seiner Tochter nach, und es kommt zum Kampf; aber die Könige versöhnen sich. Wenn also diese Sage nicht erst in christlichen Zeiten nach Deutschland übertragen wurde, so kann sie ein Zeugnis dafür abgeben, dass Freyja auch den Deutschen bekannt war.

Die übrigen nordischen Göttinnen dürfen wir, teils, weil wir zu wenig von ihnen wissen, teils, weil sie in Deutschland nicht nachweisbar sind, hier übergehen.[759]

---

[755] Die Verwandtschaft der Sagen von Frau Venus und Holda ist nicht zu bezweifeln. Der Venusberg wird von einigen für den Hörselberg gehalten, in welchem Frau Holle Hof hält. Vor dem Venusberg sitzt nach der Vorrede zum Heldenbuch der getreue Eckhart und warnt die Leute, so wie er sonst vor dem wütenden Heer, welches auch unter dem Geleit der Holle zieht, einhergeht und warnt. D. S. n. 7. Vgl. 170, 313. Frau Venus erinnert aber zugleich an Freyja, die Göttin der Liebe. – Die Sage vom Venusberg zeigt sich zuerst in Denkmälern des 14. Jh. S. Mythol. 1230.

[756] Sn. 354–357 nach Ol. Tryggvas. Sag. 2, c. 17. Vgl. Fornald. Sög. 1, 390f.

[757] So nach Sn. 163–165. Die Olafsage weicht in Einzelheiten ab. Auch bei Saxo findet sich in 5, 89, 90 dieselbe Erzählung, doch wieder in etwas anderer Gestalt. Im Übrigen vgl. P. E. Müller, Sagabibl. 2, 570–578. Crit. Undersögelse 67, 68. D. Heldensage 327–329.

[758] Sehen wir Recht, so bestätigt sich dadurch wieder, dass Freyja Unterweltsgöttin ist. Denn Hilde, welche die Erschlagenen wieder ins Leben ruft, erscheint hier wie eine Totengöttin, welche die Krieger bei sich in der Unterwelt aufnimmt. Dort setzen sie, wie die Einherien bei Odhinn, ihren Kampf so lange fort, bis die Götterdämmerung herannaht.

[759] Über *Hel* s. unten.

Kapitel III - Helden

Wenn wir die Natur der einzelnen Gottheiten, insbesondere aus den *Mythen*, kennen lernen, so stellt sich das Wesen der Helden nur in *Sagen* dar. In denselben erscheinen sie in der Regel als rein menschliche Gestalten, welche sich nur dadurch auszeichnen, dass sich ihr Geschlecht von den Göttern herleitet, während sie selbst auch gewöhnlich an der Spitze einer zahlreichen und berühmten Nachkommenschaft stehen, und dass sie mit einer das gewöhnliche Maß übersteigenden Kraft ausgerüstet sind, welche sie zu außerordentlichen und heilsamen Taten befähigt. Aber die wissenschaftliche Forschung muss darauf ausgehen, das Menschliche in ihnen von dem Göttlichen zu scheiden, und dadurch die Tradition hindurch ihre höhere Natur zu erkennen; denn jede *echte* Heroensage, falls sie anders mythologische Anknüpfungen gewährt, enthält den Mythos eines durch die Zeit verdunkelten göttlichen Wesens, den die Wissenschaft von der Sage, in welcher er enthalten ist, abzuscheiden hat. Diesen Grundsatz haben wir bei der deutschen Heroensage ebenso wohl zu beachten, als er für die griechische Mythologie schon lange besteht.

Aber die Erforschung der deutschen Heldensage wird niemals zu solchen Resultaten führen, wie sie die Behandlung der griechischen gewährt hat, weil unsere Kenntnis der deutschen Götter, welche hier zum Vergleich herbeigezogen werden könnten, auch wenn wir die nordische Mythologie zu Hilfe nehmen, zu mangelhaft ist, und weil wir von Heroenkulten so gut wie gar keine Nachrichten haben. Der Standpunkt der Untersuchung stellt sich hier auch dadurch anders, dass wir einige Heroensagen nur aus christlichen Zeiten kennen. Bei diesen ist zunächst nachzuweisen, dass sie wirklich noch aus dem Heidentum stammen, und ist das gelungen, so kommt wieder in Frage, ob wir in der Sage die Nachklänge des Mythos von einem bekannten göttlichen Wesen haben, oder ob der Held schon in der heidnischen Zeit als Heros dastand. Die Schwierigkeit der Forschung wird noch dadurch erhöht, dass die Grenzen zwischen der mythischen und der historischen Tradition oft schwer zu ziehen sind. Dessen ungeachtet darf es nicht unterlassen werden, Anknüpfungen, welche sich darbieten, mit den Namen und Sagen der Helden in Verbindung zu bringen, obgleich die Resultate dieser Kombinationen der Natur der Sache gemäß oft schwankend und ungenügend sind.

Die heidnische Heroensage der Deutschen, welche wir zunächst behandeln, schöpfen wir vornehmlich aus Tacitus. Nach dem dritten Kapitel der Germania feierte unser Volk in alten Gesängen den Gott *Tuisco*[760] und dessen Sohn *Mannus*, von welchen es

---

[760] *Tuisco (Tot, Theot, Taut, Teut etc.) war bei den ältesten Deutschen die höchste Gottheit, die sie verehrten als den Urheber alles Lebens, der die Menschen mit der Erde (Artha, Hertha – Fra, Frea, Freya etc.) erzeugt habe. Er hatte noch weit mehrere Namen: Atis, Tuhs, Frotis, vorzüglich Vod, God, Odan, Odin, Wodan, Got, Gaut etc. Auch hat der Tuhstag (aus welchem nachher Dienstag entstanden) von ihm seinen Namen. Die alten Deutschen verehrten ihn – unter der bildlichen Darstellung eines Mannes mit grauem, großem Barte, und einer rauhen Haut von einem wilden Tiere, in der rechten Hand einen Zepter haltend, die Linke aber mit ausgespreitzten Fingern vor sich hinstreckend – als ein höchstes, unsichtbares, zugleich aber allmächtiges und unveränderliches Wesen. Sie nannten*

seinen Ursprung ableitete. Mannus[761] hatte drei Söhne, von deren Namen die drei Hauptstämme *Ingaevones, Herminones* und *Iscaevones* oder *Istaevones* benannt waren. Diese Sage findet sich in Nachklängen auch anderwärts. So weiß ein unbekannter mittelalterlicher Kompilator von den drei Brüdern *Ermenius, Ingo* und *Escio*, von denen dreizehn Völker abgeleitet werden,[762] und ähnliche Überlieferungen waren bei den Kelten bekannt. Der Chronist Nennius nennt den ersten Menschen, welcher nach Europa kam, *Alanus* und schreibt ihm drei Söhne *Hisicion, Armenon, Neugio* zu, von denen wieder viele Völker abgeleitet werden;[763] ein gälisches Gedicht des 11. Jh. gibt dagegen den Brüdern *Albanus* (dem Alanus des Nennius) und *Britus* den *Isiocon* zum Vater.[764] Wir legen aber auf diesen späteren Bericht ebenso wenig Gewicht, als auf die Verse Frauenlobs:

„Mennor der êrste was genant
dem diutische rede got tet bekant.“

Da wir nicht wissen können, in wieweit die Stelle der Germania auf sie eingewirkt hat, und da sie nichts enthalten, was den Bericht des Tacitus sicher ergänzen könnte. Nur bestätigen sie uns, was freilich auch ohne dieselben klar ist, dass für die drei Stämme der Deutschen drei Söhne des Mannus als eponyme[765] Heroen hingestellt wurden, welche wir *Inguio, Hermino* oder *Irmino*, und *Iscio* oder *Istio* nennen können.

Tuisco und seinen Sohn Mannus haben wir schon oben erläutert und in dem ersten Heimdallr, in dem zweiten die Personifikation der Menschen erkannt. Die drei Söhne des Mannus sind nun entweder nur Personifikationen der Stämme, als deren Ahnher-

---

sich auch seine Kinder. Zitiert nach: Brockhaus Conversations-Lexikon Bd. 6. Amsterdam 1809, S. 105.

761 *Mannus war einer der berühmtesten alten Helden bei den Deutschen, ein Sohn Thuiskons, welcher nach seinem Tod unter die Götter versetzt und als Schutzgott verehrt wurde. Er ist das, was der Mars bei den Römern. Sein Bildniß (eine ins Riesenmäßige fallende Figur eines altdeutschen Kriegers, mit einer Tierhaut bekleidet, einem Schild an der Seite, und unter einer Eiche, dem Symbol der Stärke, stehend) wurde lange Zeit bei den Rugianern verehrt. Auch hat man ihn bald für den Adam, bald für den Noah in der biblischen Geschichte gehalten. Von ihm bedeutet auch das Wort Mann einen Menschen in voller Kraft, mit Mut und Tapferkeit ausgerüstet. Zitiert nach: Brockhaus Conversations-Lexikon Bd. 8. Leipzig 1811, S. 15.*

762 Die Stelle welche Grimm aus d. Mythol. XXVII. aus Cos vat. 5001, bl. 140, mitgeteilt.

763 Nennius, p. 53, 54 ed. Gunn.

764 Nach Leos Übersetzung in Haupts Zeitschrift 2, 534:

„Albanus nahm es (Albanien) mit seinem Heere,
Der ältere Sohn des edeln Isiocon
Bruder (war er) zu Britus gewisslich;
Von ihm wird genannt Alba (Albanien), das schiffreiche.“

765 *Ein Eponym ist ein Begriff, der eine Sache mit einer namengebenden realen oder fiktiven Person (Namensgeber) oder einem Ort verbindet. Dem entspricht das Epotoponym, bei dem der Namensgeber ein geografisches Toponym ist (z.B. Champagne zu Champagner). Zitiert nach: http://de.wikipedia.org/wiki/Eponym. (rs)*

ren sie hingestellt werden,[766] und haben als solche keine mythische Bedeutung, oder wir haben in denselben die Namen oder Beinamen von Göttern zu suchen, indem sich annehmen lässt, dass entweder die einzelnen Stämme von dem Gott, den sie vorzüglich verehrten, benannt wurden, oder dass umgekehrt der Hauptgott eines Stammes von demselben einen Beinamen bekam, der nachher abgesondert als Name des Heros Eponymos hingestellt wurde. Gehen wir von diesem Grundsatz aus, so ist Inguio mit Freyr identisch. Denn dieser führte den Beinamen Yugvi, von welchem sich das schwedische Königsgeschlecht der Ynglingar ableitete.[767] Besondere Sagen von dem Helden Inguio haben sich nicht erhalten.[768]

Dunkler ist Iscio oder Istio, der zweite Sohn des Mannus, von welchem sich die Iscaevones oder Istaevones sich nannten. Wir wissen hier kaum, für welche Leseart wir uns entscheiden sollen. Grimm hält Iscaevones für die richtige Schreibung, stellt den Namen mit Asciburg zusammen und vermutet einen Zusammenhang des Helden Iscio mit Askr, dem ersten Menschen.[769] Es wird aber schwerlich der zuerst erschaffene Mensch an die Spitze des Stammes der Iscaevones gestellt sein, da derselbe bei Tacitus schon in Mannus repräsentiert ist. Da wir nun einmal bei diesem Namen über Vermutungen nicht hinauskommen, so möge hier noch Folgendes angeführt werden, wobei wir die Form Istio festhalten. Zeuss hat die Istaevones mit dem gotischen Geschlecht der *Astingi, Azdingi* zusammengehalten: Grimm nimmt bei diesem Namen einen Wegfall der Aspirata *h* an und stellt denselben mit den nordischen *Haddîngjar*, ags. *Heardingas* zusammen.[770] Sind diese beiden Vermutungen begründet, so ergibt sich die Möglichkeit, den Namen Istio mit Niördhr in Verbindung zu bringen. Wir haben oben gesehen, dass dieser Gott bei Saxo unter dem Namen Hading erscheint, und es würde demnach der Eponymos der Istaevones *Istio* oder *Azdio (Hazdio)* ein Beiname des Niördhr sein können. Wir hätten auf diese Weise auch in diesem Heros, einen Gott gefunden, dessen Beiname mit dem Namen des Stammes übereinstimmte.

Der Name des Eponymos der Herminonen ist Hermino, Ermino oder Irmino. Für die letzte Form spricht der Name *Irminsûl* und andere Composita mit *Irmin.* Irmino oder Irmin scheint mir in *Ir-min* zerlegt werden zu müssen. *Ir* haben wir oben als einen anderen Namen des Himmelsgottes Zio kennen gelernt. Die Beziehung des Namens Irmin auf den Himmel zeigt sich aber noch in der Benennung *Irmineswagen* für

---

766 Bekanntlich finden sich die Namen *Ingaevones*, *Istaevones*, *Hermiones* auch bei Plin. N. H. 4, 14 neben *Vindili* und *Peucini*.

767 Yngl. Sag. c. 12. Vgl. Ingunnarfreyr, Sæm. 65b. Ingi freyr Thorlac. Antiq. Bor. Spec. 6, 43. Das Islendîngabôk (Islend. Sög. 1, 19) hat die Reihenfolge Yngví, Niördhr, Freyr, wie sonst Freyr, Niordhr, Freyr aufeinander folgen. Vgl. *Ingellus*, Sohn des Frotho Saxo, p. 106, und Unguinus, p. 125. *Ingvi* in der Stammtafel von Bernicia.

768 Von der Rune Ing sagt das angelsächsische Lied (bei Grimm, Über deutsche Runen, 233): „Ing war zuerst unter Ostdänen. Später ging er ostwärts über das Meer, sein Wagen rollte nach. So nannten die Heardingas den Held.“ Aber diese Worte sind so unverständlich, dass man kaum weiß, was man daraus nehmen soll.

769 Sæm. 3. Sn. 10. Mythol. 324.

770 Die Deutschen und die Nachbarstämme, 73. Mythol. 317, 321.

plaustrum coeleste, arctus.[771] Bedenken wir nun, dass in dem Namen Eresburg, wo die Irmensäule stand, ebenfalls das einfache Er oder Ir, der andere Name des Gottes Zio, liegt, so möchte Irmin als eine zweite Form desselben Namens zu fassen sein, und wir würden somit auch diesen Helden, wie die Eponymen Heroen der beiden anderen Stämme, auf einen Gott (den Himmels- und Kriesgott Zio) zurückgeführt haben, ohne dass wir dabei auf eine unklare und verworrene Stelle des Widukind, die diese Annahme zu bestätigen scheint,[772] zu viel Gewicht legen. Anderes, was auf Irmin bezogen ist, scheint mir sehr zweifelhaft. Ich mag weder die Lieder, in welchen Arminius besungen wurde,[773] auf den mythischen Helden beziehen, noch den osnabrückischen und westfälischen Namen *Herm* oder *Hermen*[774] in Zusammenhang mit demselben setzen. Auch halte ich Iring, der oben mit dem Gott Heimdallr zusammengestellt wurde, von Irmin getrennt.

Nachdem Tacitus die Sage berichtet hat, welche sich an die Namen der drei Hauptstämme der Deutschen knüpfte, fährt er also fort: „Quidam, ut in licentia vetustatis, plures deo ortos pluresque gentis appellationes, Marsos, Gambrivios, Sucvos, Vandilios affirmant, eaque vera et antiqua nomina." Wir würden hiernach auch für die Marsen, Gambrivier, Sueven und Vandilier eponymen Heroen anzunehmen haben, welche gleichfalls göttlicher Abstammung waren; aber da von ihnen weiter keine Sagen berichtet werden, und auch nicht einmal die Namen mythologische Anknüpfungen bieten, so müssen wir diese Traditionen auf sich beruhen lasen. Ebenso enthalten wir uns jedes Versuches, den Ulixes[775] zu deuten, der auf seiner Irrfahrt nach Deutschland gekommen und Asciburgium[776] am Rhein gegründet haben soll, und dem dort ehemals ein Altar errichtet sein sollte. Denn da dieses Denkmal, wenn es sich wirklich auf Ulixes bezog, ohne Zweifel von einem Römer herrührte, oder aber, wenn es ein einheimisches war, fälschlich auf den griechischen Helden bezogen wurde, und

---

771 S. Leibnitz Script. I, 9. Eccard. Franc. r. I, 883. Den orig. Germ. 397.

772 Widukind 1, 12. – Hiernach erklärt allerdings der Schriftsteller den Namen Hirmin durch Mars; unter diesem kann aber der Natur des Gottes gemäß Zio verstanden sein.

773 Tacit. Annal. 2, 88.

774 Vgl. die Redensart: „He ment use herre got heet *Herm*; use herr gott heet nich Herm, he heet leve herre, un weet wal to te gripen" und das bekannte Lied: „Hermen, als dermen, sla pipen, sla trummen, de kaiser will kummen met hammer un stangen, will Hermen uphangen." Mythol. 329.

775 *Ulixes, lat. Namensform für Odysseus.*

776 *Asciburgium ist der Name eines ehemaligen römischen Kastells, das im Gebiet des Moerser Stadtteils Asberg gefunden wurde. Es befand sich direkt an einem schiffbaren Altarm des Rheins und sicherte die Mündung der Ruhr gegen Überfälle der Germanen aus dieser Richtung ab. Das Lager war auch ein Haltepunkt auf der Marschstraße von Claudia Ara Agrippinensium (Köln) nach Ulpia Noviomagus Batavorum (Nimwegen), die in diesem Bereich Teil des Limes war, jeweils einen Tagesmarsch von Novaesium (Legionslager Neuss) und Vetera (Xanten) entfernt. Weiterhin hatte dieser Platz Bedeutung als Zugang zum Hellweg, der von Aachen über Duisburg und Paderborn nach Goslar führte. Um diesen zu nutzen, verfügte die Garnison über einen eigenen Hafen, was durch einen in diesem Bereich im Rhein gefundenen 2,2 m langen römischen Anker bezeugt wird. Zitiert nach Wikipedia.de*

da wir nicht wissen können, welche Umstände es bewirkten, dass die Römer Ulixes in Deutschland wiederzufinden glaubten, so lässt sich über diese Sage keine sichere Ansicht gewinnen.[777] Wir wenden uns darum zu den Genealogien und Sagen, welche wir von mehreren deutschen Stämmen aus den Zeiten der Völkerwanderung besitzen. Zunächst kommen die gotischen Sagen in Betracht. Diese hatten nach Jornandes Lieder, in welchen ihr Zug aus der Insel Skanzia unter dem König Berich besungen war, und vor den gotischen Fürsten wurden die Taten ihrer Vorfahren, Ethespamara, Hanala, Fridigern und Vidicula oder Vidicoja zur Zither gesungen.[778] Den letzten Namen hat man mit dem Wittich der späteren Heldensage zusammengestellt, ohne dass man einen anderen Grund für diese Identifikation hat, als die Gleichheit der Namen. In der Reihe der gotischen Anses, welche uns gleichfalls Jornandes überliefert hat,[779] möchte nur der erste, Gapt oder Gauts, dem wir in dem angelsächsischen Geát wieder begegnen werden, für die Mythologie von Gewicht sein. Wir haben ihn oben mit einem Beinamen Odhinns zusammengestellt. Amala und Ostrogotha sind die eponymen Heroen des fürstlichen Geschlechtes des Amalunge und des Stammes der Ostgoten; ob sich Mythisches an sie heftete, wissen wir nicht. Hermenrich erscheint später als Ermenrich in der Sage von Dietrich wieder; wir haben aber keine Ursache, ihn der Geschichte zu nehmen.

Auch die Reihe der langobardischen Führer, welche uns bei Paulus und in dem Prolog der langobardischen Gesetze aufbewahrt ist, stammt wohl meistens aus Liedern, denn in der Zusammenstellung der Namen ist die Allitteration noch sichtbar, und von Albein wird uns versichert, dass er auch von Bayern, Sachsen und anderen deutschen Stämmen besungen wurde.[780] Aber weder die Sagen, welche von denselben erzählt werden, noch ihre Namen führen uns erweislich auf einen mythischen Boden.

Die Stammsage der Franken berichtet ihre Abkunft von den Trojanern,[781] welche aber niemals national gewesen, sondern nur von Gelehrten erdacht ist. Die Erzählung, dass Meroveus von einem Meerwunder erzeugt sei, welche sich in ähnlicher Fassung von einem Sohn der Theodelinde, der Gemahlin des langobardischen Königs Agilulf wiederfindet,[782] ist nur in Beziehung auf den Glauben an Wassergeister zu nutzen. Solche inhaltsleere Sagen verdrängten wahrscheinlich vollere und reichere Stammsagen, die uns jetzt verloren sind. –

Bayern und Schwaben haben gar keine bemerkenswerten Sagen. –

Von den Sachsen wird berichtet, dass sie mit ihrem ersten König Aschanes aus den Harzfelsen mitten im grünen Wald bei einem Springbrunnen herausgewachsen sei-

[777] Grimm stellt in Mythol. 347 Ulixes mit dem König Orendel oder Erentel zusammen, den das Heldenbuch den ersten aller Helden nennt und dessen Abenteuer, namentlich wie er den ungenähten Rock Christi erwart und nach Trier brachte, ein Gedicht des 12. Jh. berichtet.

[778] Jornandes de rebus geticis. c. 4, 5.

[779] Jornandes c. 14.

[780] Paul. Diac. 1, 27.

[781] S. W. Grimm, Altdän. Heldenlieder, 431f.

[782] D. S. n. 419, 401. An Mereveus hat sich diese Sage nur durch Deutung des Namens (Mervêch) geheftet.

en.[783] Wir haben diese Tradition schon oben mit dem nordischen Mythos von der Erschaffung der ersten Menschen Askr und Embla aus Bäumen zusammengestellt.[784] Wenn außerdem berichtet wird, dass die Sachsen vor ihrer Einwanderung in Deutschland in dem Heer Alexanders des Großen dienten,[785] so gehört das natürlich wieder der Gelehrsamkeit an. Eine viel reichere und vollständigere Sage lassen aber die Genealogien der angelsächsischen Könige vermuten, die wir deshalb ausführlicher betrachten müssen. Diese Genealogien sind uns von Kent, Ostangeln, Ostsachsen, Mercia, Deira, Northumberland oder Bernicia, Westsachsen, Lindesfaran so zahlreich erhalten, dass man sieht, wie auf dieselben ein bedeutendes Gewicht gelegt wurde. Es liegen ihnen wahrscheinlich alte Gesänge zu Grunde, weil in der Verbindung der einzelnen Namen die Allitteration wahrnehmbar ist. Alle haben das Gemeinsame, dass sie vermittels einer Reihe von acht bis zehn Namen von den nachweislich geschichtlichen Königen zu Wôdan hinaufsteigen. Vor diesem findet sich eine ungleiche Menge von Namen, je nachdem die Genealogie zu Fridhuwulf, Geát oder Sceáf

---

783 D. S. n. 408.
Nach einer alten Volkssage sind die Sachsen mit Aschanes (Askanius) in dessen Name die Esche anklingt, ihrem ersten König, aus den Harzfelsen mitten im grünen Wald bei einem süßen Springbrünnlein herausgewachsen. Unter den Handwerkern hat sich noch heuzutage der Reim erhalten:

Darauf so bin ich gegangen nach Sachsen,
wo die schönen Mägdlein auf den Bäumen wachsen;
hätt ich daran gedacht,
so hätt ich mir eins davon mitgebracht.

Und Aventin leitet schon merkwürdig den Namen der Germanen von germinare, auswachsen, ab, weil die Deutschen auf den Bäumen gewachsen sein sollen. Zitiert nach: Jacob und Wilhelm Grimm: Deutsche Sagen. Zwei Bände in einem Band. München [1965], S. 382-383.
Nach Anderen ist „das Wort ‚Leute' verwandt mit got. liudan ‚wachsen'. Gervasius von Tilbury findet im 13. Jh. einen Zusammenhang zwischen ‚Germane' und lat. germinare ‚sprossen, wachsen, keimen'. Johannes Aventinus ergänzt im 16. Jh.: weil die Deutschen auf Bäumen gewachsen sein sollen. Von den sächsischen Frauen ist im 19. Jh. ebenso überliefert, dass sie auf Bäumen wachsen. ‚Darauf so bin ich gegangen nach Sachsen, wo die schönen Mägdlein auf den Bäumen wachsen.' Auch gibt es die Volkssage, wonach die kleinen Kinder aus den Bäumen kommen (Hessen, Ostfriesland, Siebenbürgen, Tirol)." Zitiert nach Wikipedia.de

784 *Ask und Embla (anord. Askr und Embla) sind in der nordischen Mythologie die Stammeltern des Menschengeschlechtes von Midgard. Drei Götter finden am Strand zwei seelen- und schicksalslose Baumstämme, Ask (Esche) und Embla, die das Meer an Land gespült hat. Der erste Gott (Odin) gibt ihnen Atem, Seele und Leben. Der zweite Gott gibt ihnen Geist und Bewusstsein. Der dritte Gott gibt ihnen das menschliche Aussehen, Blut? und die Fähigkeiten zu sprechen, zu hören und zu sehen. Nach der einen Erzählung sind die drei Götter Odin, Hoenir und Lodur (Lieder-Edda: Völuspá, 17-18). Nach der anderen Erzählung sind es die Söhne Börs (Prosa-Edda: Gylfaginning, 9), das sind Odin, Vili und Ve. Zitiert nach Wikipedia.de*

785 D. S. n. 409, 410.

hinaufgeht. Indessen kommt die Folge derselben für uns weniger in Betracht als einzelne Namen. Es erscheinen nämlich in diesen Stammtafeln zunächst einige Götternamen. Abgesehen von Wòden, lässt sich Bäldäg (Bernicia und Wessex) mit Baldr, Heremôd mit dem nordischen Gott Hermôdhr und Sceldwa oder Seyld mit Skiöldr zusammenstellen,[786] obgleich sich für die Identität derselben nur die Gleichheit der Namen anführen lässt. Andere scheinen dagegen Beinamen von Göttern zu sein. Dahin rechnen wir besonders Saxneát, Wôdens Sohn in der Stammtafel von Wessex dem wir schon oben in dem Saxnôt der Altsachsen begegnet sind, ferner Uscfreá, Ingvi, Freáwine, Freálâf, Fridhuwald, Fridhuwulf, wie es scheint, nur Beinamen des Freyr; endlich Geát, dermehrfach *dei filius* genannt wird, und an Gautr, den eddischen Beinamen Odhinns erinnert.[787] Besonders aber erregen zwei Namen unsere Aufmerksamkeit, von welchen sehr lebendige Sagen erhalten sind, denen man das mythische Gepräge nicht absprechen wird, obgleich sie kaum eine Anknüpfung an einen bestimmten Gott gewähren.

Von Sceáf, den auch das angelsächsische Lied vom Wanderer unter dem Namen Sceáfa als Beherrscher der Langobarden kennt, wird mehrfach erzählt, dass er als kleiner Knabe in einem Schiff ohne Ruder, das Haupt auf ein Büschel Getreide gestreckt, schlafend an die Insel Skandza getrieben sei und nachher in Schleswig geherrscht habe.[788] Von ihm stammt Seyld, dessen Sohn Beowulf war.[789] Das möchte ursprünglich ein Mythos von der Geburt eines agrarischen Gottes sein, den wir jetzt nicht mehr näher bestimmen können. Der Mythos hat sich nachher in der bekannten Sage vom Schwanenritter in Flandern festgesetzt und weiter gebildet. Der Schwanenritter kommt, ähnlich wie Sceáf, in einem Schiff, welches von einem Schwan gezogen wird, an das Ufer, befreit darauf durch einen siegreichen Kampf eine Fürstentochter von einem ihr verhassten Bewerber, vermählt sich mit ihr, muss sich aber später von ihr trennen, weil sie sich ungeachtet seines Verbotes nach seiner Abstammung erkundigt. Wolfram macht den Schwanritter zum Sohn des Gralskönigs Parzivâl und motiviert das Verbot der Frage dadurch, dass bei den Rittern, welche den Gral bewachen, jede Frage verboten war, weil Parzivâl sich einst durch die Unterlassung einer Frage um das Königtum des Grals gebracht hatte.[790] Diese Verbindung mit einer

786 Über Skiöld vgl. oben. Sn. 146, 196 wird er Odhinns Sohn genannt.

787 Kemble hat in seiner Abhandlung über die Stammtafel der Westsachsen und in der Vorrede zu Beowulf versucht, noch mehrere Namen als Beinamen Odhinns nachzuweisen. Es wird dieser Versuch durch die Zusammensetzung einer nordischen Genealogien, in denen z . B. Thôrrs Beiname Hlôrridhi, Vingthórr u. a. als begesonderte Wesen hingestellt und als Nachkommen der Götter aufgeführt werden, gerechtfertigt, und es scheint auch bei einzelnen Namen, wie *Tætva*, der auch D. Mythol. XVII mit Odhinns Beinamen *Herteitr* (Sæm. 46a) zusammengestellt wird, gelungen.

788 Die Belege s. D. Mythol. XVII. Kemble, Über die Stammt. der Westsachsen, 15. zu Beowulf 2, p. III, IV.

789 Auch in einigen Stammtafeln ist Sceáf Sohn des Sceldwa (Scyld), obgleich er gewöhnlich durch mehrere Namen von ihm getrennt ist. Beowulf wird in den Stammtafeln auch Beáw, Beawa, Beowine genannt.

790 Parz. 824–826.

keltischen Sage ist aber später, und wir haben deshalb keine Ursache, den Mythos deutschen Stämmen abzusprechen.

Noch merkwürdiger ist die Sage von dem jüngeren Beowulf, einem Nachkommen jenes älteren, welche das angelsächsische gleichnamige Gedicht enthält. Wir lassen es dahingestellt sein, ob sie früher von dem älteren Beowulf galt. Der Held erschlägt das teuflische, Menschen verschlingende Ungeheuer Grendel und bekämpft auf dem Grund des Wassers die Mutter desselben mit einem Schwert, welches von den Riesen zur Zeit ihres Unterganges in der Sintflut geschmiedet war. Später kämpft er mit einem Drachen und obwohl er ihn erlegt, stirbt er selbst bald darauf durch die Wirkungen des Gifthauches, der von seinem Feind ausgegangen war. Dieser Sage liegt ohne Zweifel, wie der Erzählung von dem Drachentöter Siegfried, ein Naturmythos zu Grunde; aber in der nordischen Mythologie bieten sich so wenig Anknüpfungen dar, dass jede Identifikation Beowulfs mit einem Gott unsicher bleibt. Man hat an Thôrr erinnert, welcher mit der Midhgardsschlange kämpft und sie besiegt, aber nach Erlegung des Ungeheuers durch das Gift, welches sie auf ihn geworfen hat, stirbt.[791] Auch die gleiche Bedeutung der Namen Grendel und Loki gibt keine näheren Aufschlüsse über den Mythos. Den Namen Beowulf setzt Kemble mit *bouwan* in Verbindung; Grimm erklärt denselben durch Bienenwolf, einen Namen des Spechtes, und erinnert an den altitalischen Picus.[792]

An den Mythos von Beowulf schließen wir diejenigen Heroensagen, welche uns vorzüglich in deutschen Gedichten vom 8. Jahrhundert an erhalten sind. Obgleich wir in allen diesen Sagen die christliche Färbung der Zeiten finden, in welchen sie ihre letzte Gestalt erhielten, so leidet es doch keinen Zweifel, dass sehr viele derselben noch aus dem Heidentum stammen, dass sich folglich heidnische Ideen und Mythen, wenn auch verdunkelt, in ihnen erhalten haben. Das geht schon daraus hervor, dass Riesen, Zwerge und Wassergeister unverhohlen in denselben auftreten. Wir beschränken uns jedoch hier auf diejenigen Erzählungen, bei welchen sich einigermaßen sichere mythische Anknüpfungen ergeben.

Vor allen anderen deutschen Heldensagen hat die Erzählung von Siegfried und den Nibelungen sich in einer solchen Gestalt erhalten, dass sie ihren Hauptteilen nach einen Mythos von tiefer Bedeutung erkennen lässt. Denn mag auch die zweite Hälfte der deutschen Lieder von den Nibelungen eher der Geschichte als der Mythologie anheimfallen, da wenigstens der Untergang des burgundischen Königs Guadahari durch Attila im Jahre 435 historisch begründet ist, so bietet doch die Erzählung von Siegfrieds wechselvollen Schicksalen, welche den ersten Teil der Sage bildet, keine geschichtlichen Anknüpfungen dar. In dem deutschen Gedicht steht Siegfried allerdings mehr als das Ideal eines Helden dar, der sich zu sehr auf seine eigene Kraft verlässt und wegen seiner Unvorsichtigkeit durch tückischen Neid in der Blüte des Lebens untergeht. Aber wie seine Haupttat, die Erlegung des Drachen und den Erwerb des Nibelungenhortes, schon hier einen mythischen Schein auf ihn wirft, so ist das noch mehr in der nordischen Fassung der Sage, vornehmlich, wie sie in den

[791] Kemble, a.a.O., S. 20. zu Beowulf 2, p. XIII.

[792] Kemble, S. 18. Mythol. 342.

Gesängen der älteren Edda vor uns liegt, der Fall. Von dem kunstreichen Zwerg Regino erzogen, tötet der Held dessen Bruder, den Riesen Fâfnir, der in Drachengestalt auf dem Gold lag, welches die Götter zur Mordsühne seinem Vater Hreidhmarr gegeben hatten, und raubt seinen Schatz. Er erweckt darauf die von Odhinn in einen Zauberschlaf versenkte Wallküre Brynhildr, verlobt sich mit ihr, vergisst sie aber durch einen Zaubertrank, den ihm Kriemhilde, die Mutter der Gudrun (der deutschen Kriemhilde) gegeben hatte, um ihn an ihre Tochter zu fesseln. Für ihren Bruder Gunnar und in dessen Gestalt durchreitet er darauf die furchtbare Waberlohe (wabernde, d i. hin und her sich bewegende, flackernde Flamme), welche um den Saal der Brynhildr brennt, und erwirbt sie dadurch für ihn. Als später der Betrug entdeckt wird, fällt er durch die Eifersucht der Brynhildr, welche der Gudrun (Kriemhilde) den schönen Gemahl neidet. Ich habe in meiner besonderen Schrift über die Nibelungensage den Versuch gemacht, durch Vereinigung der verschieden lautenden Quellen die Sage auf eine ursprünglichere Gestalt zurückzuführen, nach welcher die Hauptpunkte derselben, der Drachenkampf, der Erwerb des Hortes, die Befreiung einer schlafenden Jungfrau aus dem mit Flammen umgebenen Saal, die Vermählung des Helden und sein Tod in einem inneren Zusammenhang standen. Dadurch, dass sich in dieser mit der Waberlohe umgebenen Burg, zu welcher man nur durch das Erlegen eines hütenden Drachen kommen kann, wie wir unten weiter ausführen werden, eine Vorstellung der Unterwelt erkennen lässt, begründet sich hauptsächlich die Erklärung, dass wir in der ursprünglichen Siegfriedsage, nach welcher der Held also eine Jungfrau, welche nachher seine Gemahlin wird, wie Dionysos die Persephone, aus der Unterwelt heraufholt, den Mythos eines Naturgottes vor uns haben. Denn die lebendige Auffassungsweise der Vorzeit dachte sich den Anbruch der schönen Jahreszeit, in welcher die Winterstürme und alle rauen Naturkräfte beschwichtigt sind, ganz natürlich als den Sieg eines milden Gottes über wilde dämonische Wesen; das Hervordringen und die Blüte der Gewächse erschien als die Folge der Verbindung, welche derselbe Gott mit einer tellurischen Göttin eingeht, welche in der rauen Jahreszeit in der Macht jener wilden Dämonen in der Unterwelt befindlich ist und durch ihn in der schönen Jahreszeit ihre Befreiung erlangt; das Absterben der Natur im Herbst stellte man sich als den Untergang des milden Gottes selbst vor. Flössen unsere Quellen reichlicher, so würde sich diese Deutung nicht bloß auf den Zusammenhang des Mythos und auf analoge Ideen in der nordischen Religion stützen; Kultusbräuche würden wahrscheinlich ihre Richtigkeit außer Zweifel stellen. Jetzt können wir nur an den Streit des Sommers und Winters und an die dramatische Darstellung des Drachenkampfes erinnern.

Unter den nordischen Göttern ist aber keiner, der so augenscheinlich mit Siegfried identisch sein könnte, wie der milde Jahresgott Freyr, der nach einen Mythos von ähnlicher Bedeutung den Riesen Beli erlegt, durch die erwärmenden Sonnenstrahlen die mit der Waberlohe umgebene Gerdhr befreit und sich mit ihr vermählt. Auch einen Mythos von seinem Tod konnten wir, obwohl nur nach späteren Quellen, nachweisen. Zur Bestätigung dieser Identifikation dient noch, dass jener mit Freyr wahrscheinlich identische Frotho und Fridlev, der in seinem Namen an Siegfried und Freyr, den friedlichen Gott erinnert, beide nach Saxo Drachentöter sind.

Gleichwohl lässt sich der Mythos vom Drachenkampf von Freyr nicht geradezu nachweisen. Es ist daher anzunehmen, dass er schon in den Zeiten, aus welchen wir das nordische Göttersystem kennen, von ihm abgesondert war, oder dass der Drachentöter Freyr schon damals als ein besonderes Wesen unter dem Namen Siegfried erschien. Das weibliche Wesen aber, um welches sich der Mythos dreht, ist wahrscheinlich Freyja, die eine milde Naturgöttin, aber zugleich auch ein finsteres Unterweltwesen ist, welche beide Seiten der Nibelungenmythos in den zwei sich feindlichen Frauen Brünhilde und Kriemhilde darstellt. Denn auch Freyja wird mit der Waberlohe in Verbindung gesetzt,[793] und in der nordischen Sage von Hedhin und Högni (Hagen), deren Überbleibsel sich in dem mittelhochdeutschen Gedicht Gudrun erhalten haben, erscheint sie unter dem Namen Hilde, welcher in Kriemhilde und Brünhilde, gewiss nicht ohne Bedeutung, wiederkehrt.[794] Freyja zieht zum Kampf, wie Brünhilde, die deshalb zu einer Walküre[795] gemacht wurde, auch sie schläft, wie diese, in einem festen Gemach, zu welchem der Zugang versagt ist, und der warnende Eckhart, der Diener der Kriemhilde, ist zugleich der Diener der Holle, welche Freyja ist.[796] Wenn wir nun oben vermutet haben, dass die Vanengötter Niördhr, Freyr und Freyja von den Kelten in den deutschen Kult übergingen, so darf es in Frage gestellt werden, ob nicht auch die Sage von Siegfried ihren Grundbestandteilen nach denselben Ursprung verrät. Es kann dafür angeführt werden, dass die Nibelungesage, da sie bei den Franken und Burgundern lokalisiert ist, an der Grenze der keltischen und deutschen Völkerschaften vorzüglich zu Hause war, dass in den Gedichten von Tristan, Iwein und Wigalois uns ähnliche Drachentötersagen erhalten sind, endlich dass Segomon ein Name des keltischen Mars ist.[797] Es würde sich durch diese Annahme um so eher erklären, weshalb der Mythos im Norden von dem Gott Freyr nicht bestand und erst als Heldensage hinüberwanderte.

Übrigens ist die Sage vom Drachentöter, wenn sie auch mehrfach abweichend erzählt wird, weit verbreitet. In Deutschland zeigt sie sich nicht nur in mehreren Märchen,[798] sondern hat sich außerdem in unseren Nationalepen an Dietrich von Bern[799], an

---

793 Sæm. 119, 120.

794 Es ist wohl ebenso wenig zufällig, dass auch der Name Hagen in der Nibelungensage wieder erscheint.

795 *Im Original „valkyrie". (rs)*

796 Vgl. oben. Nibl. 104, 1571f. Vilkin. Sag. c. 341.

797 Nach einer Inschrift bei Gruter LVIII, 5: „Marti Segomoni sacrum." Vgl. Mythol. 1214. Sighe ist ein keltischer Friedensgott. Leo malb. Gl. 1, 35.

798 KM. n. 60, 91, 111. Vgl. III, S 10, 18.

799 *Dietrich von Bern, einer der Haupthelden der deutschen Sage, stammte aus dem Geschlechte der Amelungen (Amaler) und bildet den Mittelpunkt des ostgotischen Sagenkreises. Nach der ältern Sage ist er Dietmars (d. h. Theodemers) Sohn, nach späterer Erzählung von einem Dämon gezeugt. Aus seinem Munde schießt Feuer, sobald er zornig wird. Schon als Jüngling kämpfte er mit dem Riesen Sigenot und mit dem Recken Ecke, später im Rosengarten bei Worms auch mit Siegfried. Vor Ermrich, dem Bruder seines Vaters, mußte er aus seinem Reich in Italien nach Ungarn fliehen, wo er samt seinen Mannen (darunter der alte Hildebrand) von Etzel, dem König der Hunnen, gastlich aufgenommen wurde. Ein Kriegszug gegen Ermrich, zu dem ihm Etzel ein stattliches Heer mitgegeben,*

Wolfdietrich und Otnit geheftet.[800] Die letzte Sage lässt den Helden, als er unter einer Linde eingeschlafen war, von dem Drachen verschlungen werden,[801] was auf eine etwas andere Weise dieselbe Idee ausdrückt, dass der milde Naturgott, wenn die raue Jahreszeit eintritt, sterben muss. Jener an Freyja, Gerdhr, und die von ihrem Vater eingeschlossene Danae erinnernde Zug der Nibelungensage, nach welchem Brünhilde in einem mit Flammen umgebenen undurchdringlichen Saal weilt kommt gleichfalls in anderen Heldengedichten vor. So wird Sidrat, nachher Otnits Gemahlin, von ihrem Vater, um sie vor Freiern zu sichern, eingeschlossen, so Hildegard, die nachherige Gemahlin Hugdietrichs, der der Vater des Drachentöters Wolfdietrich ist. Auch in der Sage von Hagen und Hilde scheint eine Andeutung an denselben mythischen Zug zu liegen,[802] und in Märchen kehrt er häufig wieder.[803]

Wenn die Sage von Siegfried uns ganz ersichtlich auf ein mythisches Gebiet versetzte, so gehört dagegen Dietrich von Bern den Hauptteilen seiner Sage nach der geschichtlichen Tradition an. Die ganze in mehrere Gedichte zerlegte Erzählung von seinen Kämpfen mit Ermenrieb, von seiner Flucht zu Etzel und seinem Aufenthalt bei diesem König bis zur Wiedereroberung Italiens beruht auf der Erinnerung an das erzwungene Bündnis der Ostgoten mit den Hunnen und die Einnahme von Italien. Hier hat die Sage nur nach ihrer Art die Geschichte des Volkes auf seinen berühmtes-

---

mißglückt, und er muß wieder zu den Hunnen zurückkehren. Später rückt er mit einem neuen Heere nach Italien, erobert nach einer gewaltigen Schlacht die Stadt Raben (Ravenna), vertreibt Ermrich und nimmt sein Reich wieder in Besitz. Dietrich ist auch in die burgundisch-fränkische Siegfriedsage verflochten worden, und so begegnet uns seine gewaltige und doch bescheidene Gestalt, mit sichtlicher Vorliebe gezeichnet, im zweiten Teil des Nibelungenliedes an König Etzels Hof. Überhaupt sammelte sich um Dietrich im Laufe der Zeit ein großer Sagenkreis, dem die deutschen Dichter des Mittelalters mit Vorliebe ihre Stoffe entlehnten (vgl. z. B. ‚König Laurin', ‚Ecken Ausfahrt', ‚Sigenot', ‚Alpharts Tod', ‚Dietrichs Flucht', ‚Rabenschlacht' etc.), und selbst die Bauern singen und sagen noch spät von dem treuen, echt volkstümlichen Helden. –

Die Hauptgrundlage seiner Sagengestalt bildet die historische Persönlichkeit des ostgotischen Königs Theoderich d. Großen, der seinen Sitz in Verona hatte, das im Mittelalter Bern hieß. Insoweit jedoch allerlei Riesen- und Drachensagen zu ihm in Beziehung gesetzt worden sind, hat seine Gestalt auch mythologische Züge in sich aufgenommen. Zitiert nach: Meyers Großes Konversations-Lexikon. Leipzig 1905-1909, Band 4, S. 900.

800 Auch der Held Heime ist ein Drachentöter. Vilk. Sag. c. 17. Vgl. Mone, Untersuchungen zur Geschichte d. d. Heldens. 288–291. D. S. n. 139. Andere Drachentötersagen D. S. n. 217–219, 520.

801 So tötet Siegfried den Drachen unter einer Linde und wird unter der Linde ermordet. Nib. 845, 3. Siegfriedlied Str. 6. Dass der Held, welcher den Drachen erlegt, eines frühen Todes stirbt, kommt auch in anderen Sagen vor. Als Winkelried den Drachen erschlagen hat, hebt er das bluttriefende Schwert auf, um seinen Sieg zu verkünden, da fließt das giftige Drachenblut auf den Arm, und er muss alsbald das Leben lassen. D. S. n. 217. Vgl. auch die Sage von Beowulf.

802 Hagen nimmt allen, die um seine Tochter werben, das Leben. Gudr. 200–202.

803 KM. n. 12, 91, 111. Vgl. bd. 3, S. 17, 106, 183. Saxo VII, p. 126. So wird nach dem welchen Mabinogi auch Olwen von ihrem Vater eingeschlossen, weil es ihm bestimmt ist, dass er die Vermählung seiner Tochter nicht überleben soll.

ten König Theodorich übertragen. Weil man diesen sich nur als den Beherrscher von Italien denken konnte, so erschien die nach mehreren Kämpfen gelingende Eroberung in der Sage als eine Rückkehr in die Heimat. Wenn ferner dem Dietrich ein römischer Kaiser Ermenrich entgegengestellt wird, der zugleich sein Verwandter ist, so hat die Sage hier den alten, gleichfalls sagenberühmten gotischen König Hermanarich an die Stelle des historischen Odoacer gesetzt, diesen aber zu einem ungetreuen Rat des Kaisers gemacht, der den Dietrich ins Verderben zu stürzen sucht. Statt des Namens Sibiche, den dieser Rat führt,[804] scheint auch wirklich in der früheren Sage Odoacer da gestanden zu haben; denn das alte Lied von Hildebrand und Hadubrand sagt ausdrücklich, dass Dietrich Otachers Hass floh.[805]

Ungeachtet hiernach ein Teil der Sagen von Dietrich der Geschichte angehört, so haben doch einzelne von den Abenteuern, welche er in seiner Jugend besteht, ein mythisches Gepräge. In diesen erscheint er als Riesen- und Drachenstreiter, in welcher Eigenschaft er dem Thôrr verwandt ist, an den auch sein feuriger Atem erinnert. Man könnte diese Sagen, welche an und für sich noch nicht auf ein eigenes mythisches Wesen schließen lassen, als ein Aggregat von Mythen ansehen, welche sich an Theoderich hefteten, weil dieser in der Sage so berühmt war: Aber es ist sehr merkwürdig, dass sein Kampf mit den Riesenbrüdern Fasolt und Ecke, auf welche wir unten noch einmal zurückkommen müssen, offenbar am Rhein lokalisiert ist, während jene Streitigkeiten mit Ermenrich durchaus nach Italien gehören, also auf den ostgotischen König weisen. Der Riese Ecke wohnt nach dem deutschen Gedicht Ecken Ausfahrt im Land Agrippinan, also in der Gegend von Köln, und der Wald Osning, durch welchen Dietrich vor dem Kampf nach der Vilkinasaga ritt,[806] ist jetzt am Rhein in der Gegend von Bonn nachgewiesen. Diese Stadt, welche früher gleichfalls Verona oder Bern hieß, hat in ihrem Wappen einen Löwen, welchen auch Dietrich führte, und es zeigen sich auch sonst in Lokalen Namen und Sagen, welche sich an ihre Umgegend knüpfen, so deutliche Erinnerungen an den Helden und besonders an dieses Abenteuer, dass wir nicht zweifeln können, dass hier der ursprüngliche Sitz der Sage von dem Kampf mit Ecke und Fasolt war, und dass folglich Dietrich von Bern hier nicht für den ostgotischen König Theoderich zu halten ist.[807] Damit hängt auch wohl zusammen, dass gerade die Jugendabenteuer Dietrichs in dänischen Liedern vorkommen, welche dagegen von seinen Kämpfen mit Ermenrich so gut wie nichts wissen. Wir können also nicht umhin, anzunehmen, dass es eine mythische Sage von einem Helden gab, dem wir freilich auch nur den Namen Dietrich von Bern geben können,

---

804 Der Name Sibiche ist wohl ursprünglich nur eine Schelte; der altnord. Name Bicki bedeutet *canis*. Vgl. Mythol. 316.

805 Ich möchte diese Angabe nicht mit W. Grimm d. Heldensage 35, für einen weiteren Versuch halten, die Sage mit der Geschichte in Einklang zu bringen.

806 Vilk., s. c. 40.

807 S. Lersch in den Jahrbüchern des Vereins von Altertumsforschern im Rheinland, Band I, besonders S. 24f. Vgl. auch Mone, Untersuchungen zur Geschichte d. d. Heldensage 67, Anzeiger 5, 418.

welche in den Rheingegenden zu Hause war,[808] und dass diese später mit der historischen Sage von Theoderich verschmolzen wurde. Insofern hat daher W. Grimm wohl Recht, wenn er behauptet, die Sage von Dietrich von Bern sei schon früher vorhanden gewesen und habe erst später in dem ostgotischen König Theoderich eine geschichtliche Anknüpfung gefunden.[809] Nur wird man uns zugestehen, dass ein großer Teil seiner Sage ausschließlich von dem historischen König herrührt. Der mythische Dietrich lässt keine nähere Erörterung seines Wesens zu.[810]

Die weit verbreitete Sage von Wieland, dem kunstreichen Schmied,[811] war, da sie schon in der älteren Edda vorkommt, wie die Erzählung von Siegfried, bereits in den Zeiten des Heidentums ein Heroenmythos, der uns jetzt aber so unverständlich ist, dass sich nur Einzelheiten desselben mit anderen mythischen Zügen zusammenstellen und erläutern lassen. Das ursprüngliche Wesen des Helden bleibt uns verborgen. –

Die Hauptzüge der Sage sind folgende. Wieland lebt sieben Jahre mit einer Walküre zusammen, wird später, als ihn diese verlassen hat, von dem König Nidhudhr gefangen genommen, an den Fußsehnen gelähmt und muss demselben auf einer Insel kunstreiche Schmiedearbeit verfertigen. Dafür rächt er sich durch die Entehrung der Tochter des Königs und durch die Ermordung seiner beiden Söhne, aus deren Gebeinen er kostbare Gerätschaften anfertigt. Zuletzt fliegt er in einem Federkleid, welches er sich auf eine künstliche Art zusammengesetzt hat, davon.

Ist der Name Wieland, altn. *Völundr,* ags. *Veland,* wie vermutet wird,[812] von dem altn. *vél* ars, astutia, ags. *vîl* oder *vil*, engl. *wile,* franz. *guile* abzuleiten, so steht er in einem inneren Zusammenhang mit der kunstfertigen Natur des Helden, gibt uns aber doch über dieselbe keinen näheren Aufschluss wie die Sage. Im Allgemeinen ist indessen deutlich, dass Wieland, den die Edda *âlfa liodhi* (alforum socius) und *vîsi âlfa* (alforum princeps) nennt,[813] der an Geschicklichkeit selbst seine Lehrmeister in der Schmiedekunst, die Zwerge, übertrifft, ursprünglich ein Naturwesen ist, dem eine eigentümliche schöpferische Kraft beiwohnt. Denn das Schmieden ist in der nordischen und deutschen Mythologie das Symbol für die schaffende Tätigkeit göttlicher

---

808 Daher erklärt sich umso leichter, dass die Sage von Dietrich von Bern schon früh mit der Nibelungensage verschmolzen werden konnte.

809 D. Heldensage, 344.

810 Wenn Dietrich von Bern nach einer Sage der Lausitz auch in dem wütenden Heer erscheint (vgl. Mythol. 889), so zeugt das nur für das Fortleben des Helden in der Sage, bietet aber im Übrigen keine sicheren Anknüpfungen dar.

811 Diese Sage war nicht nur im Norden, in Deutschland und England sehr bekannt, wo sie mehrfach noch jetzt fortlebt; auch in Frankreich kannte man den Schmied Galans. Am Ausführlichsten erzählt sie Vilk. Sag. c. 18–31, doch schon mit mehreren fremdartigen Zusätzen; reiner ist der Bericht der Edda, Sæm. 133–139. Im Übrigen vgl. P. E. Müller, Sagabibl. 2, 154–175. W. Grimm, d. Heldensage und Mythol. 350. Die französischen Zeugnisse aus den Gedichten des karolingischen Sagenkreises hat Fr. Michel ergänzt. Véland le Forgeron, Dissertation sur une tradition du moyen âge par G. B. Depping et Francisque Michel: Paris 1833. S. 37–46. 80–95.

812 Mythol. 351.

813 Sæm. 135a, b.

und halbgöttlicher Wesen. Darum wird namentlich den Zwergen diese Kunstfertigkeit beigelegt, und Mîmir, jener alte Naturgott, mit welchem Odhinn in Verbindung gesetzt wird, ist gleichfalls in den Heldensage zu einem Schmied herabgesunken, der Siegfried und Wieland selbst in dieser Kunst unterrichtet.[814] Für diese Erklärung Wielands als eines Naturwesens spricht noch sein Federkleid, welches auch, wie wir gesehen haben, der milden Naturgöttin Freyja zukommt.

Wie aber der Seegott Niördhr zugleich über das Feuer herrscht, wie jener Mîmir, in dessen Brunnen Odhinns Auge versenkt wurde, offenbar mit dem Wasser zusammenhängt, so steht auch Wieland mit Wasserwesen in Verbindung und Verwandtschaft. Das bezeugt schon seine Vermählung mit einer Walküre, die in Gestalt eines Schwans auf den Wellen schwimmt. Ferner ist Wielands Vater, der Riese Vadi oder Wate, Sohn einer Meerfrau, deren Namen *Wâchilt* uns ein deutsches Gedicht aufbewahrt hat,[815] und er selbst wird in einem Netz aus dem Wasser gezogen,[816] wie die Götter einst mit dem Netz der Rân den Zwerg Andvari, den ersten Besitzer des Nibelungenhortes, aus einem Wasserfall heraufholten.

Der Mythos von Wieland ist allem Anchein nach uralt, weil er mehr als andere deutsche Heldensagen mit alteuropäischen Überlieferungen Ähnlichkeit hat. An den kunstreichen Dädalus, welcher aus dem Labyrinth entflieht, an den gelähmten Hephästus, welcher auf der Insel Lemnos mit den Kabiren zusammen schmiedet, ist schon mehrfach erinnert. Besonders merkwürdig ist aber die Übereinstimmung einer griechischen und deutschen Volkssage. Auf den Liparischen Inseln hat Hephästus seinen Hauptsitz und seine Werkstätte. Wer eine Schmiedearbeit von ihm zu haben wünscht, braucht nur Eisen herbeizubringen und den Arbeitslohn dabeizulegen; am anderen Morgen findet er das gewünschte Stück fertig.[817]Eine englische Sage berichtet, dass in Berkshire, nicht weit von White horse hill, in der Nähe von Ashdown bei einem alten Steindenkmal vordem ein unsichtbarer Schmied wohnte. Wenn das Pferd eines Reisenden ein Hufeisen verloren hatte, so brauchte man es bloß dorthin zu bringen, ein Stück Geld auf den Stein zu legen und auf eine kurze Zeit sich zu entfernen. Kam man zurück, so war das Geld weg und das Pferd neu beschlagen. Der unsichtbare hieß *Wayland-Smith*.[818] Der Held Wittich, Wielands Sohn, scheint gleichfalls ein dämonisches Wesen zu sein, wie sein Vater. Er ist aber in der Sage noch mehr verdunkelt als dieser, und kann deshalb hier nur genannt werden.[819]

---

814 Vilk. Sag. c. 19, 144, 145. Auch das Gedicht von Biterolf kennt einen Schmied Mîme, vgl. d. Heldensage 146–148. Saxo III, p. 40, erwähnt Mimingus, einen *silvarum satŷrus*, von welchem Hotherus ein Schwert und Armringe erzwingt.

815 Rabenschlacht 964, 969. Vgl. Vilk. Sag. c. 18.

816 Vilk. Sag. c. 20, 21.

817 Schol. Apollon. Rhod. IV, 761. Mitgeteilt von Ferd. Wolf in d. altdeutschen Blättern 1, 47.

818 S. P. E. Müller, Sagabibl. 2, 161, 162. D. Heldensage 323. Ganz ähnlich ist die Osnabrückische Sage von dem Schmied am Hüggel. Harrys Sagen Niedersachsens 1, n. 56. Vgl. auch D. S. n. 156.

819 Der Name Wittich (got. *Vidugáuja*, ahd. *Witugouwo*) bedeutet nach Grimm Mythol. 349 *silvicola*.

Kapitel IV - Riesen und Zwerge

Diese beiden Wesengattungen stehen in einem direkten Gegensatz zueinander. Während in den Riesen die ungebändigten Naturmächte und rohen Massen personifiziert sind, repräsentieren die Zwerge dagegen die in der Stille wirkenden und wohltätigen elementarischen Kräfte. Dem gemäß gibt die mythische Anschauungsweise jenen große Körperkraft und ungeheuere plumpe Gestalten,[820] diesen dagegen geringe körperliche Ausdehnung,[821] begabt sie aber mit großer Klugheit und Kunstfertigkeit, wodurch sie über die Riesen, ihre natürlichen Feinde, oft die Oberhand gewinnen.

Die angedeutete Natur der Riesen ergibt sich aus ihren Namen[822] und mehreren nordischen Mythen ganz deutlich. Namentlich zeigt die Sage von Forniotr und seinem Geschlecht,[823] wie ungestüme und lästige Wettererscheinungen von Riesen herrühren. Diesem werden drei Söhne, Hlêr oder Œgir, Logi und Kâri zugeschrieben. Der erste herrschte über das Meer, Logi über das Feuer. Kâri über die Winde. Kâris Sohn ist *Iökull*[824] (Eisberg), der Vater des Königs *Snær* (Schnee); dessen Kinder sind *Fönn* (dichter Schnee), *Drîfa* (Schneegestöber), *Miöll* (feiner Schnee). Dass man sich vorstellte, die Kälte gehe von den Riesen aus, erhellt auch daraus, dass ihnen der Beiname *hrîmkaldr* (reifkalt) gegeben wird.[825] Ebenso rührt von ihnen die Finsternis her. Der Riese Nörvi ist Vater der Nacht, und nach dem Mythos werden die Riesen, wenn sie die Sonne bescheint, in Stein verwandelt.[826] Außerdem steht alles Gewaltige und Massenhafte, wie z. B. die große wogende See, die tosende Brandung, mit ihnen in Verbindung. Besonders aber werden ungeheure Bergmassen und raue Felsen geradezu als Riesen personifiziert, oder die Steine als ihre Waffen, Felshöhlen und Berge als ihre Wohnungen aufgefasst.[827]

In der deutschen Volkssage spricht sich dieses Wesen der Riesen gleichfalls noch klar genug aus. Wie nach dem nordischen Glauben die Riesen Bergbewohner sind, so gibt

---

820 Die Edda legt Riesen drei, sechs und selbst neunhundert Häupter bei. Sæm. 35a, 53, 85b. Vgl. 56a. Ein dreiköpfiger Riese erscheint auch in dem Wahtelmaere (Massman, Denkm. 109). Der Riese Asprian hat vier Hände, wie dem Helden Heime drei Hände und vier Ellenbogen oder zwei Hände mit drei Ellenbogen beigelegt werden, vgl. Roseng. P. XII, XX, LXXIV. Mythol. 360, 494.

821 Die Zwerge sind nach der deutschen Volkssage einen Daumen, eine Spanne oder drei Spannen lang, bisweilen aber so groß wie ein vierjähriges Kind. S. Mythol. 418.

822 Ein langes Verzeichnis von Riesennamen findet sich in Sn. 209, 210.

823 Fornald. Sög. 2, 3, 17. Vgl. Uhland, Der Mythos von Thôr, 30f. Forneoles folme oder Fornetes folme Forneoti manus führt Lye als den Namen einer Pflanze aus dem ags liber medicinalis an. Vgl. Mythol. 220.

824 Nach Fornald. Sög. 2, 17. Frosti.

825 Sæm. 33b, 90a. Riesen triefen von Reif und ihr Bart ist gefroren. Sæm. 53b.

826 Sæm. 145b. Vgl. die Sagen von König Olaf, der Riesen in Steine verwandelte. Udv. Danske viser 2, 12, 13. Thiele 1, 32. Faye 118, 119, 124.

827 Vgl. die Mythen von Thôrrs Riesenkämpfen oben. Von ihrem Aufenthalt auf Bergen führen die Riesen die Namen bergrisi, bergbûi (monticola), hraunóûi saxicola. Belege liefert reichlich Mythol. 499.

ihnen auch unsere Sage Wohnsitze auf Bergen oder in Höhlen.[828] Einzelne Hügel, Sanddünen oder Inseln sind aus Erdhaufen entstanden, welche Riesen oder Riesenmädchen aus ihren Schürzen fallen ließen, als sie sich einen Damm bauen wollten.[829] Zerworfene Felsblöcke rühren von Bauten her, welche sie in alten Zeiten unternahmen,[830] und von großen Steinen, welche an solchen Orten liegen, dass das Volk nicht begreifen kann, wie sie dahin gekommen sind, heißt es, dass sie Riesen geworfen,[831] oder noch häufiger, dass sie dieselben wie Sandkörnchen aus ihren Schuhen geschüttet haben. Häufig sieht man an solchen Felsen ihre Finger oder andere Glieder abgedrückt.[832] Andere Sagen sprechen von Riesen, die in Stein verwandelt wurden,[833] und einzelne Felsen hält man für Riesenkeulen.[834] Sümpfe und Pfützen sind aus dem Blut entstanden, welches aus der Wunde eines Riesen hervorströmte,[835] so wie aus Ymirs Blut die See wurde.

Auch davon finden sich in Deutschland Spuren, dass die ungestümen Elemente, namentlich die Stürme als Riesen gedacht werden. Es hat sich eine Formel erhalten, in welcher *Fasolt* beschworen wird, das Ungewitter wegzuführen; in einer anderen wird *Mermeut*, der über den Sturm waltet, angerufen.[836] Beide sind offenbar als Riesen zu denken. Nun heftet sich wohl nicht zufällig der Name Fasolt an den Bruder des Riesen Ecke, welche beide von Dietrich bezwungen werden, und dass derselbe als Dämon des Sturmes aufzufassen ist, geht daraus hervor, dass er die wilden Weiber im

---

828 Daher werden die Riesen in Gedichten der deutschen Heldensage Bergrinder und Waldbauern gescholten. Laurin 534, 2624, 2625. Signôt 13, 97, 114. Vgl. Mythol. 500. In den Gedichten der deutschen Heldensage finden Riesenkämpfe gewöhnlich im Wald statt.

829 Kuhn, Märk. Sagen, n. 64, 132, 137, 141, 149. Wolf, Niederl. Sagen, n. 526. Temme, Volkssagen von Pommern, n. 190, 191. Arndt, Märchen 1, 132. Ähnliche Erzählungen finden sich im Norden und bei anderen Völkern. S. Mythol. 504. Eine griechische Sage (Antigon. Caryst. Hist. mirab. c. 12) berichtet, wie Athene zur Befestigung der Akropolis einen Berg von Pallene herbeiholen wollte, ihn aber, durch die Worte einer Krähe erschreckt, fallen ließ. Das ist der Lykabettos.

830 D. S. n. 19. Mones Anzeiger 8, 63. Von Riesenbauten und Riesenwerke ist namentlich in angelsächsischen Gedichten häufig die Rede. S. Mythol. 491, 501. Bekannt sind die zyklopischen Mauern der Griechen. Französische Sagen weisen alte Bauten den Feen oder auch der Maria zu. Schreiber, Die Feen, S. 11, 15f., 25.

831 Harrys Sagen Niedersachsens 1, n. 37, 38. Märk. Sagen n. 10, 22, 35, 149. Temme, Volkssagen v. Pommern, n. 176, 177. Arndt, Märchen 1, 133.

832 D. S. n. 134. Niederländ. Sagen, n. 205. Märk. Sagen, n. 158, 202.

833 D. S. n. 233. Häufiger sind jedoch nach unserer Volkssage Menschen und Zwerge in Steine verwandelt.

834 Ein Felsen bei Bonn heißt Fasolts Keule. S. Lersch, in der angeführten Abhandlung. Sonst legt die Sage den Riesen wohl Steinäxte und Hämmer bei. S. Sn. 20. Mones Anzeiger 8, 63. Der Riese Hrûngnir führt eine steinerne Keule und einen steinernen Schild. Sn. 108. Nach den mittelhochdeutschen Gedichten kämpfen die Riesen mit stählernen Kolben oder Stangen.

835 D. S. n. 325.

836 „Ich peut dir Fasolt, dass du das wetter verfirst, mir und meinen nachpaurn ân schaden.“ D. Mythol. CXXXII. „Adjuro te Mermeut, cum sociis tuis, qui positus es super temperstatem.“ D. Mythol. CXXXI.

Walde jagt.[837] Dasselbe wird nämlich von dem wilden Jäger erzählt,[838] welcher gleichfalls als Riese erscheint.[839] Zu dieser Sage, welche sich sonst auch an Wodan, den Herrn über die Stürme, heftet, gab aber der tosende Wind die Veranlassung. Darum jagt auch nach einer niederländischen Sage der wilde Jäger in Gestalt eines Raubvogels,[840] was abermals auf den Zusammenhang der Stürme und der Riesen deutet. Denn nach dem nordischen Mythos kommt der Wind von den Flügeln des Riesen Hræsvelgr her, der in Adlergestalt am Ende des Himmels sitzt,[841] und deren Riesen, wie dem Thiassi und Suttûngr, wird eine Adlerhaut beigelegt.[842] Es lag nahe, sich den Wind wegen seiner Kraft als Riesen, und wegen seiner Schnelligkeit als einen Vogel zu denken.[843] In allen diesen Beziehungen ist in der deutschen Volkssage häufig der Teufel an die Stelle der Riesen getreten. Auch dieser hat seinen Aufenthalt in Felsen,[844] wirft ungeheure Steine, an denen man häufig seine Finger oder andere Glieder abgedrückt sieht,[845] bringt Pfützen oder Sümpfe hervor und hat in denselben seine Wohnung[846] und erregt den Wirbelwind.[847] Vorzüglich erscheint er aber, wie die

---

837 Eggenliet str. 161f. Lassberg.

838 D. S. n. 47, 48, 270. Vg. Arndt, Märchen 1, 152, 336. Märk. Sag. n. 167.

839 Wenn der Sturn nachts im Wald tobt, so sagt das Volk im Luzernergau, der Türst (d. i. Riese) jagt. D. S. 269. – Grimm führt Mythol. 602 Ecke und Fasolt auf Œgir und Kâri, Forniots Söhne zurück; doch wage ich nicht so weit zu gehen.

840 Wolf, Niederl. Sagen, n. 260.

841 Sæm. 35b. Vgl. Sn. 22. In den Zweigen der Esche Yggdrasil sitzt ein Adler und zwischen seinen Augen ein Habicht. Sn. 19. Vgl. Sæm. 44b. So findet auch Thorkill bei seiner Fahrt in die Unterwelt zwei Riesen in Adlergestalt, Saxo IX, p. 164.

842 Sn. 80, 82, 86. Vgl. Uhland 117.

843 Hierher gehört auch eine Stelle Veldeks MS. 1, 21a: „jàrlanc ist reht, daz der ar winke dem vil süezen winde." Vgl. Mythol. 600.

844 KM. n. 125. Einzeln stehende große und flache Felsen heißen Teufelskanzeln, weil der böse Feind darauf gepredigt haben soll, auf anderen soll der Teufel einst geruht haben. D. S. n. 190. Temme, Sag. von Pommern, n. 183.

845 D. S. n 191, 198–200, 205. Märk. Sagen, n. 234, 237. Niederl. Sagen, n. 178. Temme, Sagen von Pommern, 178, 179, 187. Mones Anzeiger 3, 91. 5, 70. Es darf nicht befremden, wenn es bisweilen auch von Christus und von heiligen heißt, dass Felsen, auf denen sie gestanden, die Spuren ihrer Füße zeigen. D. S. n. 184. Niederl. Sagen, n. 143, 144, 360. Temme, Sagen von Pommern, n. 30. Mones Anzeiger 8, 62.

846 D. S. n. 202. Harrys Sagen Niedersachsens I, n. 11. Ein trübes Wasser, welches aus einer Bergkluft fließt, entsteht von den Teufels Tränen. D. S. 184. An der Stelle, wo der Teufel in die Erde sinkt, entsteht ein Sumpf. Niederl. Sagen, n. 463. Die Furche, welche der Teufel beim Pflügen zieht, ist ein Fluss, ebenda, p. 184.

847 Stöpke oder Stepke ist in Niedersachsen eine Benennung des Teufels und des Wirbelwindes; von demselben rühren auch die Nebel her, welche über das Land ziehen. – In dem Wirbelwind sitzt der Teufel und fährt tosend durch die Luft. Märk. Sagen, S. 377. Sonst wird der Wirbelwind auch wohl den Hexen zugeschrieben; wirft man ein Messer hinein, so wird die Hexe verwundet und sichtbar. Schreibers Taschenbuch 1839, S. 323. Abergl., n. 554. Vgl. 522. Mones Anzeiger 8, 278; Niederl. Sagen, n. 518, 519. Die Geister, welche den Sturmwind und den Hagel erregen, kann man beschwichtigen, wenn man einen Mehlsack ausstäubt und dazu spricht: „Siehe da Wind, koch ein Mus für dein Kind", oder wenn

Riesen, als Baumeister.[848] Nach weit verbreiteten Sagen sind häufig mit dem Teufel Verträge abgeschlossen, nach welchen er irgend ein Gebäude, eine Kirche, ein Haus, eine Scheune, einen Damm, eine Brücke u. dgl. in kurzer Zeit fertig schaffen soll, aber durch irgendeine List, damit die Seele desjenigen, für den er baut, gerettet werde, an der letzten Vollendung des Werkes gehindert wird.[849] Namentlich wird bewirkt, dass der Hahn kräht, weil der Teufel mit dem Anbruch des Tages ebenso seine Macht verliert, wie der Riese das Sonnenlicht scheut. Indem der Teufel hier gewöhnlich der betrogene und überlistete ist, zeigt er ganz die plumpe Natur der Riesen, welche freilich bedeutende Kräfte haben, aber dieselben nicht gehörig anzuwenden wissen, weshalb sie auch in den Kämpfen mit Göttern und Helden immer die Unterliegenden sind. –

Ein nordischer Mythos berichtet von einem gleichen Vertrag, den die Götter mit einem Riesen abschlossen. Dieser hatte sich für einen Schmied ausgegeben und versprochen, er wolle in anderthalb Jahren eine feste Burg gegen die Riesen bauen, wenn man ihm Freyja und dazu Sonne und Mond bewilligen wolle. Die Götter sagen ihm das Verlangte zu, wenn er die Burg in einem Winter vollende; wenn aber am ersten Sommertag noch irgendetwas an derselben fehle, so solle er seiner Ansprüche verlustig sein. Der Meister vollendete den Bau fast mit seinem starken Pferd Svadhilfari, bis Loki ihn hinderte und Thôrr ihn erschlug.[850]

Es ist für die Natur der Riesen sehr charakteristisch, dass ihr Werk in der Sage häufig als ein zweckloses und unbrauchbares, oder als ein verfehltes aufgefasst wird. Der Bau, den Teufel und Riesen unternehmen, misslingt oder wird nicht vollendet;[851] wenn sie einen Stein schleudern, so verfehlt er sein Ziel und gerät an eine andere Stelle. Das stimmt mit der ganzen Auffassung der Riesen, nach welcher sie freilich eine große Kraft besitzen, durch welche sie ungestüme und übermächtige Naturerscheinungen hervorbringen können, aber doch dieselbe nicht auf die gehörige Weise anzuwenden wissen[852] und daher gewöhnlich nur hemmend und zerstörend wirken.

---

man ein Tischtuch zum Fenster hinauswirft. Abergl. n. 282. Schreibers Taschenbuch, S. 322. – Der Teufel jagt auch, wie der wilde Jäger, die Holzweiblein. Abergl. n. 469, 914.

848 Altes Gemäuer nennt daher das Volk Teufelsmauern. D. S. n. 188, vgl. n. 189, 193.

849 D. S. n. 183, 185–189, 386, 337. Märk. Sagen, n. 196, 203. Niederl. Sagen, n. 186, 187. Temme, n. 233, 234.

850 Sn. 46, 47. Vgl. Sæm. 5b. Die Erklärung dieses Naturmythos s. bei Uhland 108–110. Nachklänge dieser Erzählung finden sich in nordischen Sagen, nach welchen z. B. König Olaf von Norwegen mit dem Riesen Wind und Wetter den Vertrag schloss, er solle ihm eine Kirche bauen und zum Lohn dafür Sonne und Mond oder den heiligen Olaf selbst haben. S. Mythol. 515, 516. – Wie hier ein Riese mit den Göttern einen Vertrag schließt, so erzählt eine deutsche Sage von der Nordgauer Pfahlhecke: Der Teufel habe von Gott dem Herrn einen Teil der Erde gefordert und dieser insoweit dareingewilligt: Das Stück Land, das er vor Hahnenkrat mit Mauer umschlossen habe, solle ihm zufallen. Der böse Feind habe sich stracks ans Werk gemacht, doch ehe er die letzte Hand angelegt und den Schlussstein aufgesetzt, habe der Hahn gekräht.

851 Vgl. weiter oben und die Sage Mythol. 505; ferner S. S. n. 182, 263. Niederl. Sagen, n. 465. Mones Anzeiger 4, 411.

852 Der Teufel kann kein Bäumchen wachsen lassen. Aberglauben, n. 626.

In diesem Sinn muss es gefasst werden, wenn das ganze Riesengeschlecht für böse und tückisch gilt.[853] Eben, weil die Riesen das Übermaß ihrer Kraft nicht zu gebrauchen wissen und häufig verderblich anwenden, sind sie die natürlichen Feinde der Götter, denen sie stets Gefahr drohen. Auf der anderen Seite bilden diese maßlosen Naturkräfte, wenn sie in den gehörigen Schranken gehalten werden, die Grundlage der Weltordnung. Darum stehen die Riesen in den kosmogonischen Sagen des Nordens, als die zuerst entstandenen Wesen da, wie sie nach der Vorrede zum Heldenbuch zuerst von Gott erschaffen sind, und auch in der deutschen Volksage als ein in der Urzeit lebendes Volk erscheinen, welches sich zurückzieht, sobald sich die ackerbauenden Menschen ausbreiten.[854] Darum schreibt der nordische Mythos allen Riesen ein hohes Alter zu[855] und legt ihnen große Klugheit bei,[856] welche nur der Weisheit der Götter weicht. Häufig sind auch die Riesen mit den Göttern verwandt oder befreundet und ihrer Natur teilhaftig. Œgir steht in Verkehr mit den Göttern, und diese stammen zum Teil von Riesen oder nehmen Frauen von ihrem Geschlecht, welche dann, wie Skadhi und Gerdhr in die Familie der Asen aufgenommen werden. Riesenjungfrauen und Riesenweiber erscheinen überhaupt in einem milden Licht. Angekommene Gäste suchen sie vor der unbändigen Wut ihrer Verwandten zu schützen, wie z. B. die Großmutter des Riesen Hŷmir den Gott Thôrr mit seinem Begleiter Tŷr vor ihrem Enkel versteckt.[857] Auch in unseren Märchen kommen solche gütige Riesenfrauen vor.[858]

Von einem Kult der Riesen haben wir ebenso wenig eine sichere Spur, wie von dem Kult der griechischen Titanen. Solchen Wesen scheinen nur Beschwörungen angemessen zu sein. Am Schluss dieser Erörterung kommen noch die Namen der Riesen in Betracht, welche unseres Erachtens mit dem angedeuteten Wesen derselben in Zusammenhang stehen. Wir beziehen den Namen *thurs*, welcher auch in Deutschland mehrfach nachweisbar ist[859] und ursprünglich *trocken* bedeutet,[860] auf die trocknende

---

853 Sn. 7.

854 Vgl. die schöne Sage von dem Riesenmädchen, welches einen pflügenden Ackermann mit seinen Pferden vom Feld aufrafft und ihn wie ein niedliches Spielwerk in der Schürze zu ihrem Vater bringt. Dieser befiehlt ihr, den Menschen in Freiheit zu setzen, weil er einem Volk angehöre, welches ihnen großen Schaden zufügen könne. Darauf verlassen die Riesen die Gegend. D. S. n. 17, 324. Haupts Zeitschrift 4, 392. Mones Anzeiger 8, 64. Mythol. 505, 506. – Auch nordische Sagen berichten, dass Skandinavien zuerst von Riesen bewohnt war. Fornald. Sög. 1, 411.

855 Daher ist „alt“ ein Epitheton der Riesen. Sæm. 46b, 84b, 189b.

856 Riesen heißen deshalb vielwissend, vielkundig. Sæm. 52b, 79. Mit dem Riesen Vafthrûdhnir hält Odhinn einen Wettstreit und befragt ihn um die Geheimnisse der Welt und der Götter. Sæm. 31–38.

857 Sæm. 53a.

858 Märk. Sagen, S. 263, 283. Richtig bemerkt auch Grimm (Mythol. 959), dass die Mutter oder Großmutter des Teufels, welche ebenfalls im Märchen sich gegen angekommene Fremde gütig zeigt (KM. n. 29, 125), ein Abbild der Riesenmutter ist.

859 S. Mythol. 488. Mones Anzeiger 6, 231. In dem lat. Gedicht von dem Kloster Wilten (Mone, Untersuchungen 288, 289) heißt ein Riese Thyrsis. In Niederdeutschland bedeutet

Kraft des Frostes, was um so zulässiger ist, da der Name *krîmthurs*[861] oder Reifriese dieselbe Beziehung noch deutlicher zeigt. Oder wollten wir diese Benennung mit dem gotischen *Thaursjan* sitire zusammenstellen, so würde diese Erklärung eine Analogie in dem zweiten Namen der Riesen finden, welcher alts. *iötunn,* ags. *eoten* oder *eten,* alts. *etan, eten* lautet.[862] Diesen Namen setzt Grimm wohl richtig mit dem Zeitwort *itan, ezan* in Verbindung. Die Bedeutung *gefräßig*, welche sich daraus ergibt,[863] dürfte auch symbolisch auf die verderbliche und aufzehrende Riesennatur bezogen werden. Der angelsächsische Ausdruck *ent,* plur. *entas,* welcher nach Grimm auf eine hochdeutsche Form *enz* schließen lässt, die aber nur in Eigennamen nachweisbar ist,[864] scheint mit dem vorigen Namen unverwandt. Im althochdeutschen bedeutet *antiso* oder *antrisc, entisc*, *entrisc*, antiquus.[865] Alt ist aber eine passende Benennung für die Riesen, da ihnen, wie wir gesehen haben, in den Mythen ein hohes Alter zugeschrieben wird. Denselben Sinn scheint endlich noch der Name *hiune, hüne* oder *heune* zu haben, welcher aber im Norden nicht nachweisbar ist, sondern nur in Deutschland, besonders in Hessen und Westfalen vorkommt. Das Wort lässt sich nämlich schwerlich aus dem deutschen, wohl aber aus dem keltischen erklären. Im welschen bedeutet *hŷn* älter, das Substantiv *hŷn* die Vorfahren. Die Riesen führen diesen Namen als ein untergegangenes Geschlecht der Vorzeit, deren Begräbnisse das Volk noch in den sogenannten Hünengräbern oder Hünenbetten sieht. Die Beziehung der Riesennamen auf Völkernamen möchte ich dagegen, weil wir es hier nur mit mythischen Wesen zu tun haben, ganz ablehnen.[866]

Diesen Bemerkungen über die Riesen mögen einige Worte über die Drachen hinzugefügt werden, welche in den Sagen unseres Volkes besonders als Räuber von Jungfrauen und Hüter großer Schätze bekannt sind. Der Hauptsache nach beruhen sie auf derselben Abstraktion wie die Riesen, mit denen sie daher in den Sagen wechseln, oder neben welchen sie als menschenfeindliche Wesen von Helden bekämpft werden.[867] Auch sie sind die Personifikationen ungestümer und schädlicher Naturkräfte,[868]

---

drôs oder *drôst*, auch drùs Riese und Teufel. Mythol. A.a.O. Keyssler antiq. Sept. et celt. 503. Mones Anzeiger 6, 357. Hannöv. Volksfreund 1842, n. 85, Märk. Sagen, n. 17.

860 Vgl. got. Thaursus siccus.

861 Sæm. 85a, b. Sn. 4, 6, 7, 8 u. sonst.

862 S. Mythol. 485, 486.

863 „mächtiger schmausen und essen als ein alter riese." Cod. Exon. 425, 26. Ein Riese heißt Suttûngr d. i. bibax. Sæm. 23, Sn. 84.

864 Mythol. 491.

865 Graff, Althochd. Sprachsch. I, 385, 387.

866 Grimm stellt die Namen thurs mit den Etruskern, iötunn mit den Jüten, hüne mit den Hunnen zusammen. Mone zieht im Anzeiger (5, 1, 2, 7, 428) Inder, Anten und Friesen herbei.

867 Die Drachentöter Siegfried, Dietrich und Wolfdietrich bekämpfen auch Riesen. Der Drache Fâfnir ist eigentlich ein Iötunn, der die Gestalt eines Drachen angenommen hat. Vgl. oben.

868 Wenn ein ungestümer Waldstrom über die Berge stürzt, Bäume und Felsen mit sich reißt, heißt es in der Schweiz: Es ist ein Drach ausgefahren. D. S. 216. Der feurige Drache zieht nachts über die Flure und verdirbt die Saaten. S. S. 220. Wenn erzählt wird, derselbe brin-

zugleich aber auch dämonischer Wesen, welche mit der Unterwelt zusammenhängen.[869] Bisweilen scheinen sie selbst in einem näheren Bezug zu einzelnen Göttern zu stehen, der uns aber jetzt nicht mehr deutlich ist. So sind Ofnir und Svâfnir eddische Benennungen von Drachen, zugleich aber Odhinns Beinamen.[870]

Während in den deutschen Riesensagen sich eine gewisse Einförmigkeit zeigt, hat sich der Glaube an die *Zwerge* in größerer Lebendigkeit und Mannigfaltigkeit erhalten; aber es findet auch auf keinem anderen Gebiet der deutschen Sagen eine solche Mischung mit den Vorstellungen unserer Nachbarn, der Kelten und Slawen, statt. Diese Vermischung deutscher und fremder Überlieferungen fällt besonders in die Augen, wen wir die keltischen Elfenmärchen vergleichen, in welchen wir eine solche Übereinstimmung mit deutschen Berichten finden,[871] dass dieselbe sich nicht ganz durch die Annahme einer ursprünglichen Ähnlichkeit ohne Übertragung erklären lässt. Den besten Beweis für diese Ansicht gibt die Erläuterung einer Stelle, welche bisher nicht ganz aufgeklärt ist. Wir haben schon oben die bemerkenswerte Nachricht aus Pertz 2, 377, angeführt, nach welcher ein in der Nacht bei Notteln (im Münsterschen) im Jahre 779 verwundeter Sachse sich in einen Wald tragen ließ „quae fuit *Thegathon* sacra." Dass der Name Thegathon nicht deutsch sein kann, leuchtet bald ein. Man hat nun geglaubt, er sei das griechische τάγαδόν, eine Benennung der Gottheit, welche der Aufzeichner aus Macrobius entlehnt habe[872] – gewiss eine sehr unsichere Annahme. Das Wort erläutert sich auf eine einfache Weise aus dem Keltischen. Im Welschen bedeutet das Adejektiv *tâg* (irisch: *deagh*) hell, schön.[873] Da nun - *adon* eine welsche Pluralendung ist, so können unter den *tegadon* oder den Schönen, den *fairs*, welchen der Hain geweiht war, schon deshalb die Elfen gemeint sein, weil auch *fairy* im Englischen bekanntlich eine Benennung derselben ist. Diese Vermutung wird dadurch zur Gewissheit, dass im Welschen noch jetzt eine Elfenart mit dem Namen *y tylwyth tâg* (die schöne Familie) belegt wird.[874] Damit ist der Ausdruck *tegadon* ohne Zweifel identisch, wie die Huldechen oder Holdechen, wie gleichfalls die Zwerge genannt werden, mit dem nordischen *huldrefolk, huldufôlk, huldumenn* gleichbedeutend sind. Also bestand noch im 8. Jh. im Münsterschen ein den Elfen gewidmeter Hain, und diese führten noch den keltischen Namen.

Von den verschienenen Benennungen, welche die Zwerge in unserer Volkssage führen, kommen vornehmlich die Ausdrücke *Wicht, Wichtel, Wichtelmann* und *Alp,* plur. *Elbe*, in Betracht. Beide scheinen allgemeine Namen für geisterhafte Wesen,

---

ge einzelnen Menschen Korn und Geld zu, so ist er in der Volkssage an die Stelle der Hausgeister getreten.

869 In der Unterwelt hausen viele Drachen. Sæm. 44b. Sn. 17, 20, 180. Vgl. Saxo IX p. 164, 165. Nibelungensage 87, 88.

870 Sæm. 44b, 47b.

871 Irische Elfenmärchen, übersetzt von den Brüdern Grimm, S. LV–CVIII.

872 Macrob. Somn. Scip. 1, c. 2. Vgl. die Note von Pertz zu der angeführten Stelle und Mythol. 64.

873 Owen, s. v. tâg that opens out, that is clear or smooth, clear, fair, beautiful, pretty, bland.

874 S. Owen, s. v. tylwyth.. Diefenbach, Celtica II, 102. Davies brit. Mythol. 156. the maginogion by Charlotte Guest 4, 323.

welche daher nicht bloß den Zwergen eigentümlich sind. Der Name Wicht bezeichnet ursprünglich ein Ding, ein Wesen,[875] und wurde ebenso allgemein auf Geister angewandt, wie Vincentius Bellovacensis die Feen *bonae res* nennt.[876] Daher werden unter den altnordischen *vættir* Geister im Allgemeinen[877] und vorzugsweise die Schutzgeister einzelner Lokalitäten verstanden; im althochdeutschen werden die Sirenen *wihtir* genannt,[878] und der Dichter des Heliand gebraucht *wihti* in der Bedeutung von Genien oder Dämonen überhaupt.[879] Doch mag das Diminutivum Wichtel besonders den Zwergen wegen ihrer kleinen Gestalt beigelegt sein.

Der Name *Alp*, plur. *Elbe*, welcher früher von den Zwergen noch mehr gebraucht zu sein scheint,[880] jetzt aber in unserer Volkssage vorzüglich einen die Menschen im Schlaf drückenden und beängstigenden Nachtgeist bezeichnet,[881] ist mit dem altnordischen *âlfr,* plur. *âlfar* identisch.[882] Dass auch diese Benennung Geister im Allgemeinen bezeichnet, haben wir schon oben gesehen. Die jüngere Edda unterscheidet Lichtelbe *(liosâlfar)* und Dunkelelbe *(döckâlfar)*.[883] Beide sind einander ungleich an Aussehen und an Kräften; die Lichtelbe sind leuchtender als die Sonne, die Dunkelelbe schwärzer als Pech. Jene wohnen in Alfheim,[884] diese in der Erde. Da nun die Zwerge ebenfalls nach dem nordischen Mythos in der Erde und unter Steinen wohnen,[885] so könnte man vermuten, dass sie mit den Dunkelelben identisch wären, also eine bestimmte Abteilung der *âlfar* bildeten. Aber diese Annahme verbietet der Umstand, dass in der älteren Edda Dunkelelbe und Zwerge voneinander geschieden werden.[886] An anderen Stellen der jüngeren Edda werden die Zwerge Schwarzelbe *(svartâlfar)* genannt und ihnen Svatâlfaheim als Wohnung gegeben.[887] Indessen scheint auch diese Angabe, nach welcher wir also Schwarzelbe oder Zwerge, Dunkelelbe und Lichtelbe anzunehmen hätten, darum bedenklich, weil die ältere Edda weder Svartâlfaheim noch *svartâlfar* überhaupt kennt, vielmehr das Geschlecht der *âlfar* von den Zwergen wieder ausdrücklich scheidet.[888] Da nun außerdem von den Lichtelben gar keine charakteristische Namen und Mythen vorhanden sind, welchen ihren Gegensatz zu den Schwarzelben oder den Dunkelelben erkennen ließen, und der Begriff

---

875 Got. Vaihts, ahd. wiht, ags. viht, später vuht, altn. vætt oder vættr. Vgl. Grimm, Grammatik 3, 8, 34. Mythol. 410.

876 Vincent. Bellov. 3, 3, 27.

877 Sæm. 93b, 145a, 240b.

878 Hofmann, Fundgruben 19, 17.

879 Hel. 31, 20, 92, 2. 76, 1. 15. Vgl. Mythol. A.a.O.

880 Belege s. Mythol. 411, 412.

881 Sonst werden bekanntlich beängstigende Träume auch einem weiblichen Geist, der Mahr, zugeschrieben.

882 Ags. älf, engl. elf, dän. Elv, schwed. Elf.

883 Sn. 21.

884 Nach Sn. 22. in Vîdhblâinn, dem dritten Raum des Himmels.

885 Sæm. 8b, 48a. Sn. 15.

886 Sæm. 92a.

887 Sn. 130, 34, 136.

888 Sæm. 49b, 50b, 51a, 188a. Vgl. Sn. 19.

âlfar überhaupt so unbestimmt ist, so berücksichtigen wir diese Unterschiede nicht weiter, sondern fassen die Zwerge besonders in ihrem Gegensatz zu den Riesen auf. Gleichwohl ist zu bemerken, dass auch unsere Volkssage noch zwischen bösen und guten Zwergen, zwischen schwarzen, weißen und grauen oder braunen einen Unterschied macht.[889]

Die Zwerge sind, wie wir schon angedeutet haben, die Personifikationen der im Verborgenen schaffend tätigen Kräfte, auf deren Wirksamkeit der regelmäßige Wechsel in der Natur beruht. Diese Idee ergibt sich aus den Namen, welchen die einzelnen Zwerge in den Edden führen, und den Mythen, welche sich an sie heften. Die Namen der Zwerge bezeichnen zum großen Teil entweder die Geschäftigkeit im Allgemeinen oder einzelne Naturerscheinungen, wie Mondphasen, Wind u. dgl.[890] Hiernach sind sie in mehrfacher Hinsicht den Riesen verwandt und entgegengesetzt; verwandt, weil ihnen gleichfalls kosmische Kräfte beiwohnen, welche den Göttern zum Erhalt der Weltordnung ebenso unentbehrlich sind, wie die der Riesen, und weil auch ihnen die bewusste Selbständigkeit abgeht. Wie alles Riesenwerk an und für sich gewöhnlich ein verfehltes, unvollendetes oder zweckloses ist, so ist die Tätigkeit der Zwerge niemals selbständig; sie schaffen nur für andere und sind ihrer Natur nach dienende Geister. Aber insofern sie ihre Kräfte der Ordnung in der Natur unterwerfen, wirken sie segensreich, wo die Riesen zerstörend eingreifen. Während der sanfte wohltätige Wind von einem Zwerg herrührt, ist der tobende Sturm ein Riese. Beide Wesengattungen sind also nur als verschiedene Stadien derselben Naturkräfte anzusehen, welche sich in ihren Wirkungen entgegenstehen und darum auch sich feindlich sind, weil sie oft einander aufheben. –

Die elementarische Tätigkeit der Zwerge fasst die mythische Anschauungsweise so auf, dass sie dieselben im Innern der Erde stets mit Schmiedearbeiten beschäftigt sein lässt; ihre untergeordnete dienstliche Stellung spricht sich darin aus, dass sie nach dem Mythos ihren Verstand und ihre Kunstfertigkeit von den Göttern erhalten haben,[891] denen sie auch die Kleinodien, welche sie verfertigen, zum Gebrauch in die Hände liefern. So schmiedeten sie Odhinns Speer, Thôrrs Hammer, Freyrs Schiff; sie verfertigten das Band, mit welchem der Wolf Fenrir gebunden wurde, und schmiedeten der Sif goldenes Haar zum Ersatz für ihr eigenes, welches ihr Loki abgeschnitten hatte. Diese Mythen haben wir mit anderen bereits oben bei den einzelnen Gottheiten erläutert. Das Leben der Zwerge ist an das Bestehen der jetzigen Weltordnung ge-

---

889 Ein schwarzes Männchen, KM. 92, 116. Schwarze Männchen ist im Göttingischen die allgemeine Benennung der Zwerge. Ein weißes Männchen, D. S. n. 234. KM. III, S. 220. Vgl. Mones Anzeiger 5, 415. 6, 79. Ein weißgekleidetes Männchen, D. S. n. 160. Märk. Sagen, n. 183. Ein graues Männchen, KM. n. 64 III, S. 194. Harrys Sagen Niedersachsens 2, n. 36. Weiße, braune und schwarze Zwerge führt Arndt (Märchen 1, 135) an und weiß Mehreres von ihrem Unterschied zu erzählen.

890 S. besonders Sæm. 2b, 3a. Vgl. Sn. 16. Auf Mondphasen beziehen sich die Namen *Nýr*, *Nidhi*, *Nyrâdhr*; auf die Himmelsgegenden *Austri*, *Vestri*, *Nordhri*, *Sudhri*; auf den Wind *Vindâlfr*; auf die Kälte *Frosti* usw.

891 Sn. 15.

knüpft. Wenn die Götterdämmerung herannaht, so hört auch ihre Tätigkeit notwendig auf, darum sitzen sie dann vor ihren Wohnungen und weinen.[892]

Obgleich die deutsche Volkssage das Dämonische von den Zwergen schon sehr abgestreift hat und ihr Leben in mancher Hinsicht bis auf die kleinsten Einzelheiten fast zu menschlich schildert,[893] obgleich sie dieselbe bisweilen mit anderen untergeordneten Wesen, besonders mit Hausgeistern oder Kobolden und Wassernixen vermengt, so leuchtet doch aus ihrem Bericht dieselbe mythische Idee, welche uns die Edden über diese Wesen gegeben haben, klar genug hervor. Die deutsche Sage ergänzt hier selbst den eddischen Bericht wieder auf mannigfache Weise, wie es zu geschehen pflegt, wenn nur reinere Mythen uns sichere Anknüpfungspunkte gegeben haben.

Die Sage gibt den Zwergen, ebenso wie die Edden, das Innere der Erde, besonders Felsklüfte zur Wohnung.[894] Dort leben sie als ein geordnetes Volk, welchem Könige vorstehen,[895] zusammen, graben nach Erz, beschäftigen sich mit kunstreicher Schmiedearbeit und sammeln Schätze.[896] Ihre Tätigkeit ist eine friedliche, stille, weshalb sie vorzugsweise das stille Volk heißen,[897] und weil sie im Verborgenen vor sich geht, haben sie Nebelkappen oder Tarnkappen, durch welche sie sich unsichtbar machen können.[898] Aus demselben Grund sind sie besonders nachts tätig.[899] Weil das schaffen-

---

892 Sæm. 8b.

893 Das menschliche Leben der Zwerge stellen viele Sagen dar. Besonders ausführlich wird es in der folgenden Erzählung geschildert, welche offenbar Zwerge betrifft, obgleich der Name nicht genannt wird: Hermanni Corneri chronic. in Eccard corp. Histo. Med. aev. 11, 1081. – Es folgen noch mehrere Einzelerzählungen von Reineke, die anderen Sagen von Zwergen und Hausgeistern analog sind. Wir heben daraus nur den Namen eines anderen Zwerges Estrian hervor, mit welchem Reineke seine Tochter verheiratet. – Der Name Reineke oder Reinhard, welchen bekanntlich auch der Fuchs in der Tierfabel führt, deutet die Klugheit des Zwerges an. Denn Reinhard oder Raginhard ist Ratskundiger, Ratgeber. Vgl. Grimm, Reinh. F. CCXLI. Die Sage ist auch deshalb merkwürdig, weil sie den Unterschied der bösen und guten Zwerge bestätigt.

894 Daher führen sie auch den Namen Erdmännlein oder Unterirdische. Öffnungen in Felsen nennt das Volk Zwerglöcher und hält sie für die Eingänge zu ihren Wohnungen.

895 Solche Zwergenkönige sind in der deutschen Heldensage Elberich, dem nach dem Gedicht von *Otnît* manches Land und mancher Berg untertan ist, Lâurîn (vgl. welsch llawr Erde, Boden, Grund), Goldemâr. Ein ungenannter Zwergenkönig tritt im dem Gedicht von Ecke 80 auf. In der Volkssage kommen gleichfalls Beherrscher der Zwerge vor, wie (der vielleicht nicht deutsche) Heiling, D. S. n. 151, Gübich (s. oben). Vgl. D. S. 38, 152. KM. III, S. 167. Mythol. 422. Auch die isländischen *âlfar* haben Könige, welche alle zwei Jahre nach Norwegen reisen, um dem dort wohnenden Oberkönig Bericht zu erstatten. F. Johannaeus, Histo. Eccl. Isl. II, 368. Im Übrigen haben diese Zwergenkönige als solche für die Mytholgie kein Gewicht.

896 D. S. n. 30, 37, 160. Sagen Niedersachsens 1, n. 5. Niederl. Sagen, n. 239. Arndt, Märchen, n. 150, 154, 211. KM. n. 53. Vilkin. Sag. c. 16, 20. Otnît str. 122, 124, 188 u. a.

897 D. S. n. 30, 31. englisch the good people. Vgl. Mythol. 425.

898 Belege s. Ir. Elfenmärchen LXXIII, LXXIV. Mythol. 431: Bekannte Hildesheimer Kobold *Hädeken* oder *Hütchen* (Neues Vaterl. Archiv 2, 128ff.) hat von seinem Hut den Namen.

de Wirken insbesondere dem Mann zukommt, so treten gewöhnlich männliche Zwerge auf, seltener erscheinen Zwergenfrauen.[900]

Die Tätigkeit der Zwerge, welche die Volkssage symbolisch durch das Schmieden andeutet, haben wir auch hier als eine elementarische oder kosmische zu fassen.[901] Insbesondere und zunächst betrifft sie das Gedeihen der Erdgewächse. Darum berichtet die Vorrede zum Heldenbuch, dass Gott nach den Riesen die Zwerge erschuf, *um das wüste Land zu bauen,* und der Tanz der Bergmännlein auf den Matten zeigt ein gesegnetes Jahr an.[902] Auch wird erzählt, dass die Zwerge häufig beschäftigt sind, den Menschen bei ihren ländlichen Arbeiten beizustehen, dass sie das Getreide ernten helfen, Heu machen und dgl.;[903] was eine niedrigere Darstellung der Idee ist, dass sie durch ihre Wirksamkeit das Wachsen und Reifen der Gewächse fördern. Eine Verirrung der Sage scheint es zu sein, dass sich die Zwerge bei solchen Gelegenheiten diebisch erweisen, die Früchte von den Feldern stehlen, oder die ausgedroschenen Körner für sich einsammeln,[904] wenn nicht durch solche Erzählungen angedeutet werden soll, dass dem Menschen Nachteil entsteht, wenn er diese wohltätigen Wesen erzürnt und dadurch bewegt ihre Tätigkeit einzustellen oder schädlich zu verwenden.

Dieselben elementarischen Kräfte, welche auf das Gedeihen der Erdgewächse einwirken, üben aber auch einen Einfluss auf das Wohlsein der lebendigen Geschöpfte. Bekannt und verbreitet ist die Sage, dass die Zwerge die Kraft haben, durch ihre Berührung, ihren Anhauch oder auch nur durch ihren Blick Krankheit oder Tod bei Menschen und Tieren hervorzubringen.[905] Was sie, wenn sie erzürnt sind, bewirken, das müssen sie auch abwehren können. Apollo, welcher die Seuchen schickt, ist zugleich der heilende Gott. Deshalb schreibt man den Zwergen auch die Kenntnis von den Heilkräften der Steine und Pflanzen bei;[906] in Märchen retten sie von Krankheit und Tod,[907] und wie sie nach der Volkssage den Herden schaden können,[908] so sorgen sie auch oft für dieselben.[909] Ganz besonders muss ihnen aber der heidnische Glaube

---

899 Den Zwergen geht die Sonne um Mitternacht auf. S. die in Mythol. 435 mitgeteilte Sage. Nach der nordischen Sage werden die Zwerge (wie die Riesen) zu Stein, wenn sie die Sonne bescheint. Sæm. 51b. So weiß auch die deutsche Sage von Zwergen, die in Stein verwandelt sind. D. S. n. 32.

900 Zwergenfrauen würden spinnen, wie die männlichen Zwerge schmieden.

901 Das zeigen auch einige Namen von Zwergen, wie z. B. Blaserle (Mones Anzeiger 3, 260), der ohne Zweifel von dem sanft wehenden Wind hergenommen ist. Ein anderer Zwerg, welcher Gold schnitzt, heißt Holzrührlein (Sagen Niedersachsens 1, 5), worin eine Andeutung an die rege Geschäftigkeit dieser Wesen liegt.

902 D. S. n. 298. Im Übrigen s. über das Tanzen der Zwerge und ihre Liebe zur Musik: Arndt, Märchen 1, 134, 138, 148, 212. Ir. Elfenmärchen LXXXI. Mythol. 438.

903 D. S. n. 147, 149.

904 D. S. n. 152, 155. Harrys Sagen Niedersachsens 1, n. 5, 2, 30. Vgl. die in Mythol. 434, 435 mitgeteilten Sagen.

905 In Elfenm. XLV, CII; Mythol. 429. Vgl. auch Kuhn in Haupts Zeitschrift 4, 389.

906 S. Mythol. 420, 426.

907 KM. n. 53.

908 D. S. n. 30. Niederl. Sagen, n. 572.

909 D. S. n. 298. Die Zwerge haben nach der Volkssage auch eigene Herden. D. S. n. 301.

die Pflege junger unerzogener und verwahrloster Kinder beigelegt haben. Denn gar oft finden diese bei ihnen Speise und Unterkommen oder sonstige Beihilfe,[910] und in der Heldensage sind sie Erzieher.[911] Die Sage spricht sich freilich hier noch viel häufiger auf eine entgegengesetzte Art aus, indem sie die Zwerge den Kindern menschlicher Mütter nachstellen, sie rauben und dafür ihre eigenen, die sogenannten Wechselbälge, Dickköpfe oder Kielkröpfe hinlegen lässt. Diese sind missgestaltet, wollen nicht gedeihen, bleiben ungeachtet ihrer Esslust mager und sind boshaft. Aber dass diese Sage eine Verdrehung der ursprünglichen oder wenigstens nur ein Teil einer ursprünglicheren ist, zeigt sich schon daran, dass, wenn der Wechselbalg zurückgenommen ist, die Mutter ihr rechtes Kind in der Regel frisch und gesund, süß lächelnd und wie aus einem tiefen Schlaf erwachend, wiederfindet.[912] Es hat sich also in der Obhut der Zwerge sehr wohl befunden, wie dieselben es auch geradezu aussprechen, dass die Kinder, welche sie rauben, es bei ihnen besser haben als bei ihren Eltern.[913] Darum nehmen also die Zwerge verwahrloste Kinder zu sich, damit sie für diese Sorge tragen und sie pflegen, oder, wenn wir diesen Glauben seiner mythischen Fassung noch mehr entkleiden wollen, die Zwerge sorgen für die Genesung und das Gedeihen der kranken und schwächlichen Kinder.[914]

So werden wir es denn auch für eine Trübung des ursprünglichen Glaubens halten, wenn erzählt wird, dass menschliche Frauen häufig herbeigerufen werden, um kreißenden Zwerginnen Hilfe zu leisten,[915] obgleich die Bildung solcher Sagen ein Zeugnis für das trauliche und gemütliche Verhältnis ablegt, in welchem die Menschen zu ihnen stehen. Drehen wir aber die Sache um und nehmen an, dass die Zwerginnen bei der Geburt eines Menschenkindes zugegen sind, so gewinnen wir eine Anknüpfung an den eddischen Glauben, dass einige Nornen, welche bei der Geburt eines Kindes erscheinen, von dem Geschlecht der Zwerge sind.[916] Es wird auch in der Sage gerade-

---

910 D. S. n. 298. Mones Anzeiger 5, 415. KM. n. 13, 53. Arndt, Märchen 1, 155, 156. Kobolde spielen mit Kindern. D. S. S. 125.

911 So ist der Zwerg Regino Siegfrieds Erzieher.

912 D. S. n. 81. Vgl. Th. de la Villemarqué, Chants populaires de la Bretagne 1, 31. Das rechte Kind wird wieder gebracht, wenn man den Wechselbalg zum Lachen bringt. KM. n. 39. Villemarqué 1, 32.. Dasselbe erreicht man, wenn man den Wechselbalg schlägt. Dagegen heißt es in Märk. Sagen, n. 184: Man darf den Wechselbalg nicht schlagen, sonst schlagen die Unterirdischen das eigene Kind.

913 D. S. n. 50.

914 Mancher Aberglaube bezieht sich auf die Verhütung des Unterschiebens der Wechselbälge. Charakteristisch ist dabei der Zug, dass man das Kind nicht lange allein lassen, also für dasselbe Sorge tragen soll. So ist es ein Mittel gegen die Verwechslung des Kindes, wenn der Vater oder die Mutter das Kind beständig anschauen. D. S. n. 88. Der ganze Glaube an Wechselbälge beruht natürlich darauf, dass Krankheit oder Mangel an Gedeihen bei einem Kind die Mutter leicht zu dem Glauben bringt, dass irgend ein geisterhaftes Wesen zauberhaft auf dasselbe eingewirkt, oder ein anderes an dessen Stele untergeschoben habe. Das würde aber den Zwergen nicht beigemessen sein, wenn der ursprüngliche Glaube ihnen nicht zugleich die Sorge für die kleinen Kinder zugeschrieben hätte.

915 D. S. n 41, 68. Mones Anzeiger 7, 475. 8, 532. Temme, Sagen der Altmark, n. 73.

916 Sæm. 188a. Sn. 19.

zu ausgesprochen, dass die Zwerge für das Fortbestehen und Blühen der Familien sorgen. Kleinode, welche sie schenken, bewirken, dass das Geschlecht sich mehrt; ihr Verlust zieht dagegen den Untergang des Stammes nach sich.[917] Denn das zeigt ein Nichtachten dieser wohltätigen Wesen an, wodurch sie bewogen werden, ihren Schutz aufhören zu lassen, wie sonst der auf irgendeine Weise erregte Zorn der Zwerge das Aussterben eines Geschlechts bewirkt.[918] In dieser Eigenschaft haben sie also großen Einfluss auf das Geschick der Menschen und erscheinen als ihre Schutzgeister oder Genien.[919] Sie nahen ihnen deshalb auch, wenn ihr Tod bevorsteht. Als Dietrich von Bern in hohem Alter einsam auf die Jagd ritt, erschien ihm ein Zwerg und verkündete ihm, dass sein Reich nicht mehr von dieser Welt sei.[920]

Wir haben den Versuch gemacht, aus den mannigfaltigen Sagen von Zwergen die Züge, welche ihre edlere Natur darstellen, hervorzuheben, indem wir dabei voraussetzen, dass das Christentum auch diese Wesen, wie die höheren Gottheiten, herabdrückte. Dessen ungeachtet mag auch schon in den heidnischen Zeiten das Wesen der Zwerge einen Zusatz von den neckischen und boshaften Zügen gehabt haben, welche sie in den Sagen oft zeigen. Es ist nämlich der Natur untergeordneter Wesen angemessen, dass sie häufig der eigenen Willkür zu folgen suchen, indem ihnen das klare Bewusstsein von dem Zweck ihrer Kraft abgeht. Ebenso haben die Riesen eine Doppelnatur: Auf der einen Seite besitzen sie eine plumpe Gutmütigkeit, wenn sie aber in Zorn geraten, sind sie wild und unbändig. Die Zwerge, welche keine große Körperkraft, aber umso mehr Verschmitztheit und Schlauheit haben, freuen sich öfter an Täuschung und Trug, an neckischen und diebischen Streichen.[921]

Zu den boshaften Streichen der Zwerge gehört besonders, dass sie Jungfrauen nachstellen und sie in ihren Wohnungen festhalten. So raubt Lâurin die Schwester Dietliebs und hält sie in seinem unterirdischen Rosengarten verborgen, Goldemâr entführt die Tochter eines Königs.[922] Hier zeigen sie sich den Riesen ähnlich, welche nach den Edden gleichfalls Göttinnen nachstreben. Sollen sie Dienste leisten, so muss man ein

---

917 D. S. n. 32, 35, 41, 68. Auch auf die äußeren Wohlstand der Familien wirken die Gaben der Zwerge segensvoll ein. D. S. n. 29, 35, 39, 43.

918 Ein Graf von Schaumburg hatte mit einem Wichtelweibchen lange in einem vertrauten Verhältnis gestanden. Als er auf das Zureden seiner Gemahlin von demselben abließ, drohte es, wenn er nicht wieder käme, so sollte sein Geschlecht untergehen. Der Graf blieb standhaft, aber sein Geschlecht erlosch nicht lange darauf. Strack, Beschr. Von Eilsen, S. 120. So bewirken auch die Zwerge, dass das gräfliche Geschlecht der von Eulenburg nie mehr als sieben dieses Namens zählte. D. S. n. 31.

919 KM. n. 13 begaben drei Zwerge (Haulemännerchen) ein Mädchen, dem sie Wohl wollen, ganz wie gütige Schicksalsgottheiten.

920 S. Deutsche Heldens. 300. Nach dem keltischen Glauben gehören die Toten den Elfen an. Ir. Elfenm. CVI.

921 Die Elbe trügen. Mythol. 432. Elberich neckt die Heiden. Otn. Str. 454. Die Zwerge rufen oft in den Bergwerken, wenn Leute herzukommen, finden sie niemand. Oft werfen sie auch mit kleinen Steinen. D. S. n. 37. Vgl. Ir. Elfenm. LXXXIX–XCIII.

922 Vorrede zum Heldenbuch. Deutsche Heldens. 174. Vgl. auch Harrys Sagen Nieders. 1, n. 5. Temme, Sagen v. Pommern, n. 216. So entführt nach der älteren Edda der Zwerg Alvîs Thôrrs Tochter. Sæm. 48.

Pfand von ihnen haben,[923] oder sie erst mit Gewalt zwingen. So muss Siegfried erst mit Alberich kämpfen, ehe er ihm wie ein treuer Knecht dient.[924] Sind sie aber einmal überwunden, so zeigen sie sich als treue Diener und stehen namentlich den Helden in Kämpfen gegen die Riesen bei,[925] wie sie überhaupt in der Heldensage als Feinde der Riesen, bisweilen aber auch als ihre Verbündeten auftreten.

Den Glauben an die Zwerge bezeichnet unsere Volkssage selbst als einen heidnischen, indem sie dieselben nur über ungetaufte Kinder Gewalt haben lässt.[926] Sie gibt es ferner zu erkennen, dass dieser Glaube der Vorzeit angehört, indem sie berichtet, dass die Zwerge jetzt ihre alten Wohnstätten nicht mehr innehaben. Sie sind ausgezogen, vertrieben durch den Klang der Kirchenglocken, der ihnen als heidnischen Wesen zuwider ist, oder weil die Menschen boshaft wurden und sie neckten, d. h. nicht mehr die alte Ehrfurcht vor ihnen hatten, wie zu den Zeiten des Heidentums.[927] – Dass aber dieser Glaube ein unschuldiger sei und neben dem Christentum ohne Schaden bestehe, stellt die Sage dadurch dar, dass sie auch den Zwergen christliche Gesinnung und Hoffnung auf Seligkeit zuschreibt.[928] Dass ehemals ein Zwergenkult bestand, zeigt besonders der oben erwähnte, den *tegâdon* gewidmete Hain. Noch jetzt berichtet die Sage, dass man gewohnt war, den Zwergen etwas Speise, besonders Brot und ein Gefäß mit Milch oder Bier hinzusetzen.[929]

---

923 Arndt, Märchen 1, 152.

924 Nib. 98, 100. Vgl. auch Ruodlieb, sgm. XVII. Vilk. Sag. c. 16. KM. n. 91.

925 So ist z. B. nach dem Siegfriedslied der Zwerg Euglein dem Helden im Kampf gegen Kuperan behilflich, aber erst nachdem er gewalttätig behandelt ist. Nach dem Heldenbuch schuf Gott die Helden, um den Zwergen gegen die Riesen beizustehen.

926 Harrys Sagen Nieders. 1, n. 6. Märk. Sagen n. 183.

927 Von dem Auszug und der Vertreibung der Zwerge berichten viele Sagen. D. S. n. 34, 36, 39, 147, 148, 152–154. Harrys 1, n. 6, 8. 2, 20. Mones Anzeiger 4, 75. Vgl. auch die Sagen in Mythol. 428 und Ir. Elfenmärchen XCIII, XCIV. Gewöhnlich ziehen die Zwerge über eine Brücke oder über einen Berg, oder lassen sich über einen Fluss fahren. – Wenn auch die Entweihung des Sonntages als Ursache ihres Auszuges angegeben wird (D. S. n. 34), so ist das freilich eine Verwirrung der Sage. – Diese Erzählungen von dem Auszug der Zwerge könnten indessen noch einen anderen Grund haben. Vielleicht dachte man sich früher, dass die Zwerge zu bestimmten Zeiten ihre Wohnsitze wechselten, wie dieses die isländischen *âlfar* in der Neujahrsnacht tun. S. F. Johannaeus, Histo. Eccles. Isl. II, 369.

928 Vgl. weiter oben. Zwerge gehen in die Kirche. D. S. n. 27, 32. Ein schwarzes Männchen verpflichtet einen Knaben, jeden Abend für ihn ein Vaterunser zu beten. Niederl. Sagen, n. 222. Kobolde sind Christen, singen geistliche Lieder und hoffen selig zu werden. D. S. 1, S. 112, 148. – Die Zwerge sind nach der Sage nicht unsterblich, sondern erreichen nur ein höheres Alter als die Menschen. Ruodlieb XVII, 23. – Zwerge werden über zweitausend Jahre alt. Arndt, Märchen 1, 153; sind so alt wie der Westerwald. KM. n. 39.

929 D. S. n. 34, 37, 154 u. sonst. Den Kabauterchen legt man ein Stichelchen Butter, ein paar Eier, Milch zum Breikochen und zwei Schillinge hin. Niederl. Sagen, n. 560. Den Zwergen wird bei einem grünen Baum eine Schüssel mit Milch und Honig hingesetzt und das Blut einer schwarzen Henne hineingeträufelt. D. S. n. 38. – Häufig leihen auch nach der Sage die Zwerge von den Menschen Speisen und Gerätschaften, oder lassen sich von ihnen einen Saal einräumen, um darin Hochzeit zu halten, so wie sie umgekehrt mit dem ihrigen auch den Menschen wieder aushelfen.

Kapitel V - Nornen und Walküren

Es ist für die heidnischen Religionen charakteristisch, dass sie das Schicksal in die Hände besonderer Mächte legen, denen selbst die Götter sich unterwerfen oder mit denen sie wenigstens übereinstimmen müssen. Die nordische Mythologie nennt die Wesen, denen die Leitung des Geschicks obliegt, oder welche genau genommen nur Personifikationen des Schicksals sind, Nornen. Es sind drei Jungfrauen vom Geschlecht der Riesen,[930] *Urdhr, Verdhandi* und *Skuld.*[931] Diese drei Namen, welche die Gewordene, die Werdende und die Seinsollende, oder Vergangenheit, Gegenwart und Zukunft bedeuten, charakterisieren sie zunächst als Personifikationen der Zeit. Insofern aber die Zeit eben das Geschick herbeiführt, sind die Nornen natürlich die Mächte, welche über das Schicksal walten. Sie schaffen dem Menschen seine Lebenszeit und bestimmen ihm sein Los.[932] Bei ihrem unter einer Wurzel der Esche Yggdrasil befindlichen Brunnen, welcher von der ältesten Norn den Namen *Urdharbrunnr* führt, haben die Götter ihre heilige Gerichtsstätte,[933] und ihnen selbst schein gleichfalls das Richteramt zu gebühren.[934] Darf man einer Sage bei Saxo trauen, so ist die jüngste Norn böse und vielleicht diejenige, welche, wie Atropos, den Tod des Menschen herbeiführt.[935]

Diese nordische Vorstellung von den Nornen wird durch angelsächsische und altsächsische Andeutungen ergänzt. In angelsächsischen Gedichten tritt *Vyrd,* offenbar die nordische *Urdkr,* die älteste Norn, als personifizierte Schicksalsgöttin auf, welche dem Menschen naht, wenn ihm der Tod bevorsteht,[936] und aus Eod. Exon. 355 lernen wir, dass die Tätigkeit, welche die Nornen in Beziehung auf die Leitung des Geschicks äußern, symbolisch als ein Weben aufgefasst wurde,[937] wie die Mören und Parcen bekanntlich spinnen. Ebenso personifiziert der Dichter des Heliand die *Wurth* und lässt dieselbe gleichfalls als eine Todesgöttin zu den Menschen treten.[938] Da nun im Norden die jüngste Norn die böse ist, so zeigen diese Stellen zugleich eine bemerkenswerte Abweichung von dem skandinavischen Glauben. –

Im Althochdeutschen hat *wurt* nur noch die abstrakte Bedeutung Schicksal;[939] später verschwindet das Wort ganz. Anstatt der Nornen erscheint bei unseren mittelhoch-

---

930 Durch die Abstammung der Nornen von den Riesen wird angedeutet, dass ihre Gewalt uranfänglich ist.

931 Sæm. 4a, Sn. 18.

932 Sæm. 181a, 217a. Sn. 18, 212a.

933 Sn. 18, 20, 21. Neben dem Brunnen steht ein Saal, aus welchem die Nornen kommen.

934 Wenigstens heißt es in Sæm. 88b: nornir vîsa, weisen das Urteil, und Sæm. 127a wird ihnen, wie den Richtern, ein Stuhl beigelegt. Vgl. Mythol. 379, RA. 750, 763.

935 Saxo VI, p. 102.

936 Beow. 4836. Vgl. 5624 und Mythol. 377, 378, wo noch mehr Stellen aus angelsächsischen Gedichten angeführt sind.

937 „me thät Vard geväf", d. i. parca hoc mihi texuit.

938 „thiu Wurdh is at handun." Hel. 146, 2. „thiu Wurth nàhida thuo." Hel. 163, 16. „Wurth ina benam." Hel. 66, 18. III, 4. Vgl. Mythol. 377.

939 Graff 1, 992.

deutschen Dichtern eine *frou Sælde* oder auch das personifizierte Glück,[940] dem ein Rad beigelegt wird, wie die Fortuna auf einer Kugel steht. Es scheint mir jedoch bei beiden Vorstellungen zweifelhaft, ob sie noch mit dem einheimischen Heidentum in Verbindung stehen. Dagegen wissen Volkssagen und Märchen noch jetzt von dem plötzlichen Erscheinen dreier übermenschlicher Frauen, welche bevorstehende Schicksale verkünden[941] und von dem Spinnen dreier geisterhafter Jungfrauen, welches offenbar dem Weben der Vyrd analog ist.[942]

Hiermit ist aber die Untersuchung über die Nornen noch nicht geschlossen. Denn es kommt eine Stelle der älteren Edda in Betracht, nach welcher dieser Name nicht bloß auf die drei den Verlauf der Zeit darstellenden Wesen beschränkt war. Dort heißt es: Einige Nornen sind vom Göttergeschlecht, anderen vom Geschlecht der *âlfar*, wieder andere vom Geschlecht Dvalins oder der Zwerge,[943] während Urdhr, Verdhandi und Skuld doch vom Geschlecht der Riesen sind. Die jüngere Edda berichtet auf den Grund dieser Stelle, dass es außer jenen drei Nornen noch mehrere gibt, welche herzutreten, wenn ein Kind geboren wird, und ihm seine Lebenszeit bestimmen.[944] Man könnte diese Stellen so erklären, dass damit nur angedeutet wurde, dass außer den Nornen auch die Götter, Elbe und Zwerge auf das Geschick der Menschen Einfluss üben, wie wir allerdings einen solchen Einfluss bei den Zwergen wahrgenommen haben; aber nordische Sagen wissen, wie wirklich die Nornen erschienen, wenn ein Kind geboren wurde. So erzählt die Sage von Helgi, dass bei seiner Geburt drei Nornen kamen und ein goldenes Schicksalsseil drehten. Die eine Norn barg das eine Ende des Fadens gegen Osten, die zweite das andere gegen Westen, die dritte festigte gegen Norden.[945] Eine ähnliche Nachricht enthält die Nornagestssage, welche aber insofern getrübter ist, als sie das, was in der Sage von Helgi von den Nornen gilt, von den Wahrsagerinnen oder weisen Frauen, den *völvur* oder *spâkonur* erzählt, welche die Leute zu sich ins Haus luden, bewirteten und beschenkten. Drei dieser Frauen kamen zu Nornagests Vater, als das Kind in der Wiege lag. Die ersten beiden beschenkten es mit segensreichen Gaben, die jüngste Norn, welche man in dem Gedränge von ihrem Sitz herabgeworfen hatte, schuf in ihrem Zorn, dass das Kind nicht länger leben solle, als die neben ihm angezündete Kerze brenne. Die älteste löschte diese Kerze alsbald und ermahnte die Mutter, sie nicht eher wieder anzustecken, als

---

940 Über frou Sælde und Glück s. Mythol. 822–828. Vgl. auch Wackernagel in Haupts Zeitschrift 2, 535–537.

941 „Im Anfang des Jahrs 1832 begegneten im Hartwald bei Karlsruhe nach Sonnenuntergang einem Jäger drei weiße Gestalten. Die eine derselben sprach: Wer wird all das Brot essen, das es dieses Jahr gibt? Die zweite: Wer wird all den Wein trinken, der dieses Jahr wächst? Die dritte: Wer wird alle die Toten begraben, die dieses Jahr sterben?“ Mones Anzeiger 4, 307. Die dritte ist hier offenbar wieder die böse Norn.

942 KM. n. 14. D. S. n. 9 erwähnt zwei Jungfrauen, welche in einem Berg sitzen und spinnen; unter ihrem Tisch ist der Böse festgebunden.

943 Sæm. 188a.

944 Sn. 19.

945 Sæm. 149. Das Drehen des Schicksalsfadens ist hier wieder dem Spinnen und Weben analog.

an dem letzten Lebenstag des Kindes.[946] – Bei der Mangelhaftigkeit unserer Quellen wird es vergeblich sein, einen näheren Unterschied dieser göttlichen, elbischen und zwergenhaften Nornen von den drei Töchtern der Riesen aufsuchen zu wollen; indessen ist so viel klar, dass jene bei der Geburt eines Kindes auftretenden Schicksalsmächte mehr in den Begriff persönlicher Schutzgeister übergehen, wie auch sonst der nordische Glaube weibliche Schutzgeister kennt, welche den Menschen stets begleiten und erst bei seinem Tod verlassen. Ein solcher weiblicher Schutzgeist heißt *hamîngja* (felicitas) oder *fylgja*, weil er dem Menschen folgt.[947] Möglich ist es auch, dass wir hier andere Wesen aus einer fremden Religion vor uns haben, die deshalb Nornen genannt werden, weil sie den drei Riesenschwestern in ihrem Wesen verwandt waren.

Es finden sich nämlich nicht nur in Deutschland ganz ähnliche Überlieferungen von weisen Frauen, welche schicksalsmächtig bei der Geburt eines Kindes zugegen sind;[948] sondern auch von den keltischen Feen wird berichtet, dass sie die Menschen wie Schutzgeister umschweben, zu drei, zu sieben oder zu dreizehn erscheinen, die neugeborenen Kinder pflegen und warten, ihr Geschick weissagen und sie mit ihren Gaben beschenken, wobei jedoch eine gewöhnlich etwas Böses einmischt. Daher bittet man sie zu Paten, bereitet ihnen Ehrensitze am Tisch und deckt mit besonderer Aufmerksamkeit für sie. Auch spinnen sie ebenso wie die Nornen.[949] Ich mag indessen danach nur schüchtern die Vermutung wagen, dass diese keltischen Feen schon früh in den skandinavischen Glauben eindrangen und im Norden wegen ihrer Verwandtschaft mit den Nornen gleichfalls mit diesem Namen belegt wurden, weil in Deutschland Spuren von Feensagen im Ganzen doch selten sind.[950]

Wie nun Homer die Mören mit den Heren zusammenstellt, so stehen auch nach dem skandinavischen Glauben den Nornen die *Walküren* zur Seite. Während jene im allgemeinen Sinn Personifikationen des Geschicks sind, so treten diese insbesondere in der Todesstunde dem Menschen entgegen und nehmen seine Seele in Empfang. Die

---

946 Nornagestss. c. 11. Vgl. die Sage von Neleager bei Apollod. 1, 8, 2.

947 *Hamîngjor* erwähnt Sæm. 87b, 93b, das männliche *hamr* Sæm. 253b. Über die fylgja s. Nialss. c. 41, 101. Vigagl. Sag. c. 9, vgl. auch Edda hafn. 2, 632, 653. Laxd. Sag. S. 441.

948 Als Dornröschen geboren war, lud ihr Vater die zwölf weisen Frauen seines Reichs zu dem Fest, welches er deshalb anstellte, ein. Jede beschenkte das Kind mit ihren Wundergaben, aber die dreizehnte, welche nicht mit eingeladen war, rächte sich dadurch, dass sie den frühen Tod des Kindes weissagte. KM. n. 50.

949 S. Schreiber, Die Feen, besonders S 11, 17f., 35, 36. Mythol. 281–284. D. Mythol. XLVI (aus einer Handschr. der Baseler Univ. Bibl.).

950 Dahin wäre vielleicht die Sage von der Weißen Frau zu rechnen, welche nachts erscheint und die Kinder wiegt. D. S. n. 267. In Friesland leben die Feen noch unter dem Namen *witte wijven* in dem Volk fort. Niederl. Sagen, n. 212. In der Mark herrscht die Sitte, dass sich Männer bei Hochzeiten und in der Woche vor Weihnachten als Frauen verkleiden. Diese werden dann Feien genannt. Kuba, Märk. Sagen, S. 346, 362. Auch die Feentänze der keltischen Sage (so nennt man einzelne Steinkreise und Felsgruppen, Schreiber 23, 24) haben ihre Analogie in Deutschland. Von einzelnen Steingruppen heißt es, dass sie in Stein verwandelte Hochzeitszüge oder tanzende Hochzeitsleute sind. D. S. n. 328. Märk. Sagen, n. 15, 34, 236.

nordische Mythologie hat diese Idee insbesondere dahin ausgebildert, dass die Walküren gerüstet in den Krieg ziehen, und die Seelen der gefallenen Krieger nach Valhöll zu Odhinn geleiten, als dessen Dienerinnen sie daher erscheinen.[951] Von diesem ihrem Hauptgeschäft haben sie auch den Namen. Sie kiesen oder wählen *wal* (altn. *valr*, ags. *väl*), d. i. Inbegriff der Erschlagenen.[952] Man schrieb denselben einen besonderen Einfluss auf den Ausgang der Schlacht zu, indem man ihnen des Schürzen und Schlingen der Fesseln für die Kriegsgefangenen beilegte,[953] und weil sie nach der Sage einzelne Helden, denen sie wohlwollen, in Schutz nehmen.[954] In der letzten Eigenschaft kommen sie als schützende Genien den Nornen nahe, mit welchen sie sich auch insofern berühren, als sie, wie diese, spinnen und weben,[955] weshalb Skuld, der Name einer Walküre, mit dem der jüngsten Norn stimmt.[956]
Mit dieser kriegerischen Tätigkeit der Schildjungfrauen, nach welcher sie also besonders über das Geschick der Kämpfer walten, scheint indessen ihr Wesen keineswegs erschöpft, ja, dieses ihr Amt scheint nur ein abgeleitetes zu sein. Denn wenn die Walküren den Helden in Valhöll mehr einschenken,[957] wenn sie durch Luft und Wasser ziehen,[958] und wenn von den Mähnen ihrer Rosse, wenn diese sich schütteln, Tau in die Täler und Hagel auf die Bäume fällt, wovon die Erde fruchtbar wird,[959] so weisen solche Mythen auf eine ursprüngliche physische Bedeutung dieser Wesen. Das wird auch dadurch bestätigt, dass eine Walküre den Namen *Mist* führt. Danach scheinen die Walküren ursprünglich Wesen zu sein, welche in den einzelnen Lufterscheinungen, namentlich im Regen und im Hagel wirken, und stehen darum auch in so enger Beziehung zu Odhinn, welcher der Herr der Wettererscheinungen ist. Wie es aber kam, dass dieser ihr physisches Wesen sich in ein kriegerisches umbildete, ist nicht ganz klar und wir mögen darüber keine Vermutungen aufstellen. Nur sei bemerkt, dass eben das dienende Verhältnis, in welchem sie zu Odhinn, dem Herren des Wetter und der Schlachten, standen, darauf einwirken konnte.
Hiernach scheint es natürlich, wenn die Walküren, welche Regen und Hagel, Nebel und Tau hervorbringen, sich nach einem anderen Mythos mit Wasserwesen verwandt

---

951 Darum heißen die Walküren Odhinns meyjar, Sn. 212a, oder ôskrneyjar (Sæm. 212a. Völs. Sag. c. 2), da Odhinn den Namen Oski führt. Ihre Anzahl schwankt sehr. Sechs nennt Sæm. 4b; neun Sn. 212a, vgl. Sæm. 142a, 162b; dreizehn Sæm. 44a, 45b. Sn. 39.

952 Vgl. Wahlplatz und Wahlstatt.

953 Das folgere ich aus einzelnen Namen von Walküren. So bedeutet *Hlöck* catena, *Herfiölr* exercitum vinciens, *Göndul* nodus.

954 S. Sæm. 142b, 145a, b, 153b, 162b. Fornald. Sög. 2, 374, 375. Saxo III, p. 39.

955 Nach Sæm. 183 traf Völundr mit seinen Brüdern drei Walküren, die am Ufer saßen und spannen. Nialssag. c. 158 berichtet, wie Dörrudhr durch einen Felsenspalt zwölf singende Frauen (Sie nennen sich selbst Walküren.) an einem Gewebe sitzen sah, wobei ihnen Menschenkörper zum Gewicht, Därme zum Garn, Schwerter zur Spule, Pfeile zum Kamm dienten.

956 Sæm. 4b. Nach Sn. 39 nimmt die Norn Skuld an dem Geschäft der Walküren teil. Das ist natürlich, da sie besonders den Tod der Menschen verhängt.

957 Sæm. 45a. Sn. 39.

958 Sæm. 142b, 159b, 161.

959 Sæm. 145b. Gewöhnlich reiten die Walküren. Sæm. 156a, 145a.

zeigen. Es wird ihnen ein Schwanenhemd *(âlptarhamr)* beigelegt, mit welchem sie die Luft durchfliegen und natürlich auch auf dem Wasser schwimmen können.[960] Wer sie trifft, wenn sie das Schwanenhemd abgelegt haben, und dieses ihnen nimmt, der hat sie in seiner Gewalt. So gerieten drei Walküren in die Gewalt von Völundr und seinen Brüdern, entflohen aber nach neun Wintern, um wieder in den Krieg zu ziehen.[961]

In nordischen Sagen werden häufig sterbliche Jungfrauen als Walküren dargestellt, welche in den Krieg ziehen und dabei in Liebesverhältnissen mit einzelnen Helden stehen, denen sie in der Schlacht ihren Schutz angedeihen lassen.[962] Hierbei ist jedoch zu bedenken, dass das kein ursprünglicher Glaube sein kann, dass wir uns vielmehr hier auf dem Boden verdunkelter Sagen befinden. Was ich früher in Beziehung auf die Walküren Brynhildr oder Sigrdrifa, Sigurdhs Geliebte, ausgesprochen habe,[963] das leidet auf alle weiblichen Wesen Anwendung, welche in Heldensagen als Walküren dargestellt werden. Sie sind verdunkelte göttliche Wesen, ebenso wie die Helden, mit welchen sie in Verbindung gesetzt werden. Es ist nämlich ein bekannter, aber oft nicht genug beachteter Zug der Heldensage, dass sie Personen, von deren ursprünglicher Göttlichkeit sie nur noch eine dunkle Erinnerung hat, sehr gern als untergeordnete Wesen hinstellt. So wurden nachweislich mehrere Göttinnen der griechischen Mythologie später als Nymphen oder selbst als sterbliche Frauen aufgefasst, wie Io, Europa, Semele und andere. Degradierung ist das allgemeine Geschick derjenigen Wesen, deren Kult untergeht und deren Mythos entstellt wird. So wurden im Norden die Nornen zu den *völvur* und *spâkonur* herabgewürdigt, in Deutschland wurden die heidnischen Göttinnen in christlichen Zeiten zu schreckenden Gespenstern, die Riesen aber zu Teufeln. Dasselbe Los, welches mythische Wesen in den Zeiten des Christentums hatten, erging über einzelne verhältnismäßig im Heidentum.

Wenden wir uns nun zu den übrigen deutschen Stämmen, um bei ihnen Spuren von dem Glauben an Walküren aufzusuchen. Im angelsächsischen wird der Ausdruck *välegrie* zur Übersetzung von *bellôna, erinnys, parca, venefica* verwandt und angelsächsische Dichter gebrauchen *Hild* und *Gûd*, welche Worte den nordischen Walküren Hildr und Gunnr (vgl. *hildr* pugna, *gunnr* proelium, bellum) entsprechen, noch persönlich.[964] In dem ersten Merseburger Gedicht treten Jungfrauen oder *idisî* auf,

---

960 Dadurch wird das eddische „durch Luft und Wasser ziehen" noch weiter erläutert. – Der Schwan ist der heilige Vogel des Seegottes Niördhr; siehe oben.

961 Sæm. 133, 134b. Lara schwebt mit einem Schwanenhemd bekleidet singend über ihrem geliebten Helgi. Fornald. Sög. 2, 374. Das Schwanenhemd der Walküren erinnert an Wielands Federkleid und Freyjas Falkengewand. Wieland ist aber gleichfalls als Enkel einer Meerfrau mit Wasserwesen verwandt, und Freyja ist Mardöll oder die im Meer Wohnende. Deutsche Sagen nennen die Schwanenjungfrauen, wie wir sehen werden, geradezu Meerweiber.

962 So liebt die Walküre Svava den Helgi, Sigrlinn den Hiörvardhr, Sigrûn den Helgi Hundîngsbani, Brynhildr oder Sigrdrîsa den Sigurdhr u. a. S. Sæm. 142b, 145b, 157, 169, 194. Vgl. auch Saxo VII, p. 128, IX, 169.

963 Nibelungensage 63.

964 S. Mythol. 389, 393.

welche Bast heften, das Heer aufhalten und nach Kniestricken pflücken, also eine Tätigkeit üben, welche sich auf Krieg, Entscheidung der Schlachten, Gefangenschaft und deren Lösung beziehen. Sie sind daher ohne Zweifel für Walküren zu halten. Der Name *idisî* (singul. *idis, itis*) ist allerdings nur ein allgemeiner, und entspricht, wie Gramm dargetan hat,[965] dem altnordischen *die* oder *dîs*, womit Gottheiten zweiten und ersten Ranges,[966] aber sonst auch sterbliche Frauen belegt werden. Indessen lässt die das Stricken der Fasseln hier die Schildjungfrauen nicht verbrennen, besonders, weil die Namen von drei nordischen Walküren, Hlöck, Herfiötr und Göndul, dasselbe Geschäft des Fesselstrickens anzeigen.

Mit den deutschen Schwanenjungfrauen werden unsere Leser schon durch Volksmärchen bekannt sein. Solche Schwanenjungfrauen sind auch die weisen Meerfrauern, denen Hagen ihr *wunderlith geweiht* wegnimmt und nicht mehr wiedergibt, bis sie ihm geweissagt haben.[967] Ebenso ist der Vogel, welcher zu der trauernden Gudrun, als sie in der Gefangenschaft am Strand wäscht, heranschwimmt und ihr ihre Befreiung verkündet, seine Schwanjungfrau,[968] und die Sage von Wieland und den drei Walküren kehrt, wenn auch in entstellter Weise, in dem späteren deutschen Gedicht von Friedrich von Schwaben wieder.[969] Noch ist ein Märchen zu erwähnen, nach welchem ein Edelmann ein Weib[970] in einem Fluss baden sieht, welche eine goldene Kette in ihrer Hand trägt. Er raubt ihr dieselbe, wodurch sie in seine Gewalt kommt. Die Kinder, welch sie ihm geboren hat, tragen alle goldene Ringe um den Hals und hatten die Kraft, sich in Schwäne zu verwandeln.[971]

Wir haben hier noch einen Aberglauben zu betrachten, welcher in einigen Punkten Anknüpfungen an den Glauben an Walküren darzubieten scheint, wenn er auch der Hauptsache nach ein abenteuerliches Gemisch von inhaltsleeren und bedeutungslosen Sagen enthalt, wir meinen den Glauben an Hexen und nächtliche Hexenversammlungen.

---

965 Über zwei entdeckte Gedichte a. d. Z. d. D. Heidentums, S. 4. Ebenda S. 5 wirft der bekannte campus, cui laistavice nomen (Tac. Annal. 2, 16) auf Idikiavise zurückgeführt.

966 So heißt Freyja Vanadis. Sn. 37, 119.

967 Nib. 1473f. Das eine Meerweib heißt Siglin. Sigrlinn ist auch der Name einer Walküre.

968 Gudr. 1166f. Die Überarbeitung macht die Schwanjungfrau zu einem Engel, der die Gestalt eines Vogels angenommen hat.

969 Der Held sucht unter dem Namen Wieland seine Geliebte Angelburg. Es wird ihm Hoffnung gemacht, an einem bestimmten Ort seinen Wunsch zu erreichen. Als er dort angelangt ist, sieht er drei Tauben zu einer Quelle fliegen, die sich darin baden wollen. Indem sie die Erde berühren, werden sie zu Jungfrauen. Sie werfen ihre Gewänder ab und springen ins Wasser. Wieland, durch Hilfe einer Wurzel unsichtbar, nimmt ihnen die Kleider weg. S. Bragut 6, 202, D. Heldens. 401.

970 Vgl. den Namen ôskmeyjar.

971 AD. Blätter I, 128f. Die spätere Sage kennt also das Schwanenhemd nicht mehr und lässt stattdessen solchen Wesen sich in Schwäne verwandeln. Die Kraft zur Verwandlung gibt die goldene Kette oder der goldene Ring.

Der Glaube an Zauberei,[972] an böse Zauberer und Zauberfrauen, welche durch vielerlei Künste ihren Mitmenschen zu schaden vermögen, namentlich Unwetter herbeiführen, die Saaten verderben und bei Menschen und Haustieren Krankheiten erregen können, ist uralt. Er findet sich im Orient sowohl wie bei Griechen und Römern: Er war den Deutschen und Slawen auch schon zur Zeit des Heidentums bekannt, ohne dass sie ihn von den Römern entlehnten. Es ist hinter demselben nicht mehr zu suchen, als er andeutet: Nämlich jene niedere Stufe des religiösen Bewusstseins, auf welcher der Glaube Wirkungen, deren Ursachen man nicht erkannt, auf eine übernatürliche Weise entstehen, namentlich vom Menschen durch Beschwörungen, Kräuter und selbst durch den bösen Blick hervorbringen lässt; eine Strafe, welche, wie wir schon früher ausgeführt haben, neben der fortgeschrittenen Religion bestehen bleibt, und deshalb auch in den Zeiten des Christentums noch lange herrschen konnte und zum Teil noch jetzt herrscht. Ebenso war es gewiss schon in den Zeiten des Heidentums auch bei uns ein Glaube, dass diese Zauberweiber sich an bestimmten Tagen und an bestimmten Orten versammelten, um sich über ihre Künste und deren Anwendung zu besprechen, Zauberkräuter zu kochen u. dgl., wie auch schon das griechische und römische Heidentum Hexenfahrten und Hexenzüge kennt.[973] Denn indem sich der Zauberer durch seine geheimen Künste und durch seine Überlegenheit über die Masse der Menschen absondert und dieser oft feindselig entgegentritt, muss er sich allen denjenigen nähern, welche im Besitz derselben Macht sind. Ich muss wenigstens gestehen, dass sich zu wenige Anknüpfungen darbieten, als dass wir mit Fug den Grund des deutschen Glaubens an Hexenversammlungen in altheidnischen Opferfesten und Opferversammlungen sehen dürften. –

Warum wollen wir uns auch abmühen, einen historischen Grund für einen Glauben zu suchen, welcher hauptsächlich auf einer unklaren und verworrenen Dämonie beruht, welche da Übernatürlichkeiten findet, wo sie nicht vorhanden sind? Dass hauptsächlich Berge als diese Versammlungsorte genannt werden, hängt auch wohl nicht damit zusammen, dass diese die Opferstätten unserer Vorfahren waren: Es war natürlich, dass man die Versammlungen der Hexen an bekannte und ausgezeichnete Lokalitäten knüpfte, und je nachdem, wo man wohnte, fand man andere Plätze.[974] Ebenso natürlich war es, dass die Hexen auf eine zauberhafte Weise an den Versammlungsort gelangen mussten, dass sie namentlich auf Böcken, Besen, Ofengabeln und anderen

---

972 Zaubern heißt durch irgendwelche geheime Mittel oder Künste, die man erlernen oder sich mit Hilfe von Geistern aneignen kann, Wirkungen hervorbringen, welche die gewöhnliche menschliche Kraft übersteigen. Dass man dadurch anderen schadet, liegt ursprünglich nicht darin, obgleich sich diese Idee später gewöhnlich damit verband. In einem gewissen Sinn sind auch die nordischen Götter Zauberer. So sprach Odhinn einen Zaubersegen über Mîmirs Haupt, damit es nicht verweste.

973 S. Soldan, Geschichte der Hexenprocesse 24, 71.

974 Der berüchtigtste Hexenberg ist bekanntlich der Brocken; andere sind der Inselberg in Thüringen, der Heuberg auf dem Schwarzwald, der Staffelstein bei Bamberg u. a. In Frankreich ist der Puy de Dôme der Versammlungsort, in Italien der Barco di Ferrara usw. Wo man keine Berge hat, da versammeln sich die Hexen auf der Wiese, unter einem Baum und an sonstigen Orten.

Gerätschaften durch die Luft ziehen.[975] Wenn endlich das Christentum den Teufel in solchen Hexenversammlungen den Vorsitz führen ließ, und den Hexen ein buhlerisches Bündnis mit demselben Schuld gab, so rührt das zum Teil daher, dass eben die Zauberei als ein unchristliches, heidnisches und ketzerisches Wesen angesehen wurde. Deshalb durfte der Teufel nicht fehlen, und die Sage war bemüht, alle möglichen Unchristlichkeiten zu erfinden, um das ganze Getriebe darzubieten, welches in der Einbildung seit Jahrhunderten wurzelte, als eine ketzerische und heidnische Parodie des Christentums darzustellen.

Danach hat dieser ganze Glaube für die deutsche Mythologie nur insofern Gewicht, als in Frage kommt, inwieweit Sagen und Meinungen von persönlichen Wesen des heidnischen Glaubens in die Hexensagen übergingen. Hier fällt es nun zunächst auf, dass Göttinnen an der Spitze von allerlei Dämonen in nächtlicher Weile umhergingen und dass man glaubte, Frauen könnten an diesen Zügen teilnehmen. Das wird namentlich von Diana, von Herodias und von Holda erzählt,[976] bisweilen wird das Wesen, welches an der Spitze des Zuges steht, auch nur die Nachtfrau genannt.[977] Es wäre möglich, dass diese Form der Hexensagen gar nicht ursprünglich deutsch wäre, da wenigstens Herodias und Diana fremde Gottheiten zu sein scheinen, da auch schon die griechische Hekate mit dem Hexen- und Zauberwesen in Verbindung gesetzt wird, und da auf den ersten Mai, den Haupttag der Hexenversammlungen, zu Rom das Fest der Hena dea fiel, welches hauptsächlich die Frauen begingen.[978] Nehmen wir indessen an, dass dieser Glaube in Deutschland unabhängig von dem griechischen und römischen bestand, wofür besonders die Erwähnung der Holle spricht, in deren Geleit noch jetzt nach thüringischen Volksglauben die Hexen fuhren,[979] so reduziert sich der Grund desselben auf jene schon ausführlicher behandelten Umzüge deutscher Gottheiten, denen ein Geleit von untergeordneten Wesen gegeben wird. So zieht Berchta mit dem Gefolge der Heimchen oder der Zwerge, der Holda folgen diese benfalls. Wodan zieht mit dem Einherien durch die Lüfte, und die keltische Hâbundia zieht mit den Feen, welche *nymphae albae, dominae-bonae, dôminae nocturnâe*, aber auch Hexen *(striges, estries)* genannt werden, nachts durch die Häuser, wo ihnen Speisen hingestellt werden.[980] So ist auch Wanne Thekla in den Niederlanden die Königin der Alven und Hexen, wie überhaupt der durch die Luft fahrenden Geister. Man glaubte also, dass sterbliche Frauen sich diesen Zügen anschließen könnten, sei es, dass sie wirklich früher in den Zeiten des Heidentums solche Festzüge veranstalteten, bei welchen sie die Gottheit mit ihrem geisterhaften Geleit unter sich zu haben glaubten, wie die griechischen Frauen bei ihren nächtlichen Festfahrten im Dienste des Dionysos, dem Gott mit seinen Satŷrn und Sirenen zu folgen glaubten, sei es, dass

---

975 Darum finden sich die Luftfahren der Hexen schon im Altertum. Soldan. 24.

976 Vgl. oben. Grimm führt in Mythol. 1011 aus Joannes saresberiensis (†1182) Policr. 2, 17 noch eine Stelle an.

977 S. Lassbergs Liedersaal 3, 10. Hans Vintler, Blume der Tugend. Vgl. Mythol. 1011, Anh. LVIII.

978 Soldan 24, 243.

979 D. S. n. 7. Vgl. oben.

980 Vgl. oben, s. auch Mythol. 1012, 1013.

nur der Glaube bestand, dass einzelne Frauen, weil sie für Zauberinnen gehalten wurden, an der Gesellschaft halbgöttlicher Wesen teilnehmen könnten. In der Tat hat man auch den angeblichen Hexen, wenn ihnen der Prozess gemacht wurde, Schuld gegeben, dass sie mit Feen Umgang hätten und an ihren nächtlichen Zusammenkünften teilnehmen.[981] Daher konnten dann manche Sagen, welche ursprünglich von untergeordneten Wesen des Heidentums galten, auf die Hexen übertragen werden. Wie die Nymphen und Satŷrn fröhliche Reihen schlingen, wie die Feen in nächtlicher Weile Tänze aufführen,[982] wie die Elbe und Zwerge nachts im Mondenschein tanzen, so ist auch der Tanz eine Hauptsache bei den nächtlichen Hexenversammlungen. –
Die Feen kommen nach der französischen Volkssage durch den Kamin in die Wohnungen der Menschen, und steigen durch dasselbe wieder zurück;[983] ebenso erzählt man bei uns von den Hexen, dass sie durch den Schornstein in die Häuser kommen.
Ferner bestand schon in unserem Heidentum, wie im Norden, der Glaube an böse Geister,[984] welche dem Getreide auf den Feldern[985] und der Gesundheit der Menschen schaden. Auch diesen wurden die Hexen gleichgestellt, und was ursprünglich von den bösen Geistern galt, wurde auf sie übertragen. Daher werden die Hexen Unholde genannt,[986] welcher Name eigentlich den bösen Geistern zukommt. Ulfilas übersetzt durch das männliche *unhultha* und durch das weibliche *unhulthô*.[987]
Hiernach werden wir es natürlich finden, dass auch der Mythos von den Walküren, zu welchen wir nach dieser Abschweifung zurückkehren, auf die Hexensagen eingewirkt hat. Diese Einwirkung ist jedoch nicht so stark, als ich sie früher selbst annahm; sie scheint nur in einigen Einzelheiten stattgefunden zu haben. Wenn die Hexen sich in Gestalt von Gänsen in die Luft erheben,[988] so mag dieser besondere Zug der deutschen Sage eine Erinnerung an die Walküren sein, welche die Gabe haben, sich in Schwäne

---

981 So heißt es im dem Prozess der Jeanne d'Arc: „Interrouguée si elle scait rien de ceux qui vont avecq les fées? Repond: qu'elle n'en feist oncq ou scut quelque chose, mais en a ony parler, et qu'on y alloit an jeudy, mais n'y croit poinct; et croit que ce ne soit que sorcerie." Vgl. Soldan 243, 244. Schreiber 27.

982 Schreiber 24, 28. – „Bei den fünf Eichen bei Ärzen tanzen nachts nackte Jungfrauen." Harrys 1, n. 29.

983 Eine unvorsichtige Fee verbrannte sich einst bei dieser Gelegenheit; auf ihr Geschrei liefen alle Feen im Kanton zusammen. Schreiber 11, 12. – Auch die deutsche Waldfrau kommt mit ihrem Gefolge durch den Schornstein in die Häuser. D. S. n. 150.

984 Ein solcher böser Geist führt im Norden den allgemeinen Namen *Tröll*, schwed. *Trall*, dän. *Trold*. Bisweilen werden auch Riesen so genannt.

985 Daher jene Umzüge um die Felder, welche besonders am ersten Mai stattfinden. Im 16. Jahrhundert zog man in der Walpurgisnacht mit Büchsen aus, schoss über die Äcker und schlug gegen die Bäume, um die Hexen zu verjagen. Noch heute unterhalten in Hessen die jungen Burschen in derselben Nacht ein lautes Peitschenknallen auf den freien Plätzen. Prätorius, Bericht von Zauberei und Zauberern. 1613, S. 114. Soldan 248.

986 Früher war dieser Namen noch häufiger als jetzt.

987 Die Stellen aus Ulfilas s. Mythol. 942. Ulfilas ed. Gabelentz et Loebe 2, 62.

988 Sechs Hexen zeigen sich in Gestalt von wilden Gänsen in der Luft. Mones Anzeiger 6, 395. Vgl. Harrys Sagen Nieders. 1, n. 29.

zu verwandeln.[989] Wenn ferner die Hexen sich selbst in den Wolken befinden, aus denen ein Unwetter hervorgeht,[990] so weist das abermals auf die Walküren hin, von deren Rossen Tau und Hagel auf die Erde fällt, obgleich natürlich die Erregung eines Ungewitters überhaupt schon im Heidentum bösen Zauberweibern zugeschrieben wurde. Andere Sagen berichten, dass die Hexen sich in die Luft erheben, um dort mit anderen zu kämpfen,[991] wie der Kampf das Hauptgeschäft der Walküren ist. Endlich scheint, wie Grimm bemerkt, der Name *trute* oder *drut*, womit man Hexen bezeichnet und Kinder schreckt, mit *Thrûdhr*, dem Namen einer Walküre, in Zusammenhang zu stehen.[992]

---

989 Die Schwäne machte die Volkssage zu Gänsen.

990 Mones Anzeiger 4, 309 Niederl. Sgen, n. 289, 290.

991 Burchard von Worms, p. 200.

992 S. Mythol. 394.

Kapitel VI - Sonstige untergeordnete Wesen

Nachdem wir Götter, Helden, Riesen und Zwerge, ferner Nornen und Walküren betrachtet haben, bleibt uns noch eine Reihe von untergeordneten Wesen übrig, welche an bestimmte Lokalitäten gebunden sind, im Wasser, in den Wäldern, im Feld und in den Häusern ihren Aufenthalt haben und mit den Menschen in vielfache Berührung kommen. Bei diesen Wesen werden wir von den reineren Quellen der nordischen Mythologie, deren Leitung wir bisher meistens folgen konnten, mehr verlassen, wahrscheinlich, weil sie in Vergleich mit den höheren Gottheiten von geringer Bedeutung waren, und sich strenger von ihnen schieden als Zwerge, Riesen, Nornen und Walküren, welche mit den oberen Göttern in mannigfache Berührung kommen. Denn dass sie im Glauben vorhanden waren, zeigt abgesehen von der bereits angeführten Nachricht des Procop die nordische Volkssage, welche namentlich viel von den *landvættir*, den Schutzgeistern des Landes, zu erzählen weiß,[993] mit denen wir die gesamte Reihe der folgenden Wesen zusammenstellen können. Die unmittelbare Folge dieser Vereinzelung der deutschen Volkssage ist indessen, dass wir häufig nicht über dieselbe hinauskönnen, dass wir namentlich die Vermengungen, welche sie sich augenscheinlich erlaubt hat, nicht immer zu sondern vermögen, wenn es auch nicht sehr glaubhaft ist, dass diese Dämonen in den Zeiten des Heidentums eine viel bedeutendere Stellung einnahmen. Denn Geister, welche bestimmten Lokalitäten angehören und in Massen auftreten, sind nach den religiösen Anschauungen aller Völker untergeordnete Wesen.

Dass die Volkssage diese Wesen häufig untereinander mengt oder wenigstens nicht genau genug sondert, zeigen schon die Namen, welche den einzelnen Gattungen gegeben werden. Diese sind häufig sehr schwankend und unbestimmt, und umso mehr, je allgemeinere Bedeutung ihnen zusteht. Wir müssen dieselben zunächst in der Kürze erörtern, indem wir dabei bemerken, dass diejenigen Namen, welche die weiblichen Geister führen, am meisten vorkommen, aber auch die weiteste Bedeutung haben.[994] Ein allgemeiner Ausdruck für einen weiblichen Dämon ist *minne*, welcher nach Grimm zu *man* gehört. Die ursprüngliche Bedeutung scheint daher *Weib* zu sein. Das Wort dient besonders zur Bezeichnung weiblicher Wasserwesen und der Waldfrauen, und es werden danach Meerminnen und Waldminnen unterschieden.

Gleiche Allgemeinheit hat der Ausdruck *wildes Weib*, welcher ebenso von Waldfrauen und Wasserweibern gebraucht wird.[995] Der Namen *wilder Mann* scheint jedoch besonders von männlichen Waldgeistern zu gelten.

Holde ist eine gemeinschaftliche Bezeichnung für Geister männlichen und weiblichen Geschlechts, die aber hauptsächlich in den Zusammensetzungen *Brunnenholde, Wasserholde* den Wassergeistern zukommt. Es gibt keine Bergholden oder Waldholden, doch heißen die Zwerge in der Diminutivform *Holdechen*. Die ursprüngliche Bedeutung des Wortes ist *bonus genius*, weshalb die bösen Geister, wie wir gesehen

---

993 Über die Landvættir vgl. besonders Landn. 4, 7, 12, 13, und im allg. Lex. Mythol. 862ff.

994 Vgl. zu den folgenden Namen Mythol. 404, 405, 441f., 447f., 455.

995 *Uuildaz uuîp*, lamia; *uuildiu uuîp* ululae. Graff 1, 804.

haben, Unholde genannt werden. Schwierig ist der Ausruck *bilwiz*, welcher auch *pilwiz, pilewis, bulwechs* lautet. Es werden damit männliche und weibliche Geister bezeichnet, da auch die movierte Form *bulwechsin* vorkommt. Das Wort bedeutet ein gutes, mildes Wesen, mag man es nun mit Grimm durch *aequum sciens* oder guter Wicht erklären, oder mit Leo aus dem keltischen *bilbheith, bilbhith* (von *bil* gut, mild,und *bheith* oder *bkith* ein Wesen) herleiten.[996] Beide Etymologien bringen zugleich zu der Ansicht, dass der Name ebenfalls ursprünglich ein allgemeinerer war. Aber die Sagen, welche sich an ihn knüpfen, sind so dunkel und verschiedenartig, dass sich kaum die Vorstellung von einer bestimmten Geisterklasse ausscheidet. Der Bilwiz schießt wie die Elbe,[997] und trägt struppiges Haar oder verfilzt, wie es scheint, dasselbe; denn *bilwitzen, bilmitzen* bedeutet das Haar verwirren oder struppig machen. Derselbe Name Bilwiz wird aber auch Hexen und Zauberern beigelegt.[998] Insbesondere meint man *Bilsenschnitter* oder *Binsenschneider* böse Menschen, welche mit kleinen an die Zehen gebundenen Sicheln nachts quer über die Felder gehen und die Halme abschneiden. Dadurch glauben sie sich die Hälfte des Ertrags von dem Feld, wo sie geschnitten haben, zu verschaffen.[999] Diese Sage scheint anzudeuten, dass unter den Bilwitzen vorzugsweise Geister zu verstehen sind, welche in den Feldern walten. Mit ihnen, so glaubte man vielleicht, müssen sich die Bilsenschnitter verbinden, um durch ihre Hilfe das Getreide von einem Feld für sich zu bekommen. Noch ist der Name *Schrat* oder *Schratz* zu erwähnen. Nach althochdeutschen Glossen, welche *Scnafun* durch Pilbsi und *Waltschrate* durch Satŷrus übersetzen, scheint er vornehmlich einen Waldgeist zu bedeuten. Das altnordische *Skratti* ist dagegen Malus Genius, Gigas; und *Schretel* die Diminutivform von Schrat, wird auch zur Bezeichnung der Zwerge und Hausgeister angewandt.[1000] Daher hat auch dieses Wort wohl ursprünglich einen allgemeineren Sinn.[1001]

---

[996] Malb. Gl. 38. Für Leos Etymologie spricht, dass der Name Bilwiz im Norden nicht nachweisbar ist.

[997] Mythol. 441 wird aus Cod. Vindob. 2817, 71b angeführt:

„Dà kom ich an bulwechsperg gangen:
dà schôz mich der bulwechs,
dà schôz mich die bulwechsin,
dà schôz mich als ir ingesind.“

[998] S. Mythol. 441, 443. Vgl. noch den märkischen Glauben, nach welchem Billweise Leute sind, welche das Vieh bezaubern. Märk. Sag. S. 375. Nach Michel Beheim vom Aberglauben 8 (vgl. Mones Anzeiger 4, 450) werden kleine Kinder zu Pilweisen verwandelt.

[999] S. Mythol. 414. Sonst wird das Bilsenschneiden auch dem Teufel beigelegt. Abergl. n. 523. Dass man durch Zaubermittel das Getreide von fremden Äckern zu sich herüberholen könne, war auch ein altrömischer Glaube. S. Soldan 41, 53.

[1000] Dass ein jedes Haus sein Schretzlein habe, sagt Michel Beheim vom Aberglauben 9. Schretel und Trolle werden maleus malef. 2, 3 gleichgestellt. Vgl. Mones Anzeiger 8, 27.

[1001] In der Volkssage kommt noch ein geisterhaftes Wesen, *Jüdel* genannt, vor, welches die Kinder und die Haustiere beunruhigt. Wenn die Kinder im Schlaf lachen, die Augen öffnen und wenden, sagt man: Das Jüdel spielt mit ihnen. Dringt es in die Wohnstube, so wirkt es schädlich auf das neugeborene Kind ein. Abergl. n. 62, 389, 454, 473. – Was für

Von den einzelnen Geisterklassen, welche wir nach den lokalen und den Elementen ordnen, in welchen sie ihren Aufenthalt haben, kommen zuerst die Dämonen des Wassers in Betracht, deren eigentümlichster und verbreitetster Name *Nixen* ist.[1002] Man unterscheidet männliche und weibliche Wassergeister; doch wird gewöhnlich angenommen, dass ein Lokal, ein See, ein Teich oder ein Fluss nur von einem männlichen Geist, aber von mehreren weiblichen bewohnt wird, wie der nordische Œgir, mit seiner Gemahlin Rân und seinen neun Töchtern[1003] in dem Meer wohnt. Ihre Gestalt wird wie die der Menschen geschildert, nur sind sie etwas kleiner. Doch hat nach einigen Sagen der Nix geschlitzte Ohren und ist auch an seinen Füßen, welcher nicht gern sehen lässt, erkennbar.[1004] Andere Sagen geben den Nixen einen menschlichen Leib, der unten in einen Fischschwanz ausgeht,[1005] oder es wird den Wassergeistern überhaupt Fischgestalt beigelegt.[1006] Sie kleiden sich wie die Menschen,[1007] doch erkennt man die Wasserfrauen an dem nassen Zipfel der Schürze oder an dem nassen Saum ihres Gewandes.[1008] Bisweilen lässt die Sage auch nackte, mit Moos und Schilf behangene Nixen auftreten.[1009]

Die Wasserwesen haben, wie die Zwerge, eine große Liebe zum Tanz. Daher sieht man die Nixen auf den Wellen tanzen,[1010] oder sie steigen auch an das Land und mischen sich unter die Reihen der Sterblichen.[1011] Daneben lieben sie auch Gesang

Wesen sind die *Winseln*? Die Toten müssen mit dem Gesicht gegen Morgen gekehrt sein, sonst werden sie von Winseln erschreckt, die von Abend her schwärmen. Abergl. n. 545.

1002 Der männliche Wassergeist heißt Nix, der weibliche Nixe (vgl. althochdeutsche nichus crocodilus); ags. Masvul. Nicor, plur. Niceras; schwed. Näk, nek; dän. Nök, nok. Hnikarr und Hnikudhr sind Beinamen Odhinns, insofern er über das Wasser herrscht. Vgl. oben und Lex. Mythol. 438. Andere Namen der Wassergeister sind Wasserholde, Meerwunder, Wassermann, Seejungfer, Meerweib, wildiu Merkind (Gudr. 169, 4).

1003 Sn. 124, 185.

1004 D. S. n. 63, 66.

1005 Mones Anzeiger 8, 178; im Ganzen wohl selten.

1006 D. S. n. 54. Märk. Sagen, S. 270, 274. Sagen Niedersachsens 1 und 2. KM. n. 19, 85. So lebt auch nach Sn. 136 der Zwerg Andvari in der Gestalt eines Fisches im Wasser.

1007 Dem Wassermann wird namentlich ein grüner Hut (und grüne Zähne) beigelegt. D. S. n. 52. Vgl. Märk. Sagen, n. 79.

1008 D. S. n. 59, 60.

1009 Niederl. Sagen, n. 219.

1010 D. S. n. 61.

1011 D. S. n. 58. Mones Anz. 3, 93. Niederl. Sagen n. 512. Die Sage von dem Tanz der Nixen ist offenbar durch die Beobachtung der sich beständig bewegenden Wellen, welche gleichsam zu tanzen scheinen, entstanden. Ebenso beruht es auf einer lebendigen Anschauung der Natur, wenn die nordische Sage berichtet, dass bei einem Sturm sich ein großes Pferd auf dem Wasser zeige. Das springende und sich bäumende Ross ist das Bild der hoch aufrauschenden Welle. Bisweilen zeigt sich auch nach der nordischen Sage ein schönes apfelgraues Pferd, Nennir genannt, am Meeresstrand. Besteigt es einer, so stürzt es sich mit seinem Raub in die Flut. S. Mythol. 458. Eine deutsche Sage erzählt von einem schwarzen Gaul, der aus dem bessoischen Meerpfuhl bei Dassel emporgestiegen sei. Vor den Pflug gespannt, hat er Pflug und Pflüger in den Abgrund gerissen. D. S. n. 202. Sagen Niedersachsens 1, n. 14, aus Letzners Dasselscher Chronik 5, 13.

und Musik. Aus der Tiefe eines Sees erschallen bisweilen wunderbar ergreifende Töne, und häufig hört man die Nixen singen.[1012] Daneben steht ihnen eine besondere Weisheit zu, durch welche sie die Zukunft vorhersagen können,[1013] wie die Schwanenjungfrauen weissagen und Odhinn aus Mîmirs Brunnen Weisheit trinkt.[1014]

Den Wassergeistern schreibt der Glaube auch eine kosmische Tätigkeit zu, welche sich auf die Fruchtbarkeit der Erde und das Gedeihen der lebendigen Geschöpfe besieht. Darum spinnen die Wasserfrauen,[1015] wie die Zwerge schmieden. Darum glaubt man auch, dass das Steigen, Fallen oder Versiegen einzelner Quellen und Teiche fruchtbare oder unfruchtbare Zeiten anzeige.[1016] Die Verehrung der Wassergeister bei langer Dürre hat Regen zur Folge,[1017] so wie dagegen eine Verletzung ihres heiligen Gebietes Sturm und Unwetter hervorbringt.[1018] Auch wirken sie segensreich auf die Vermehrung der Viehherden ein. Ich finde wenigstens, dass den Wassergeistern Herden zugeschrieben werden, welche bisweilen an das Land steigen, sich unter die den Menschen angehörigen Herden mischen und durch Befruchtung deren zahlreiche und schnelle Vermehrung befördern.[1019]

Noch deutlicher spricht es die Sage aus, dass diese Wesen Einfluss auf das Haben und die Gesundheit der Menschen üben. Darum kommen die Nixen kreißenden menschlichen Frauen zu Hilfe,[1020] was die gewöhnliche Sage wieder, wie bei den Zwergen,

---

[1012] Märk. Sagen, n. 174, 220. Niederl. Sagen n. 220, 223, 508, 564. Mones Anzeiger 3, 93. Die Sagen von der Lorelei und den Sirenen sind bekannt.

[1013] Niederl. Sagen n. 218, 507, 509, 565. Eine isländische Sage berichtet, wie ein gefangenes Marmengill weissagt. Land. 2, 5. Dass die Frauen der Zimbern aus den Strudeln und Wirbeln der Flüsse weissagen, haben wir oben gesehen.

[1014] Vgl. oben. Dass Wasserwesen die Gabe der Weissagung haben, glaubten mehrere Völker. Wir erinnern nur an Nereus und Proteus.

[1015] D. S. n. 306. Mones Anzeiger 8, 178. Vgl. KM. n. 79. Eine Osnabrücker Sage (Mythol. 664) erzählt von einem schmiedenden Wasserwesen.

[1016] D. S. n. 104. Sagen Niedersachsens 1, n. 2. Mones Anzeiger 3, 340. Stalder schweitz. Id. 2, 63. Mythol. 557. Ein solches Wasser heißt gewöhnlich Hungerquelle oder Hungerbrunnen. Auch aus dem Steigen oder Fallen des Wassers, welches in ein Gefäß gegossen ist, weissagt man heute oder wohlfeile Zeit. Abergl. n. 953, 963.

[1017] Gregor, tur. De gloria confess. c. 2. Ohne Zweifel dachte man sich, dass das Gewitter die Folge der dem Geist des Sees dargebrachten Opfer sei. Vielleicht gehören auch die erwähnten Bräuche hierher. Noch ist die keltische Sage von dem Brunnen von Barenton im Wald Breziliande zu erwähnen. Gießt man Wasser aus der Quelle auf die Brunnensteine, so kommt Regen. Roman de Rou 2, S. 143. Vgl. Benecke zu Iwein, S. 262, 263. Noch jetzt pflegt man in Prozession zu der Quelle zu ziehen, wobei dann der Vorsteher der Gemeinde seinen Fuß kreuzweise in das Wasser taucht. Man glaubt, der Regen erfolge, noch ehe der Zug heim gelangt ist. Villemarqué in der revue de Paris. 41, p. 47–58.

[1018] Wirft man in den Mummelsee Steine, so trübt sich der heiterste Himmel und ein Ungewitter entsteht. D. S. n. 59. Vielleicht ist indessen dieser Glaube mehr keltisch. Ähnliche Sagen gehen vom Pilatussee und vom See Camarina in Sizilien.

[1019] D. S. n. 59. Märk. Sagen n. 155. Sagen Niedersachsens 1, n. 47. Vgl. auch Eysbugg. Sag. c. 63. Landn. 2, 10. 4, 12.

[1020] Märk. Sagen, n. 83.

umgekehrt hat.[1021] Die Gegenwart der Nixen bei Hochzeiten bringt der Braut Segen[1022] und die neugeborenen Kinder kommen aus Teichen und Brunnen,[1023] obgleich daneben auch vorkommt, dass die Nixen Kinder rauben, und Wechselbälge unterschieben.[1024] Auch finden sich Sagen von Jungbrunnen, welchen die Kraft beiwohnt, alternde Menschen zu verjüngen.[1025]

Diese wohltätigen Einflüsse der Wassergeister sind in dem Volksglauben schon mehr zurückgedrängt; dagegen hat die Sage die finstere Seite dieser Wesen mehr behalten. Niemals treten die Wassergeister in ein so gemütliches Verhältnis zu den Menschen wie die Zwerge, selten erweisen sie sich auf dieselbe Art hilfreich.[1026] Sie zeigen, der Natur ihres Elementes angemessen, eine gewisse Selbständigkeit, dabei auch harte Gesinnungen, namentlich Habsucht und Blutdurst. Das gilt indessen mehr von den männlichen Wassergeistern als von den weiblichen, welche milder sind, und selbst nach der Sage Verbindungen mit sterblichen Menschen eingehen, die aber in der Regel doch ein übles Ende nehmen.[1027] – Der Wassergeist duldet nicht, dass man in seine Wohnung aus Übermut eindringe, sie erforsche oder einenge. Die zu einer Wasserrettung eingerammten Pfähle reißt er aus und zerstreut sie,[1028] denen, welche die Tiefe eines Sees messen wollen, droht er,[1029] selbst Fischer duldet er oft nicht[1030] und kühne Schwimmer bezahlen ihre Verwegenheit häufig mit dem Leben.[1031] Ist dem Wassermann ein Dienst geleistet, so bezahlt er nicht mehr, wie er schuldig ist,[1032] und um die Ware, die er kauft, feilscht er oder bezahlt mit alten durchlöcherten Groschen.[1033] Selbst seine Verwandten behandelt er grausam. Die Wasserjungfern, welche sich beim Tanz verspätet haben, andere Wassergeister, welche sich in sein Gebiet drängen, ermordet er unerbittlich; ein Blutstrahl, der aus den Wellen in die Höhe schießt, verkündet seine Tat.[1034] Daher finden sich auch vielfache Sagen, dass der

---

1021 D. S. n. 49, 58, 65, 66, 69, 301. Märk. Sagen n. 81.

1022 Mones Anzeiger 3, 93.

1023 Die neugeborenen Kinder kommen aus dem Hollenteiche. D. S. n. 4.

1024 D. S. n. 60. Vgl. n. 4. Mones Anzeiger 3, 92. Der Wechselbalg muss ins Wasser geworfen werden. D. S. n. 81, 82, 117.

1025 So badet sich die raue Else, Wolfdietrichs Geliebte, in einem Jungbrunnen und wird die reizende Siegminne.

1026 Mones Anzeiger 3, 91. 6, 175. Vielleicht beruhen diese wenigen Sagen auf Verwechslung mit den Zwergen.

1027 Hierher gehört die Sage von Peter von Staufenberg und der Meerfee. D. S. n. 522. Männliche Wassergeister rauben Jungfrauen und halten sie in ihrer Wohnung bei sich zurück (D. S. n. 51, 67), oder überfallen die Frauen mit Gewalt. D. S. n. 401, 419.

1028 D. S. n. 57.

1029 D. S. n. 59, 111. Simpl. 5, 10. Mones Anzeiger 8, 536, Märk. Sagen n. 41, 65.

1030 D. S. n. 55. Temme, Sagen von Pommern, n. 38.

1031 D. S. n. 54, 57.

1032 D. S. n. 49, 65. Vgl. 69. Doch bleibt sich die Sage nicht konsequent, bisweilen belohnt der Nix auch reichlich, wie D. S. n. 604.

1033 D. S. n. 53, 69.

1034 Oder der See wird von dem Blut des Ermordeten ganz rot. S. D. S. n. 58, 59, 60, 384, 306, 318. 1. Mones Anzeiger 3, 93. 8, 178. Niederl. Sagen n. 512.

Wassergeist Menschen mit seinem Netz in die Tiefe zieht[1035] und ermordet,[1036] dass der Geist eines Stromes jährlich sein Opfer haben wolle, und ähnliche. Vergleichen wir jedoch den nordischen Glauben, nach welchem die Meeresgöttin Rân die Ertrunkenen bei sich aufnimmt,[1037] so ist der Schluss gestattet, dass ursprünglich auch der deutsche Wassermann die Seelen nur in seiner Wohnung beherbergt, was einzelne Sagen bestätigen.[1038] Dadurch treten denn die Wasserwesen in einen unverkennbaren Zusammenhang mit den Gottheiten der Unterwelt. So wohnt die Unterweltsgöttin Freyja auch im Meer; Holda aber hat in Bergen und Teichen ihre Wohnung, und zieht gleichfalls die Kinder ins Wasser.[1039]

Von dem Kult der Wassergeister zeugt vornehmlich die oben angeführte Stelle des Gregor von Tours, und jene Quellenverehrung der Deutschen, welche wir im ersten Buch besprochen haben. Auch lassen die Verbote der Konzilien, bei Quellen keine heidnischen Riten zu begehen und besonders bei denselben keine Lichter anzuzünden, eine Beziehung auf Wassergeister zu. In späteren christlichen Zeiten haben sich gleichfalls einige Spuren von Opfern erhalten, welche den Dämonen des Wassers gebracht werden. So ist es eine hessische Sitte, am zweiten Ostertag zu einer Höhle am Meisner zu wandern und aus der dort strömenden Quelle Wasser zu schöpfen, wobei Blumen zum Opfer hingelegt werden.[1040] Bei Löwen finden sich drei Quellen, welchen das Volk Heilkraft zuschreibt. Häufig wandern Frauen zu denselben, um Wiederherstellung von Krankheiten zu erlangen. Um aber zu wissen, ob eine Frau genesen wird, nimmt man eine Haube von ihr und legt dieselbe auf das Wasser. Sinkt sie unter, so ist keine Gesundheit zu hoffen, schwimmt sie aber, so ist das Übel heilbar. Jedoch muss man fleißig dabei beten und ein Opfer bringen, welches aus einer erbettelten Nadel, einem erbettelten Faden, Garn und etwas Korn besteht.[1041] Im Norden war es Sitte, Überbleibsel von Speisen in Wasserfälle zu werfen[1042] und nach

---

1035 Das Netz des Wassermanns erwähnt Kuhn, Märk. Sagen, S. 374. Der Glaube ist auch niedersächsisch. Ebenso wird der nordischen Meeresgöttin Ran ein Netz beigelegt. Sæm. 180. Sn. 429, 136. Weil der Nix die Menschen in das Wasser zieht, heißt er in Niedersachsen auch habèmsin, Übrigens lässt sich dieser Glaube auch durch ein älteres Zeugnis belegen; Vit. S. Sulpicii bituricensis (†614) in Act. Bened. sec. 2, p.. 172. Vgl. auch Miracula s. Matthiae c. 43 in Pez thes. Anecd. 2, 3, p. 26 und oben.

1036 Der Neckar saugt den Ertrunkenen das Blut aus. Niederl. Sagen n. 573. Die Nixe frisst die Kinder. Mones Anzeiger 3, 92. Vgl. auch Rollenhagen, Froschmeusler: „oder beim geist blieb, der immer frech den ersofnen die hels abbrech".

1037 Sæm. 144a, 153b. Sn. 125, 129. Fornald. Sög. 2, 77, 78f. fornm. Sög. 6, 376. Eyrb. Sag. S. 274, 348, 349. Egilssag. S. 616.

1038 Die Seelen der Ertrunkenen sind bei dem Nix unter umgekehrten Töpfen (D. S. n. 52), wie auch der Teufel die armen Seelen in Töpfe steckt. KM. 3, S. 166. Die Ertrunkenen leben unter dem Wasser fort. D. S. n. 305. Niederl. Sagen n. 506, KM. n. 79.

1039 D. S. n. 4. KM. n. 24.

1040 Wigands Archiv 6, 317. Auch die bayrische Sitte, Pfingstmontag einen in Laub oder Schilf eingehüllten Menschen ins Wasser zu werfen, könnte, wie schon bemerkt wurde, ursprünglich ein Opfer gewesen sein, mit welchem der Wassergeist versöhnt wurde.

1041 Niederl. Sagen, n. 338.

1042 Landn. 5, 5.

dem schwedischen Volksglauben muss derjenige, welcher von dem Wassergeist das Harfenspiel erlernen will, ihm ein schwarzes Lamm opfern.[1043]

Feldgeister müssen in der deutschen Religion nicht so sehr hervorgetreten sein wie die Wassergeister. Sonst würden sie wahrscheinlich noch jetzt bedeutender in der Sage dastehen. Doch kennt man noch die Roggenmuhme oder das Kornweib (im Osnabrückischen auch Tremsemutter genannt), welche als ein gespenstiges Wesen durch das Korn geht und die Kinder raubt, wenn sie sich zu weit in die Felder wagen.[1044] In der Mark droht man den Kindern mit der Erbsenmuhme, damit sie nicht in den Erbsenfeldern naschen, und in den Niederlanden kennt man die lange Frau, welche durch die Kornfelder geht und die hervorragenden Ähren abpflückt.[1045] Auch erzählt man von der Roggenmuhme, dass sie den faulen Mägden, die an dem Tag der heiligen drei Könige ihren Rocken nicht abgesponnen haben, allerlei Possen spielt.[1046] Dadurch würde sie also in die Reihe der Göttinnen treten, welche, wie Holda, Berchta, Werwe und andere, die Spinnerinnen beaufsichtigen,[1047] wenn die Sage ihr nicht, was allerdings glaubhaft ist, aus Verwechslung dieses Amt erteilt hat. In den heidnischen Zeiten war dieser weibliche Feldgeist ohne Zweifel ein gütiges Wesen, durch dessen Beihilfe das Wachsen und Gedeihen des Getreides hervorgebracht wurde. In Deutschland gefundene römische Inschriften bezeugen eine frühere Verehrung der Feldgottheiten, welche auf Votivsteinen *campestres* genannt werden.[1048] Doch gehören diese aller Wahrscheinlichkeit nach dem keltischen Heidentum an. Geister, welche den Wald bewohnen, werden schon in älteren Quellen erwähnt,[1049] und das Volk kennt

---

1043 Svenska folkv. 2, 128.

1044 D. S. n. 89. Vgl. Mythol. 445.

1045 Märk. Sagen, S. 72. Niederl. Sagen, n. 491.

1046 Märk. Sagen, S. VIII.

1047 Adalb. Kuhn, welcher in der Sammlung deutscher Volkssagen ganz unermüdlich ist, macht uns in dem eben erscheinenden vierten Band von Haupts Zeitschrift, S. 386, mit einem weiblichen Wesen bekannt, welches der deutschen Holda, Berchta und anderen dieser Art sehr nahe steht und die *Murraue* genannt wird. Im Osten der Mittelmark heißt es, wenn in den Zwölften der Flachs nicht abgesponnen sei, so komme die Murraue und besudle ihn. Wenn jemand in den Zwölften spinnt, so bewirkt die Murraue, dass die Schafe auf dem Gehöft von der Drehkrankheit befallen werden, und außerdem schickt sie noch allerhand Ungeziefer, wie Ratten, Mäuse, Schaben u. dgl. Die letzte Strafe verhängt sie auch, wenn am Silvesterabend Späne im Ofen verbrannt werden. Stiehlt jemand in der Neujahrsnacht seinem Nachbarn eine Wagenrunge und nimmt diese auf seinen Wagen, so bewirkt die Murraue, dass ihn der Förster nicht sieht, wenn er in die Heide fährt, um Holz zu holen. – Derselbe Name Murraue bezeichnet aber zugleich auch das Alpdrücken. Von einem Menschen, dessen Augenbrauen zusammengewachsen sind, sagt man, er sei eine Murraue. – Dieses Wesen gehört indessen, da *mura* im böhmischen *alp* bedeutet, wie Kuhn, S. 388, richtig bemerkt, eher dem slawischen als dem deutschen Volksglauben an. Die Murraue ist wahrscheinlich die slawische Göttin Morena.

1048 S. die auf die campestres bezüglichen Inschriften bei Benningen, Böckingen und Kösching bei Schreiber, Die Feen, S. 53.

1049 Schon Jornandes erwähnt sylvestres homines, quos *faunos ficarios* vocant; vgl. oben. Vit. S. Ägili resbac. In act. Ben. Sec. 2, p. 319. „Saltibus assuetus faunis", Waltharius 763, vgl.

noch heute dieselben unter dem Namen Waldleute, Holzleute, Moosleute, wilde Leute. Man unterscheidet männliche und weibliche Waldgeister. Die männlichen heißen Waldmann, Holzmann, wilder Mann, die weiblichen Waldfrau, Holzfrau, wildes Weib, Waldminne.[1050] Die Sage unterscheidet die Waldleute deutlich von den Zwergen, sie misst ihnen namentlich eine größere Gestalt bei,[1051] weiß aber sonst von ihnen wenig zu berichten, außer, dass sie mit den Menschen in einem freundlichen Verhältnis stehen, oft Brot und häusliche Geräte von ihnen borgen und dagegen diese wieder beschenken, dass sie aber sich jetzt meist über die ungetreue Welt erzürnt zurückgezogen haben.[1052] Solche Erzählungen sind den Zwergensagen ganz analog, wie denn auch von den wilden Frauen berichtet wird, dass sie gern den Menschenkindern nachstellen und sie rauben.[1053] Doch zeigt sich hier zweierlei, was bemerkenswert ist. Unter den Geistern des Waldes tritt ein weibliches Wesen auf, welches vorzugsweise die Waldfrau oder auch die *Buschgroßmutter* genannt wird, deren Gefolge die übrigen Waldfrauen bilden. Sie scheint fast ein göttliches Wesen des Heidentums zu sein, welches über die Waldleute die Herrschaft hat; denn es werden ihr auch Opfer gebracht. Die vizentinischen Deutschen fürchten die Waldfrau besonders von der ersten Hälfte des Dezembers bis zum Ende des Januars. Sie spinnen ihr dann Flachs am Rocken und werfen es zur Sühne in das Feuer.[1054] Dann zeigt sich in der Sage, dass ein Waldweibchen sterben müsse, wenn man einen Baum schält oder sonst beschädigt,[1055] der Glaube an ähnliche Wesen wie die griechischen Dryaden sind, deren Leben an das Gedeihen des von ihnen bewohnten Baumes geknüpft ist. Früher mag auch der deutsche Glaube Orcaden und Dryaden mehr geschieden haben. Die Sage, dass der wilde Jäger die Moosweibchen jage, und dass diese nur auf einem mit drei Kreuzen bezeichneten Stamm Ruhe finden, beziehe ich auf den Sturm, der die Bäume des Waldes bewegt und zu verfolgen scheint.

Wir haben jetzt noch eine Klasse von untergeordneten Wesen zu betrachten, die Hausgeister oder Kobolde. So zahlreich die Sagen von diesen Wesen auch sind, welch unter vielfachen Namen[1056] in der unmittelbaren Nähe der Menschen, besonders in der

---

769. „Silvanus faunus“, ebenda 774. „Agrestes feminas, quas silvaticas vocant“. Burchard von Worms, p. 198a.

1050 Auch der Name Schrat kommt den Waldgeistern zu. Das gotische Skôhsl, womit Matth. 8, 31, Luc. 8, 27 δαιρόμον übertragen wird, wird in Mythol. 455 mit dem altn. skôgr silva zusammengestellt, und daraus geschlossen, dass es ursprünglich gleichfalls einen Waldgeist bedeute. Die nordische Mythologie kennt ähnliche Wesen unter dem Namen îvidhjur (Sæm. 1a, 88b, 119b) und *iarnvidhjur* (Sn. 13), deren Natur jedoch nicht näher beschrieben wird. Miming ist bei Saxo ein silvarum satirus.

1051 Die Waldweibchen sind eine Elle hoch und rau am Leib. D. S. n. 168.

1052 Jul. Schmidt Reichenfels, S. 140–148. Börner, Sagen aus dem Orlageb. 188–242. Mythol. 452.

1053 D. S. n. 50.

1054 D. S. n. 150.

1055 Die Waldleute geben daher selbst die Lehre „Schält keinen Baum!“ Mythol. 452.

1056 Die Namen der Hausgeister sind so vielfach wie ihre Sagen. Die verbreitetsten sind: Kobold, Tatermann, Butz oder Butzemann. S. Mythol. 468f. Einige Namen sind Diminutiva oder Abkürzungen menschlicher Vornamen, z. B. Wolterken (aus Walther), Chimken

Küche, im Keller und in den Ställen sich aufhalten, teils segensreich auf das Gedeihen des Hausstandes einwirken und hilfreich bei allen häuslichen Geschäften zur Hand gehen,[1057] teils aber auch durch ihr nächtliches Poltern und Pochen die Bewohner des Hauses erschrecken und durch ihre Neckereien oder, wenn sie erzürnt werden, selbst durch stärkere Rache ihnen lästig werden und beschwerlich fallen,[1058] so naiv dieser Glaube sich auch in manchen Einzelheiten zeigt; wir haben alle Ursache zu schließen, dass er in dieser Gestalt in den Zeiten des Heidentums nicht vorhanden war, sondern dass andere Ideen zu seiner vorliegenden Ausbildung Veranlassung gegeben haben. Das System hat wenigstens für Haus- und Poltergeister als solche kaum einen Platz. Doch glauben wir durch die Volkssage hindurch folgende Gestalten zu sehen, die später unter dem Namen Kobolde zusammengefasst wurden.

Einmal zeigen die Hausgeister eine unverkennbare Ähnlichkeit mit den Zwergen. Ihre Gestalt und ihre Kleidung werden ganz ähnlich geschildert, sie zeigen denselben Hang zur Geschäftigkeit, dieselbe bald gutmütige, bald bösartige Natur. Da wir nun gesehen haben, dass auch die Zwerge für das Gedeihen der Familie und des häuslichen Wohlstandes Sorge tragen, so lassen sich die Hausgeister zum Teil als Zwerge ansehen, welche, um für eine Familie, der sie wohlwollen, zu sorgen, in dem Haus derselben ihren Wohnsitz aufschlagen. Die Sage von dem Zwerg Reineke lässt diesen auch für gewöhnlich mit seinen Verwandten in einem Berg wohnen, welchen er aber häufig verlässt, um seinen Gastfreund zu besuchen. Auch sonst wird es vorkommen, dass Zwerge eigentlich außerhalb der Häuser ihre Wohnung haben,[1059] aber dessen ungeachtet sich gern bei den Menschen aufhalten und als geschäftige Hausgeister walten, und in den Niederlanden werden die Zwerge geradezu Kabouterken, d. i. Kobolde, genannt.

Ferner mag man von verstorbenen Mitgliedern einer Familie geglaubt haben, dass sie als schützende und hilfreiche Genien noch nach dem Tod im Haus weilten, und man mag ihnen als solchen eine Verehrung erwiesen haben, wie die Römer den Laren zuteil werden ließen. Wir haben teils oben gesehen, dass in den Zeiten des Heidentums die Verstorbenen sehr geehrt und verehrt wurde, teils werden wir noch unten den Glauben erläutern, dass die Toten noch innig an dem Irdischen hängen und für die Hinterbliebenen Sorge tragen. Daher lässt sich der Hausgeist einem *lar familiaris* vergleichen, welcher noch Anteil an dem Geschick seiner Familie nimmt. Es wird in den Sagen auch geradezu ausgesprochen, dass die Hausgeister Seelen von Verstorbe-

---

(aus Joachim), Rüdy aus Rudolf (Mones Anzeiger 3, 365). Zwei der berühmtesten Hausgeister sind Hinzelmann auf dem Schloss Hudemöhlen im Lüneburgischen (D. S. n. 75) und Hütchen oder Hödeken zu Winzenburg.

1057 Sie bringen dem Hausherrn selbst Korn, Geld und anderes zu, was sonst auch vom Teufel erzählt wird, der hier also die Stelle eines Hausgeistes einnimmt.

1058 Wer einmal einen Kobold in seinem Haus hat, der kann ihn nicht wieder loswerden. Vgl. namentlich D. S. n. 72. Mones Anzeiger 4, 812. Märk. Sagen, n. 103.

1059 Nach dem schwedischen Volksglauben hat der Hausgeist seinen gewöhnlichen Aufenthalt in einem Baum neben dem Haus.

nen sind,[1060] und die weiße Frau, welche durch ihre hilfsreiche Geschäftigkeit ganz die Stelle eines weiblichen Hausgeistes einnimmt, wird ausdrücklich als die Ahnfrau des Geschlechtes bezeichnet, in deren Wohnungen sie erscheint. Wenn ferner Hausgeister sich bisweilen in Gestalt einer Schlange sehen lassen,[1061] so deutet das auf den Glauben an Genien oder Geister, welche das Leben und die Gesundheit einzelner Personen schützen. Wir sind diesem Glauben an Genien schon in dem Kapitel, welches von den Nornen handelt, begegnet, können ihn aber aus Mangel an reineren Quellen nicht genauer verfolgen. So viel ist indessen gewiss, dass, wie nach der römischen Anschauung der Genius die Gestalt einer Schlange hat,[1062] dieses Tier auch nach dem deutschen Glauben das Symbol der Seele und der Geister überhaupt war.[1063] Daher erzählt die Volkssage von den Schlangen manches, was Ähnlichkeit mit den Sagen von Hausgeistern hat. Wir rechnen namentlich die Sage hierher, dass in jedem Haus zwei Schlangen, eine männliche und eine weibliche, befindlich sind, deren Leben mit dem des Hausvaters und der Hausmutter zusammenhängt. Sie lassen sich nicht eher sehen, als bis diese sterben, und erleiden dann gleichfalls den Tod.[1064] Andere Erzählungen berichten von Schlangen, welche mit einem Kind zusammenleben. Sie bewachen es in der Wiege, essen und trinken mit ihm. Ihr Zusammenleben mit demselben bringt ihm Glück, tötet man das Tier, so nimmt das Kind ab und stirbt bald. Überhaupt bringen die Schlangen dem Haus, in welchem sie sich aufhalten, Glück, und es wird ihnen, wie den Hausgeistern, Milch zum Trinken vorgesetzt.[1065]

Vielleicht galt auch ein Teil der Sagen von Hausgeistern ursprünglich von Herdgöttern. Der Hauptaufenthalt der Kobolde ist in der Küche bei dem Herdfeuer und man bringt ihnen kleine Opfer, die in etwas Speise, Milch oder einem anderen Getränk bestehen, so wie die Römer den Penaten, deren Bilder um den Herd herum standen, Speise hinstellten.[1066] Vielleicht hatte man auch in den Zeiten des Heidentums kleine Bildchen solcher Herdgötter, was freilich nur unsicher aus einigen Stellen mittelhochdeutscher Dichter geschlossen werden kann, welche hölzerne und wächserne Kobolde erwähnen.[1067]

1060 Kobolde sind die Seelen der vormals im Haus Ermordeten. D. S. n. 71; es stecken ihnen Messer im Rücken. D. S. 1, S. 224.

1061 D. S. 1, S. 111.

1062 Servius zu Virg. Än. 5, 85. Vgl. Hartung 1, 40.

1063 Die Schlange ist Odhinn heilig und die Seele der Menschen zeigt sich, wie wir sehen werden, in Gestalt einer Schlange.

1064 Mythol. 651.

1065 KM. n. 105. 3, S. 192. Mones Anzeiger 6, 174. 8, 530, 537. Temme, Sagen von Pommern, n. 257. Abergl. n. 143.

1066 Vgl. Hartung 1, 80. Kuhn, Märk. Sagen, S. IX, hält die Kobolde für ursprüngliche Feuergottheiten, da ihnen rote Augen und rote Kleider beigelegt werden.

1067 „Ein kobolt von buhse". Conrad von Würzburg. MS. 2, 206a. „einen kobolt von wahse machen", Aw. 2, 55. Vgl. Mythol. 468–469. – Hier werde auch die Sage von dem Alraun oder Galgenmännchen erwähnt, das aus einer Wurzel geschnitzt und in einem Glas verwahrt wird. Pflegt man es gehörig, badet man es fleißig und kleidet es sorgfältig, so bringt es einem Besitzer Geld zu. D. S. n. 83, 84. Mones Anzeiger 7, 423. Simpl. 2, 181, 203. – Die Sage gehört vielleicht den Slawen an. Vgl. Keisler, Antiq. Sel. Sept. et celt. 507–509.

Kapitel VII - Die Unterwelt und der Zustand der Seelen nach dem Tode

Nirgends zeigen sich im nordischen Glauben so schwankende und sich durchkreuzende Vorstellungen als in Beziehung auf den Aufenthaltsort und den Zustand der Seelen nach dem Tode. Wir hatten schon bei der Abhandlung der einzelnen Gottheiten Gelegenheit zu bemerken, dass mehrere derselben in unverkennbaren Beziehungen zu der Unterwelt standen, welche aber in dem nordischen System nach bestimmten Ideen modifiziert oder auch im Lauf der Zeit verdunkelt werden. Odhinn war als derjenige, welcher die erschlagenen Krieger und die Fürsten zu sich nimmt, ebenso wohl Unterweltsgott als Thôrr, zu welchem die Knechte nach dem Tod kommen. So hatte Loki ebenfalls Ansprüche darauf, ein Unterweltsgott zu sein, und auch bei Freyr ließ sich eine gleiche Beziehung seines Wesens vermuten. Von den Göttinnen gehört Freyja zu den Unterweltsgöttinnen, daneben Gefjon, welche die gestorbenen Jungfrauen zu sich nimmt, und Rân, bei welcher die Ertrunkenen wohnen. Und doch ist die halb schwarze, halb menschenfarbige Hel, Lokis Tochter, diejenige Göttin, welcher vorzugsweise die Herrschaft über das Totenreich gebührt.[1068]

Demgemäss schwanken nun auch die Vorstellungen über den Ort, an welchen die Seelen nach dem Tod gelangen; denn jene der angegebenen Gottheiten wird einen besonderen Aufenthalt für diejenigen, welche sie zu sich nimmt, gehabt haben, obgleich das nicht von allen nachweisbar ist. Diese Schwankungen erklären sich daraus, dass ja eben das Göttersystem sich allmählich und aus den Kulten einzelner Stämme hervorbildete. Später ertrug das Heidentum die Widersprüche, die sich durch die Vereinigung derselben ergaben, leicht: Nur überwog die Vorstellung, dass die Toten zu der Hel kommen, offenbar alle anderen, und diese scheint auch eine der ältesten zu sein. Niflheimr, das weite Reich der Hel, ist derjenige Ort, an welchen ursprünglich alle Gestorbenen, arme und reiche, gerechte und ungerechte, ohne Ausnahme gelangen, und welcher selbst die Götter, die den Tod erleiden, festhält.[1069]

Diese Totenwelt Niflheimr befindet sich im Norden, tief unter der Erde, unter einer Wurzel der Esche Yggdrasil. Der Weg dahin führt nordwärts und in die Tiefe durch dunkle Täler,[1070] durch welche der Gott Hernbôdhr, als er von Odhinn abgesandt wurde, um Baldr aus der Unterwelt wieder zu holen, neun Nächte ritt. Das Ganze wird als eine traurige finstere und kalte Welt gedacht. Unzählige Drachen hausen dort. Den innersten und zugleich den tiefsten Raum bildet, wie es scheint, *Niflhel*, die Wohnung oder die Burg der Hel, welche von dem Fluss *Giöll (strepens)* umströmt, ringsum von einen festen Gitterwerk umgeben und von dem Hund *Garmr* bewacht ist. Über den Strom führt eine Brücke, an welcher eine Jungfrau Wache hält.[1071]

1068 Sn. 32, 36.

1069 Vgl. den Mythos von Baldr.

1070 Nach dem keltischen Glauben führt der Weg in die Unterwelt durch die Teiche der Angst und der Gebeine, durch die Täler des Blutes über das Meer hinüber. Villemarqué 1, 135.

1071 Sæm. 6b, 41a, b, 91a. San. 4, 19, 22, 33, 67, 68. Über den Hund Garmr s. Sæm. 7a, 8a, 46a, 94a. Sn. 73.

Auch bei Saxo finden sich von dieser Vorstellung noch einige Spuren. Als König Hading in die Unterwelt hinabsteigt, geht er zuerst einen düsteren, aber sehr betretenen Weg (callem diuturnis adesum meatihus). Nachher gelangt er an einen reißenden, mit trübem Wasser angefüllten Strom, über welchen eine Brücke führt; endlich an eine Mauer, die er jedoch nicht zu übersteigen vermag. Als Thorkill die Reise zu Geruthus[1072] unternimmt, welchen allem Anschein nach gleichfalls eine Fahrt in die Unterwelt ist, gelangt er, nachdem er lange gegen Norden gesteuert ist, zu einer Stadt, die einem dunstigen Gewölke gleicht, und mit Gespenstern angefüllt ist. Zwischen den Befestigungswerken der Stadt sieht man Pfähle, auf welchen Menschenhäupter stecken. Wütende Hunde bewachen das Tor. In der Stadt befindet sich der steinerne Saal des Geruthus, schmutzig und mit dunkelm Nebel angefüllt, der Boden ist mit Schlangen bedeckt. Der Ort, welchen Ugarthilocus bewohnt, wird ebenfalls als ein schwarzer und hässlicher Saal geschildert der mit vielen Schlangen angefüllt ist.[1073] Also liegt auch nach Saxos Bericht die dunkle Unterwelt im Norden, ist von einem Strom umflossen, über welchen eine Brücke führt, von einer Mauer umgeben und mit Schlangen angefüllt. Dass diese Vorstellung von der Unterwelt auch die verbreitetste war, geht daraus hervor, dass das Wort Hölle (gotisch *halja*, ahd. *hella*), welches uns jetzt den Aufenthalt der Verdammten bezeichnet, im gotischen, althochdeutschen und altsächsischen noch den allgemeinen Begriff Unterwelt hat.[1074] Die heidnische Unterwelt musste in christlichen Zeiten natürlich zu einem Aufenthalt der Unseligen werden, weil nach der christlichen Vorstellung die Heiden alle verdammt waren. Dass die Göttin Hel aus dem Bewusstsein verschwand und bloß der räumliche Begriff übrig blieb, war ebenso natürlich. Doch kennen angelsächsische Gedichte noch die persönliche Hel.[1075] Selbst in christlichen Vorstellungen von der Hölle scheinen noch hie und da Reste des heidnischen Glaubens durchzuschimmern. Dahin rechnen wir, dass der Teufel seine Wohnung im Norden hat,[1076] wie nach dem skandinavischen Glauben die Unterwelt im Norden liegt. Nach einzelnen Sagen führt der Eingang zur Hölle durch lange unterirdische Gänge bis zu einem Tor, im innersten Raum liegt der Teufel an einer Kette festgebunden,[1077] wie Ugarthilocus in der Unterwelt gefesselt ist. Nach einer anderen Sage kam Karl der Große, als er von einem Engel in die Hölle

---

[1072] Geruth ist der Riese Geirrödhr, welchen Thôrr einst erschlug und nach Niflheimr sandte.

[1073] Saxo I, p. 16. VIII, p. 162, 165.

[1074] S. Mythol. 761. In einzelnen Gegenden Deutschlands findet sich noch der Name Helweg. So heißen gemeine Wege, auf welchen früher wahrscheinlich die Toten zum Begräbnis geführt wurden. S. RA. 552. Mythol. 762. In den Niederlanden gibt es an manchen Stellen ein Höllenloch (Hellegat) und viele Hellenwege, auf denen es spukt. Niederl. Sag. n. 576.

[1075] „thær hine Hel onsêng“ (Hel nahm ihn in Empfang.). Beow. 1698. Vgl. Mythol. 291.

[1076] S. Mythol. 953 In Greifswald bläst der Türmer nicht aus dem Nordfenster; das leidet der Teufel nicht. Temme, Sagen von Pommern, n. 119. Wenn beim Singen eines *Valgardr* (ferale carmen) gegen Norden geschaut wird (Sæm. 94a), und wenn Hâkon, als er sein siebenjähriges Kind opfert, nach Norden schaut (Fornm. Sög. 11, 134), so folgere ich daraus nicht mit Grimm (Mythol. 30, vgl. RA. 808), dass die Götter im Norden wohnen, sondern nur, dass der Betende und Opfernde sich zu den Unterweltsgottheiten wendet.

[1077] Mones Anzeiger 6, 400.

geleitet wurde, zunächst durch tiefe Täler voll feuriger Brunnen,[1078] wie nach dem skandinavischen Glauben der Weg in die Behausung der Hel durch tiefe Täler führt, und in derselben der braune *Hvergelmir* befindlich ist.[1079] Märchen berichten, wie man über ein Wasser fahren muss, ehe man in die Hölle gelangt,[1080] und in angelsächsischen Denkmälern wird gesagt, dass dieselbe mit vielen Schlangen angefüllt ist.[1081]
Die nordische Vorstellung von der Unterwelt lässt sich auch noch in einem sehr verbreiteten deutschen Volksglauben erkennen. Unser Volk glaubt, dass alte verfallene Burgen von Geistern bewohnt sind, sie sind in manchen Sagen der nächtliche Tummelplatz der Gespenster,[1082] aus ihnen steigt die Weiße Frau hervor, welche bisweilen halb schwarz, halb weiß erscheint, wie die Hel halb schwarz, halb menschenfarbig ist, und in sie sind Helden der Vorzeit entrückt und leben dort fort.[1083] Ohne Zweifel würden aber dieselben nicht als Aufenthaltsorte der Seelen nach dem Tod angesehen sein, wenn nicht ein heidnischer Glaube diese Vorstellung veranlasste. Da nun die nordische Unterwelt wie eine feste, mit Graben und Gitterwerk umgebene Burg dargestellt wurde, so fand dieser auch in Deutschland verbreitete Glaube in den Trümmern verfallener Burgen eine lokale Anknüpfung und einen Halt. Darum weiß die Sage auch, dass sich im Innern der Erde solche Burgen befinden,[1084] deren Eingang ein gespenstiger Wächter und ein schwarzer Hund behütet,[1085] und die Märchen haben häufig mit verwünschten Schlössern zu tun, in welchen Geister hausen.[1086]
Hierdurch wird uns der Sinn jener Sagen und Märchen aufgeschlossen, nach welchen Königstöchter in eine feste Burg oder in ein unzugängliches Gemach eingeschlossen und häufig von Drachen bewacht sind, bis sie von den dazu bestimmten Helden befreit werden.[1087] Sie weilen, das ist der ursprüngliche Sinn der Sage, in der Unterwelt. In reineren nordischen Sagen und Mythen tritt das noch deutlicher hervor. Die Wohnung, in welcher Gerdhr eingeschlossen war, ist von einem Gitterwerk umgeben und wird von wütenden Hunden bewacht,[1088] wie die Wohnung der Hel. Sie umgibt

---

1078 D. S. n. 461.

1079 Sæm. 43b. Sn. 4, 17, 19, 43.

1080 KM. n. 29.

1081 Gädm. 270, 271.

1082 D. S. n. 146, 295, 527–529 und häufig.

1083 So lebt Siegfried mit anderen Helden der Vorzeit in dem alten Schlos Geroldseck. D. S. n. 23.

1084 Mones Anz. 4, 407. D. S. n. 291.

1085 D. S. n. 284. Mones Anz. 4, 407. KM. 3, S. 14.

1086 KM. n. 4, 62, 81, 90–92, 97, 120, 137, 138, 164. 8, S. 138.

1087 Siehe oben. Ist es Zufall oder beruht es auf dem altheidnischen Glauben, dass KM. n. 111 der Turm, in welchem eine Königstochter schläft, ganz so beschrieben wird, wie die nordische Unterwelt? Vor dem Turm ist ein Wasser (der Fluss Giöll) und am Eingang ein kleines Hündchen, welches alsbald zu bellen anfängt, wenn sich jemand nähert (der Hund Garmr). Andere Märchen berichten von einer Dornenhecke, welche die schlafende Jungfrau umgibt (KM. n. 50), oder die Jungfrau sitzt unter einem Baum, d. i. unter der Esche Yggdrasil, wie Idhunn, als sie von der Esche heruntergesunken ist, in der Unterwelt weilt.

1088 Sæm. 82a, b. Auch die Burg des keltischen Utgardhaloki hat ein festes Gatter, zwischen dessen Latten Thôrr mit seinen Begleitern durchkriecht.

außerdem noch, wie den Saal, in welchem Brynhildr schläft,[1089] eine wallende Lohe, die Waberlohe *(vafrlogi)* genannt. Diese wird freilich bei der Wohnung der Hel nicht erwähnt, sie deutet indessen nicht desto weniger ebenso sicher auf die Unterwelt. Denn es war ein altnordischer Glaube, dass um die Gräber der Toten ein Feuer *(kaugaeldr)* brenne, und dass blaue Flämmchen die Schätze anzeigen, welche den Toten vor Zeiten mit ins Grab gegeben wurden.[1090] Darum lässt auch noch jetzt unser Volk alte Burgen mit einer nächtlichen Flamme angefüllt sein,[1091] oder es wird berichtet, dass Burgen in die Erde versanken, an deren Stelle man jetzt eine Öffnung sieht, an welche ein Feuer brennt, und bei welcher sich ein Drache gelagert hat.[1092] Auch ist es ein sehr verbreiteter Glaube, dass Geister feurige Gestalt haben und Funken von sich sprühen. – So bestätigt uns also eine Menge von Einzelzügen der deutschen Sage, dass die nordische Vorstellung von Niflheimr[1093] auch bei uns vorhanden war und noch jetzt in unserem Volk, wenn auch verdunkelt, haftet.

Außer Niflheimr ist *Valhöll*, d. i. die Halle der Erschlagenen, ein Aufenthaltsort der Seelen nach dem Tod, wohin aber nur die in der Schlacht gefallenen Krieger und die Fürsten gelangen. Valhöll wird als ein großer und schöner, mit Schilden gedeckter Saal[1094] geschildert, zu dem 540 Türen führen. Durch jede derselben können achthundert Einherien auf einmal gehen. In der Mitte des Saales steht der Baum *Lœrâdhr*, dessen Laub die Ziege *Heidkrûn* nährt. Ihrem Euter entströmt täglich ein Gefäß voll Meth. Der Hirsch Eikthyrnir nagt an den Ästen des Baumes, aus seinem Geweih trieft stets Wasser in den Brunnen Hvergelmir und bildet die Ströme der Unterwelt. In Valhöll leben die Einherien *(einherjar)* täglich in Freuden bei Odhinn, trinken Meth und essen vom Speck des Ebers Sæhrîmnir. Täglich ziehen sie zum Kampf aus, schlagen sich gegenseitig Wunden und töten einander; aber am Abend versammeln sie sich alle wieder zum fröhlichen Mahl.[1095]

Odhinn erscheint hier ganz als ein irdischer König, der die Fürsten gastlich bei sich in seiner Halle empfängt,[1096] und, wie jener in der Versammlung der Iarte, auf seinem

---

[1089] Sæm. 202. Sn. 139. Die Vilkina-Saga kennt den mit der Waberlohe umgebenen Saal der Brynhildr nicht mehr, sondern erwähnt nur (c. 148) ihre feste Burg, in welche Siegfried mit Gewalt eindringt. Vgl. Nibelungensage 49f., 82f.

[1090] Das bekannteste Beispiel von dem Feuer, welches um die Gräber der Toten brennt, liefert die Hervararsage. Im Übrigen vgl. Bartholin. Antiq. Dan. 432f. Die Sage, dass blaue Flämmchen Schätze anzeigen, bei welchen in der Regel ein schwarzer Hund wacht, ist bekanntlich auch bei unserem Volk sehr verbreitet.

[1091] D. S. n. 281. Vgl. n. 25.

[1092] Niederl. Sagen, n. 199.

[1093] Mit Niflheimr hat man den Namen Nibelungen zusammengestellt, obwohl ohne hinlänglichen Grund. S. Nibelungensage 38, 39, 44.

[1094] Bemerkenswert ist es, dass Cädm. 283, 23 Sceldbyrig (Schildburg) für Himmel gebraucht wird.

[1095] Hauptstellen über Valhöll: Sæm. 36a, 41, 43. Sn. 2, 24, 41–44. Vgl. oben.

[1096] Als Helgi in Vallhöll ankommt, bietet ihm Odhinn an, mit ihm dort zu herrschen. Sæm. 166b. Bei Eyriks Ankunft lässt Odhinn die Bänke ordnen, die Becher bereiten und Wein auftragen. Sn. 97. Auch die irdische Königshalle heißt Valhöll. Sæm. 244a, 246a, Vgl. Mythol. 779.

Hochsitz den Vorsitz bei dem Mahl hat. Das ganze Leben der Einherien ist nur eine Nachahmung des irdischen, denn Krieg und Kampf war neben frohem Schmausen die Hauptbeschäftigung des freien Mannes.[1097] Weil es aber eine natürliche, wenngleich etwas rohe Idee ist, dass die Seelen nach dem Tod ihr gewohntes irdisches Leben fortsetzen,[1098] so haben wir diese Vorstellung von Valhöll in ihren Grundzügen gleichfalls für alt zu halten, müssen jedoch die Beschränkung, dass nur die erschlagenen Krieger und die Fürsten an diesen Ort gelangen, für eine nicht ursprüngliche erklären, die darin ihren Grund hat, dass dieser Glaube zuerst nur in dem Kult des Odhinn haftete, weshalb Valhöll nun seinen Verehrern geöffnet war. Es ist aber unsere Ansicht, dass Valhöll ursprünglich eine Unterwelt in einem allgemeineren Sinn war, deren Darstellung später auf die angegebene Art modifiziert wurde. Die individuelle Ausbildung dieses nordischen Glaubens mag die Ursache sein, weshalb wir in Deutschland keine sicheren Spuren von einer Walakaldr antreffen. Dennoch ist hier zu erwähnen, dass ein Gedicht des 13. Jh. es ausführt,[1099] dass nur diejenigen, welche tapfer gekämpft haben, in das Himmelreich gelangen, welches dagegen den Feigen verschlossen bleibt:

„Daz er unt die sine
vergäzzen, ir pine
mit semften gemache
nach urlinges sache.
Die herren vermezzen
zel gemache sint gesenzen
unt ruowent immer mêre
naeh verendeten sêre:
versperret ist ir hurctor,
beliben mûezen dâ vor
die den strit niht envâhten,
unt der flühte gedâhten. –
ir herrn ir müezet ychten,
welt ir mit guoten knehten
den selben gmach niezen.“[1100]

Wenn die Edden außer Niflheimr und Vallhöll noch einen dritten Aufenthaltsort der Toten, einen Himmel *Gimlir* oder *Gimill* kennen, welchen die Seelen der guten und gerechten Menschen nach dem Weltbrand bewohnen werden,[1101] so scheint das eine spätere oder wenigstens eine nicht sehr verbreitete Vorstellung zu sein. Dagegen war

---

1097 Bei Saxo (1, 16) sagt das Weib, welches Hading in die Unterwelt führt, als dieser dort zwei Reihen von Kämpfenden erblickt: „Il sunt, qui ferro in necem acti cladis suae speciem continuo protestantur exemplo preasentique spectaculo preateritae vitae facmus aemulantur.“

1098 Bekanntlich zeigt sich diese Idee auch in der Homerischen Darstellung der Unterwelt.

1099 Die Warnung Z. 2705–2798 (Haupts Zeitschrift 1, 512–514).

1100 Das angeführte Gedicht Z. 2715–18, 2733–40, 2793–95.

1101 Siehe oben. Es kommt nur der Dativ Gimli vor; den Nominativ Gimill nimmt Grimm, Mythol. 783, an.

allem Anschein nach in dem nordischen Volksglauben die Idee sehr verbreitet, dass die Seelen der Abgeschiedenen in dem Inneren der Berge wohnen. Wenigstens tritt dieser Glaube in den isländischen Sagen häufig hervor,[1102] und er muss neben jenen übrigen Vorstellungen sehr verbreitet gewesen sein, da er sich auch in Deutschland bis auf den heutigen Tag erhalten hat. Von einigen deutschen Bergen glaubt man, dass sie der Aufenthaltsort der Verdammten sind, namentlich von dem Horselberg bei Eisenach,[1103] welcher auch die Wohnung der Frau Holle ist. Auch der fabelhafte Venusberg, in welchem der Tannhäuser weilte,[1104] vor welchem der getreue Eckhart als warnender Wächter sitzt, beruht auf derselben Vorstellung, Von anderen Bergen heißt es, dass Helden der Vorzeit in dieselben entrückt sind. So sitzt Kaiser Friedrich Rothbart im Kyffhäuser an einem Steintisch, sein Bart ist schon zweimal um den Tisch gewachsen, wenn er zum dritten Mal herumgewachsen sein wird, wird er aufwachen.[1105] Kaiser Karl sitzt im Odenberg oder auch im Unterberg[1106] und ein ungenannter Kaiser im Guckenberg bei Fränkischgmünden.[1107] Nicht minder wohnt die Weiße Frau in Bergen oder tritt aus denselben hervor,[1108] wie sie sonst in einer Burg hausend gedacht wird. Wir sehen also wie die Entrückung in Berge denselben Sinn hat, wie die Sagen von alten Burgen, welche gleichfalls Aufenthaltsorte für Entrückte sind. Auch das Innere der Berge wird als die Unterwelt gedacht.[1109]

Hier müssen wir eines litauischen Mythos gedenken, weil derselbe uns den Sinn einer anderen ähnlichen Vorstellung von der Unterwelt aufschließt, welche wir freilich nur in deutschen Sagen und Märchen finden. Nach dem Glauben der Litauer müssen die Seelen, ehe sie in die andere Welt gelangen, an einem hohen und steilen Felsenberg, *Anafielas* genannt, auf welchem der göttliche Richter sitzt, emporklimmen, weshalb man auch Bärenklauen, Krallen und anderes zum Hinaufsteigen dienlichst mit den Toten begrub oder verbrannte. Der Arme, der im Leben die Gottheit nicht beleidigte,

---

1102 Landn. 2, 12, 16. Nialssag. c. 14. Eyrb. Sag. c. 4, 11. An der letzten Stelle wird erzählt, wie ein Schäfer sieht, dass ein Berg sich öffnet, der im Innern von von Feuer ist (vgl. die Waberlohe), und seinen Herrn rufen hört, er solle den Hochsitz seinem Vater gegenüber einnehmen. Vgl. auch Udv. D. V. 1, 7, wo Orm zu dem Berg geht, in welchem sein verstorbener Vater Siegfried wohnt und ihn um sein Schwert bittet.

1103 D. S. n. 173. Schon nach einem Gedicht des 16. Jh. ist der Hörselberg der Aufenthaltsort der Verdammten. S. Zeune in der Germania, Band 2, S. 346f. Auch in dem Zobtenberg weilen drei Übeltäter. D. S. 143. Vgl. auch n. 252.

1104 D. S. n. 170. Eine ähnliche Sage in Schreibers Taschenbuch 1839, S. 349.

1105 D. S. n. 23, 296. Vgl. Bechstein, Thür. Sagenschatz 4, 9–54. Nach einer anderen Sage (D. S. n. 295) sitzt Kaiser Friedrich in einer Felshöhle bei Kaiserslautern.

1106 D. S. n. 26, 28.

1107 Mones Anzeiger 4, 409. Auch von Wedekind heißt es, dass er in einem Berg in Westfalen, die Babilonie genannt, sitze, bis seine Zeit kommt. Redecker, Westf. Sagen, n. 21. Ähnliche Sagen sind D. S. n. 106, 297. Mones Anzeiger 5, 174.

1108 D. S. n. 9–11. Märk. Sagen n. 67, 111, 169.

1109 Darum sieht das Volk auch in einzelnen Bergschluchten den Eingang zur Hölle. Mones Anzeiger 3, 147. Eine Schlucht am Hohenstein, der höchsten Spitze des Süntels, heißt Hellegrund.

erhebt sich leicht wie eine Feder auf den Berg.[1110] Die Polen kennen einen gläsernen Berg *(szklunna gera)* und glauben, dass die verdammten Seelen ihn zur Strafe ersteigen müssen und, wenn sie den Fuß auf den Gipfel setzen, ausgleiten und herabstürzen.[1111] Nun berichten unsere Märchen gleichfalls von einem Glasberg, auf welchem Jünglinge oder Jungfrauen verwünscht sind, und von denjenigen, die ihm erklimmen, befreit werden.[1112] Namentlich ist Brynhildr, welche auch der eddischen Darstellung in einem mit der Waberlohe umgebenen Saal schläft, nach einem dänischen Volkslied auf dem Glasberg befindlich, an welchem Siegfried mit dem Ross Grani hinaufreitet.[1113] Beide Vorstellungen treffen also in ihrer Bedeutung überein. Der Glasberg ist, wie der mit der Waberlohe umgebene Saal, die Unterwelt. Ob diese Vorstellung von dem steilen, glatten Totenberg von den Slawen zu den deutschen Stämmen überging, oder ob sie sich selbständig bei diesen entwickelt hatte, müssen wir dahingestellt sein lassen. Wie die Berge im heidnischen Volksglauben als Aufenthaltsort der Toten erschienen, so dachte man sich auch auf dem Grund von Brunnen und Teichen einen Ort, an welchen die Seelen gelangen. Das gilt zunächst und hauptsächlich von den Seelen der Ertrunkenen, welche in die Behausung des Nix oder der Seegöttin Rau kommen. Aber man fasste die Tiefe des Wassers zugleich in einem allgemeineren Sinn als die Unterwelt auf. Danach werden Personen, die sonst nach der Volkssage in Berge entrückt sind, auch in Brunnen und Teichen hausend gedacht[1114] und die vielfach in Deutschland verbreiteten Sagen von Städten und Burgen, die im Wasser versunken sind und bisweilen noch auf dem Grund erblickt werden, hängen augenscheinlich mit dieser Idee zusammen. Besonders bemerkenswert ist es, dass man sich auf dem Grund des Wassers schöne Gärten denkt.[1115]Noch verbreiteter ist die Sage, dass unter dem Wasser grüne Wiesen befindlich sind, auf welchen sich die Seelen aufhalten,[1116] und diese werden auch für sich als die Wohnorte der Abgeschiedenen dargestellt. In einem mittelhochdeutschen Gedicht heißt es, dass dem Selbstmörder diese Wiese versperrt ist,[1117] wonach sie also als ein abgesonderter Teil der Unterwelt erscheint. Diese Ansicht bestätigt Saxo, welcher gleichfalls eine grüne Wiese als einen Teil der Unterwelt kennt,[1118] und das scheint die ursprüngliche Vorstellung zu sein, wie ja auch nach Homer die Asphodeloswiese neben der eigentlichen Unterwelt

---

1110 S. Hanusch, Slaw. Mythol. 415.

1111 Mythol. 796.

1112 KM. n. 25, 93, 196 Vgl. 3, S.37, 219. Kuhn, Märk. Sagen, S. 285.

1113 Edv. D. V. 1, 132. Vgl. Grimm, Altdän. Heldenlieder 31, 496. Edda Hafn. II, p. 878. Nordische Sagen nennen Glerkinrinn (coelum citreum) ein Paradies, wohin alte Helden reiten. Mythol. 781.

1114 So sitzt Kaiser Karl in einem Brunnen zu Nürnberg. D. S. n. 22. Vgl. auch Harrys 1, n. 2.

1115 So hat Frau Holle unter ihrem Teich einen Garten, aus dem sie allerlei Früchte spendet. D. S. n. 4. Vgl. 13, 291.

1116 KM n. 24, 61. Niederl. Sagen, n. 506.

1117 Flore 19b. In dem niederländischen Floris steht 1107, 1205, 1248, *int ghebloide velt* in ähnlicher Bedeutung; das altfranzösische Gedicht hat an den entsprechenden Stellen *camp flori.* Vgl. Altdeutsche Blätter 1, 373.

1118 Saxo I, p. 16.

ist.[1119] – Keltische Vorstellungen berühren sich hier wieder mit den deutschen, wenigstens wird auch im Wigalois eine unzugängliche Wiese erwähnt, auf welcher ein gequälter Geist haust.[1120] Wenn nun unser Volk Wiesen, welche an feuchten und sumpfigen Orten liegen, gern Totenwiesen nennt und von manchen derselben erzählt, dass Geister auf denselben spuken, so zeigt das wieder, wie geneigt man war, für den altheidnischen Glauben allenthalben lokale Anknüpfungen zu suchen.

Noch haben wir eines besonderen Ausdrucks zu gedenken, der gleichfalls die Unterwelt bezeichnt. Von den Toten wird gesagt, dass sie in Nobishaus oder im Nobiskrug wohnen.[1121] Auch pflegt man, besonders in Niederdeutschland, abgelegene Wirthäuser oder einsame Dörfer mit demselben Namen zu belegen[1122] und spricht von untergegangenen Nobiskrügen, an deren Stellen man jetzt tiefe Löcher sieht.[1123] Statt der Form Nobiskrug kommt auch *Nobelskrug, Abiskrug* oder das niederdeutsche *Nûberskrôch, Aberskrôch* vor. Hier herrscht also wieder die Vorstellung von einer Wohnung oder einer Behausung, in welche die Seelen nach dem Tod gelangen. In diesem Haus ist Nobi oder wie sonst der Nominativ gelautet haben mag, der Wirt, welcher, wie die Hel in Niflheimr, die Seelen bei sich beherbergt. Mir ist es wahrscheinlich, dass dieser Name eine Entstellung aus Nörvi oder Nurfi ist,[1124] der als Sohn Lokis und Bruder der Hel recht wohl im deutschen Glauben ein Beherrscher der Unterwelt sein konnte. Auch jener Riese Nörvi, der in einer nordischen theogonischen Sage bedeutungsvoll hervortrat, könnte hierher gezogen werden.[1125]

Fast alle diese Vorstellungen von dem Aufenthaltsort der Seelen nach dem Tod zeigen das Gemeinsame, dass man sich die Unterwelt in der Tiefe der Erde, namentlich im Inneren der Berge oder auf dem Grund des Wassers dachte, und dass sie wie eine große geräumige Wohnung erschien, in welcher irgendein göttliches Wesen die Abgeschiedenen empfängt. Dass man daneben auch glaubte, dass der Tote in seinem Grab gewissermaßen fortlebe, vergnügt oder traurig sei und die Stimme des ihn Rufenden höre, worauf wir unten zurückkommen werden, ist eigentlich den übrigen Vorstellungen widersprechend: Aber teils erträgt das Heidentum solche Widersprüche leicht, teils verschmolz die Tiefe des Grabes mit der im Inneren der Erde befindlichen

---

[1119] Od. II, 539. 24, 13.

[1120] Wigal. 4609f.

[1121] S. Mythol. 954. Mones Anz 8, 277. Märk. Sagen, n. 19. Kuhn in Haupts Zeitschrift 4, 388.

[1122] Mythol. a.a.O. So wird namentlich Neu-Ferchan in der Altmark Nâberskrôch genannt. Nach demselben kommen die Toten und werden nicht eher ins Himmelreich eingelassen, als bis sie da gewesen sind.

[1123] So ist bei Ritz unweit Brandenburgs ein Naberskrôch untergegangen und an seiner Stelle sieht man ein tiefes Loch. In dieser Gegend sollen Graburnen und Menschengerippe gefunden sein, was auf einen altheidnischen Begräbnisplatz deutet. Märk. Sagen, n. 62. Vgl. 110. Haupts Zeitschrift 4, 389.

[1124] Sæm. 69. Sn. 32, 70.

[1125] Sæm. 34a. 89a. Sn. 11. Vgl. oben und Göttin. Gel. Anz. 1844. S. 628, 629. Grimm erklärt in Mythol. 766 den Namen Nobiskrug aus Abyssus, mhd. Àbîs, welches Wort zur Bezeichnung der Hölle dient. Doch läst das Kompositum eher auf einen persönlichen Namen schließen.

Unterwelt. So dachte man sich auch auf der einen Seite, dass der Gestorbene seine alte Körpergestalt noch habe und ganz so erscheine, wie er auf Erden wandelte, obgleich ihm das frische Leben entflohen ist;[1126] auf der anderen Seite fehlt es nicht an solchen Vorstellungen, nach welchem der von dem Körper getrennten Seele eine besondere Gestalt beigelegt wird.

Der Seele wird die Gestalt eines Vogels zugeschrieben. Schon in der älteren Edda heißt es, dass in der Unterwelt versenkte Vögel fliegen, welche Seelen waren,[1127] und in den Märchen kommen vielfach ähnliche Vorstellungen vor. Der Geist der ermordeten Mutter kommt in Gestalt einer Ente geschwommen, oder die Seele sitzt in Gestalt eines Vogels auf dem Grab; das getötete Brüderchen schwingt sich als Vögelchen auf, und die ins Wasser geworfene Jungfrau steigt als weiße Ente in die Luft.[1128] Auch die häufige Verwünschung in die Gestalt von Schwänen, Tauben oder Raben[1129] hat ursprünglich denselben Sinn. Diese Vögel sind die Geister der Ermordeten, was das Märchen sinnvoll mildernd nur als eine Verwandlung darstellt. Mit dieser Idee muss der Aberglaube in Verbindung gesetzt werden, dass man, wenn jemand gestorben ist, die Fenster aufmachen müsse, damit die Seele hinausfliegen könne.[1130]

Volkssagen wissen daneben noch, dass die Seele die Gestalt einer Schlange hat. Es wird berichtet, dass aus dem Mund eines Schlafenden eine Schlange kriecht und einen weiten Weg geht; was das Tier auf seinem Wege sieht und erlebt, das träumt der Schlafende.[1131] Wird ihm die Rückkehr versperrt, so stirbt der Mensch. Wir erinnern daran, dass auch die Hausgeister und Genien in Schlangengestalt erscheinen. Nach anderen Sagen und Märchen scheint es, als ob man sich dachte, dass die Seele die Gestalt einer Blume, namentlich einer Lilie oder einer weißen Rose habe.[1132]

1126 Das stellt die Sage häufig so dar, dass sie Gespenster d. Kopf unter dem Arm tragen lässt.

1127 Sæm. 127a. Auch MS. 2, 248b, heißt es: „ir sêle zen vogeln sî gezalt".

1128 KM. n. 11, 13, 21, 47, 96, 135. Die Seele hat die Gestalt einer schwarzen Taube. Mones Anz 7, 479.

1129 KM. n. 9, 25, 49, 93, 123. 3, S. 103, 221.

1130 Abergl. n. 191, 664. Kuhn, Märk. Sagen, S. 367.

1131 D. S. 428. Als das Grab Karl Martells geöffnet wurde, fand man darin eine Schlange. Niederl. Sagen, n. 68. Jungfrau in eine Schlange verwünscht, KM. n. 92. Andere Sagen wissen, dass die Seele in Gestalt eines Wiesels oder einer Maus aus dem Mund des Schlafenden kommt. D. S. 247, 455.

1132 Zauberer bewirken durch das Abhauen einer Lilie, dass ein Mensch stirbt. D. S. n. 93. Andere verstehen die Kunst, abgehauene Köpfe wieder aufzusetzen: Jedes Mal, wenn ein Kopf abgehauen ist, wächst in einem Glas die Lebenslilie; wird sie verletzt, so kann der Mensch nicht wieder ins Leben gerufen werden. Niederl. Sagen, n. 268. Nach den Märchen ist das Leben der Menschen gleichfalls an eine Lilie geknüpft: Wird sie abgebrochen, so stirbt er; welkt sie, so ist er krank. KM. n. 9, 85. Auch lassen die Märchen Menschen in Lilien oder andere Blumen verwandelt werden. KM. n. 56, 76. Auf den Gräbern der Toten entsprießen von selbst Blumen, namentlich Lilien und Rosen, s. Mythol. 786. So wachsen neben den Häuptern der in der Runzifalschlacht gebliebenen Christen weiße Lilien. Karl 118b. Noch gehört die Sage hierher, dass sich auf dem Stuhl desjenigen, der bald sterben soll, eine weiße Rose zeigt. D. S. n. 263, 264. Harrys 1, S. 76.

Diese Vorstellungen können wir für Überreste des Glaubens an eine Seelenwanderung halten, nach welchem die Seele, nachdem sie von dem Körper getrennt ist, in Tiere und selbst in leblose Gegenstände übergeht. Mehr symbolisch ist die Ansicht, dass die Seele die Gestalt eines Lichtes hat. Daher glaubt das Volk von den Irrwischen, welche nachts auf sumpfigen Wiesen sich zeigen, dass sie die Seelen der Verstorbenen sind.[1133] Menschen, welche bei ihren Lebzeiten die Grenzsteine verrückten, müssen nach ihrem Tod als Irrwisch oder in feuriger Gestalt umherirren, wie denn überhaupt die Geister oft feurig gedacht werden. Nach einem weit verbreiteten Märchen brennen in einer unterirdischen Höhle viele Lichter, das sind die Lebenslichter der Menschen. Ist ein Licht abgebrannt, so ist das Leben des Menschen, dem es gehört, zu Ende, und er ist das Eigentum des Todes.[1134] – Neben allen diesen Vorstellungen zeigt sich noch die Idee, dass die Seele ihren Sitz im Blut hat, weshalb drei Blutstropfen dieselbe symbolisch bezeichnen.[1135] Wie gelangen nun die Seelen der Gestorbenen an den ihnen bestimmten Aufenthaltsort? Die Seelen der in der Schlacht gefallenen Krieger nehmen die Walküren in Empfang. Vielleicht dürften dieselben ursprünglich als diejenigen Wesen gefasst sein, welche alle Toten ohne Unterschied geleitet, aber es ist die Frage, ob die Idee der Psychagogie in den nordischen und deutschen Glauben so ausgebildet war, wie in dem griechischen, wo Hermes der Psychopomp[1136] ist.[1137] Deutsche Sagen überweisen Zwergen das Geschäft, den Menschen bei seinem Tod in Empfang zu nehmen.[1138] Mittelhochdeutsche Dichtungen und

---

1133 Belege s. Mythol. 789, 868f. Wenn besonders die Seelen ungetauft gestorbener Kinder als Irrwische umherflattern (Niederl. Sagen, n. 264. Märk. Sagen, n. 98), so drückt hier wieder die Sage selbst das Heidnische des Glaubens aus. Die Sage schreibt den Irrwischen auch Flügel zu (D. S. n. 276), weil die Seelen den fliegenden Vögeln gleichen.

1134 KM. n. 44. Dieselbe Idee spricht sich im Aberglauben aus. Am Christabend soll man das Licht nicht erlöschen lassen, sonst stirbt einer. Abergl. n. 421, 468. Im Alptal wird am Hochzeitstag während des Gottesdienstes von jedem der Brautleute eine dreifach zusammengewundene Kerze gebrannt. Wessen Kerze zuerst abbrennt, derselbe wird auch zuerst sterben. Schreibers Taschenbuch 1839, S. 325. Lässt man bei kleinen Kindern, ehe sie getauft sind, ein Licht brennen, so können sie von den Unterirdischen nicht geraubt werden. Märk. Sagen, n. 183. Vgl. auch die Sage von Norhagest oben.

1135 Drei Blutstropfen sprechen KM. n. 56. Vgl. n. 89. 3, S. 181. Drei Blutstropfen fallen der Mutter auf die Hand, als ihr Kind in der Ferne getötet wird. D. S. n. 352. Vgl. auch Niederl. Sagen, n. 46.

1136 *Das Wort Psychopompos (Plural Psychopompoi) oder eingedeutscht der Psychopomp kommt vom griechischen ψυχοπομπός (männlich; altgriechische Aussprache in etwa psychopompós) und bedeutet wörtlich übersetzt „Seelengeleiter“.*
Zitiert nach: wapedia.mobi/de/Psychopomp. (rs)

1137 Nach Sæm. 170, 171. Fornald. Sög. 1, 142, scheint Odhinn den Toten, der in ein Schiff gesetzt ist, in Empfang zu nehmen und zu geleiten.

1138 Nach der Vorrede des Heldenbuches holt ein Zwerg Dietrich von Bern mit den Worten ab: „Du sollst mit mir gehen, dein Reich ist nicht mehr in dieser Welt.“ Vgl. oben und Yngl. Sag. c. 15, wo erzählt wird, dass ein Zwerg den König Siegdhir von Schweden zu Odhinn führte. – Nach christlicher Vorstellung nehmen Engel oder Teufel die abgeschiedene Seele in Empfang. Insbesondere wird dieses Amt dem Engel Michael zugeschrieben. In einer

noch jetzt in unserem Volk lebende Vorstellungen stellen den Tod als ein persönliches Wesen unter verschiedenen Namen[1139] hin, welcher die Menschen, wenn ihre Stunde naht, auf einer geebneten Straße[1140] bei der Hand wegführt,[1141] einen Reigen mit ihnen tanzt,[1142] sie auf sein Ross legt,[1143] in sein Gefolge aufnimmt,[1144] in seine Behausung lädt,[1145] in Banden schlägt,[1146] oder, was wohl eine spätere Vorstellung ist, mit ihnen kämpft[1147] und mit Speer, Pfeil, Schwert oder Sense tötet.[1148] Wir haben das eben nur anzuführen, da wir nicht wissen können, in wieweit diesen Vorstellungen mythische oder nur poetische Anschauungen zu Grunde liegen, ob alles ursprünglich von dem Tod galt, oder ob andere mythische Wesen früher statt seiner in ähnlichen Rollen auftraten. Die griechische Mythologie kennt den Thanatos als einen Genius, der den Menschen in die Unterwelt geleitet, aber in der nordischen kommt der Tod als ein persönliches Wesen nicht vor. Nach der skandinavischen Vorstellung ziehen auch die Toten ohne Geleit geräuschlos über die Brücke, welche in die Unterwelt führt,[1149] und zur Vollendung des langen Weges band man ihnen einen besonderes Totenschuh *(helskô)* um die Füße.[1150] Aus der im Norden sehr verbreiteten Sitte, Tote in Schiffen

---

Handschrift des 15. Jh. (vgl. Mythol. 54) heißt es: „aliqui dicunt, quod quando anima egressa est tunc prima nocte pernoctabit cum beata Gerdrude, secunda nocte cum archangelis, sed tertia nocte vadit sicut diffinitum est de ea.“ Vgl. oben.

1139 Die gewöhnlichsten Namen des Todes sind Holzmeier, Streckfuß, Streckbein, Freund Hain oder Heis. S. darüber wie über den Tod im Allgemeinen: Mythol. 799–815. Den Namen Freund Hain stellt Kuhn, Märk. Sagen, S. XII. mit Hüne, Heune oder Riese zusammen. Im Niederdeutschen bedeutet Heinenkleed Totenkleid. Mythol. 415.

1140 „Des Tôdes pfat war gebenet.“ Thür. Wh. 22a, 23b. „Dâ moht erbouwen der tôt sîn strâze.“ Bit. 10654. Vgl. „callem dinturnis adesum meatibus“ bei Saxo I, 16. S. oben.

1141 „Hina fuarta nan Tod.“ Otfr. 1, 21, 1. „Dô quam der Tôt u. nam in hin.“ Lohengr. 186. Vgl. auch d. Redensart „er hât den Tôt an der hant“. Nib. 1480, 4. 1920, 4. 1958, 4 u. s.

1142 Jedoch lässt sich die Idee des Totentanzes erst im 15. Jhr. Nachweisen.

1143 „Seht ob der Tôt dâ iht sîn soumer liedte? Jâ er was unmüezec gar.“ Lohengr. 71.

1144 „Der Tôt der suochte sère, dâ sîn gesinde was.“ Nib. 2161, 3. „In des Tôdes schar varn.“ Wh. V. Osl. 2118. „Des Tôdes zeidhen tragen.“ Nib. 928, 3. 2006, 1.

1145 „Gegen im het der Tôt sînes hûses tür entlochen.“ Bit. 12953. „Der Tôt weiz manige sâze, swâ er will dem menschen schaden un in heim ze hûse laden.“ Thür. Wh. 2281. „dâ in der Tot heim nam in sîn gezimmer.“ Lohengr. 142. Vgl. 150. Hier ist der Tod offenbar einer Totengottheit gleich, welche die Seelen in der Unterwelt aufnimmt.

1146 „Waz nû dem Tôde geschicket wart an sîn seil.“ Lohengr. 115, vgl. 123. Ls. 3, 440. Geo. 2585. „Wê dir Tôt! Deîn slôz und dîn gebene bindet und besliuzet.“ Wigal. 7793. Der Tôt hât mich gevangen. Karl 81b.

1147 Noch jetzt sagt man: „Mit dem Tode ringen.“

1148 In einer niederländischen Sage (bei Harrys 1, n. 3) wird der Tod als ein langer hagerer Mann mit einem blassen eingefallenen Gesicht geschildert: Er trägt einen langen grauen Rock und in der Hand ein spanisch Röhrlein mit einem Totenkopf als Knopf (vgl. die Rute des Hermes), mit welchem er den Menschen dreimal in den Rücken klopft. – Dass der Tod als ein Gerippe dargestellt wird, ist wohl eine spätere Idee.

1149 Sn. 67.

1150 F. E. Müller, Sagabibl. 1, 171. Verwandt ist ein Brauch im Alptal: Wenn eine Wöchnerin stirbt und ein neugeborenes Kind hinterlässt, so werden ihr gut besohlte Schuhe angelegt,

zu begraben,[1151] sollte man schließen, dass man auch an eine Überfahrt des Toten glaubte, ehe sie an ihren künftigen Aufenthaltsort gelangen. Gleichwohl wird diese nicht ausdrücklich erwähnt. In Deutschland ist es in einigen Gegenden Sitte, den Toten ein Stück Geld in den Mund zu legen,[1152] was man auf den zu entrichtenden Fährlohn beziehen könnte, aber man darf dieses Geld auch für einen Zehrpfennig zu der Reise halten.[1153] Dagegen war in dem keltischen Glauben die Idee vorherrschend, dass die Toten durch eine Überfahrt über ein Wasser in die Unterwelt kommen.[1154]

Den Zustand der Toten in Niflheimr dachte man sich sehr traurig.[1155] Dagegen ist das Leben in Valhöll ein freudenreiches, weshalb jeder sich bestreben muss, dahin zu gelangen. Dass man in einem anderen Leben, je nachdem, wie man hier gehandelt hat, belohnt oder bestraft werde, scheint nicht der allgemeine nordische Glaube gewesen zu sein, obgleich in einzelnen Stellen diese Idee durchbricht. Fern von der Sonne, auf dem Leichenstrand, steht eine Burg mit nordwärts schauenden Toren: Sie ist aus Schlangenstücken gewunden und Gifttropfen fallen in dieselbe. Dort waten in schmutzigen Strömen meineidige Männer, geächtete Mörder und Verführer der Frauen. Der Drache Nidhhöggr saugt die Leiber der Verstorbenen und die Leichen zerreißt der Wolf.[1156] Dagegen wohnen die Gerechten in Gimlir, dem glänzenden Himmel, welcher, ebenso wie Valhöll,[1157] dem bösen Menschen verschlossen ist.

Die nordische Religion war also auch in dieser Beziehung nicht ohne einen moralischen Hintergrund; nur dürfen wir solche Vorstellungen von Belohnung oder Bestrafung nach dem Tod nicht für die überwiegenden und auch nicht für die ältesten halten. Denn mochte man auch glauben, dass derjenige, den die Götter lieben und der sich durch Tapferkeit Ruhm erworben hat, in dem anderen Leben vorzüglich geehrt sei, so erschien dieses doch immer nur als eine Nachahmung des irdischen Lebens, wie wir schon bei der Beschreibung von Valhöll angedeutet haben. Darum musste man dort, wollte man geehrt sein, mit Gefolge erscheinen[1158] und Schätze mitbringen, welche deshalb den Toten mit in das Grab gelegt wurden,[1159] darum wurden auch mit dem

---

damit sie sich sechs Wochen lang, bei ihrer nächtlichen Wiederkehr, um ihr Kind zu stillen, derselben bedienen kann. Schreibers Taschenbuch 1839, S. 326.

1151 S. Mythol. 790.

1152 Abergl. n. 207. Märk. Sagen, n. 19, 20.

1153 In den angeführten Märkischen Sagen wird dieser Grund der Sitte geradezu angegeben.

1154 Procop. b. Goth. 4, 20. Tzetz. Zu Lycophr. 1204. Doch wissen auch einzelne deutsche Sagen von überschiffenden Geistern. D. S. n. 275. Die Seele des Königs Dagobert wollen die Teufel auf einem Schiff fortführen. D. S. n. 434.

1155 Sn. 33. Auch nach der Homerischen Vorstellung ist der Aufenthalt in der Unterwelt traurig. Achilles will lieber auf der Erde einem armen Mann für Lohn dienen, als in der Unterwelt über alle Toten herrschen. Od. 11, 489.

1156 Sæm. 7b, vg. 181a.

1157 Wer einen Tempel beraubt u. die Götter schändet, kommt nicht nach Valhöll. Nials. c. 89.

1158 Sæm. 226a, b.

1159 Yngl. Sag. c. 8. Vatnsd. Sag. c. 3. Laxd. Sag. c. 26. Landn. S. 386. Vgl. oben. Auch bei anderen deutschen Stämmen lässt sich diese Sitte nachweisen. Greg. Tur. 9, 21. Vgl. Mone, Heidentum 2, 146.

Toten seine Waffen begraben, damit er sie dort gleich zur Hand habe,[1160] und die Sitte, Diener, Pferde und Habichte mit den Leichen vornehmer Männer zu verbrennen, lässt sich auf dieselbe Idee zurückführen. Dieser Glaube, dass das Leben nach dem Tod nur eine Nachahmung des Erdenlebens sei, hat aber auch etwas so natürliches, dass er noch jetzt in der deutschen Volkssage mehrfach hervortritt.[1161]

Da der Tote in der Unterwelt sein gewohntes Leben fortsetzt, so knüpft sich an diese Vorstellung die Ansicht, dass er auch dem irdischen Leben noch nicht ganz entfremdet ist. Es wird ihm kein Trank aus Lethe gegeben, sondern das Andenken an seine irdische Tätigkeit und an seine Schicksale bleibt ihm. Daher sieht der Tote gern die Orte wieder, an welchen er auf Erden wandelte; vorzüglich aber beunruhigt es ihn im Grab, wenn ihn noch irgendetwas in das irdische Leben knüpft. Ein vergrabener Schatz lässt ihm keine Ruhe, bis er gehoben ist;[1162] eine unvollendete Arbeit,[1163] ein nicht erfülltes Versprechen treibt ihn auf die Oberwelt zurück.[1164] Auf diesem Glauben beruht die Bürgers Leonore zu Grunde liegende und auch bei anderen Völkern verbreitete Sage, nach welcher der gestorbene Verlobte nachts erscheint, um seine klagende Braut zu trösten oder mit sich zu nehmen.[1165] Christlicher Einfluss hat Sagen

---

1160 Nialsag. c. 80.

1161 Eine große Reihe deutscher Sagen lässt die Geister ganz so erscheinen wie sie im Leben waren, und das treiben, was sie sonst getrieben haben. In verfallenen Burgen halten die Ritter in ihrer alten Tracht Turnier und sitzen beim fröhlichen Mahl; der Priester liest Messe; der wilde Jäger, der Räuber setzt sein Handwerk nach dem Tod fort, u. dgl. D. S. n. 527 828. Niederl. Sagen, n. 422, 424, 425. Mones Anzeiger 4, 307. Sagen Niedersachsens 1, n. 51 und anderes.

1162 Abergl. n. 606. Vgl. 207, 588.

1163 KM. n. 154 erzählt von einem Kind, welches von seiner Mutter zwei Heller bekommen hat, um sie einem armen Mann zu geben, sie aber für sich behält und in die Dielenritzen versteckt. Nach seinem Tod kommt es alle Mittage gegangen und sucht ängstlich nach den beiden Hellern, bis sie endlich von den Eltern gefunden und den Armen gegeben werden.

1164 So erhebt sich ach einem neugriechischen und nach einem serbischen Volkslied der tote Bruder, um, wie er im Leben versprochen hatte, seine in der Fremde lebende Schwester zu der Mutter zu geleiten. Fauriel chants populaires de la Grèce moderne 2, 406. Vuk 1, n. 404. Talvj 1, 160, 164. Vgl. Wackernagel zur Erklärung und Beurteilung von Bürgers Leonore in den Ad. Bl. 1, 181–185.

1165 Die Verse, welche Bürgers zur Abfassung der Leonore anregten „der Mond der scheint so helle, die Toten reiten schnelle“ finden sich in einem Lied in des Knaben Wunderhorn 2, 19, 20, dessen Echtheit aber verdächtig ist. Ein Lied verwandten Inhalts findet sich bei Meinert, Lieder aus dem Kuhländchen 4, 3. Schon eine altgriechische Sage berichtet von Protesilaus, welcher bei seinem Tod ein Weib in übermäßiger Trauer und ein halbfertiges Haus hinterließ. Beide sehnten sich so sehr nacheinander, dass ihm endlich von dem Gott der Unterwelt auf kurze Zeit die Heimkehr erlaubt wurde. Als er aufs Neue von ihr geschieden war, starb ihm die Gattin bald nach. – Nach einem dänischen Lied erscheint der tote Ritter Aage seiner verlobten Braut und ermahnt sie, von ihrer Trauer abzulassen. Udv. D. V. 1, 211–217. Vgl. Grimm, Altdän. Heident. 73, 71. Verwandt ist ein schwedisches Volkslied in Svenska Folksviro af Gerjer och Afzelius 1, 29, 31. Vgl. Mohnike, Volkslieder der Schweden 1, 39, 40. Eine schottische Ballade (bei Percy 3, 112–114) erzählt, wie Wilhelms Geist seiner geliebten Margarete erscheint und von ihr die Treue zurückfordert.

dieser Art so nachgestaltet, dass den Toten wegen eines begangenen Verbrechens die Ruhe im Grab versagt ist. Ebenso hängt der Tote noch an seinen hinterlassenen Verwandten und Freunden. Daher ist der Glaube sehr verbreitet, dass er in sein Haus zu ihnen zurückkehrt, um sie zu besuchen[1166] und dass er an ihrem Schicksal teilnimmt. Namentlich kehrt die Mutter auf die Oberwelt zurück, um ihre hinterbliebenen Kinder zu pflegen,[1167] oder verlassene Kinder finden an dem Grab der Eltern Beihilfe, welche ihnen, wie höhere Mächte, gewähren, was sie wünschen.[1168] So stehen auch die erschlagenen Krieger wieder auf, um ihren Kameraden zum Sieg zu verhelfen.[1169] Aber er stört auch die Ruhe des Toten, wenn er zu viel beklagt und beweint wird. Jede Träne fällt in seinen Sarg und quält ihn, weshalb er sich in solchen Fällen erhebt und die Hinterbliebenen bittet, vom Weinen abzustehen.[1170] Dass das Andenken an die Toten sehr heilig gehalten wurde, dass man sie auch, wie höhere Mächte durch Opfer verehrte, haben wir im ersten Buch gesehen.[1171] Jedoch unterschied man im Norden zwischen guten und bösen Geistern. Menschen, welche man bei ihren Lebzeiten hochgeschätzt hatte, wurden Opfer gebracht. Traten unfruchtbare Zeiten ein, so erklärte man dieselben wohl für Trolle oder üble Wesen *(illar vættir)*.[1172]

S. Wackernagel, a.a.O., 187–196. Vgl. noch das bretagnische Volkslied bei Villentaque, nach welchem der in der Ferne getötete Verlobte gleichfalls die Braut zu sich holt, und Niederl. Sagen n. 429, wo eine Jungfrau ihre beiden Freier zu sich ins Grab reißt.

[1166] Stirbt ein Kind, so besucht es bald nach dem Tod denjenigen, welchen es am liebsten hatte. Abergl. n. 623. In der Gegend von Cortryk herrscht die Sitte, wenn man einen Toten zum Kirchhof trägt, auf jedem Kreuzweg ein Vaterunser zu beten, damit der Tote, wenn er wieder nach Hause kommen will, den Weg finden kann. Niederl. Sagen, n. 317. Gewöhnlich erscheint der Tote am neunten Tag wieder. Abergl. n. 856. Nach Eylb. Sag. c. 54 kommen Tote zu ihrer Leichenfeier.

[1167] Der Frau, die in den Wochen gestorben ist, wird sechs Wochen lang das Bett gemacht, damit sie daselbst ruhen kann, wenn sie ihr Kindlein zu säugen kommt. Niederl. Sagen, n. 326 (vgl. oben). Hierher gehören auch die schönen Märchen n. 11, 13, nach welchen die Mutter wiederkehrt, um ihre verwahrlosten Kinder nachts zu pflegen. Vgl. Udv. D. V. 1, 205–109. Grimm, Altdän. Heldenl. 147–149. Eine tote Frau pflegt in des Mannes Abwesenheit das Kind und versieht den Haushalt. Niederl. Sagen, n. 175.

[1168] KM. n. 21. Vgl. die Hervararsaga und W. Grimm, Altdän. Heldenl. 168. Meinert 1, 89, 90.

[1169] D. S. n. 327. Vgl. Wunderhorn 1, 73, 74 – In anderen Fällen üben die Toten auch Rache. Niederl. Sagen, n. 312, 323.

[1170] KM. n. 109. Vgl. 3, 198. Sæm. 167, 168. Laxd. Sag. c. 76. S. auch Wackernagel a.a.O. 177, 179. Schön heißt es in dem dänischen Lied von Aage und Else:
„Jedesmal dass du dich freuest, und dir dein muth ist froh,
Da ist meins arg gefüllt mit rosenblättern roth,
Jedesmal du bist voll sorgen und dir ist schwer dein muth,
Da ist mein sarg gefüllt ganz mit geronnenem blut.“

[1171] Vgl. auch Landn. 1, 14, 16, 18. Als im Jahr 860 in Schweden das Christentum eingeführt werden sollte, gab ein Anhänger des Heidentums vor, ihm wären die Götter erschienen und hätten ihm verkündigt: „Si etiam plures deos habere desideratis et nos vobis non sufficimus, Ericum, quondam regem vestrum, nos unanimes in collegium nostrum asciscimus, ut sit unus de numero deorum.“ Vit. Anskar. Bei Pertz 2, 711.

[1172] Fornm. Sög. 10, 211.